대치동 글쓰기

▨ 일러두기 ▨

• 학생들의 이름은 모두 가명으로 표기했습니다.

일상과 이상을 이어주는 책
일상이상

초중고로 이어지는
입시글쓰기의 모든 것
대치동
글쓰기

초판 1쇄 찍은날 · 2023년 6월 01일
초판 1쇄 펴낸날 · 2023년 6월 09일
펴낸이 · 김종필 | 펴낸곳 · 일상과 이상 · 출판등록 · 제300-2009-112호
주소 · 경기도 고양시 일산서구 후곡로 10 910-602
전화 · 070-7787-7931 | 팩스 · 031-911-7931
이메일 · fkafka98@gmail.com

ISBN 978-89-98453-96-1 03370

초중고로 이어지는
입시글쓰기의 모든 것

대치동
글쓰기

여성오 지음

CHAT GPT 시대, 2028 이후 신수능 대비 글쓰기

일상이상

전략적 독서를 효율적 글쓰기로 이어 가기 위해

『대치동 독서법』과 『대치동 초등독서법』에 이어 『대치동 글쓰기』로 인사드리게 되었습니다. 『대치동 독서법』 출간 이후 학부모님들에게 독서의 중요성과 더불어 전략적 독서의 필요성이 큰 공감을 얻게 되어 무척 기뻤습니다. 다만, 독서가 독서만으로 그칠 경우 기대했던 효과가 충족되기 어려울 수 있다는 생각에 마음이 무겁기도 했습니다. 독서와 논술을 효과적으로 연계시켜 줄 전략으로 글쓰기 책을 준비하게 되었습니다. 미리 말씀드리지만, 이 책은 일반적인 글쓰기 책과는 결이 다른 내용을 담고 있습니다. 훌륭한 문장을 쓰기 위한 글쓰기 책도 아니고, 문예창작 능력을 기르는 것과도 거리가 있기 때문입니다. 『대치동 독서법』이 입시 독서 전략을 담고 있다면, 『대치동 글쓰기』는 입시 글쓰기 전략을 담고 있습니다.

먼저 제1부에서는 '입시를 좌우하는 글쓰기, 어떻게 준비해야 할까?' 라는 질문을 던집니다. 제1부에서는 현 중2 학생들부터 적용될 2028 신

수능이 어떻게 달라질지에 대해 알아보았습니다. 수능이 끝나도 논술 고사를 준비하는 수험생들의 현실을 기반으로 상위 3%는 왜 독서와 글쓰기를 더 신경 쓰고 있는지 그 이유를 밝혔습니다. 많은 학부모님들이 새롭게 달라질 입시에 대해 궁금해하십니다. 2022 개정 교육과정의 핵심 사항들과 2025년부터 전면 적용되는 고교학점제 그리고 2028학년도 이후 대학입시가 어떻게 달라지는지 살펴보았습니다.

특히 2028학년도 이후 수능이 논술형 수능이 될 수도 있다고 하는데, 많은 학생들에게 큰 충격을 주고 있습니다. 사실 2028학년도 수능이 아니더라도 '서술형 논술형 수능'이 뜨거운 감자로 떠오르고 있습니다. 우리나라도 국제 바칼로레아를 도입해야 한다는 목소리가 거세지면서, 이미 여러 교육청 단위에서 실험적으로 적용되고 있습니다. 이미 한국 특목고 학생들은 국제 바칼로레아처럼 시험을 보고 있는데, 고교학점제와 학생부종합전형은 글쓰기가 중요해지는 미래 교육의 흐름을 정확히 반영하고 있습니다. 현재 스스로 생각하고 글을 쓰는 미래형 대입제도가 설계되고 있는데, 서술형 논술형 평가에 대한 대비는 지금부터 시작되어야 합니다.

제2부에서는 수행평가와 학생부 글쓰기 사례들을 본격적으로 소개했습니다. 가장 공신력 있는 학생부종합전형의 길잡이인 서울대 아로리 사이트에서 공개한 모범 학생부와 글쓰기 사례들을 소개하면서 이에 대한 제 나름의 해설도 담았습니다. 공과대학 화학생물공학부, 사범대학 국어교육과, 약학대학 약학계열, 농과대학 바이오시스템 소재학부, 사범대학 영어교육과, 치의대학 치의예과, 공과대학 기계공학부, 농과대학 농경제

사회학부, 생활과학대학 아동가족학전공 등 2020학년도부터 2022학년도까지 최근 수시 합격생들의 학교생활기록부와 독서활동 항목의 예시를 담았습니다. 빠르게 변화하는 입시 특성을 고려할 때 학생부 기재 금지 사항이 적었던 과거의 사례들을 답습할 수는 없습니다. 대입 공정성 강화 방안 발표 이후로 변경된 조건에 따라 서울대 수시 학종을 성공적으로 준비한 생생한 사례들을 통해 바람직한 수행평가와 학생부 글쓰기 방향을 설정하는 데 큰 도움이 되기를 바랍니다.

또 국영수사과 과목별 수행평가와 학생부 세특 글쓰기도 소개했습니다. 국어, 영어, 수학, 사회, 과학은 물론 한국사와 음악, 미술, 체육까지 과목별 학생부 세특에 기재될 키워드 찾기의 실제 사례를 소개했습니다. 2024학년도부터 대입 전형에서 자기소개서가 폐지되는데, 학생부 기재 내용을 충실히 하기 위한 글쓰기 전략이 중요합니다. 학생부 세특과 더불어 자율, 동아리, 진로 등 창의적 체험활동 글쓰기 사례도 함께 소개했습니다.

제3부 'SKY 입시 준비를 위한 대치동 글쓰기'는 입시 글쓰기 전략의 대단원입니다. 통합교과논술로 시작된 대학별고사의 논술과 구술면접 등에 필요한 글쓰기와 말하기 실력을 극대화할 방법들을 소개했습니다. 마침 2025학년도부터 고려대 수시 논술전형이 부활하게 되었습니다. 다시금 논술의 연고전 또는 고연전이 시작될 예정입니다. 제3부에서는 대입에 필요한 글쓰기 기술들인 요약하기와 비교하기, 해석하기와 주장하기 등을 다양한 사례와 함께 소개했습니다. 요약하기로 소개한 2008학년도 고려대 모의 논술 1번 유형은 수능 국어 비문학 독서 지문을 객관

식이 아니라 서술형 주관식으로 변형한 사례입니다. 비교하기로 소개한 2009학년도 연세대 수시 논술 1번 유형은 서로 다른 입장을 제대로 독해해 자기 언어로 차이점을 지적하는 고급 글쓰기 방식입니다. 해석하기로는 2008학년도 연세대 모의 논술 3번 유형을 소개했는데, 통계 자료를 해석하는 방법과 글쓰기 기법을 담았습니다. 주장하기로는 2013학년도 고려대 모의 논술 1번 유형을 소개했는데, 논술 글쓰기의 출제 원리와 평가 기준 등을 담았습니다.

　서울대는 논술에서 구술면접으로 진화했습니다. 서울대 구술면접에 대비하려면 통합교과논술에서 서술형 논술형으로 출제하던 방식을 먼저 이해해야 합니다. 2009학년도 서울대 정시 논술 3번 유형처럼 모든 학과 지원 학생들을 객관적으로 평가하기 위해 글쓰기 능력을 요구합니다. 이제 의대 면접에서까지 글쓰기 능력이 요구됩니다. 소위 다중미니면접으로 불리는 2018학년도 서울대 수시 의대 MMI 제시문 4번 유형을 통해 구술면접 말하기를 준비하기 위해서는 논술과 글쓰기 연습이 왜 중요한지를 깨달을 수 있습니다. '요약-비교-해석-견해쓰기'로 완성되는 입시 글쓰기의 기초를 쌓으려면, 초중고로 이어지는 일상적 글쓰기 훈련이 필요합니다. 또 원고지 작성법부터 맞춤법, 띄어쓰기와 같은 기초를 쌓지 않는다면 글쓰기 실력이 향상되기 힘들 겁니다. 입시 논술 등에서는 악필도 감점 요인이 되는데, 모바일과 온라인 글 읽기와 종이책 독서를 균형 있게 해야 하듯이 타이핑과 손글씨 쓰기도 조화를 이루어야 합니다.

　바야흐로 CHAT GPT 시대입니다. 인간이 더 이상 직접 글을 쓰지 않아도 된다는 주장도 제기됩니다. 하지만 좋은 글을 감별하는 당사자는 결국 우리 자신일 수밖에 없습니다. 인공지능으로 대표되는 4차산업혁명 시대가 요구하는 인재는 좋은 질문 능력과 글쓰기 실력을 갖춘 학생입니다. 2028학년도 이후 신수능 시대에는 글쓰기의 중요성이 더욱 커질 것입니다.

이러한 변화에 학부모님들은 어떻게 대비해야 할까요? 컴퓨터도 인터넷도 스마트폰도 없던 '응답하라 1988'의 쌍문동 학생들처럼 오프라인에서도 통하는 살아 있는 글쓰기 능력을 학생들 스스로 기를 수 있도록 좋은 환경을 제공해야 합니다. 독서가 인간다움의 본질이라면, 글쓰기는 훌륭한 사람이 되기 위한 최종 관문이 됩니다. 대치동 학원가에서 18년간 글쓰기를 교육한 노하우를 이 책에 담기 위해, 초중고로 이어지는 입시글쓰기의 필수 정보를 담았습니다. 씨앤에이논술 대치본원과 잠원, 목동, 평촌, 동탄, 일산 그리고 분당, 대전, 제주와 뉴질랜드 등 전국 및 해외에서 1만 명이 넘는 학생들의 글쓰기 실력 향상을 위해 일대일 대면 첨삭으로 교육하고 계시는 60여 배움터의 씨앤에이논술 선생님들께 감사드립니다.

지은이 여성오

| 차례 |

| 차례 |

제3부 | SKY 입시 준비를 위한 대치동 글쓰기

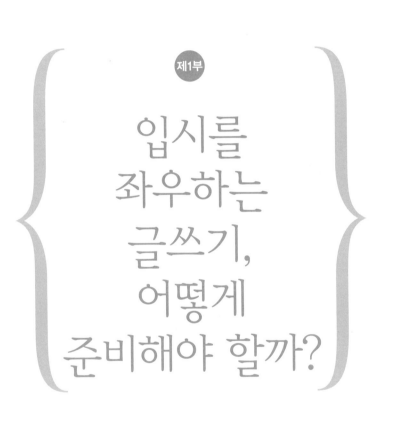

제1부

입시를
좌우하는
글쓰기,
어떻게
준비해야 할까?

1.
2028 이후 신수능, 어떻게 달라질까?

수능이 끝나도 논술 고사를 준비하는 수험생들

2022년 11월 17일 2023학년도 대학수학능력시험이 치러졌습니다. 수능이 끝났지만 대치동 학원에는 주요대학의 논술 시험을 준비하는 수험생들이 몰려들었습니다. 수능의 가채점 결과가 지원 학과의 합격 예상 점수보다 높게 나왔다면 수시와 논술 시험에 목숨 걸 필요가 없겠지만, 점수를 확신할 수 없는 수험생들은 논술 시험에 사활을 걸기 위해 학원에서 공부를 이어갔습니다.

그렇지만 논술 시험을 단기간에 준비할 수는 없습니다. 평소에 독서와 논술을 잘해 온 학생은 대학별 논술 고사가 치러지는 짧은 기간 동안만 학원 강의를 들으며 논술 시험을 자신 있게 치를 수 있겠지만, 그렇지 않은 학생이라면 난감할 수밖에요.

그럼에도 불구하고 저는 수험생들을 위해 응급 처방전을 내놓았습니다.

"대입 논술 고사는 일반적으로 제시문과 논제 속에 답이 들어 있습니다. 논술 고사에서 가장 중요한 것은 출제자의 의도를 파악하는 것입니다. 출제자는 여러 개의 긴 제시문을 내놓고 여러분을 헷갈리게 만들죠. 그렇다면 어떻게 해야 할까요? 논술 전형을 반영하는 대학들은 과거와 달리 너무 어려운 문제는 내지 않습니다. 대학들은 쉬운 듯하면서도 쉽지 않은, 까다로운 문제를 내기 위해 시사 이슈를 많이 활용합니다. 시사와 철학, 사상을 연계하는 출제 경향이 강하죠. 올 한 해에 떠오른 주요 이슈는 코로나와 공급망 이슈와 인플레이션 현상입니다. 코로나19 팬데믹 이후 몇몇 나라가 봉쇄되자 세계로 흐르던 인적·물적 공급망이 막혔습니다. 그러자 세계화를 회의적으로 보는 시각이 강해졌죠. 세계화와 지역화를 바라보는 대립된 시각이 논술 주제로 제시될 수도 있습니다. 또 올해는 지구촌 인플레이션 현상이 심해졌어요. 각국 정부와 중앙은행은 코로나19로 망가진 경제를 살리기 위해 돈을 많이 풀었습니다. 풀린 돈은 물가 상승을 자극했죠. 여기에 러시아-우크라이나 전쟁이 겹쳐서 석유, 가스 가격이 급등했어요. 경기가 침체된 상황에서 에너지 가격이 상승하고 통화량이 폭증한 것이죠. 여러분에게 이러한 문제를 해결하기 위한 방안을 묻는 문제가 출제될 수도 있을 겁니다…."

수험생들에게 이러한 솔루션을 응급 처방전으로 내놓았지만 사실 글쓰기는 다른 사람이 해줄 수 있는 것이 아니고, 학생 스스로 해야 합니다. 그리고 글쓰기는 하루아침에 완성되는 것이 아닙니다. 학원에서 독서와 토론, 논술 등을 배우는 학생들 중 상당수는 "글쓰기가 말하기보다 어렵다"고 합니다. 심지어 국영수 등 주요 과목의 성적이 뛰어난 학생들도 "글쓰기가 가장 어렵다"고 토로합니다. 자연과학 분야의 필독서 『종의 기원』을 쓴 찰스 다윈은 "인간에게는 말하기 본능은 있지만 글쓰기 본능은 없다"고 했습니다. 글쓰기 본능이 없으니 요리나 골프처럼 꾸준히 배워야 글쓰기를 잘할 수 있습니다.

안타깝게도 학교에서는 글쓰기 수업이 제대로 이루어지지 않고 있습니다. 초등학생 때부터 일기와 독후감을 비롯해 수행평가와 관련된 글쓰기를 많이 요구하지만 정작 글쓰기와 관련된 수업은 찾아보기 힘듭니다. 그러니 대입 논술 시험이 어려울 수밖에요.

대입 논술 시험에서 좋은 성적을 거두기 위해서는 다음과 같이 해야 하는데, 이러한 방법들이 하루아침에 길러지지 않는 것이 가장 큰 문제죠.

대입 논술 시험을 잘 치르는 6가지 방법

1. 키워드에 주목하라 : 대입 논술 시험에는 논제와 제시문을 연결하는 키워드가 존재합니다. 그 키워드에는 주제가 함축되어 있습니다. 그러니 키워드를 중심에 놓고 글을 전개해야 합니다. 평가자들은 많은 수험생의 논술 답안지를 봐야 하므로 키워드를 중심으로 전개하는 글을 선호합니다. 출제 의도를 잘 파악했는지를 가장 중요하게 여기는 것이죠. 그리고 공통점과 차이점을 키워드로 비교하는 글도 좋은 점수를 받을 수 있습니다.

2. 간결하면서 정확한 문장을 구사하라 : 길게 쓴다고 좋은 문장이 아닙니다. 짧더라도 자신의 생각과 주장을 명확히 담아내는 것이 중요합니다. 시간이 촉박한 논술 고사에서는 한 문장이 길어지면, 수험생 본인도 문장 안에서 길을 잃고 헤매기 일쑤입니다. 그러면 주어와 서술어가 상응하지 않거나 누락되어 의미를 정확히 전달하지 못하게 되죠.

3. 글씨를 또박또박 써라 : '보기 좋은 떡이 먹기에도 좋다'는 말이 있습니다. 글의 경우에도 마찬가지입니다. 논술 고사는 자필로 글을 써야 하는 시험입니다. 그런데 휴대폰이나 컴퓨터로만 글을 쓰는 데 익숙한 수험생들 중 상당수는 글씨체가 나쁩니다. 읽기 어려울 정도로 글씨체가 나쁘면 채점자들은 난감해합니다. 많은 수험생의 논술 답안지를 읽어야 하는 채점자들에게 악필은 감점 요인이 됩니다.

4. 묻는 사항에만 답하라 : 대입 논술 고사는 제시문에 문제가 나와 있는 시험입니다. 출제자가 제시한 논제에는 의외로 많은 정보가 담겨 있습니다. 수험생들에게 내놓는 제시문에는 주제를 비롯해 꼭 써야 할 내용과 쓰지 말아야 내용 등이 들어 있습니다. 그러니 논제를 정확하게 파악해야 합니다. 그래야 글의 뼈대를 잘 세울 수 있습니다.

5. 문제 해결력을 보여라 : 대입 논술 고사는 제시문을 통해 문제적 상황을 보여주고, 수험생들에게 이 문제를 해결해 보라고 요구합니다. 학문적 모순, 딜레마적 상황, 논쟁적 이슈 등이 자주 제시되곤 합니다. 제시문의 문제적 상황을 잘 인식하고 문제 해결방안을 글로 담아내는 것이

관건입니다.

6. 자기 느낌대로 쓰지 말라 : 논술은 논리적인 글입니다. 자기 넋두리나 평소 생각을 주절주절 쓰는 것은 감점 요인이 됩니다. 논리적인 글이 되기 위해서는 주장과 근거, 앞글과 뒷글의 관계, 과정과 결과, 이론과 사례를 잘 연결하는 글의 뼈대를 갖춰야 합니다. 그러기 위해서는 키워드와 핵심 문장을 미리 만들어 보고, 글의 뼈대를 설계할 필요가 있습니다. 그냥 생각하는 대로 써 내려가려면 정작 써야 할 핵심 내용이 누락될 수도 있기 때문이죠.

이 6가지 방법에 대해 곰곰이 생각해 볼까요?

첫째, 글의 주제와 키워드를 발견해내는 것은 독서력과 문해력이 뒷받침되어야 가능합니다. 평소에 독서를 하지 않거나 문해력이 부족하다면 글의 주제와 키워드를 발견하는 시작부터 헤매게 될 겁니다.

둘째, 간결하면서 정확한 문장은 하루아침에 쓰기 힘듭니다. 평소에 정확한 문장을 많이 접하고 스스로 좋은 문장을 써보는 훈련을 해야 합니다.

셋째, 글을 또박또박 쓰는 것도 어느 정도 연습이 필요합니다. 공부를 잘하는 학생들, 특히 남학생들의 경우 악필이 많은데, 원고지와 연습장 등에 글씨를 잘 써보는 꾸준한 훈련이 필요합니다.

넷째, 논제의 중심에서 벗어난다면 글의 내용이 삼천포로 빠질 수 있습니다. 논술 고사 제시문에는 주제를 비롯해 꼭 써야 할 내용과 쓰지 말아야 내용 등이 들어 있습니다. 그러니 제시문을 읽고 논제를 정확하게 파악해야 하는데, 이 역시 평소에 독서를 하지 않거나 문해력이 부족하다면 헤맬 수밖에 없습니다.

다섯째, 제시문에 나타난 문제적 상황을 파악하고, 이 문제에 대한 해결방안을 글로 쓰기 위해서는 독서 등을 통해 배경지식을 기르고, 자신의 생각과 주장을 글로 써보는 연습이 필요합니다.

여섯째, 자기 느낌 대로 쓰는 글은 일기 또는 에세이, 시나 소설 등의 문학적인 글입니다. 논술 고사에서 요구하는 글은 논리적인 글입니다. 논리적인 글이 되기 위해서는 키워드와 핵심 문장을 미리 만들어 보고, 글의 뼈대를 설계할 필요가 있는데, 이 역시 글쓰기 훈련이 필요합니다.

결국 논술 고사뿐만 아니라 학생부종합전형 등을 준비하기 위해서도 글쓰기 능력이 필요할 수밖에 없는데, 이렇게 생각하시는 분들이 더러 있습니다.

'갈수록 정시 수능 비중이 늘고, 2024학년도부터는 학생부종합전형에서 대입 자기소개서와 추천서가 폐지되며, 수상경력, 자격증 소지 내역, 독서활동상황 등을 기재할 수 없게 된다는데, 글쓰기가 그다지 쓸모 없게 되는 건 아닐까?'

이렇게 생각하실 수도 있겠지만 현실은 그렇지 않습니다.

상위 3%는 왜 독서와 글쓰기를 더 신경 쓸까?

정부가 대입 시스템에 손을 대면서 정시 수능 비중을 40% 이상으로

권고하고 2024학년도 대입에서 학생부종합전형에서 대입 자소서와 추천서가 폐지되고, 수상경력, 자격증 소지 내역, 독서활동상황 등을 기재할 수 없게 되었지만 여전히 대학입시는 수시 학생부종합전형이 대세입니다. 2024학년도 대입부터 창의적 체험활동의 기재요령이 변화된 지점에 주목해야 합니다. 독서활동상황의 경우 2024학년도 대입부터 미반영되지만 그렇다고 독서를 안 해도 된다는 것은 아닙니다. 독후감 작성 등 단순 독후활동 외의 교육활동을 했다면, 도서명을 포함해 그 내용을 교과세특'세특'은 고등학교 생활기록부에 쓰이는 '세부능력'과 '특기사항'의 줄임말로, 학생의 교과목 성적 외의 다른 사항을 적은 기록, 창의적 체험활동 등에는 입력할 수 있습니다. 또 학생부종합전형에서 교과 세부능력 기재 대상이 전 교과로 확대되었고, 학생부에서 교과 성적 다음으로 중요한 내용은 세특입니다. 세특과 관련된 평가 기준으로 독서와 글쓰기가 포함되고, 또 최근 미래형 수능에 서술형 논술형 수능을 도입하자는 목소리가 커지고 있는 점을 고려한다면, 글쓰기는 결코 간과할 수 없습니다.

무엇보다 초등학생 때부터 글쓰기 훈련을 해두면 상급학교에 진학하기 위한 학교생활기록부를 관리하는 데도 상당한 도움이 됩니다. 다음은 제가 가르친 제자, 하나고등학교에 진학한 박○○ 군이 보내온 독서록입니다.

"어렸을 때, 내 친구들은 미국을 막연히 동경하며 그 문화를 우월하게 여겼다. 나로서는 그 이유를 짐작할 수조차 없었다. 꽤 많은 시간이 흐른 지금도 내 주변인들은 미국과 유럽의 교육 제도나 문화를 경외시한다. 이후 알게 된 바로는 한국에서 흔히 발견할 수 있는 문화 사대주의 현상이라고 한다. 이에 대한 소심한 반발로 문화상대주의에 대한 조사를 했고, 우리 문화가 얼마나 가치 있는지에 대해 알아보았는데, 그것이 이어져서 내가 이 책을 펴게끔 했다.

『처음 만나는 문화인류학』한국문화인류학회 저 은 현장 조사에 대한 이야기로 시작해 점차 사회의 다양한 분야들과 연계된 이야기를 펼쳐나가는 책이다. 종교, 정치, 경제, 미美, 성性 등과 연관된 이야기를 엿볼 수 있는 종합적인 책이다. 일상에서 접하는 이야기들과 쉽게 연관 지어지는 만큼 읽기도 수월하다. 예를 들어 문화인류학과 정치가 연결된 면에서는 '평등을 위한 불평등'에 대해 보다 많은 생각을 할 수 있다. 정치 쪽의 구체적인 사례까지 이어질 수도 있다. 예를 들어, 대통령은 분명 우리와 평등한 존재이며, 같은 인간이고 '국민의 대표'인데도 이상하게 국민의 의견이 전달되지 않는 현상을 연상할 수 있다.

여성성과 남성성에 관련된 부분을 읽으며 인간은 타고나는 생물학적 성뿐만 아니라 스스로 선택하는 성도 가진다는 내 생각이 보다 확고해졌다. 이후 읽은 책인 『우리 사회를 움직인 판결』에서 성전환자의 호적 정정 합헌 판례를 읽을 때 더욱 공감하게도 도와주었다. 사회면, 시사면에서는 아직도 만연한 남녀차별과 이를 막으려는 사람들, 평등의 경계를 넘어 역차별을 하는 사람들의 사례도 찾아보았다.

또 다른 인상 깊은 내용은 사실 공동체는 존재하지 않으며, 정치적 편의를 위한 허상일 뿐이라는 '공동체의 신화'였다. 사실 집단이 아닌 개인들일 뿐이었는데 공동체라고 믿음으로써 개인이 집단화되었다는 이야기이기에 당연히 우리는 사회적인 공동체에 속해 있다는 믿음에 질문을 던져볼 수 있었다. 이 책을 읽음으로써 다양한 측면의 정보를 접할 수 있어 좋았으며, 이후 심화된 독서를 하는 징검다리가 되리라 생각했다. 다양한 내용을 전반적으로 다루느라 얕게 파고든 감이 있는데, 다음에는 여성성과 남성성에 대해 더 깊이 다룬 책을 읽어볼 생각이다."

　이 글을 보고 저는 깜짝 놀랐습니다. 고1답지 않은 어휘력과 문장력 그리고 깊이 있는 사고력까지 단번에 느낄 수 있었기 때문입니다. 원래 박 군의 별명은 '목동의 전설'이었습니다. 초4부터 중3까지 꾸준히 성장하는 모습을 보이며 목동 직영학원 담당 선생님들에게 큰 영향을 주었기 때문입니다. 박 군은 초4 오디세이 수업 중에도 질문을 많이 하는 학생으로 유명했습니다. 초5 '3프로반'에서도 토론을 잘하더니 올림픽파크텔에서 열린 초6 토론대회에서도 우수한 성과를 거두었습니다. 박 군은 중1 자유학기제를 맞아 엄청난 다독으로 담당선생님을 놀라게 했고, 중2 중간고사와 기말고사에서도 탁월한 성취를 거두어 중3 시절에는 모든 학원에서 여러 특목고를 다 보내고 싶어 했을 정도였습니다.

　박 군을 위해 만들어진 예비고1 독서 특강팀의 수업을 위해 험난한 올림픽대로를 달려 목동 직영학원으로 향했던 기억이 지금도 생생합니다. 차가 너무 막혀 투덜거리기도 했지만, 막상 도착해서 좋은 학생과 좋은 수업을 시작하면 불평은 이내 보람으로 바뀌곤 했습니다. 하루는 수업 때 '민주화 이후의 민주주의'라는 주제로 토론이 벌어졌습니다. 이 개념에 호기심을 느낀 박 군은 같은 제목의 책을 찾아 읽어 주변 어른들을 깜짝 놀라게 했습니다. 이처럼 독서와 토론, 논술을 잘하는 박 군은 올해 고3이 되었습니다. 박 군이 어려서부터 쌓아온 독서와 토론, 논술 실력으로 원하는 대학에 꼭 합격하기를 바랍니다.

자, 그럼 이제부터 새롭게 달라지는 교육과정에서 글쓰기가 왜 중요한 지에 대해 자세히 살펴보겠습니다.

현 중학교 2학년부터 적용되는 2022 개정 교육과정

"교육과정이 또 바뀐다고요?"

교육과정이 바뀔 때마다 대치동 학원가에는 학부모님들의 문의 전화 가 빗발칩니다. 학부모 여러분에게는 달갑지 않은 소식이지만 교육과정 이 또 바뀐답니다. 2023년 현재 중학교 2학년 이하 학생들은 '2015 개 정 교육과정'에서 '2022 개정 교육과정'으로 교육과정이 달라집니다. 이 학생들은 새롭게 달라지는 2028학년도 이후 수능에 대비해야 하고, 특 히 초등학생들의 경우 앞으로 새롭게 달라지는 입시 제도에 대비해야 합 니다.

2023년 현재 중학교 3학년은 2015 개정 교육과정의 마지막 학년입니 다. 중학교 2학년은 2022 개정 교육과정의 첫 학년입니다. 2025년 3월 고등학교에 입학하는 현 중2 학생들은 2022 개정 교육과정인 고교학점 제가 본격적으로 적용되기 때문에 내신 반영 방식과 2028학년도 이후 신수능 체제의 변화에 대비해 대학입시를 준비해야 합니다.

2015 개정 교육과정과 2022 개정 교육과정

구분	2023년 현재 중학교 3학년 (2027 대입)	2023년 현재 중학교 2학년 (2028 대입)
교육과정	2015 개정 교육과정	2022 개정 교육과정(고교학점제)
수능 제도	국어, 수학, 탐구 선택과목 9등급 상대평가, 영어, 한국사 절대평가	새로운 수능 체제(논의 중), 2024년 2월 확정 예정
내신 평가 제도	공통+일반선택과목 상대평가, 진로선택과목 절대평가	1학년 공통과목 상대평가, 2, 3학년 선택과목 절대평가

'2022 개정 교육과정'은 2021년 11월에 '2022 개정 교육과정 총론 주요 사항'이 발표된 이후 다양한 의견 수렴을 거쳐 2022년 12월 22일 확정·발표되었습니다. 2022 개정 교육과정의 비전은 미래 사회가 요구하는 핵심역량을 갖춘 '포용성과 창의성 등을 갖춘 주도적인 사람으로 성장하도록 지원하는 것'입니다.

2022 개정 교육과정의 비전

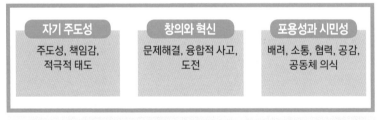

- **자기주도적인 사람** 전인적 성장을 바탕으로 자아정체성을 확립하고 자신의 진로와 삶을 스스로 개척하는 사람
- **창의적인 사람** 폭넓은 기초 능력을 바탕으로 진취적 발상과 도전을 통해 새로운 가치를 창출하는 사람
- **교양 있는 사람** 문화적 소양과 다원적 가치에 대한 이해를 바탕으로 인류 문화를 향유하고 발전시키는 사람
- **더불어 사는 사람** 공동체 의식을 바탕으로 다양성을 이해하고 서로 존중하며 세계와 소통하는 민주시민으로서 배려와 나눔, 협력을 실천하는 사람

2015 개정 교육과정과 2022 개정 교육과정의 주요 내용

구분		주요 내용	
		2015 개정 교육과정	2022 개정 교육과정
교육과정 개정 방향		• 창의융합형 인재 양성 • 모든 학생이 인문·사회·과학기술에 대한 기초 소양 함양 • 학습량 적정화, 교수·학습 및 평가 방법 개선을 통한 핵심역량 함양 교육 • 교육과정과 수능·대입제도 연계, 교원 연수 등 교육 전반 개선	• 포용성과 창의성을 갖춘 주도적인 사람 • 모든 학생이 언어·수리·디지털소양에 대한 기초 소양 함양 • 학습량 적정화, 교수·학습 및 평가 방법 개선을 통한 역량 함양 교육 • 교육과정과 수능·대입제도 연계, 교원 연수 등 교육 전반 개선
총론	고등학교 공통 과목 신설 및 이수단위	• 공통과목 및 선택과목으로 구성 • (선택과목) 일반선택과 진로선택 – 진로선택 및 전문교과를 통한 맞춤형 교육, 수월성 교육 실시	• 공통과목 및 선택과목으로 구성 • 선택과목은 일반선택과 진로선택, 융합선택으로 구분 – 다양한 진로선택 및 융합선택과목 재구조화를 통한 맞춤형 교육
	특목고 과목	• 보통교과에서 분리하여 전문교과로 제시	• 전문교과I을 보통교과로 통합(학생 선택권 확대), 진로선택과 융합선택으로 구분, 수월성 교육 실시
	편성 운영 기준	• 필수이수단위 94단위, 자율편성 단위 86학점, 총 204단위 • 선택과목의 기본단위 5단위(일반선택 2단위 증감, 진로선택 3단위 증감 가능)	• 필수이수학점 84학점, 자율이수학점 90학점, 총 192학점 • 선택과목의 기본학점 4학점(1학점 내 증감 가능)
	중학교	• 중학교 '교육과정 편성·운영의 중점'에 자유학기제 교육과정 운영 지침 제시	• 자유학기제 영역, 시수 적정화 ※ (시수) 170시간 → 102시간 ※ (영역) 4개 → 2개(주제선택, 진로탐색) • 학교스포츠클럽활동 시수적정화 ※ (시수)136시간 → 102시간
교과교육과정 개정 방향		• 총론과 교과교육과정의 유기적 연계 강화	• 총론과 교과교육과정의 유기적 연계 강화
		• 교과교육과정 개정 기본방향 제시 – 핵심개념 중심의 학습량 적정화 – 핵심역량을 반영 – 학생참여중심 교수·학습방법 개선 – 과정중심 평가 확대	• 교과교육과정 개정 기본방향 제시 – 핵심아이디어 중심의 학습량 적정화 – 교과역량 교과 목표로 구체화 – 학생참여중심, 학생주도형 교수·학습방법 개선(비판적 질문, 글쓰기 등) – 학습의 과정을 중시하는 평가, 개별 맞춤형 피드백 강화

2022 개정 교육과정 적용 일정

- 2022년 12월 :『2022 개정 교육과정』고시
- 2024년 3월 : 초등학교 1~2학년 적용
- 2025년 3월 : 초등학교 1~4학년 적용, 중학교 1학년, 고등학교 1학년 적용(현 중2)
- 2026년 3월 : 초등학교 1~6학년 적용, 중학교 1~2학년, 고등학교 1~2학년 적용
- 2027년 3월 : 초등학교 1학년~고등학교 3학년 전 학년 적용

교육 전문가가 아니라면 앞에서 소개한 표들만 보고 앞으로 어떻게 대비해야 할지 갈피를 잡기가 힘들 것 같습니다. 2022 개정 교육과정의 주요 개정 방향을 담은 발표 전문의 내용을 살펴보겠습니다.

첫째, 미래 사회에 대응할 수 있는 능력과 기초 소양 및 자신의 학습과 삶에 대한 주도성을 강화한다. 이를 위해 여러 교과를 학습하는 데 기반이 되는 언어, 수리, 디지털 소양 등을 기초 소양으로 하여 교육 전반에서 강조하고, 디지털 문해력 리터러시 및 논리력, 절차적 문제해결력 등 함양을 위해 다양한 교과 특성에 맞게 디지털 기초 소양 반영 및 선택과목을 신설했다.

둘째, 학생들 개개인의 인격적 성장을 지원하고 구성원 모두의 행복을 위해 공동체 의식을 강화한다. 기후·생태환경 변화 등에 대한 대응 능력 및 지속가능성 등 공동체적 가치를 함양하는 교육을 강조하고, 다양한 특성을 가진 학생이 차별받지 않도록 지원하고, 지역·학교 간 교육 격차를 완화할 수 있는 지원 체제를 마련하였다.

셋째, 학생들이 자신의 진로와 학습을 주도적으로 설계하고, 적절한 시기에 학습할 수 있도록 학습자 맞춤형 교육과정을 마련한다. 지역 연계 및 학생의 필요를 고려한 선택과목을 개발·운영할 수 있도록 학교 자

율시간을 도입하고, 학교급 간 교과 교육과정 연계, 진로 설계 및 탐색 기회 제공, 학교생활 적응을 지원하는 진로연계교육의 운영 근거를 마련하였다.

넷째, 학생이 주도성을 기초로 역량을 기를 수 있도록 교과 교육과정을 마련한다. 교과별로 꼭 배워야 할 핵심 아이디어를 중심으로 학습량을 적정화하고, 학생들이 경험해야 할 사고, 탐구, 문제해결 등의 과정을 학습 내용으로 명료화하여 교수·학습 및 평가 방법을 개선하였다.

우리 학생들은 CHAT GPT가 글쓰기도 진로설계도 해주는 시대에 살고 있습니다. 2022 개정 교육과정의 발표 전문에서 우리가 눈여겨봐야 할 키워드는 디지털 문해력 리터러시 과 자기주도성입니다. CHAT GPT가 인간보다 글쓰기도 잘하고 논리력도 뛰어나다고 하지만 인간은 '생각하는 갈대'라서 위대합니다.

프랑스의 사상가 B. 파스칼은 『팡세』의 서두에서 "인간은 자연 가운데서 가장 약한 하나의 갈대에 불과하다. 그러나 그것은 생각하는 갈대이다"라고 말했습니다. 인간은 넓고 넓은 대자연에서 하나의 갈대처럼 가냘픈 존재에 불과하지만 스스로 생각하기 때문에 이 우주를 포용할 수도 있을 만큼 위대합니다. AI가 인간의 일자리까지 위협하는 CHAT GPT 시대에도 우리 학생들은 무엇보다 디지털 문해력 리터러시 과 자기주도성을 길러야 합니다. 2022 개정 교육과정은 우리 학생들에게 자기주도성을 바탕으로 한 독서와 토론, 글쓰기를 요구하고 있습니다. AI가 인간의 일자리까지 위협하는 미래 사회에 학생 스스로 대응할 수 있도록 자신의 진로와 학습을 자기주도적으로 설계하는 것이, 바로 2022 개정 교육과정의 목표입니다. 그러기 위해 무엇보다 필요한 것이, 자기주도성을 바탕으로 한 독서와 토론, 글쓰기입니다.

앞으로 2022 개정 교육과정에 따라 고등학교 교과는 이렇게 달라집니다. 2022 개정 교육과정은 '학점 기반 선택 교육과정'으로 명시하고 한 학기에 과목 이수와 학점 취득을 완결할 수 있도록 했습니다. 학기 단위 과목 운영에 따라 과목의 기본학점을 4학점 체육, 예술, 교양은 3학점 으로 조정하고 증감 범위도 ±1로 개선하여 학생이 진로에 적합한 과목을 스스로 선택해 이수할 수 있도록 개선했습니다. 자율적 과목 선택 이수, 자기주도적 공강 활용 등 자기주도적으로 학습하도록 한 것입니다.

또 진로와 적성을 중심으로 비판적 질문, 실생활 문제해결, 주요 문제 탐구 등을 위해 글쓰기, 주제 융합 수업 등 융합 선택과목을 신설했습니다. 특수목적고에서 개설되었던 전문 교과 I을 일반고 학생들도 진로와 적성에 따라 선택할 수 있도록 보통교과로 통합했습니다. 앞으로 고등학교 구조 개선안에 따라 특목고 선택과목은 변경될 수 있습니다. 고등학교 구조 개선안은 다음과 같습니다.

고등학교 교과 구조 개선안

공통과목	일반 선택과목	진로 선택과목	융합 선택과목
기초소양 및 기본학력 함양, 학문의 기본이해 내용과목	교과별 학문 영역 내의 주요 학습 내용 이해 및 탐구를 위한 과목	교과별 심화 학습 및 진로 관련 과목	교과 내·교과간 주제 융합 과목, 실생활 체험 및 응용을 위한 과목

	〈현행〉			〈개편 방안〉		

〈현행〉

교과	과목
보통	공통과목
	일반선택과목
	진로선택과목
전문	전문교과 I (특목고)
	전문교과 II (특성화고)

→

〈개편 방안〉

교과	과목		과목 성격
보통	공통과목		기초소양 및 기본학력 함양, 학문의 기본 이해 내용 과목 (학생 수준에 따른 대체 이수 과목 포함)
	선택 과목	일반 선택	교과별 학문 내의 분화된 주요 학습 내용 이해 및 탐구를 위한 과목
		융합 선택	교과 내·교과 간 주제 융합 과목, 실생활 체험 및 응용을 위한 과목
		진로 선택	교과별 심화학습(일반선택과목의 심화 과정) 및 진로 관련 과목
전문	전문공통		직업세계 진출을 위한 기본과목
	전공일반		학과별 기초 역량 함양 과목
	전공실무		NCS 능력단위 기반 과목

2022 개정 교육과정은 고교학점제가 적용됩니다. 현 중2 학생들부터는 대학에서 학점을 이수하듯이 학점을 이수해야 합니다. 고등학교 시간 학점 배당 기준은 다음과 같습니다. 1학점은 50분 기준으로 하여 16회를 이수하는 수업량입니다. 공통과목은 기본학점이 4학점이며, 1학점 범위 내에서 감하여 편성 운영할 수 있지만 한국사와 과학탐구실험은 증감 없이 편성 운영하는 것을 원칙으로 합니다. 국어, 수학, 영어 교과의 이수 학점의 총합은 81학점을 초과하지 않도록 하며, 교과 이수 학점이 174학점을 초과하는 경우에는 초과 이수 학점의 50%를 넘지 않도록 해야 합니다.

창의적 체험활동의 학점 수는 최소 이수 학점이며, 다음 표에서 ( ) 안의 숫자는 이수 학점을 시간 수로 환산한 것입니다. 총 이수 학점 수는 고등학교 졸업을 위해 3년간 이수해야 할 최소 이수 학점을 의미합니다.

대학에서 최소 이수 학점을 받아야 졸업할 수 있는 것과 마찬가지죠.

2022 개정 교육과정의 이수 학점

교과 (군)	2022 개정 교육과정			2015 개정 교육과정		
	공통 과목	필수 이수학점	자율 이수학점	공통 과목 (기준단위)	필수 이수학점	자율 이수 학점
국어	공통국어1, 공통국어2	8	학생의 적성과 진로를 고려하여 편성	국어(8)	10	학생의 적성과 진로를 고려하여 편성
수학	공통수학1, 공통수학2	8		수학(8)	10	
영어	공통영어1, 공통영어2	8		영어(8)	10	
사회 (역사/ 도덕 포함)	한국사1, 한국사2	6		한국사(6)	6	
	통합사회1, 통합사회2	8		통합사회(8)	10	
과학	통합과학1, 통합과학2 과학탐구실험1, 과학탐구 실험2	10		통합과학(8) 과학탐구실험 (2)	12	
체육		10			10	
예술		10			10	
기술· 가정/ 정보/ 제2외 국어/ 한문/ 교양		16			16	
소계		84	90		94	86
창의적 체험 활동	18(288시간)			24(408시간)		
총 이수 학점	192			204		

고등학교 보통 과목과 선택 과목의 구성

교과	공통 과목	선택 과목		
		일반 선택	진로 선택	융합 선택
국어	공통국어1 공통국어2	화법과 언어, 독서와 작문, 문학	주제 탐구 독서, 문학과 영상, 직무 의사소통	독서 토론과 글쓰기, 매체 의사소통, 언어생활 탐구
수학	공통수학1 공통수학2 기본수학1 기본수학2	대수, 미적분Ⅰ, 확률과 통계	기하, 미적분Ⅱ, 경제 수학, 인공지능 수학, 직무 수학	수학과 문화, 실용 통계, 수학과제 탐구
영어	공통영어1 공통영어2 기본영어1 기본영어2	영어Ⅰ, 영어Ⅱ, 영어 독해와 작문	영미 문학 읽기, 영어 발표와 토론, 심화 영어, 심화 영어 독해와 작문, 직무 영어	실생활 영어 회화, 미디어 영어, 세계 문화와 영어
사회 (역사/ 도덕 포함)	한국사1 한국사2 통합사회1 통합사회2	세계시민과 지리, 세계사, 사회와 문화, 현대사회와 윤리	한국지리 탐구, 도시의 미래 탐구, 동아시아 역사 기행, 정치, 법과 사회, 경제, 정치, 법과 사회, 경제, 윤리와 사상, 인문학과 윤리, 국제 관계의 이해	여행지리, 역사로 탐구하는 현대 세계, 사회문제 탐구, 금융과 경제생활, 윤리문제 탐구, 기후변화와 지속가능한 세계
과학	통합과학1 통합과학2 과학탐구실험1 과학탐구실험2	물리학, 화학, 생명과학, 지구과학	역학과 에너지, 전자기와 양자, 물질과 에너지, 화학 반응의 세계, 세포와 물질대사, 생물의 유전, 지구시스템과학, 행성우주과학	과학의 역사와 문화, 기후변화와 환경생태, 융합과학 탐구
체육		체육1, 체육2	운동과 건강, 스포츠 문화*, 스포츠 과학*	스포츠 생활1, 스포츠 생활2
예술		음악, 미술, 연극	음악 연주와 창작, 음악 감상과 비평, 미술 창작, 미술 감상과 비평	음악과 미디어, 미술과 매체
기술· 가정 /정보		기술·가정	로봇과 공학세계, 생활과학 탐구	창의 공학 설계, 지식 재산 일반, 생애 설계와 자립*, 아동발달과 부모
		정보	인공지능 기초, 데이터 과학	소프트웨어와 생활

제2외국어/한문	독일어, 프랑스어, 스페인어, 중국어, 일본어, 러시아어, 아랍어, 베트남어	독일어 회화, 프랑스어 회화, 스페인어 회화, 중국어 회화, 일본어 회화, 러시아어 회화, 아랍어 회화, 베트남어 회화	독일어권 문화, 프랑스어권 문화, 스페인어권 문화, 중국 문화, 일본 문화, 러시아 문화, 아랍 문화, 베트남 문화
		심화 독일어, 심화 프랑스어, 심화 스페인어, 심화 중국어, 심화 일본어, 심화 러시아어, 심화 아랍어, 심화 베트남어	
	한문	한문 고전 읽기	언어생활과 한자
교양	진로와 직업, 생태와 환경	인간과 철학, 논리와 사고, 인간과 심리, 교육의 이해, 삶과 종교, 보건	인간과 경제활동, 논술

＊표시한 과목의 기본학점은 2학점이며, 1학점 범위 내에서 감하여 편성·운영할 수 있다.

2025년부터 전면 적용되는 고교학점제

고교학점제는 학생들이 기초 소양과 기본 학력을 바탕으로 진로 적성에 따라 과목을 선택하고, 이수 기준에 도달한 과목에 대해 학점을 취득하여 졸업하는 제도입니다. 2022 개정 교육과정은 2025년 3월에 고등학교에 입학하는 현 중2 학생부터 적용되지만, 고교학점제는 이미 2020년 마이스터고에, 2022년 특성화고에 도입되었습니다. 일반계고등학교도 2022년부터 2024년까지 단계적으로 적용되어 2025년 고등학교 입학생부터는 전면 적용됩니다.

2023년부터 2024년까지는 수업량 적정화 204단위 → 192학점, 공통과목 최소 학업 성취 수준 보장 지도 등 고교학점제 요소를 단계적으로 적용하게 됩니다. 2022년 12월 22일 '2022 개정 교육과정'이 고시되었지만 아직까지는 세부적인 시행사항들을 논의하는 중입니다. 현장 교사들이나 학교 관계자 사이에서 정부가 발표한 '2022 개정 교육과정'을 실천하기 힘들다는 의견이 도출되어 일정 부분 당초 계획이 변경될 수도 있겠지만 현재까지 발표된 내용은 다음과 같습니다.

고교학점제 단계적 이행 로드맵

고교학점제 단계적 이행 로드맵	기반 마련	운영체제 전환	제도의 단계적 적용		고교학점제 전면 적용
	~2021년	2022년	2023년	2024년	2025년~
수업량 기준	단위	단위 (특성화고: 학점)	학점		학점
총 이수학점	1~3학년 204단위	1학년 204단위 2학년 204단위 3학년 204단위	1학년 192학점 2학년 204단위 3학년 204단위	1학년 192학점 2학년 192학점 3학년 204단위	1학년 192학점 2학년 192학점 3학년 192학점
연구·선도학교 비중*	55.9%	84%	95%	100%	고교학점제 안정적 운영
책임교육	준거 개발	교원 연수 시도·학교 준비	공통과목(국어, 수학, 영어) 최소 학업성취수준 보장 지도		전 과목 미이수제 도입
평가제도	진로선택과목 성취평가제 (공통, 일반선택과목 9등급 병기)				모든 선택과목 성취평가제 (공통과목 9등급 병기)

2025년에 고1이 되는 현 중2 학생부터는 고교학점제 전면 적용에 대비해야 합니다. 1학년부터 3학년까지 매 학년마다 192학점을 균형 있게 이수해야 합니다.

총 이수학점 적정화에 따른 학교 교육과정 편성·운영 방향 안

- (균형 이수) 3년간 192학점을 균형 있게 취득하도록 학기별 수업량을 고르게 편성
- (학생 선택과목 유지) 학생 과목 선택권 확보를 위해 선택과목 수 축소 지양
- (효율적 시간표 운영) 소인수과목, 공동교육과정, 학교 밖 교육 등 일과 중 운영 확대
- (공강 운영 대비) 공강 발생 현황(예 : 학급별, 학생별)에 따른 공강 운영 방안 마련
  - 담당교사·장소 지정, 등교시간 등 학교 일과 준수, 홈베이스·도서관 등 공간 특성에 맞게 운영

현행 교육과정에서 과목 이수 여부와 상관없이 수업일수출석일수를 기준 이상 확보하면 졸업 요건을 충족하는 것과 달리 고교학점제가 전면 적용되는 2025년부터는 과목별 이수 기준에 도달해야만 학점 취득 및 졸업 요건을 충족할 수 있게 됩니다.

고교학점제가 전면 시행되는 2025년부터는 과목별 이수 기준 요건을 충족해야만 해당 과목을 이수할 수 있습니다. 과목출석률수업 횟수의 2/3 이상 출석과 학업성취율40% 이상을 충족해야만 해당 과목을 이수할 수 있습니다.

고교학점제 과목출석률과 학업성취율

2025년부터 전면 도입되는 고교학점제에서는 과목별로 학업성취율 40% 미만일 경우 해당 과목을 미이수한 것으로 간주하게 됩니다. 학업성취율이 40% 미만인 경우 미이수ㅣ가 되어 학점을 취득하지 못할 수 있으므로 학교에서는 학생에게 미이수 예방 및 보충지도를 실시하게 됩니다.

고교학점제 학업성취도

〈현행〉

성취율	성취도
90% 이상	A
80% 이상~90% 미만	B
70% 이상~80% 미만	C
60% 이상~70% 미만	D
60% 미만	E

➡

〈향후(2025~)〉

성취율	성취도	
90% 이상	A	
80% 이상~90% 미만	B	
70% 이상~80% 미만	C	
60% 이상~70% 미만	D	
40% 이상~60% 미만	E	↑이수
40% 미만	I	↓미이수

2028학년도 대입, 어떻게 달라질까?

2025년에 고등학교에 입학하는 현 중2 학생들은 2022 개정 교육과정과 고교학점제를 적용받게 됩니다. 그런데 이 교육과정이 성공적으로 정착하기 위해서는 대학입시 제도와 실질적으로 연계되어야 할 것입니다. 정작 신입생을 선발하는 대학들이 이 교육과정과 연계된 신입생 선발 기준을 어떻게 마련하는지가 관건입니다.

2015 개정 교육과정에서 가장 강조한 점은 문·이과 통합이었습니다. 이전에도 문과와 이과의 구분이 없는 교육과정이라고 했지만, 수능에서

수학이 가형과 나형으로 구분되고, 탐구는 사탐과 과탐으로 구분되어 있었기 때문에 교육과정과 달리 문과와 이과로 구분되었습니다. 그런데 2022학년도 수능부터 수학에서 문·이과를 구분하지 않고 성적을 처리하다 보니 자연스럽게 이과 학생들이 급증하게 되었습니다. 소위 '문과침공' 사태가 벌어진 것이죠. 실제 대학입시에서 중요한 역할을 하는 수능의 변화가 전체 대학입시에서 큰 변화를 일으킨 것입니다.

2022 개정 교육과정과 고교학점제에 대해서는 어느 정도 윤곽이 잡혔는데 아직 대입제도가 정해지지는 않았습니다. 2022년 10월 24일부터 2023년 2월 27일까지 4차례에 걸쳐 2028 대입 개편 전문가 포럼이 진행되었습니다. 대학 관계자, 학교 선생님들이 각자의 의견을 이야기하면서 2024년 2월에 확정될 대입 개편안을 만들고 있는 것입니다.

2022 개정 교육과정과 고교학점제를 통해 고등학교에서 학생들을 평가한 내용을 과연 대학들이 어떤 방식으로 반영하고 학생을 선발하게 될지 궁금한데요. 대학입시와 관련해 현재 어떤 논의들을 하고 있는지 알아보겠습니다.

대학입시에서 가장 중요하게 평가되는 전형자료는 학교생활기록부이하 학생부와 대학수학능력시험이하 수능입니다. 그 외에 대학들이 출제하는 대학별고사 논술고사, 면접고사와 예체능계열 학생들이 주로 보는 실기고사가 있는데, 현재 수시 모집에서는 학생부 교과 내지 종합 전형처럼 학생부가 중심이 되는 전형이 다수이고, 정시 모집에서는 수능이 중심이 되는 전형이 다수입니다.

먼저 학교생활기록부 학생부를 보겠습니다. 학생부는 다음 표와 같이 8개 항목으로 구성되어 있습니다. 그중에서 2024학년도부터 수상경력,

2028 대입개편 전문가 포럼

일시		1차 2022.10.24.	2차 2022.11.29.	3차 2023.01.17.	4차 2023.02.27.
장소		성균관대 600주년 기념관	경북대 글로벌플라자	서강대 정하상관	성균관대 600주년 기념관
좌장			송주빈(건국대학교 입학관련처장협의회 회장)		
발표1	주제	2028 대입 개편안을 위한 제안	입학전형별 신입생 특성 및 시사점	대학수학능력시험의 현황 진단	2028학년도 대입제도 개편 방향
	발표자	이상지 (한국대학입학사정 협의회 회장)	박광진 (중앙대 교수, 전 입학처장)	민찬홍 (2021 수능 출제위원장)	조성훈 (숭실대 입학처장)
발표2	주제	2022 대입제도 개편 및 공정성 강화 방안 평가	지역대학의 전형 운영 현황 및 대응 방향	대학수학능력시험의 대입전형 활용 현황	고교학점제 도입과 전형자료 보완방안
	발표자	김윤배 (성균관대 입학처장)	이문영 (원광대 의대 교수)	강경진 (서강대 입사관)	이재헌 (동국대 책임입사관)
발표3	주제	현장에서 바라보는 현행 대입 제도(고교)	고등학교 수시 전형 준비 실태	고등학교 현장의 수능 준비 현황	성취평가제 확대와 학생부 교과전형의 미래
	발표자	한상아 (충북 오송고교 교사)	김진석 (경기 소명여고 교사)	최서희 (중동고 교사)	김민기 (충북대 입학팀장)
발표4	주제	현장에서 바라보는 현행 대입 제도(대학)		절대평가 확대와 고교 현장의 변화	개정 교육과정에 따른 수능개편 방향 제안
	발표자	김경숙 (건국대 책임입사관)		윤재풍 (경기 정민고 교사)	김원석 (인천 하늘고 교사)
발표5	주제				서·논술형 대입 시험의 도입 가능성
	발표자				최숙기 (한국교원대 교수)

독서활동, 자율활동, 동아리활동, 봉사활동 실적 등은 대학입시에 반영되지 않습니다. 학교폭력 관련 내용이 없다면 인적·학적사항은 문제가 없고, 출결 상황도 크게 문제되지 않습니다. 자격증 및 인증 취득 상황도 특성화고 학생이 아니라면 거의 대입에 영향을 주는 항목이 아닙니다.

그렇다면 결국 대학입시에 영향을 주는 항목은 5. 창의적 체험활동 상황이하 창체 중에서 자율활동, 동아리활동, 진로활동이 중요하고, 학급 담임교사가 작성하는 8. 행동특성 및 종합의견이하 행특이 영향력을 발휘합니다. 다만 행특은 학년 말 기재 사항이므로 현역 수시에서는 1학년과 2학년 기록만 평가되고 3학년 기록은 졸업 후 재수를 할 경우에 평가됩니다.

재학생 때 수시 모집에 지원한다면 5. 창체의 3개 항목과 6. 교과 학습 발달 상황이 중요합니다. 특히 과목별로 1,500바이트대략 500~600자를 기록할 수 있는 세특이 가장 중요합니다.

자율활동, 동아리활동, 진로활동, 과목별 세특, 개인별 세특은 기록 방법이 정해져 있습니다. 다만 학생부에 기록되는 과정에서 학교나 선생님에 따라 학생의 의견을 참고하는 방식이 달라 문제가 되기도 합니다.

2024학년도부터 독서활동 항목이 대입에는 반영되지 않지만 최근 학생부 평가에는 독서기록을 활용해 자신의 관심사와 심화활동을 기록하는 내용이 중요하게 활용되고 있습니다. 학생부에는 소논문 기재 금지 사항이 있는데, "수학과제 탐구, 사회문제 탐구, 융합과학 탐구, 과학과제 연구, 사회과제 연구"는 연구보고서소논문 작성이 가능한 과목입니다. 자신의 활동에서 심화된 내용을 강조하고 싶다면 보고서 작성이 가능한 과목을 선택하는 것이 필요합니다.

학생부 항목별 글자 수 및 입력 주체

영역	세부 항목	최대 글자수 (한글 기준)	입력 주체
1. 인적·학적사항	학생 성명	20자	
	주소	300자	
	특기사항	500자	
2. 출결상황	특기사항	500자	학급담임교사
3. 수상경력	수상명	100자	
	참가대상(참가인원)	25자	
4. 자격증 및 인증 취득상황	명칭 또는 종류	100자	
5. 창의적 체험활동상황	자율활동 특기사항	500자	학급담임교사
	동아리활동 특기사항	500자	해당 동아리 담당교사
	진로활동 특기사항	700자	학급담임교사
	봉사활동 실적 활동내용	250자	
6. 교과학습발달상황◆	과목별 세부능력 및 특기사항	과목별 500자	교과담당교사
	개인별 세부능력 및 특기사항	500자	학급담임교사
7. 독서활동상황◆	공통	500자	학급담임교사
	과목별	250자	교과담당교사
8. 행동특성 및 종합의견◆	행동특성 및 종합의견	500자	학급담임교사

◆ 최대 글자 수 기준은 학년 단위임.
※ 교육정보시스템에서 입력 글자의 단위는 바이트(Byte)이며, 한글 1자는 3Byte, 영문·숫자 1자는 1Byte, 엔터(Enter)는 2Byte임.

학생부의 서술형 항목은 교사가 직접 관찰·평가한 내용을 근거로 입력하며, 학교 교육계획에 따라 실시한 교육활동 중 교사 지도에 따라 학생이 직접 작성한 자료는 활용할 수 있습니다. 학생부 기재 요령에는 '학생평가 및 평가 결과에 근거한 학교생활기록부 기재는 교사의 고유 권한으로, 학생이나 학부모 등으로부터 학칙 및 관리지침에 반하는 내용을 전달받아 작성하는 경우 부정 청탁에 해당할 수 있다'라고 되어 있습니다.

학교 교육계획에 따라 실시한 교육활동 중 교사 지도 하에
학생이 직접 작성한 자료로 학생부 기재 시 활용 가능한 자료는 아래 사례로 한정함.
① 동료평가서 ② 자기평가서 ③ 수업산출물(수행평가 결과물 포함)
④ 소감문 ⑤ 독후감

학생이 직접 작성한 자기평가서와 소감문, 독후감은 모두 학생이 스스로 쓰는 글쓰기와 관련된 것입니다. 엄밀히 말해서 교사는 이 글들을 토대로 학생을 평가하고 학생부를 작성하는 것입니다. 그러니 여전히 독서와 글쓰기가 중요할 수밖에 없습니다.

대학수학능력시험수능은 1993년부터 시작되어 30년 동안 대학입시에서 중요한 전형 요소로 자리 잡고 있습니다. 여러 차례 변화되다가 2015 개정 교육과정이 실시되면서 2022년도 수능부터 현재 방식으로 출제되고 있습니다. 특별한 문제가 없는 한 2027학년도까지는 현행 방식이 유지됩니다.

수능 성적은 모든 영역이 9등급으로 표기되는데 국어, 수학, 탐구는 상대평가이고, 영어, 한국사필수, 제2외국어/한문은 절대평가입니다.

경기불황에도 사교육 시장은 불황을 모른다고 합니다. 지금 이 순간에도 대치동 학원가는 학생들이 넘쳐나고 있지만 '수능-EBS 연계'라는 말이 있습니다. 수능 문제 중 상당수는 EBS 연계 교재 및 강의를 활용해 출제됩니다. 수험생이 EBS 연계 교재 및 강의 내용을 충실히 이해하면 수능에서 좋은 성적을 받을 수 있습니다. 실제로 수능은 당해 연도 고

현행 수능의 체제

영역 구분		문항 수	문항 유형	배점 문항	배점 전체	시험 시간	출제 범위(선택과목)
국어		45	5지선다형	2,3	100점	80분	·공통과목: 독서, 문학 ·선택과목(택 1): 화법과 작문, 언어와 매체 ·공통 34문제(76점), 선택 11문제(24점)
수학		30	5지선다형, 단답형	2,3,4	100점	100분	·공통과목: 수학I, 수학II ·선택과목(택 1): 확률과 통계, 미적분, 기하 ·공통 22문제(74점), 선택 8문제(26점) ·단답형 9문제(공통7+선택2) 포함
영어		45	5지선다형 (듣기 17문항)	2,3	100점	70분	영어I, 영어II를 바탕으로 다양한 소재의 지문과 자료를 활용하여 출제
한국사 (필수)		20	5지선다형	2,3	50점	30분	한국사를 바탕으로 우리 역사에 대한 기본 소양을 평가하기 위한 핵심 내용 중심으로 출제
탐구	사회 과학 탐구	과목당 20	5지선다형	2,3	과목당 50점	과목당 30분	생활과 윤리, 윤리와 사상, 한국지리, 세계지리, 동아시아사, 세계사, 경제, 정치와 법, 사회·문화 물리학I, 화학I, 생명과학I, 지구과학I, 물리학II, 화학II, 생명과학II, 지구과학II 17개 과목 중 최대 택 2
	직업 탐구	과목당 20	5지선다형	2,3	과목당 50점	과목당 30분	1과목 선택: 농업 기초 기술, 공업 일반, 상업 경제, 수산·해운 산업 기초, 인간 발달 중 택 1 2과목 선택: 성공적인 직업생활 + 위 5개 과목 중 택1
제2외국어 /한문		과목당 30	5지선다형	1,2	과목당 50점	과목당 40분	독일어I, 프랑스어I, 스페인어I, 중국어I, 일본어I, 러시아어I, 아랍어I, 베트남어I, 한문I 9개 과목 중 택 1

대치동 글쓰기

등학교 3학년 대상 EBS 수능 교재 중 한국 교육과정 평가원이 감수한 EBS 연계 교재와 이를 이용해 EBS에서 강의한 내용 중에서 50%가량 출제됩니다. 실제 수능의 50%가 EBS 연계 교재나 강의에서 본 친숙한 지문이나 자료, 개념이나 원리, 문항 등을 활용해 출제되는 것입니다. 대치동이 아니라 지방 학교에 다니면서도 수능 만점을 받는 학생들이 나오는 것은, 결코 우연이 아닌 것 같습니다. 일타강사의 수업도 중요하겠지만 EBS 연계 교재와 강의를 소홀히 해서는 안 되는 이유입니다.

그런데 대학입시에서 학생부와 수능뿐만 아니라 논술고사, 면접고사, 실기고사 등을 평가하지만, 대학에서는 실질적으로 성적표를 제공하지 않고 최종적으로 합격, 불합격만 통보합니다. 학생부의 내신성적과 수능 성적은 성적표를 받기 때문에 자신의 성적을 확인할 수 있지만 대학입시는 이것들뿐만 아니라 논술고사, 면접고사 등을 종합적으로 평가해 합격과 불합격을 결정합니다. 하지만 학생은 자신이 무엇 때문에 합격했는지 불합격했는지를 알 수 없으니 답답할 노릇입니다. 그러니 학생부와 내신, 수능뿐 아니라 논술과 면접 등도 두루두루 신경 쓸 수밖에 없습니다.

우리 학생들은 현행 수능의 절대평가와 상대평가에 대한 불만도 큰 것 같습니다. 절대평가는 일정 수준의 기준을 넘으면 등급을 부여하는 평가 방식이고, 상대평가는 집단 내에서 순위를 정하는 평가 방식입니다. 예를 들면 90점 이상을 A라고 한다면 절대평가이고, 4% 이내를 1등급이라 하면 상대평가입니다. 상대평가에서는 시험이 쉬우면 98점 이상이어야 1등급이 될 수도 있지만 시험이 어려우면 85점까지도 1등급이 될 수도 있습니다. 절대평가에서는 시험의 난이도와 상관없이 90점 이상이면 A를 받을 수 있습니다.

교과성적 성적표기 방법 2015 개정 교육과정

구분		원점수/과목평균			성취도			비고
		원점수	과목평균	표준편차	성취도	수강자수	석차등급	
보통교과	공통과목	O	O	O	5단계	O	O	• (성취도 3단계) 과학탐구실험 ※ 과학탐구실험은 석차등급 미산출
	일반선택과목 — 기초/탐구/생활·교양	O	O	O	5단계	O	O	• 교양 교과(군) 제외
	체육·예술	-	-	-	3단계	-	-	• 수강자수 입력하지 않음.
	진로선택과목 ※기초/탐구/생활·교양·교양/체육·예술	O	O	※성취도별 분포 비율 입력	3단계	O	-	• 진로선택으로 편성된 '전문교과 I·II' 포함 • 교양 교과(군) 제외 • '석차등급' 및 '표준편차' 삭제, '성취도별 분포비율' 입력
전문교과		O	O	O	5단계	O	O	• (성취도 3단계) 응합과학탐구, 과학과제연구, 물리학실험, 화학실험, 생명과학실험, 지구과학실험, 사회탐구방법, 사회과제연구
보통교과 및 전문교과 중 수강자수 13명 이하인 과목		O	O	O	교과(군)별 3단계 또는 5단계	O	또는 'O등급'	
학교 간 공통교육과정 과목		O	O	O	교과(군)별 3단계 또는 5단계	O		

44

현재 논의되고 있는 2022 개정 교육과정에서는 1학년 때 배우는 공통과목만 9등급제의 상대평가를 하고, 2학년 이후에 배우는 선택과목은 모두 절대평가를 하는 것으로 예고되어 있습니다. 2015 개정 교육과정에서는 앞의 표와 같이 과목에 따라 성적표기가 달라지는데, 석차 등급이 표기되는 과목은 상대평가를 하는 것이고 성취도만 표기되는 과목은 절대평가를 하는 것입니다. 상대평가인 석차 등급은 9등급제를 기본으로 적용합니다. 또 집단의 인원에 따라 1등급을 받을 수 있는 인원이 달라집니다.

상대평가 석차등급 인원 부여 수강자 수 178명인 경우

구분	1등급	2등급	3등급	4등급	5등급
누적비율	4%	11%	23%	40%	60%
누적인원	7.12	19.58	40.94	71.2	106.8
반올림값	7	20	41	71	107
등급인원	7	13	21	30	36

구분	6등급	7등급	8등급	9등급
누적비율	77%	89%	96%	100%
누적인원	137.06	158.42	170.88	178
반올림값	137	158	171	178
등급인원	30	21	13	7

2015 개정 교육과정에서는 학생부에 교과성적이 다음과 같이 표기됩니다. 석차등급이 표기되는 과목은 상대평가를 하는 것이고, 석차등급 없이 성취도와 성취도별 분포비율만 표기되는 과목은 절대평가 과목입니다.

교화학습발달상황

학기	❶교과	과목	단위수	원점수/ 과목평균 (표준편차)	성취도 (수강자수)	석차등급	비고
이수단위 합계							
과목			❷세부능력 및 특기사항				

〈진로 선택 과목〉

학기	❶교과	과목	단위수	원점수/ 과목평균	성취도 (수강자수)	성취도별 분포비율	비고
이수단위 합계							
과목			❷세부능력 및 특기사항				

　수능에서는 국어, 수학, 탐구는 9등급 상대평가를 하고 등급별 비율은 내신 9등급제와 동일한 비율이 적용됩니다. 영어와 한국사는 2018학년도부터 절대평가로 변경되었고, 제2외국어/한문은 2022학년도부터 적용되었습니다.

　절대평가인 영어, 한국사, 제2외국어/한문은 등급만 표기되고, 상대평가인 국어, 수학, 탐구는 표준점수, 백분위, 등급이 표기됩니다. 학생들이 알기 쉬운 원점수는 성적표에 표기하지 않으므로 대학입시에서도 반영되지 않습니다.

국어, 수학, 탐구 등급별 기준 비율 = 상대평가

등급	1	2	3	4	5	6	7	8	9
기준비율	4%	7%	12%	17%	20%	17%	12%	7%	4%
누적인원	4%	11%	23%	40%	60%	77%	89%	96%	100%

영어, 한국사, 제2외국어/한문 등급 분할 원점수 = 절대평가

등급	과목	1	2	3	4	5
분할기준 (원점수)	한국사	50~40	39~35	34~30	29~25	24~20
	영어	100~90	89~80	79~70	69~60	59~50
	제2외국어/한문	50~45	44~40	39~35	34~30	29~25

등급	과목	6	7	8	9
분할기준 (원점수)	한국사	19~15	14~10	9~5	4~0
	영어	49~40	39~30	29~20	19~0
	제2외국어/한문	24~20	19~15	14~10	9~0

2023학년도 대학수학능력시험 성적통지표 예시

수험번호	성 명		생년월일	성별	출신고교 (반 또는 졸업 연도)	
12345678	홍 길 동		04.09.05.	남	한국고등학교 (9)	
영역	한국사	국어	수학	영어	탐구	제2외국어/한문
선택과목		화법과 작문	확률과 통계		윤리와 사상	지구과학 I	독일어 I
표준점수		131	131		53	64	
백분위		96	92		58	90	
등 급	2	1	2	1	5	2	2

　우리나라 정부에는 부총리가 2명 있습니다. 경제와 교육을 담당하는 부총리들이 있습니다. 교육은 경제 못지않게 중요한데, 새롭게 달라질 대입제도는 대학, 고등학교 교사, 학생, 학부모 등 관련자들의 다양한 의견뿐만 아니라 변별력, 공정성, 사교육의 영향 등까지 고려하면서 결정해야 하므로 쉽게 결정될 것 같지는 않습니다. 하지만 법적으로 2024년 2월

말까지는 교육부가 결정해야 합니다. 현재 교육 전문가들은 교육부에 다음과 같이 2028 대입제도 개편안을 제안하고 있습니다.

교육 전문가가 제안하는 2028 대입제도 개편안

구분	시나리오1	시나리오2	시나리오3
대입 전형 체계	• 대입전형표준화 체계 (2+4) 유지 • 수시·정시 유지 • 모집단위별 선발	• 대입전형표준화 체계 (4+2) 재편성 : 학생부종 합, 학생부교과, 논술, 실기 • 수시·정시 통합 • 모집단위별 선발	• 대입전형 유형 재편성 (대입전형 유형 미제시) – 대학 자율 • 수시·정시 통합 • 모집인원 유동제
대입 전형 요소	• 수능 상대평가 유지 • 학생부 서류평가 대학별 고사(논술, 면접, 실기) • 수능위주전형 유지	• 수능 전 영역 절대평가 • 수능의 범위 : 공통 또는 공통+일반선택 • 수능 시기 : 2학년 2학기 말부터 응시 가능 • 학생부 서류평가 • 대학별고사(논술, 면접, 실기)	• 수능 전 영역 절대평가 • 전형요소 (학생부서류평가, 논술, 면접, 실기, 수능 등) 조합을 대학별로 제시 • 대학별 전형 간소화 (1개 또는 2개로 진행)
특징	• 기존의 대입과 유사하여 혼란이 적음. • 대입전형에서 정량평가와 정성평가 병행 • 수시와 정시 비율에 관한 논의 지속 • 공정성 논의 지속	• 수능은 변별력보다는 대 입지원 자격화 시험 • 대입전형에서 정성평가 확대 • 교과 선택 이력 및 교사의 기록이 중요해짐. • 전형 시기 : 11월 초부터 진행 • 지원횟수 총 5회	• 전형 시기를 11월 초부터 진행, 지원횟수 총 5회 • 대입전형에서 정성평가 확대 • 계열별 총 선발인원만 제시

*출처 : 고교학점제 시행에 따른 대입전형 연계 방안 연구(김무봉 외, 2019)

수능이 절대평가가 되어 자격고사가 되면 변별력이 낮아지는데, 2022 개정 교육과정에서 공통과목을 제외한 선택과목들은 모두 성취도평가 절대평가를 하게 됩니다. 결국 대학들은 상위권 학생들의 변별력 확보를

기관이 제안하는 2028 대입제도 개편안

구분	수시와 정시 통합	수시와 정시 이원화	현 체제에서 개선
안	[수시+정시] 통합 [학생부+수능(+면접)] 통합	[수시] 학생부(60~100%)+ 수능(0~40) [정시] 수능(60~100%)+학생부(0~40)	[수시1] 교과(공통+선택과목) [수시2] 종합(공통+선택과목+ 서류) [정시] 수능(공통+선택)
기본 방향	• 전형시기의 단순화 • 전형요소의 통합화 • 학생부 성취평가 • 수능 절대평가	• 수시의 단순화(교과+ 종합) • 전형요소를 학생부와 수능으로 공통 요소화 • 고교 교육 정상화와 대학 자율성을 고려하여 학생부와 수능의 반영 비율 설정	• 현 체제의 유지 • 고교 교육과정의 공통과 선택과목 체제를 학생부전형과 수능 전형에 연계 • 수능I(공통과목)은 2학년 이후 실시, 수능II(선택)는 3학년 이후 실시 • 고교학점제에 따른 교육결과를 대학이 자율적으로 선택
주요 내용	• 모집시기는 수능 발표 후(1차, 2차, 3차) • 전형자료는 학생부와 수능, 필요한 경우 면접, 실시 등 추가 • 전형자료 활용 비율은 학생부 반영 40% 이상, 다른 전형 자료 활용비율은 대학 자율 • 학생부 성취평가 (공통과목 9단계, 선택과목 5단계) • 수능 절대평가 (전 과목 5단계, 공통과목과 일반선택 과목 대상)	• 수시의 교과전형과 학생부종합전형을 학생부전형으로 통합 • 학생부 반영 요소를 교과 학업성취도 및 과목별 세특, 창체 일부로 간소화 • 학생부 반영의 공통 요소화 및 전공별 핵심 권장과목 설정 • 기존 수능 최저기준 반영 방식을 수능 반영 비율로 변경	• 전형자료의 성격은 공통요소와 선택요소 • 공통요소의 이수 및 결과를 대학 수학의 최소 요건으로 반영 • 학생부 성취평가를 그대로 반영(공통과목 9단계, 선택과목 5단계) • 수능은 원점수를 기반으로 하되, 대학이 자체적으로 절대평가화하여 사정 • 공통과목에 한해 수능 2회 응시 가능(고2, 고3)

＊출처 : 고교학점제에 따른 대입제도 개편 방안 기본연구 2022-5(김기수 외, 2022) 경기도 교육원

위해 논술, 면접 등의 대학별고사를 실시하려고 할 것입니다.

현재 진행 중인 대학입시에서 공정성을 강조하면서 주요 대학들에 40% 이상 선발하도록 권유하는 수능 위주의 정시모집이 상대평가로 남게 되면, 2022 개정 교육과정이나 고교학점제가 제대로 자리를 잡지 못하게 될까 우려되는 것입니다. 그런데 성취평가제의 내신 절대평가는 학교별로 내신 부풀리기가 있는 경우 대학들 입장에서는 내신 정량평가를 하는 학생부교과전형도 변별력이 낮아질 수 있습니다.

교육 전문가가 제안하는 2028학년도 수능 개편안

구분	필수과목+ 일반선택과목 구성	일반선택과목 구성	수능 I, II로 이원화
필수과목 이수시기	1학년 1~2학기	1학년 1학기	1학년 1~2학기
일반 선택과목 이수시기	2학년 1학기~ 3학년 1학기	1학년 2학기~ 3학년 1학기	2학년 1학기~ 3학년 1학기
수능 필수과목 포함 여부	○	×	○(수능I)
수능 일반선택 과목 포함 여부	○	○	○(수 II) :필요한 학생만 응시
수능 평가체제	절대평가+상위권 변별기제 포함	절대평가+ 상위권 변결기제 포함	수능I : 절대평가 수능II : 상대평가
수능 결과 활용	수시 및 정시 전형자료	수시 및 정시 전형자료	수능I : 수시 및 정시 전형자료 수능II : 정시 전형자료

*출처 : 김진숙 외(2021) 고교학점제 도입을 위한 고등학교 교육과정 개선 및 대입제도 개편 방향

현장 교사가 제안하는 2028학년도 수능 개편안

구분	수능의 공통 과목화	수능의 선택 과목화	수능의 탈교과화
제안 요약	• 공통 과목이 교육과정상만 수능 범위로 지정하여 학생의 과목 선택권을 실질적으로 보장 • 수능은 옹어내 그대로 최소한의 대학수학능력만 점검 등	• 현 수능 체제에서의 변화폭을 최소화한 방안으로 기존에 비해 '선택 과목'에 따른 경우의 수를 줄이는 데 초점을 둠.	• 교과 평가를 단위 학교의 정기고사와 수능으로 중복실시를 이유가 없음 창의적 역량을 평가가할 수 있는 학문적 평가 도구로 개발
교과 구성	공통국어, 공통수학, 공통영어, 공통사회, 공통과학	국어, 수학(선택형), 영어, 한국사, 사회/과학(선택형 : 역사, 지리, 사회문화, 윤리, 물리학, 화학, 생명과학, 지구과학 총 8개 중 택1)	(가칭) 언어 이해, 수리 논증, 자료 해석, 창안
내용 수준	각 공통과목을 이수한 학생이라면 반드시 알아야 할 내용	각 교과의 선택과목에서 다루고 있는 전문적인 내용	'지식 습득'이 아닌 '지식의 활용·생산'에 해당하는 내용
성적 산출	모든 학생이 동일한 영역에 응시하므로 표준점수를 활용할 필요가 없음. - 원점수 또는 등급 활용	원점수, 표준점수, 등급 등 모든 지표를 활용할 수 있음.	모든 학생이 동일한 영역에 응시하므로 표준점수를 활용할 필요가 없음. - 원점수 또는 등급 활용
선택지 조합	공통과목 – 절대평가 자격검증 – 선다형	선택과목 – 상대평가 - 선발도구 – 선다형	탈 교과 – 절대평가 자격검증 – 선다형
장점	• 고교학점제 및 2022 개정 교육과정의 취지를 훼손하지 않음. • 옹어 그대로 대학수학능하는 역을 평가할 수 있음. • 선택 과목에 따른 유불리 문제를 해결함.	• 현 수능과 큰 변화가 없기 때문에 학생 및 학부모의 심리적 부담은 줄일 수 있음. • 현재까지 축적된 수능 출제의 노하우를 중요히 살릴수 있음.	• 교과 이기주의에서 벗어나 미래 역량을 측정하는 유의미한 도구로 활용할 수 있음. • 지식의 단순 습득이 아닌 활용 및 생산에 주목하는 수업으로의 변화를 유도할 수 있음.
단점	• 수능의 변별 기능이 저하되기에 타 전형요소와 함께 활용해야 함. • 1학년 때 학습했던 내용을 3학년 때 평가하는 문제가 발생함. • 학력 저하 논쟁이 소모적으로 반복될 가능성이 높음.	• 수능으로 인해 파생되는 다양한 문제들이 지속됨. • 무엇보다 2022 개정 교육과정 및 고교학점제의 취지와 맞지 않음. • 학생들이 짊어져야 할 학업부담이 여전히 큼.	• 학교 현장에서 대비하기 까다로운 형태의 평가 방식 • 각 교과 관련 단체의 반발에 부딪힐 가능성이 높음. • 사교육의 영향력이 확대될 가능성이 높음.

* 출처 : 4차 2028 대입 개편 전문가 포럼 인천하늘고 김원석 교사 제안

이러한 대입제도의 개편안들이 어떻게 반영될지는 아직 확정되지는 않았습니다. 하지만 내신성적의 정량평가 방식의 약화, 수능의 변별력 약화 쪽으로 어느 정도 방향성이 정해진 것 같습니다. 결국 학교교육의 정상화와 2022 개정 교육과정의 정착을 위해 대학입시는 학생부의 기록에 의한 정성평가의 영향력이 다소 커질 수 있습니다. 지금의 학생부종합전형의 요소들이 보다 강화될 전망입니다.

현재 대입에서는 고등학교 1, 2학년 때의 결과에 따라 고3이 되면 수시모집과 정시모집 중에서 유리한 전형을 선택하고, 고3까지 목표한 대학에 진학하지 못하면 정시모집에서 다시 한 번 기회를 얻을 수 있었습니다.

앞으로는 고1, 고2 때의 결과를 역전시킬 수 있는 기회가 줄어들 것입니다. 중학생 때 단순히 국어, 수학, 영어 공부에만 집중하는 전략만 취할 것이 아니라 학생부에 어떤 내용을 기록할 수 있는지 고민해 보고 준비해야 합니다. 자신의 우수함을 증명해야 상위권 대학, 학과에 합격이 가능한 것은 당연합니다. 지금까지는 고1, 고2 때의 결과가 부족하더라도 고3 때 수능과 논술 등에서 충분히 역전을 도모할 수 있었지만, 앞으로는 고1, 고2 때부터 쌓아온 것 학생부이 더 중요해질 것입니다.

2024학년도부터 독서활동 항목이 대입에는 반영되지 않지만 최근 학생부 평가에는 독서기록을 활용해 자신의 관심사와 심화활동을 기록하는 내용이 중요하게 활용되고 있습니다. 학생부 평가에 반영되는 자기평가서와 소감문, 독후감은 모두 학생이 스스로 쓰는 글쓰기와 관련된 것입니다. 엄밀히 말해서 교사는 이 글들을 토대로 학생을 평가하고 학생부를 작성하게 됩니다. 그러니 여전히 독서와 글쓰기가 중요할 수밖에 없습니다.

2.
2028학년도 이후 수능,
논술형 수능이 될 수도 있다고?

뜨거운 감자로 떠오른
'논술형 수능'

2024년 2월로 예정된 2028학년도 대학입시 제도 개편을 앞두고 '논술형' 대입 시험 도입이 논의되고 있습니다. 대학수학능력시험이 바뀌어야 한다고 주장하는 이들은 다섯 개 중에서 하나의 답을 고르는 지금의 오지선다형 객관식 수능이 미래에 필요한 능력을 측정할 수 없다고 지적합니다. 'CHAT GPT' 등 인공지능 AI 이 널리 활용되면서 '답을 찾는 능력'보다는 '질문하는 능력'이 중요해졌기 때문입니다.

교육부는 2028학년도 이후 적용되는 대입 개편 방안을 2024년 2월 발표할 예정입니다. 개편안에는 논술형·서술형 시험 도입이 포함될 수 있습니다. 이번이 아니더라도 장기적으로 논술형 내지 서술형 시험 도입은 불가피해 보입니다. 대입 시험에서 논술형 및 서술형을 적용하는 해외 사례를 통해 우리도 비슷한 방식의 대입 시험을 도입할 수 있을지, 그리고 이러한 방식을 도입하면 무엇을 대비해야 할지 살펴보겠습니다.

논술형·서술형 대입 시험으로 가장 널리 알려진 해외 사례는 프랑스의 '바칼로레아'입니다. '학사'라는 의미의 바칼로레아는 프랑스 대혁명 이후 나폴레옹 보나파르트가 황제로 재위한 1808년부터 시행되었으니, 215년의 전통을 갖고 있습니다.

프랑스 고교생은 매년 6월 일주일간 치러지는 이 시험에서 만점의 절반 이상에 해당하는 점수를 받아야 대학에 진학할 수 있습니다. 2021년부터 도입된 '신新 바칼로레아'는 학생 부담을 줄이기 위해 시험 과목을 줄이고, 구술시험을 강화했으나 큰 틀은 유지하고 있습니다.

바칼로레아는 '생각하는 힘'에 중점을 두고 출제됩니다. 이 시험에는 객관식 문제는 하나도 없고 전부 논술형으로 출제되기 때문입니다. 프랑스어 과목은 두 가지 문제 중 하나를 골라 4시간 동안 글 한 편을 써야 합니다. 예를 들어 17세기부터 현재까지의 프랑스 소설 속 등장인물을 제시하고, 이들이 얼마나 열정적인 사랑을 해야만 독자를 사로잡을 수 있는지 자신의 의견을 쓰는 식입니다.

수학도 서술형입니다. 채점자들은 문제의 답이 아니라 수험생이 기재한 '풀이 과정'을 평가합니다. '시험 범위'라는 전제가 없는 상태에서 다양한 제시문이 나오기에 학생들은 평소에 독서를 하지 않았다면 문제를 푸는 것이 쉽지 않습니다. 책을 읽으면서 내용을 논리적으로 분석하고 자신의 의견으로 소화하는 과정을 거쳐야만 문제를 풀 수 있는 셈입니다.

다른 유럽 국가들도 논술형·서술형 대입 시험을 일반적으로 시행하고 있습니다. 독일 '아비투어'는 문학, 역사, 사회과학, 철학 등의 과목에서 논술·서술형 문항이 출제됩니다. 독일의 대문호 요한 볼프강 괴테의 시詩인 '새로운 사랑, 새로운 삶'을 지문으로 제시한 뒤 사랑에 대한 경험을 어떻게 서술하고 있는지를 분석하는 식입니다. 이탈리아에서도 대학입학을 하기 위해서는 문학, 역사, 시사와 관련된 7개의 주제 중 하나를 선택해 에세이를 써야 합니다. 영국 A레벨도 주어진 지문을 바탕으로 하나의 글을 써내는 방식입니다.

유럽이 논술형·서술형 대입 시험을 다수 채택하는 이유는 다음과 같습니다. 프랑스, 독일 등 철학과 문학의 전통이 오래된 유럽 국가들에서는 '글쓰기'를 지식, 비판적 사고 능력, 의사소통 능력을 평가하는 객관적인 잣대로 여겨 왔습니다. 또 바칼로레아가 처음 도입될 당시에 유행한 계몽주의의 영향을 받았기 때문에 글쓰기를 중시했습니다. 계몽주의 사상가들은 전통적인 권위에 도전하고 이성, 과학, 진보를 추구했는데, 새로운 아이디어를 표현하기를 장려했던 이들의 영향으로 논술형 대입 시험이 자리를 잡았습니다.

반면, 미국 대학수학능력시험SAT은 2021년 6월부터 논술형 방식의 시험인 '에세이 시험'을 폐지했습니다. SAT 주관사인 미국대학위원회는 "학생들의 논문 작성 능력을 입증할 수 있는 다른 방법이 있기 때문에 SAT에서 에세이 시험을 중단하겠다"고 밝혔습니다.

에세이 시험은 2005년 도입됐으며 2016년 선택 사항으로 바뀌었다가, 평가의 공정성 문제가 제기되면서 결국 폐지되었습니다. 객관식처럼 기계적인 평가가 불가능하기 때문에 평가자의 생각이나 선입견 등이 어느 정도 작용할 수 있기 때문입니다. 미국 일간 뉴욕타임스NYT는 "채점

비용을 포함한 관리비 부담이 커진 것도 폐지 이유 중 하나"라고 전했습니다.

에세이 시험이 지나치게 형식화된 글쓰기 방식을 조장한다는 비판도 계속 받아 왔습니다. '시험에 특화된 글쓰기'에만 학생들이 몰두한다는 뜻입니다. 이 때문에 2005~2015년에도 에세이 점수를 반영하지 않는 대학들이 많았습니다.

일본의 경우 2021학년도부터 적용된 '대학입학공통테스트'에서 일본어, 수학에 서술식 문제를 도입할 예정이었으나 무기한 보류했습니다. 한해 50만 명에 달하는 수험생의 답안을 공정하고 정확하게 채점할 수 있느냐는 우려의 목소리가 커졌기 때문입니다. 일본 정부는 민간 회사에 채점을 위탁할 예정이었으나 모의고사 채점 때 학생을 아르바이트로 동원한 상황이 밝혀지면서 논란이 더 커졌습니다. 일본 문부과학성은 "각 대학이 개별적으로 치르는 시험에서 서술식 문제를 활용해 달라"고 한발 물러섰습니다.

논술형·서술형 대입 시험의 본고장인 유럽에서도 평가의 공정성을 두고 논란이 계속되고 있습니다. 역사가 가장 긴 프랑스 바칼로레아는 아직도 공정성 논란이 계속 제기되는 상황입니다. 프랑스 매체 '필로소피 매거진'은 '바칼로레아 철학 시험은 로또인가'라는 제목의 기사로 논술형 시험을 비판했습니다. 채점 과정에서 주관이 개입할 여지가 있으며 채점 기준도 명확하지 않다는 이유입니다. 바칼로레아가 현실과는 동떨어진 채 지나치게 형이상학적인 문제만 출제해 오히려 실용성이 없다는 비판도 나옵니다.

공정성 시비에도 불구하고 논술형·서술형 대입 시험이 꼭 필요하다는 의견이 국내에서 뜨거운 감자로 떠오르고 있습니다. 송진우 서울대 물리교육학과 교수 연구팀은 2022년 '미래형 교육체제 전환에 따른 서·논술형 기반 학교 평가 및 대학입시 개선 방안 연구'에서 "현재 수능은 처음 취지에서 벗어나 교과 학력고사의 성격을 지니고 있다"며 "수학 능력의 측정은 범교과적인 학력을 측정하고 미래 사회에 부합하는 역량을 평가하는 방향으로 재조정돼야 한다"고 했습니다.

홍후조 고려대 교육학과 교수도 "현재 수능은 '대학에서 공부를 할 수 있는 능력이 있는가'를 평가한다는 당초 목적과는 다른 방식으로 운영되고 있다"며 "그동안 채점의 편의를 위해 객관식으로 수학 능력을 평가했으나 탐구라는 공부의 본질은 논술·서술형을 통해서만 제대로 평가할 수 있다"고 말했습니다.

2025학년도부터 '2022 개정 교육과정'이 적용됨에 따라 지금이 객관식 수능 체제를 개편할 적기라는 목소리도 커지고 있습니다. 최숙기 한국교원대 교수는 2023년 제4차 2028 대입 개편 전문가 포럼에서 "2022 개정 교육과정에서는 논술·서술형 평가 비중 확대를 총론과 각론에서 논의하고 있다"며 "고교학점제 시행에 맞춰 수능이 달라져야 한다는 근거를 깔아주는 셈"이라고 말했습니다.

채점의 공정성에 대한 문제는 AI 기술의 발달로 어느 정도 해소할 수 있을 것으로 전망됩니다. 해외에서는 이미 AI가 논술·서술형 과제를 평가하는 시스템을 이용하고 있습니다. 미국 애리조나주립대는 온라인 강의의 에세이를 채점하는 데 '자동 에세이 평가 AES'라는 AI 프로그램을 사용합니다.

그럼에도 불구하고 우리나라에서 논술형·서술형 대입 시험을 도입하기 어렵다는 의견도 있습니다. AI를 활용한 평가를 도입한다고 가정해도 문제가 많다는 이유입니다. 가령, AI가 수험생의 창의적인 답변에 대해 '평균값을 벗어났다'는 이유로 낮은 점수를 줄 수도 있습니다. 송기창 숙명여대 명예교수는 "현재 객관식 수능에서도 정답을 놓고 소송이 벌어지는 상황"이라며 "주관식을 채점할 경우 결과에 승복하지 못하는 수험생과 학부모는 더 많아질 것"이라고 말했습니다.

논술형·서술형 대입 시험을 도입하기에 앞서 초중고 학교 현장의 평가와 수업 방식이 논술·서술형에 맞게 바뀌는 것이 우선되어야 한다는 의견도 있습니다. '학생부종합전형學綜 설계자'로도 불리는 김경범 서울대 서어서문학과 교수전 서울대 입학본부 전형실장는 "고교 내신 평가 체계가 논술·서술형으로 바뀌고, 수업 형태가 사고력을 키우는 방식으로 바뀌지 않는 상태에서 논술·서술형 수능이 도입된다면 사교육 부담만 커질 것"이라고 말했습니다.

우리나라도 국제 바칼로레아를 도입해야 한다고?

앞에서 우리는 프랑스의 '바칼로레아'에 대해 살펴봤는데, 얼마 전부터 우리나라에도 국제 바칼로레아 교육을 도입해야 한다는 의견이 거세지고 있습니다. 국제 바칼로레아IB, International Baccalaureate 교육은 공인된 외부기관에 시험 성적의 평가를 의뢰하는 토론·논술형 교육과정입니다. 스위스에 본부를 두고 있는 비영리 교육기관인 IBO International

Baccalaureate Organization 가 1968년 개발해 전 세계 153개국 4,783개 학교에서 운영되고 있습니다.

IB의 교육과정은 크게 4가지로 나뉩니다. 초등과정 프로그램인 PYP Primary Years Program, 중학과정 프로그램인 MYP Middle Years Program, 고등학교과정 프로그램인 DP Diploma Program, 직업교육과정 프로그램인 CP Career-related Program 가 있습니다. 이들 중에서 핵심은 고등학교과정인 DP입니다. DP과정이 자리 잡으면 PYP와 MYP 등의 과정도 자연스레 자리 잡을 수 있다는 것이 전문가들의 설명입니다.

IBDP International Baccalaureate Diploma Program 는 모국어인 제1언어, 제2언어, 사회, 과학, 수학, 예술 등 6가지 교과학습 영역을 다룹니다. 얼핏 보면 많은 과목을 학습하지 않는 것 같지만 교과학습 영역에서 어떤 과목을 선택하느냐와 어떤 심화과목을 선택하느냐에 따라 다양한 형태로 나뉩니다. 사회 학습영역에는 경영학, 경제학, 지리, 역사, 정보기술, 철학 등의 과목을 선택할 수 있고, 과학 학습영역에서 생물학, 화학, 물리학, 환경학 등을 선택할 수 있습니다.

학생들은 6개 교과학습 영역에서 한 과목씩 총 6개 과목을 선택하되, 3~4개 과목은 '고급 수준'에서 2년 내에 총 240시간의 수업을 받아야 하고, 나머지 과목은 '표준수준'에서 1년 내에 총 150시간의 수업을 받아야 이수할 수 있습니다. 평가 시험은 논술형 서술형 수행평가입니다.

무엇보다 IBDP 프로그램에 참가하는 학생들은 핵심 필수과정인 지식론 Theory of Knowledge, 소논문 Extended Essay, 창의체험활동 Creativity, Activity, Service 을 반드시 이수해야 합니다. 이 과정은 학생들이 지나치게 학습에 치중하다가 놓치기 쉬운 예술활동, 사회봉사활동, 지식에 대한 사고력 함양을 목표로 합니다.

IB교육의 핵심은 평가방법입니다. IBDP에서 평가는 내부평가와 외부평가로 이루어집니다. 내부평가는 학생들이 2년 동안에 걸쳐 학습하는 기간 동안 진행됩니다. 학생들의 프레젠테이션, 프로젝트, 포트폴리오 등을 바탕으로 합니다. 우리나라의 수행평가와 비슷한 방식이지요. 평가는 교과 담당 교사가 진행하되 학교 외부에서 공정성을 확보하는 장치를 마련합니다. 외부시험은 IBDP 프로그램의 마지막 학기에 실시됩니다. 학생들은 재학 중인 학교에서 시험을 치르며 평가는 전적으로 IBO를 통해 진행됩니다. 평가의 공정성을 확보한 셈이지요.

학생들은 선택한 6개 과목 시험에서 각 7점 만점에 4점 이상, 합계 24점 이상을 얻어야 자격을 취득할 수 있습니다. 성적에 대한 판단의 책임은 각국의 공인된 심사관에게 부여됩니다. 지난 2012년부터 2016년까지 전 세계적으로 IBDP의 합격률은 80% 수준으로, 매우 엄격한 평가를 하고 있습니다.

우리나라에서 IB교육이 성공적으로 자리 잡을 경우 평가의 공정성을 확보할 수 있으므로 매력적입니다. 최근 사회적 문제로 불거지고 있는 학생부종합전형의 부작용이나 내신 절대평가 도입 시의 부풀리기 등을 일거에 해결할 수 있는 대안이 될 것입니다.

그런데 IBDP에서 이루어지는 수업 운영 방식은 우리나라에서 이루어지는 수업과 비교해 보면 좀 차이가 있습니다. IBDP를 수행하고 있는 경기외고의 경우 국내 교육과정과 IBDP를 함께 운영하고 있어서 수업 운영의 방식을 쉽게 비교할 수 있습니다. 국내 교육과정의 국어 과목과 IBDP의 국어를 모두 지도하고 있는 한 국어 교사는 이렇게 두 수업 체제를 비교합니다.

"똑같은 소설의 수업을 합니다. 소설을 공부할 경우 국내반에서는 소설의 내용과 문체, 문학적 요소를 제가 준비해서 학생들이 쉽게 이해하고 또 문제를 맞힐 수 있도록 요약하여 지도를 하게 됩니다. 시간이 충분하지 않기 때문이고, 학생들이 해야 할 공부가 많아서 그런 배려를 해야 합니다. 하지만 IBDP에서는 그럴 필요가 없습니다. 한 소설을 교사인 제가 분석하고 설명하는 것이 아니라 자신들이 읽은 바대로의 느낌, 작가의 생각들을 마음껏 발표하고 토론하게 됩니다. 발표와 토론, 감상에서 방향을 조정해 주지만 이 소설을 통해 학생들이 느끼고 배워야 할 것들을 스스로 찾아가는 형태의 수업을 운영하게 됩니다."

IBDP의 교과 수업 운영의 가장 중요한 특징은 학생들의 참여와 수업을 위한 과제가 매우 많다는 점입니다. 학생들이 매우 부담스러워할 정도의 읽기 및 쓰기 과제가 부과되어 발표와 토론의 수업이 계속됩니다. 학생들에게 부과되는 숙제에 대한 확인과 피드백, 학생들이 토론과 발표에 골고루 참여하도록 하기 위해 교사들은 철저히 준비해야 합니다. 때문에 소수정예로 수업을 운영하도록 되어 있습니다. 그래서 수업의 질이 높을 수밖에요.

IBDP에서 이루어지는 수업은 소과목 집중학습으로 이루어집니다. 한 학기에 여섯 과목을 매일 배운다는 사실 자체가 소과목 집중학습인데, 이런 학기가 4학기 동안 이루어지기 때문에 자신이 선택한 과목에 대해 매우 높은 수준으로 학습할 수밖에 없습니다. 교사 입장에서도 자신의 과목을 4학기 동안 책임지도하므로 강의뿐만 아니라 토론, 발표, 실험, 현장학습 등 다양한 수업 형태를 구사할 수 있는 시간을 충분히 확보합니다. 정해진 교재도 없고 수업 운영에 대한 특별한 규정이 없으므로 교사들은 수업에 관한 많은 자율권을 확보하게 됩니다.

학생들로 하여금 높은 수준의 학업을 성취하도록 하는 또 하나의 특별한 과정은 소논문Extended Essay입니다. 학생들은 자신이 선택한 여섯 개의 과목과 관련된 주제를 선정해 4,000단어 이상의 논문을 작성해야 합니다. 이 학습활동은 IBDP가 대학에서 학문적 수행 능력을 함양하기 위한 프로그램이라는 것을 아주 분명하게 드러내 줍니다. 소논문을 쓰는 과정과 엄격한 제출 기준을 통해 학생들은 대학에서 학문활동을 하는 데 필요한 능력을 갖추게 됩니다. 소논문으로 연구하게 될 관련 교과에 대해 더 많은 문헌 연구와 현장조사 및 실험 등을 하게 되므로 심화된 학습이 가능합니다.

경기외고 IBDP 1기 학생들이 제출한 소논문 제목 예시
1. 우애령의 '정혜'와 이청준의 '벌레 이야기'의 트라우마 양상 비교
2. 이문열의 〈우리들의 일그러진 영웅〉에서 학생과 선생님을 이용해 나타난 알레고리
3. 신경숙의 〈외딴방〉을 중심으로 '방'이 갖는 공간적 배경의 의미
4. 희곡 〈그것은 목탁 구멍 속의 작은 어둠이었습니다〉에서 살펴본 이만희의 언어 사용 특징
5. 손창섭의 〈비 오는 날〉에 나타난 비의 역할

IBDP 평가 시스템의 특징을 간단히 요약하면 다음과 같습니다. IBO에서 주관하는 외부평가EA, External Assessment와 IBDP를 실행하는 단위 학교의 교사에 의해 평가하는 내부평가IA, Internal Assessment로 구성됩니다.

내부평가를 거치고 나면 최종적으로 외부평가EA 시험을 보게 되는

데, 실험 과학 교과군의 외부 시험은 우리나라의 수능이나 미국의 AP시험과는 또 다른 특징을 갖습니다. 이 외부평가라고 불리는 이 시험의 유형과 내용이 결국 IBDP의 수업에 가장 큰 영향을 미칩니다. 6개 영역에 속하는 과목은 2~3개의 쓰기 과제papers를 포함한 논술형 시험을 보게 됩니다. 심화 수준HL의 과목은 5시간 이내의 시간이 소요되는 시험, 표준 수준SL의 과목은 3시간 이내의 시간이 소요되는 시험을 보게 됩니다.

실제로 외부 시험을 치렀던 학생들을 위해 경기외고 생물 담당교사가 학생들에게 제시한 〈IBDP Biology HL 외부평가에 대한 안내〉를 보면 IBDP 외부평가의 특징을 알 수 있습니다. 평가에서 가능한 많은 형태를 모두 포함하고 있습니다. 과학과 관련된 핵심적인 지식뿐만 아니라 과학적 지식을 바탕으로 한 종합적인 기술 능력까지를 요구합니다.

IBDP Biology HL 외부평가 안내

시험지 1	• 과목개요서에 소개된 핵심적인 과학적 지식에 관한 선다형 문제 40문제를 60분간 치름. • 계산기는 허용되지 않으며 정답을 수정할 경우 감점을 하지 않음(20%)
시험지 2	• 다른 두 영역으로 구성되어 있는 2시간 15분간의 시험을 치름. • Section A : 하나의 자료 제시형 문제와 과목 개요서에 소개된 핵심 내용에 대한 몇 개의 단답형 문제이며 반드시 응시해야 함. • Section B : 네 개의 문제 중 과목 개요서의 핵심 내용과 과학 자료에 관한 서술형 문제. 계산기를 준비해야 함(36%).
시험지 3	• 한 시간 15분간 진행되며 몇 개의 단답형 문제와 공부한 내용에서 두 개 중의 하나를 선택하여 서술형의 문제로 되어 있음. • 반드시 답을 작성해야 하며 계산기를 준비해야 함(20%).

이 안내서를 보면 외부평가에서 객관성을 확보할 수 있는 선다형 문제의 비율이 20%에 지나지 않습니다. 대부분 주관식과 서술형의 문제로 되어 있기 때문에 이 점수의 신뢰성을 높이기 위한 장치가 내부평가와 마찬가지로 잘 마련되어 있습니다.

국제 바칼로레아처럼 시험 보는 한국 특목고 학생들

고양국제고의 수행평가를 예로 들어보겠습니다. 고양국제고 2018년 2학기 기말 4분기 국어 수행평가의 학생 사례입니다.

〈주제〉*본인이 선택 약 A4 한 페이지 분량 – 1,200자

인문 배점5 : 실존하는 인간의 삶은 불안을 통해 본질을 찾기 위한 여정이다.

사르트르는 '실존은 본질에 앞선다'라고 말했다. 인간이 삶의 이유나 자신의 정체성을 가지고 태어난 것이 아니라 그저 '존재'하는 상태로 세상에 던져졌다는 말이다. 이는 동물도 마찬가지이다. 그러나 동물과 달리 실존하는 인간은 자신이 이 세상에 존재하는 이유에 대해 고뇌하기 시작한다. 왜 나는 이 세상에 태어난 것인가? 나의 삶의 의미와 이유는 무엇인가? 인간은 계속해서 자신의 존재에 대해 의문을 제기하고 끝없이 불안해한다.

실존하는 인간은 이러한 필연적 불안으로부터 도피하고자 한다. 그리고 실존적 불안으로부터의 도피는 곧 삶의 정체성을 찾는 것으로 이어진다.

키르케고르와 하이데거에 따르면, 인간은 '자신의 존재를 문제 삼는 유일한 존재'이며, 그들이 '실존적 존재'로서 자신의 가능성을 실현할 수 있게끔 하는 것은 바로 불안이다. 즉, 실존적 불안은 인간이 삶의 본질을 찾는 동력 역할을 한다는 것이다. 인간은 자신의 존재 이유에 대해 불안해하고, 삶의 이유를 찾고자 한다. 인간본질에 대한 오랜 철학사적 논의와 담론 또한 인간의 실존적 불안을 집약적으로 보여주는 부산물인 셈이다. 삶의 이유를 찾기 위한 이러한 몸부림 끝에, 마침내 인간 개개인은 자신의 정체성, 자신의 본질을 획득할 수 있다.

'인생은 B와 D 사이의 C이다'라는 사르트르의 말은 세상에 내던져져 있는 인간이 매순간 스스로의 선택을 통해 삶을 책임져 나아가야 한다는 의미이다. 스스로의 삶을 결정짓는 자유가 제한되어 있는 동물과 달리 인간에게는 선택의 자유가 있고, 그 자유에는 책임이 따른다. 순간의 선택이 곧 자신의 삶의 이유, 정체성, 본질과 직결되기 때문이다. 곧, 인간의 본질은 정해져 있는 것이 아니라 자신의 순간의 선택에 의해 결정된다.

실존하는 인간은 세상에 던져졌다. 그리고 죽음이라는 필연적 인생의 필연적 결말을 앞두고 자신의 존재 이유에 대해 불안해한다. 인간은 이 불안과 동시에 자신의 본질을 직접 결정할 수 있다는 자유로움 속에서 자신의 정체성과 삶의 본질을 선택을 통해서 스스로 의미 있게 만들어간다. 결국 인간의 삶은 '존재'로 시작해 '불안'을 거쳐 '이유'로 끝나는, 본질을 찾기 위한 길고 긴 여정이다. 그 때문에 '실존은 본질에 앞선다.'

교육은 크게 '기존의 지식을 집어넣는 교육'과 '자신의 생각을 꺼내는 교육'으로 나뉠 수 있습니다. 현재 한국의 교육과정은 지식과 정보를 주입하고 _{주입식 교육을 배제한다고 하지만 여전히 주입식 교육이 이루어지고 있는 현실입니다.} 그걸 얼마나 잘 이해하고 숙지했는지의 여부를 평가합니다. 그에 반해 IB는 학생들이 습득한 지식을 바탕으로 그 너머를 얼마나 생각해내는지를 평가합니다. 즉, '자신의 생각을 꺼내는 교육'을 추구하고, 자신의 생각을 잘 꺼내는 학생에게 고득점을 부여합니다.

하지만 우리 학생들은 한국의 논술 시험은 "출제자의 의도와 채점자의 기대를 예측해 써야만 하는, 사실상 정답이 정해져 있는 또 다른 종류의 객관식일 뿐"이라고 불만을 토로하기도 합니다. 수행평가 서술형 문제도 사실상 기대하는 정답이 정해져 있는 경우가 많습니다.

서울대에도 이미 과제연구 _{프로젝트} 수업, 거꾸로 수업, 토론학습 등이 존재합니다. 그런데도 학생들은 교수의 강의를 그대로 받아적기만 합니다. 학생들이 강의를 그대로 적는 이유는 간단합니다. 다양한 방식의 수업을 하더라도 수업 과정에서는 그다지 변별력이 생기지 않기 때문입니다. "결정적 변별력은 결국 중간고사, 기말고사에서 교수의 논리, 관점, 용어를 얼마나 충실하게 숙지했는지의 여부에 따라 달라진다"고 응답한 학생이 절대다수를 차지합니다. 우리나라 최고 대학에서도 '자신의 생각을 꺼내는 교육'이 제대로 이루어지지 않는 현실입니다.

중고교에서도 마찬가지입니다. 중고교에서 수행평가를 해도 사실상 정답이 정해져 있는 사례가 많습니다. 학생들의 생각을 꺼내는 평가를 하는 경우도 일부 있지만 학생을 최종적으로 판별하는 것은 정답이 정해져 있는 중간고사와 기말고사에서 결정됩니다. 따라서 학생들이 밤새워 공부하면서 궁극적으로 기르는 사고 근육은 비판적, 창의적 사고력이 아니라 정해진 정답을 숙지하는 수용적 사고력이 되고 맙니다.

창의적 사고 creative thinking skill 는 발산적 사고 divergent thinking skill 라고도 정의할 수 있습니다. 창의적 사고력을 키우기 위해서는 사고의 수가 얼마나 많은지 유창적 사고, 사고의 수가 얼마나 다양한지 융통적 사고, 사고가 얼마나 독특한지 독특한 사고 가 중요합니다.

반면, 비판적 사고 critical thinking skill 란 어떤 사고나 주장에 대해 더 낫게, 더 생각해 보고, 더 합리적으로 판단하는 사고입니다. 비판적 사고는 창의적 사고로 만들어 놓은 다양한 사고들을 먼저 깊게 이해한 다음에, 한 발짝 뒤로 물러서서 이리저리 따져보고, 적극적으로 경청하고 비판적으로 질문하면서, 다양한 사고들 중에서 어떤 것들을 수용하거나 선택할 것인지를 결정하는 수렴적 사고 convergent thinking skill 입니다. 창의적 사고와 비판적 사고를 키우기 위해 미래 사회가 역점을 두어야 할 것은 질문 중심의 학습과 논쟁을 바탕으로 하는 토론형 수업입니다.

그러기 위해서는 학생의 질문이 중심이 되는 수업이 필요합니다. 배워야 할 지식을 교사가 설명하고 학생이 그 내용을 이해하는 것을 중심으로 진행되는 일반적인 방식 대신에 학생이 배워야 할 내용에 관해 스스로 질문을 제기하고 탐구할 수 있도록 이끌어주는 수업이 이루어져야 합니다. 학생의 질문이 중심이 되는 수업은 학생이 제기하는 질문을 중심으로 수업의 내용이 결정되고, 학생이 교과의 본질적인 질문에 도달하는 것을 학습의 목표로 삼습니다. 여기에는 문제의 답을 아는 것보다는 세계에 대한 질문을 하는 것이 더 중요하다고 보는 교육철학이 담겨 있습니다.

최근의 연구에 따르면 올바른 교육적 질문은 학습자가 교과 지식을 배움으로써 이전까지 당연하다고 생각해 온 자신의 존재와 삶에 대해 의문을 제기하고, 끊임없이 자신의 존재와 삶을 돌아보며 반성하는 질문입니다. 질문을 중시하는 수업의 목적은 학생이 텍스트가 던지는 본질적인 질문을 스스로 언어화할 수 있는 능력을 갖추는 것이며, 당장 필요한 정보를 구하는 것보다 삶과 연관되는 질문을 얻는 데에 더 중요한 의미가 있음을 이해하고 경험하는 것입니다. 텍스트가 자신에게 의미 있는 질문을 던져주고 그 질문에 대해 읽는 동안은 물론, 읽기가 끝난 후에도 지속적으로 생각하게 되는 긍정적인 경험을 통해 스스로 질문하는 태도와 능력을 기르는 데에 좋은 영향을 미치기 때문입니다.

질문을 분류하고 연습하는 방법을 통해 질문 생성 능력을 함양하는 수업 방법보다는, 수업 과정에서 충분히 질문을 제기하고 질문을 스스로 만들어 보는 경험을 통해 궁극적으로 질문에 대한 태도에 긍정적인 변화가 일어나게 됩니다.

또 학생들은 사회적으로 제기되는 문제와 관련된 지식과 이론을 학습하고, 학생들 스스로 어떤 한 입장을 선택하며, 자신이 선택한 입장을 정당화하고 옹호할 수 있는 능력을 기르게 됩니다. 이러한 능력은 사실과 가치, 가정과 가설, 사실과 의견 등을 구분하고, 상위의 가치와 하위의 가치의 관계를 인식하며, 추상적 가치를 구체적 상황에 맞게 해석하고, 이러한 일련의 활동을 통하여 가치갈등을 해결하는 지적 분석능력을 기르게 됩니다. 비판적 사고력과 의사결정력을 기르게 되는 것이죠.

토론형 수업을 구성할 때 역점을 두어야 할 목표는 ① 정의의 명확화, ② 주장의 논리적 증명, ③ 가치 갈등의 해결 방안 모색입니다. 특히 토론형 수업 과정에서는 주장의 논리적 증명 과정이 가장 중요합니다. 문제의 쟁점이 분명해지면 주장하는 내용을 경험적 증거를 이용해 증명하고 해결하는 것이 바람직합니다. 특히 말하기와 글쓰기에서 사실을 경험적으로 증명할 때는 몇 가지 요인을 고려해야 합니다. 먼저, 증명하려는 자료가 객관적이고 정통성이 있어야 하며, 학문적으로 가치가 있어야 합니다. 통계적인 자료인 경우에는 적절한 표집에 의해 분석된 수치여야 하고, 실험집단과 통제집단의 비교 등 연구 과정에 편견이 들어가지 않도록 해야 합니다. 1차적 자료와 2차적 자료가 구분되어야 하고, 특히 역사적 자료인 경우 자료의 원형이 보존되었느냐 등 자료에 대한 신뢰도를 고려해야 합니다. 원인을 과학적으로 찾지 않고 사람을 표적으로 공격하는 오류도 피해야 합니다.

또한 가치갈등의 해결 과정에서 학생들의 다양한 의견을 존중하되 바람직한 방향으로 학생이 가치관을 내면화하도록 지도하는 방식이 필요합니다. 이러한 방향에서 다음과 같은 기준을 제시할 수 있습니다. 인간의 존엄성은 사회가 지향하는 기본 가치라고 할 수 있고, 인류가 추구하는 모든 가치가 기본 가치와 관련되어 있는지 검토해야 합니다. 권력분립, 각종 기본권, 법 앞의 평등, 다수결, 시민의 정치 참여, 사법권의 독립 등은 자유주의적 민주주의 사회가 지향하는 기본적 가치입니다. 보편적 가치가 중요합니다. 사회적 가치, 추상적 가치, 특수적 가치, 개인적 가치, 구체적 가치들의 관계가 검토되어야 합니다. 가치가 서로 충돌하는 경우 인간의 존엄성이라는 기본 가치를 가장 덜 침해하는 가치를 선택해야 합니다.

IB 교육과정을 우리나라에 도입한다면 새로운 기회가 될 수도 있습니다. 몇몇 지역에서는 본격적인 IB 교육과정을 도입할 계획입니다. 심지어 일부 특목고에서는 IB 교육과정이 일부 반영된 수행평가를 시행하고 있습니다. 예를 들면, 국어 수행평가 과정에서 인문, 사회, 과학, 예술과 관련된 주제를 미리 주고 각 주제에 대해 1,000~1,500자 분량의 글을 즉석에서 쓰도록 하거나, 일관된 주제를 정해 신문기사를 10개 이상 모아 비교 대조하는 과제 등을 제시하고 있습니다.

고교학점제가 도입되는 과도기에 대비하기 위해 우리 학생들에게는 긴 호흡의 글을 쓸 수 있는 능력이 필요합니다. 1달에 한 번 정도 단일한 주제를 바탕으로 1,500자 이상의 글을 쓰게 하거나, 분기에 한 번 보는 진단고사를 완전 서술형 시험으로 바꾸는 방법도 고려해 볼 만합니다. 이에 더해 책 한 권을 일주일 만에 읽는 독서에 그치는 것이 아니라 어려운 주제의 책을 골라 1달 이상의 긴 호흡으로 깊이 있게 읽는 것도 필요합니다.

교과학점제가 도입되면 글쓰기가 더 중요지게 되는데, 이미 IB 시험 문제를 도입한 사례들을 더 살펴보겠습니다. IB의 한국어 과목으로는 '한국문학' 과목과 '한국어와 한국문학' 과목이 있어 둘 중 하나를 선택할 수 있습니다. 1차 시험지는 문학작품이나 신문기사, 편지글 등의 지문을 읽고 푸는 문제들이고, 2차 시험지는 지문이 따로 없는 문제들입니다.

IB 한국어와 한국문학 시험

[1차 시험지 2015년 상반기 한국문학]

다음 중 하나를 골라 문학적으로 해설하십시오.

<지문 1> 하나코, 그것은 그들만의 암호였다. 한 여자를 지칭하기 위한 그들 사이의 암호. 한 여자가 있었다. 물론 그 여자에게도 이름이 있었다. 그 이름은 그들의 도시적 감성에는 그다지 매력적으로 다가오는 이름이 아니었다. 그렇다고 그 때문에 암호를 사용한 것은 아니다. 그리고 하나코 앞에서 그녀를 별명으로 부른 적도 있었다.

<중략>

　그들의 관심을 끈 것은 말이 없던 그녀보다는 가끔 재치 있는 농담도 하고, 모든 대화에서 오호! 하는 감탄사까지 유발시키는 발언을 나직나직한 목소리로 할 줄 아는 하나코였다.

- 최윤, 「하나코는 없다」

<지문 2> 입 속의 검은 잎

택시 운전사는 어두운 창밖으로 고개를 내밀어
이따금 고함을 친다, 그때마다 새들이 날아간다.
이곳은 처음 지나는 벌판과 황혼,
나는 한 번도 만난 적 없는 그를 생각한다.

<중략>

이곳은 처음 지나는 벌판과 황혼,
내 입 속에 악착같이 매달린 검은 잎이 나는 두렵다.

- 기형도, 「입 속의 검은 입」

[2차 시험지 2013년 하반기 한국문학]

다음 문제 중 하나를 골라, 수업 중에 공부한 작품들 중 적어도 두 작품을 토대로 답하십시오. 두 작품을 비교·분석하십시오. 수업 중에 공부한 작품들 중에서 적어도 두 작품을 토대로 하지 않은 경우에는 높은 점수를 받을 수 없습니다.

《장편소설》
<문제> 문체는 주제와 긴밀한 연관성을 가진다. 공부했던 두 작품 이상의 장편소설들을 토대로 문체가 주제로 드러내는 데 어떠한 역할을 하고 독자에게 미치는 효과는 어떠한지 비교와 대조를 통해서 논하십시오.

<문제> 공부했던 두 작품 이상의 장편소설에서 구성의 방식이 독자에게 미치는 효과는 어떠한지 논하십시오.

《중단편소설》
<문제> 공부했던 최소한 두 작가의 중단편소설들을 예로 들어, 계절적 배경이 가지는 효과에 대해 비교와 대조를 통해서 논하십시오.

<문제> 등장인물의 성격이 작품에 어떻게 드러나 있으며 그것이 가지는 효과에 대해 공부했던 최소한 두 작가의 중단편소설들을 예로 들어, 비교와 대조를 통해서 논하십시오.

《시》
<문제> 공부했던 둘 이상의 시인들의 시에서 화자가 시의 분위기를 전달하기 위해 사용한 감각적 심상의 특징을 비교와 대조를 통해서 논하십시오.

<문제> 실제로 경험하지 않은 형상이나 사물에 대해 마음속으로 그려보는 힘을 상상력이라 한다. 공부했던 둘 이상의 시인들의 시에서 시인의 독특한

상상력이 발휘되었다고 생각되는 부분을 찾고, 그것이 가지는 효과에 대해 비교와 대조를 통해서 설명하십시오.

《희곡》
<문제> 주인공의 성격이 사건 전개의 필연성과 어떠한 관계가 있는지 공부했던 두 작품 이상의 희곡을 토대로 비교와 대조를 사용해서 논하십시오.

<문제> 공부했던 두 작품 이상의 희곡에서 배우가 홀로 관객에게 하는 대화의 일종인 독백과 방백의 효과에 대해 비교와 대조를 통해서 논하십시오.

《수필》
<문제> 전제와 가정이 독자를 설득하는 데 얼마나 효과적으로 사용되었는지 공부했던 수필들 중 최소한 두 작가의 작품을 예로 들어 비교, 대조하십시오.

<문제> 수필에서 사용된 문체와 내용의 부합성과 그것이 가지는 효과에 대해 공부했던 수필 중 최소한 두 작가의 작품을 예로 들어 비교와 대조를 통해서 논하십시오.

[2차 시험지 2013년 하반기]

다음 중 하나만 골라 답하십시오. 수업 중에 공부한 작품들 중 적어도 두 작품을 참고해서 써야 합니다. 적어도 두 작품을 논하지 않은 답은 높은 점수를 받을 수 없습니다. 여러분이 각각의 작품을 읽을 때 글의 언어, 맥락, 구조가 어떻게 도움이 되었는지 다루어져야 합니다.

<문제> 문학가들이 글을 쓰는 이유에는 어떠한 것들이 있다고 생각합니까? 여러분이 공부한 작품들 중 적어도 두 작품을 참조해서 쓰십시오.

<문제> 문학 작품에는 직유법, 은유법, 의인법, 과장법 등 다양한 수사법이 사용됩니다. 여러분이 공부한 작품들 중 적어도 두 작품을 참조하여 수사법이 사용되는 효과에 대해 논하십시오.

<문제> 모든 사람들처럼 문학가들도 서로 상반되는 가치관을 지니고 있을 수도 있고 이러한 가치관이 그들의 작품에 나타나기도 합니다. 적어도 두 명 이상의 문학가의 작품을 참조해서 이러한 요소들이 어떻게 나타났는지 쓰십시오.

<문제> 여러분이 공부한 작품들 중 적어도 두 작품을 참조해서 아름다움의 가치와 태도가 어떻게 표현되었는지 논하십시오.

이 시험 문제들은 학생들에게 자신의 생각을 자신의 언어로 표현하도록 요구합니다. 문제를 풀기 위해 학생들은 이렇게도 생각해 보고 저렇게도 생각해 보게 됩니다. 스스로 생각하는 힘을 발휘해야 합니다. 딱 하나의 정답만 강요하지도 않거니와, 비교적 정답이 단순하고 분명한 문제라 해도 자신이 생각하는 다른 정답을 독창적이고 설득력 있게 제시한다

면 충분히 좋은 점수를 받을 수 있습니다.

이러한 종류의 시험 문제에 대비하기 위해 학생들은 어떤 방식으로 공부해야 할까요? 평소 문학 작품을 깊이 있게 분석하고 적극적으로 해석하는 연습이 필요합니다. 작품 감상을 넘어, 스스로 작품을 쓰는 경험을 해야 합니다.

학생들은 특정한 교과서만 봐서도 안 됩니다. IB 한국어 과목의 경우, IB 본부가 수업 중에 활용할 수 있는 수많은 문학 작품의 목록을 소설, 시, 희곡, 수필 등 장르별로 제공합니다. 교사는 그중에서 직접 선택한 작품들을 수업 시간에 다룹니다. 학생들은 시험을 볼 때 교사가 선택한 이 작품들을 토대로 답안을 작성해야 합니다. 그래서 IB 시험지에 '수업 중에 공부한 작품들 중 적어도 두 작품'을 바탕으로 답하라는 지침이 전제됩니다.

IB 역사 시험

IB 역사 과목은 우리나라처럼 한국사, 세계사, 동아시아사 등으로 나뉘어 있지 않고, 하나의 과목으로 되어 있습니다. 대신 시험에서는 자신이 배운 범위나 선호하는 범위의 문제를 스스로 선택해 답할 수 있습니다.

[1차 시험지 2017년 샘플]

주제 – 세계대전으로의 움직임

<지문1>과 <지문4>를 자세히 읽고 질문에 답하십시오. 지문과 질문들은 동아시아에서 일본의 팽창(1931~1941)에 관한 내용입니다.

<지문1> 독일, 이탈리아, 일본이 1940년 9월 27일에 베를린에서 맺은 삼국동맹의 첫 세 조항

<지문2> 이리에 아키라가 쓴 『태평양전쟁의 기원』(1987) 중에서

<지문3> 이언 커쇼가 쓴 『운명적 선택: 1940~1941 세계를 바꾼 10가지 의사결정』(2007) 중에서

<지문4> 헤럴드 믹 암스트롱이 1940년 호주 신문 《아르고스》에 실은 만평. 대동아 신질서 건설을 내세운 일본을 풍자함.

<문제>
(1) <지문2>에 의하면 삼국동맹조약의 체결이 영국에 어떠한 효과를 미쳤습니까?
(2) <지문4>에 의해 전달된 메시지는 무엇입니까?

<문제> 삼국동맹조약(1940년 9월)을 연구하는 역사가를 위해, 삼국동맹조약의 내용, 목적, 유래를 참고해 <지문1>의 가치와 한계를 분석하십시오.

<문제> <지문2>와 <지문3>이 삼국동맹조약의 중요성에 대해 어떠한 점을 이야기하고 있는지 비교·대조하십시오.

<문제> 당신이 가진 지식과 앞에 제시된 지문들을 이용해 삼국동맹조약이 1941년까지 일본, 중국, 미국에 야기한 결과를 평가하십시오.

[2차 시험지 2017년 샘플]

각기 다른 주제에서 한 문제씩 모두 두 문제를 골라 답하십시오. 여기서 '지역'이라는 단어는 유럽, 아시아-태평양, 아메리카, 아프리카 및 중동, 이렇게 네 지역을 의미합니다.

《사회 및 경제(AD 750~1400)》
<문제> 사회 경제적 변화의 원인으로서 기근과 질병이 가진 중요성을 평가하십시오.

<문제> 한 종교를 예로 들어 통치가와 종교지도자 간의 분쟁 원인을 분석하십시오.

《왕조와 통치자(AD 750~1500)》
<문제> 중세 시대 통치자 한 명을 예로 들어 그 통치자가 자신의 통치를 확장하고 공고히 하기 위한 수단으로서 비군사적 방법이 가진 중요성을 평가하십시오.

<문제> 중세 시대 지도자 두 명을 예로 들어 그들의 통치가 얼마나 성공적이었는지 분석하십시오.

《근대 전쟁들의 원인과 결과(AD 1500~1750)》
<문제> 각기 다른 지역에서 근대 전쟁 두 가지를 예로 들어 단기적 원인을 비교·대조하십시오.

<문제> 근대 전쟁 하나를 예로 들어 용병의 역할과 중요성을 분석하십시오.

《산업화의 유래, 발달, 영향(AD 1750~2005)》
<문제> "천연자원의 가용성이 산업화의 가장 중요한 원인이었다." 각기 다른 지역에서 두 국가를 예로 들어 이 말에 얼마나 동의하는지 논하십시오.

<문제> 한 국가를 예로 들어 산업화가 삶의 수준과 근로 조건에 미친 영향을 분석하십시오.

《민주 국가의 진화와 발달(AD 1848~2000)》
<문제> 각기 다른 지역에서 두 국가를 예로 들어 민주적 개혁에 대한 요구를 촉진했던 조건들과 비교·대조하십시오.

<문제> "민주주의 국가의 정부 정책들은 부의 분배에 거의 영향을 미치지 않는다." 이 말에 어느 정도나 동의하는지 논하십시오.

《냉전: 초강대국들의 긴장과 대립(20세기)》
<문제> 1947~1964년에 미국의 봉쇄 정책이 초강대국들의 관계에 미친 영향을 분석하십시오.

<문제> 각기 다른 지역에서 두 개의 위기를 예로 들고 그것이 냉전 과정에 미친 영향을 분석하십시오.

이 문제들 중 어떠한 문제도 하나의 정답이 정해져 있지 않습니다. 좋은 점수를 받기 위해서는 반드시 자신의 관점과 그것을 뒷받침할 타당한 논거를 제시해야 합니다. 암기해 둔 역사적 사실만 줄줄 나열하면 결코 고득점을 받을 수 없습니다.

IB 시험 문제들은 그 자체만으로도 스스로 생각하도록 만듭니다. 2차 시험지에서 '민주주의 국가의 정부 정책들은 부의 분배에 거의 영향을 미치지 않는다'라는 말에 동의하는지를 묻는 문제를 보면, 평소 민주주의 체제가 당연히 가장 우월하다고 여기는 학생들에게 민주주의의 불완전성을 고민해 보게 하고, 정부도 얼마든지 비판할 수 있는 대상으로 인식하게 합니다.

또한 이 문제들은 역사 교육이 어떻게 이루어져야 하는지도 알려줍니다. IB 역사 시험지에 실리는 지문들은 책, 신문, 국제조약문 그리고 만평이나 명화 등 다양하기 때문에 지문들에서 이미 여러 해석과 주장이 등장합니다.

IB 역사 과목의 교과과정은 기본적으로 한 학기 내내 한 가지 사건을 집중적으로 탐구합니다. 실제로 IB 교과과정을 도입한 어느 학교에서 담당 교사가 잡은 주제는 제2차 세계대전입니다. 이 전쟁이 발생한 원인을 탐구하기 위해 학생들은 그 시대의 경제적 배경부터 국제관계적 배경까지, 심지어 문화·예술적 배경까지 모두 아우르면서 논의하고 프로젝트를 진행했습니다. 학생들의 프로젝트 중 하나는 히틀러가 잠들기 전 침대에서 읽던 책은 무엇일까, 히틀러가 전쟁이라는 결정을 내리는 데 어떤 책이나 매체가 영향을 미쳤을까 하는 질문을 던졌고, 이에 따라 당시의 베스트셀러를 조사하고 신문기사들도 분석했습니다.

IB 생물 시험

IB 교육과정에서 과학 과목에 속하는 것으로는 생물, 화학, 물리, 컴퓨터과학, 디자인기술, 스포츠 운동 건강학이 있습니다. 각 과목별로 시험지도 다 다르지만 시험 문제의 형태나 구성은 똑같습니다.

IB 과학 시험에는 특이하게도 객관식 문제가 등장합니다. 1차 시험지는 4지선다형 객관식 문제 40개로 이루어져 있고, 이를 한 시간 동안 풀어야 합니다. 아무래도 과학 과목의 특성상 기본적인 개념이나 이론을 숙지해 두지 않으면 이해하기 힘들기 때문입니다. 하지만 1차 시험지 외에 나머지 시험지는 서술형입니다.

주제 - 진화학

<문제> 진화협곡은 이스라엘의 카멜 산 근처의 가파른 바위 계곡이다. 협곡의 북향 비탈과 남향 비탈에 노랑초파리 개체군이 분포하고 있다. 노랑초파리는 물 부족에 예민해서 건조해지면 죽는다.
  협곡의 북향 비탈과 남향 비탈에서 노랑초파리 20마리를 채집했다. 그리고 이 20마리를 동일한 물 부족 조건에 노출시키고 성충의 수명(시간)을 측정했다.

(1) 북향 비탈과 남향 비탈의 데이터를 비교하십시오.
(2) 유전적 요인들은 노랑초파리가 건조함에 버티는 내성에 영향을 미칩니다. 어느 쪽 비탈이 더 건조한 기후인지 근거를 제시해 추론하십시오.
(3) 두 비탈의 개체집단이 두 종으로 진화할 수 있는지 논하십시오.

주제 - 신경생물학과 행동학

<문제>
(1) 소리가 어떻게 귀에서 들리는지 설명하십시오.
(2-1) 간상세포와 원추세포가 기능하는 방식에서 두 가지 차이점을 기술하십시오.
(2-2) 밝은 빛에서 동공의 반사작용을 설명하십시오.

과학 시험 문제들의 출제 의도는 학생들이 실제로 과학자처럼 분석적으로 사고하며 데이터를 해석할 수 있는지를 판단하려는 취지입니다. 그래서 IB 과학 수업도 그러한 방향으로 이루어집니다. 학생들은 실험과 현장학습을 하며 과학을 체험하고, 스스로 주제를 정해 과학 프로젝트를 수행합니다. 이 과정에서 학생들은 끊임없이 생각하고 토론합니다. 비교적 정답이 분명한 이론을 배울 때도, 교사는 학생들에게 정답을 알려주고 외우게 하는 방식이 아니라 학생들이 스스로 생각해 정답을 찾아가게 하는 안내자 역할을 합니다.

IB 외국어 시험

IB는 국제적 시험인 만큼 외국어 과목도 그 종류가 굉장히 다양합니다. 교육과정이 마련되어 있는 외국어 종류가 무려 80개에 달하는데, 한국어는 물론이고 라틴어와 고대 그리스어까지 있습니다. 외국어의 종류는 달라도 시험 문제의 형태나 구성은 모두 같습니다. 다만 영어는 250~400단어 분량으로 써야 하고 한국어는 500~800자 분량으로 써야 하는 식으로, 언어와 문자의 특성에 따라 분량 기준을 조정합니다. 외국어 시험은 문학 작품에 대한 분석력이나 문학적 상상력보다는 실제 생활에서 사용할 수 있는 언어 구사력을 평가하는 데 좀 더 초점이 맞추어져 있습니다.

1차 시험지에는 지문이 등장합니다. 신문기사, 안내문, 인터뷰 등 실용적 성격이 강한 글이 지문으로 등장하고, 시험용으로 따로 작성한 내용이 아니라 모두 현실에서 실제로 발표되거나 사용된 예시들입니다. 2차 시험지의 문제들은 모두 서술형입니다. 대체로 1차 시험지는 독해 능력, 2차 시험지는 쓰기 능력이 중심입니다.

이 시험에는 말하기 능력과 듣기 능력을 평가하는 문제는 없습니다. 대신 내신에서 말하기 능력과 듣기 능력을 평가합니다. 학생이 교사가 지정한 두 가지 주제 중 하나를 골라 20분 동안 생각한 후, 교사에게 그 주제에 대해 설명하고, 이어서 교사와 일대일로 자유롭게 토론과 대화를 나누는 방식입니다.

[2차 시험지 2015년 상반기]

다음의 문제들 중 하나를 골라 250~400단어 분량으로 글을 쓰십시오.

<문제> 문화적 다양성
당신은 주인공들이 서로 언어가 통하지 않는데 함께 협력해서 일하는 영화를 보았습니다. 그 캐릭터들이 서로 어떻게 소통을 하는지 기술하고 언어를 공유하는 것이 얼마나 필요한 일인지 고찰하는 내용을 교내 잡지 기고문의 형식으로 쓰십시오.

<문제> 관습과 전통
서로 다른 전통들을 되새기기 위해 시 의회가 전통복장을 입고 참여하는 파티를 개최합니다. 당신의 친구에게 당신이 어떤 의상을 선택했고, 왜 그것을 선택했는지 기술하는 이메일을 쓰십시오.

<문제> 건강
우리 동네의 청년들이 보조식품에 너무 많이 의존하는 경향이 증가하고 있습니다. 이 문제에 대한 경각심을 불러일으키기 위해 교장선생님이 당신에게 교내 학우들 앞에서 연설해 줄 것을 요청했습니다. 이 문제의 심각성을 논하고 어떻게 극복할 것인지 제안하는 연설문을 쓰십시오.

<문제> 여가

당신의 학교 이사회는 오락을 통한 학습을 강조하는 대안적 교육 프로그램을 도입하려고 계획하고 있으며 학생들의 제안들을 새로운 프로그램에 반영하기를 원합니다. 새로운 프로그램에 대한 당신의 제안을 기술하고 학생들에게 어떠한 이점이 있는지 설명하는 제안서를 작성하십시오.

<문제> 과학과 기술

최근 당신은 21세기에는 자연과학이 사회과학만큼의 이로움을 주지 않는다고 주장하는 기사를 읽었습니다. 그 주장에 대해 논하고 당신의 의견과 근거를 제시하는 블로그 글을 쓰십시오.

이 시험 문제들 역시 평가하고자 하는 것은 바로 글쓰기 능력입니다. 그리고 좋은 글을 쓰기 위해서는 역시나 스스로 생각하는 힘이 필요합니다. 특정한 표현을 외운다고 답을 쓸 수 있는 문제들이 아니라 스스로 생각해야 답을 쓸 수 있는 문제들이기 때문입니다. 물론 그 답이라는 것도 하나로 정해져 있지 않습니다.

IB 외국어 수업에서는 그 언어를 배우면서 문화와 역사 그리고 과학 기술까지 여러 주제를 다룹니다. 학생들은 다양한 상황에서 쓰일 수 있는 표현들을 폭넓게 익히면서 실생활에서 이를 구사하는 연습을 해야 합니다. 시험을 위한 외국어가 아니라 실제로 사용하기 위한 외국어를 배웁니다.

IB 지식론 시험

지식론은 '지식의 본질'과 '안다는 것'의 개념을 탐구하는 과목입니다.

IB 본부는 '지식의 본질에 대해 그리고 우리가 안다고 여기는 것들을 우리가 어떻게 아는지에 대해 학생들이 숙고하도록 한다'고 이 과목을 설명합니다. 일종의 철학적 사고 훈련입니다. 우리는 어떻게 알게 되고 어떻게 믿게 되는가. 우리는 어떻게 지식·신념·관점을 얻으며 그것들을 주장하고 정당화하는가. 이러한 질문들이 지식론의 주된 관심사입니다. 즉, 지식에 대한 메타인지인 셈입니다.

학생들은 IB 과목을 폭넓게 선택할 수 있지만 지식론은 필수적으로 이수해야 합니다. 단 한 명의 예외도 없습니다. 지식론은 일반적인 시험을 보지 않고 1,600단어 분량의 에세이 한 편과 프레젠테이션 한 개로 평가하는데, 그중 에세이의 비중이 훨씬 큽니다. 에세이 주제는 학년이 시작될 때 IB 본부가 발표하는 여섯 개의 주제 중 하나를 선택해야 합니다. 학생들은 학년 내내 연습하고 준비해서 학년 말에 완성된 에세이를 제출합니다. 이 기간이 약 9개월입니다.

[2015년 하반기]

<주제1> "중립적 질문이란 없다." 이 문장에 대해 두 가지 지식 영역을 참고하여 평가하십시오.

<주제2> "인간이 지식을 생산하는 방법은 두 가지뿐이다. 수동적 관찰 그리고 적극적 실험이다." 이 말에 어느 정도나 동의합니까?

<주제3> "학문 분야를 넘나들며 사실과 이론을 연결해 보편적인 설명 토대를 만들지 못할 이유가 전혀 없다." 이 주장에 대해 어느 정도나 동의합니까?

<주제4> 두 가지 지식 영역을 참고해 공유 지식이 개인적 지식을 형성하는 방법을 논하십시오.

<주제5> "인식의 방법은 본능적 판단들에 대한 점검이다." 이 말에 대해 어느 정도나 동의합니까?

<주제6> "지식이 갖는 의의는 우리가 살아가는 데 의미와 목적을 만드는 것이다." 이 말에 대해 어느 정도나 동의합니까?

스스로 생각하는 힘이 없다면 단 한 글자도 답하기 어려운 주제들입니다. 앞에서 본 다른 과목 시험 문제들도 스스로 생각하는 힘을 요구했지만, 이 주제들은 그야말로 생각을 쥐어짜라고 끝까지 몰아붙이는 것 같습니다. 이 주제들을 다룬 에세이는 어떤 기준으로 평가할까요? 학생이 가진 관점이 무엇인지는 크게 중요한 기준이 아닙니다. 그보다는 자신의 관점을 얼마나 논리적이고 설득력 있게 주장하는지가 중요합니다. 즉, 생각의 내용이 아니라 생각하는 방법을 평가합니다. 인문, 사회, 과학, 예술 전 분야에 적용되는 두뇌 근력이 바로 이것이기 때문입니다.

지식론 수업에서 가장 핵심적인 활동은 자신의 사고 과정을 성찰하고 또 성찰하기입니다. 그래서 토론이 끊임없이 이어집니다. 토론을 하는 동안 누구도 실패하거나 패배하지 않습니다. 토론은 더 치열하고 더 논리적으로 말할 수 있도록 서로가 서로를 도와주는 건설적인 과정이기 때문입니다.

지식과 앎이라는 것에 대해 생각해 나가다 보면 학생들은 기존의 고정관념을 부수고 세상을 더 깊이 있게 이해하며 자신만의 관점을 갖추게 됩니다. 스스로에 대해서도 미처 몰랐던 깨달음을 얻게 됩니다. IB 교과과정의 여러 과목 중에서도 지식론은 IB의 목표와 철학을 가장 분명하게 보여줍니다.

결론적으로, IB의 핵심은 토론형·과정 중심 수업, 논술형·서술형 평가입니다. 글쓰기와 토론을 중시하는 것이죠. 학생들은 수업 시간에 교과서를 비롯한 여러 자료를 가지고 토론하며 발표합니다. 시험도 단편적인 지식을 맞히는 방식이 아니라, 배운 내용을 토대로 자신의 생각을 쓰는 형태로 진화합니다. 현재 우리 학생들이 학교에서 치르는 국어 내신 시험이 '다음 중 글쓴이가 의도한 바로 알맞은 것은?'이라는 질문에 대한 답을 적는 방식이라면, IB 시험은 '배운 작품을 예로 들어 작품의 제목이 어떻게 주제를 전달하는지 논하시오' 같은 식으로 출제됩니다. IB 교육과정은 질문 중심 학습에 기반하고 토론을 강조하기 때문입니다.

주입식 수업에서는 학생들이 스스로 생각하는 힘을 기르지 못합니다. 머릿속에 남는 것은 단순한 지식들과 주입된 논리들뿐이기 때문입니다.

집어넣는 수업이 아니라 꺼내는 수업을 해야 합니다. 꺼내는 수업에서 없어서는 안 되는 필수 과정이 토론입니다. 하지만 학생들이 이야기를 하는 수업이라고 해서 무조건 토론수업이 되는 것은 아닙니다. 반론할 거리가 딱히 없는 주제를 정한다면 토론 수업의 첫 단추부터 잘못 꿰는 우를 범하게 됩니다. 학생들이 토론을 하지 않는다면 학생들이 토론할 수 없도록 수업이 운영되고 있지 않은지 점검하고 수업을 재구성해야 합니다.

다시 말하지만 2025 개정 교육과정과 고교학점제는 스스로 생각하고 그 생각을 꺼내도록 하는 자기주도학습을 추구합니다. 수용적 학습보다는 자기주도학습을 지향합니다. 생각하는 힘을 키우려면 지식을 자기 것으로 흡수하고 생각하는 훈련을 병행해야 합니다. 그렇게 해야 좋은 글을 쓸 수 있고, 글쓰기가 더욱 중요해진 시대에 대비할 수 있습니다.

3.
고교학점제와 학생부,
글쓰기가 중요해지는 미래교육

우리나라는 대입시험인 수능을 전 과목 선다형 객관식 상대평가로 평가합니다. 그리고 내신조차 객관식이 주를 이루고 있다는 점에서 다른 나라들과 큰 차이를 보입니다. 우리만 여전히 주입식 교육의 패러다임에 머물러 있기 때문입니다. 수능 수학에 단답형 문항이 있기는 하지만, 어차피 학생들이 다양한 생각을 쓰는 방식이 아니라 정해진 정답을 맞히는 식이기 때문에 여전히 주관식이 아닌 객관식 시험입니다.

대입제도에 무엇을 얼마큼 반영하는지에 따라 유불리가 달라지는 학생이 있게 마련입니다. 그런데 아예 교육의 방향 자체가 틀렸다면, 그 교육 시스템에서 성공한 집단도 미래 사회에 결국 성공하지 못한다면, 우리도 완전히 다른 차원에서 논의를 진행해야 합니다. 한국을 제외한 서구 선진국들의 대학입시는 미래 사회에서 경쟁력을 갖추도록 스스로 개발한 생각들을 꺼내고 논의하는 데 적합한 서술형 논술형 평가가 일반적입니다.

물론 암기식 교육도 필요합니다. 지식의 내용을 외우고 그것을 머릿속에 차곡차곡 정리하여 체계화하는 능력은 사고력을 기르는 출발점이 되기 때문입니다. 다만 지금처럼 암기한 내용을 확인하는 평가에 그쳐서는 안 될 겁니다. 한국은 객관식 시험을 100% 구성하는 데 비해 서구 선진국들은 객관식 시험을 25~50% 정도로 구성합니다. 더 큰 평가의 비중을 '자신의 생각을 전개하고 표현하는' 사고력을 평가하는 데 두고 있습니다. 서구 선진국들의 교육 시스템에서 학생들은 교사의 설명과 교과서의 내용을 반복 암기하는 방식이 아니라 자신만의 창의적 사고를 전개하도록 끊임없이 요구받고 훈련하기 때문에, 교육과정을 거치면서 기른 능력이 우리 아이들과 다를 수밖에 없습니다. 우리나라의 경우 전국 등수와 학교 등수를 놓고 지나치게 경쟁을 하는 현실도 문제지만, 더 심각한 문제는 그 치열한 경쟁을 뚫고 성공한 아이들조차 세계적인 경쟁력이 떨어진다는 사실입니다. 대한민국의 미래 경쟁력이 걸린 심각한 문제가 아닐 수 없습니다.

경제협력개발기구 36개국 중 수능과 내신 모두 '객관식 상대평가'로 평가하는 나라는 한국뿐입니다. 일본조차 최근 10년 계획으로 메이지유신 수준의 교육 개혁을 진행하고 있습니다. 자칫 한국만 세계교육 트렌드의 사각지대로 남을 수도 있습니다. 사실 우리나라의 전통적 교육은 지금의 서구식 교육과 비슷했습니다. 조선 세종 때 과거 시험 문제 중에는 "노비 또한 하늘이 내린 백성인데 그처럼 대대로 천한 일을 해서 되겠는가"에 대해 논하라는 문제가 있었습니다. 신분제가 자연현상처럼 당연하던 시절에 경천동지할 파격적인 시험 문제입니다. 성종 때의 시험 문제로는 "국가의 법이 엄중함에도 범법자가 줄지 않는 까닭은 무엇인가", 명종 때는 "교육이 가야 할 길은 무엇인가"가 출제되었습니다. "공납을 장차 토산품 대신 쌀로 바꾸어 내도록 하자는 의견에 대하여 논하라"라는 문제는 광해군 때, 대동법 시행 이전에 출제되었습니다. 숙종 때는 "왜인들로부터 울릉도 주변을 편안히 하고 나라를 안정시킬 방도를 자세히 진술하라"가 출제되었죠. 오늘날의 시험 문제로도 손색없을 만큼 비판적 판단과 창의적 대안을 요구하는 문제들입니다. 독일의 아비투어 Abitur 문제와 유사하며 프랑스의 바칼로레아 시험보다 더 바칼로레아적이라고 평가됩니다.

각 영역의 지식을 습득하고 이를 세상의 다양한 분야와 연결해 스스로 방향성과 해결방안을 찾는 능력은 미래 학교교육 활동에 꼭 필요합니다. 분야별 지식을 일단 암기하고 그 양을 개인별 능력의 척도로 간주하는 수용적 학습은 우리가 후진국이어서 열심히 선진국을 따라잡아야 했던 추격형 산업 구조 시절에는 일정부분 효과를 발휘했습니다. 그러나 우리도 선진국 대열에 올라서 있는 지금, 과거에 통하던 교육 방식으로는 더 이상 도약할 수 없을 겁니다. 과거에 학력고사를 치렀던 부모 세대 중 일부가 자기 경험만을 바탕으로 전국적 순위 매김이 공정하다고 착각하여 다시 학력고사로 회귀하자고 주장하는데, 초연결 시대가 도래했지만 옛날의 아날로그 방식으로 돌아가자는 논리와 같습니다.

서구 주요국은 대부분 전 과목에서 비판적·창의적 사고력을 기르도록 하는 데 초점을 맞추며, 전 과목에서 서술형 논술형 대입시험을 치릅니다. 그래도 채점의 공정성에 문제가 생기지 않고 수십 년간 잘 운영해 오고 있습니다. 이러한 상황을 보면 서술형 논술형 평가 체제의 필요성을 국민 모두가 인식하고 있는 것 같습니다. 객관식 평가 방식으로 치러지는 수능 시험이 그 평가 결과를 근거로 전국 학생을 서열화하고 배치표를 통해 대입 지원을 유도하는 방식은 우리 교육이 추구하는 인재상 및 미래 비전과 심각하게 불일치합니다. 따라서 앞으로 미래형 대입제도는 추구하는 인재상, 학교교육, 대입전형의 일체화를 기반으로 변화가 일어나야 합니다.

스스로 생각하고 글쓰는 미래형 대입제도

지난 몇 년간 대한민국은 대입정책 논란이 뜨거웠습니다. 공정성을 강화한다는 명분으로 대입정책을 논의하면서 그 결정을 교육부는 국가교육회의로, 국가교육회의는 대입특위와 공론위로 넘기고, 결국 결정은 국민의 이름으로 이루어졌습니다. 그렇게 대규모의 논의를 진행한다면 당연히 2000년대 국가 교육대계에 맞춘 대입제도 설계가 논의 어젠더의 중심이 되어야 하는데 실제로는 수시·정시 비율과 같은 미세한 내용들이 초점화되면서, 결국 국가 예산을 들여 결정한 사안들이 학교교육에 부담을 가중하는 양상이 되고 말았습니다.

객관식 수능이 가장 공정하다는 입장과 학생부위주 전형이 교육적으로 더 타당하다는 입장 사이에 갈등이 거세졌지만 사실상 이런 문제들은 대학의 자율적 결정에 맡길 사안입니다. 대입제도는 무엇을 얼마만큼 반영하는지 그 비율에 따라 유불리가 달라지는 학생이 있게 마련이지만, 법률이나 사회적 규약을 어기지 않는 한 대학과 학교의 판단을 존중해 주어야 합니다. 앞으로 대학입시 분야의 거시적 논의는 미래형 대입제도 개발을 목적으로 진행되어야 하는데, 그런 점에서 우리는 IB 교육에서 여러 가지 긍정적 단서를 얻을 수 있습니다.

그렇다고 IB 교육을 선호하는 이들은 한국 공교육 체제에 IB 교육 시스템을 전면 도입해야 한다고 주장하는 것은 아닙니다. 이들은 IB 교육의 취지와 장점을 활용하여 우리의 학교 내신과 수능을 선진화하고 더욱 공정하게 운영하는 방안을 마련해야 한다고 생각합니다. 이들은 IB 내부평가 시스템을 활용하여 절대평가 경험이 적은 우리나라 학교 내신의 평가척도 개발을 지원하고, 학교 간 평가를 모니터링하는 방안을 찾아야 하며, IB 외부평가 방식을 시대가 요구하는 역량을 타당성 있게 평가하기 위해 가칭 한국형 바칼로레아 KB 체제 도입에 활용하는 다양한 가능성을 탐색해야 한다고 주장합니다.

IB 방식의 수능을 당장 도입하기보다는 학교교육의 적응 기간에 맞추어 단계별로 설계해 가는 방식이 바람직합니다. 과거에 우리나라가 자동차 산업 초창기에 자동차를 처음 만든 벤츠 모형을 들여와 해체·분석해 보는 과정을 거쳤듯, 우리가 한 번도 경험해 본 적 없는 서술형 논술형 수능 체제를 설계·개발하려면 선진 사례를 온전히 들여와 정밀하게 분석해 보는 과정이 불가피하기 때문입니다.

현재 대한민국 교육은 개정 교육과정, 과정중심평가, 고교학점제, 절대평가 등의 정부 정책을 어떻게 하면 교육현장에 효과적으로 정착시킬 수 있는지에 대한 과제에 직면해 있습니다. IB 교육은 세계적인 경쟁력을 갖추기 위해 요구되는 미래 역량을 기르는 선진화된 교육과정입니다. 이런 이유로 IB 교육은 우리나라에서는 연간 수천만 원씩 학비를 내야만

하는 국제학교나 외국어고등학교에서 주로 운영해 오던 교육과정이었지만, 이제는 이런 종류의 교육을 공교육을 통해 일반화하는 변화가 필요합니다. 그래서 IB 시스템을 공교육에 도입해 활용하면 선진 교육을 무상으로 제공함으로써 경제력에 따른 교육격차를 효과적으로 해소할 수도 있을 것입니다.

국가적으로 추진하는 미래형 교육과정, 고교학점제, 절대평가, 창의 융합 인재, 역량기반 수업 등이 현실적으로 자리 잡으려면 객관식 정답 찾기 교육에서 반드시 탈피해야 합니다. 문제는 서술형 논술형 시험에서 채점의 공정성 논란을 극복할 합당한 방안을 마련하는 것입니다. 초기에는 서술형 논술형 채점의 공정성에 대한 불안과 불신을 해결하기 위해 유럽처럼 신뢰 문화가 정착될 때까지 공신력 있는 채점 인증기관의 도움을 받는 것이 필요해 보입니다. 한국형 바칼로레아가 정착할 때까지 2002년 월드컵 때 축구대표팀이 히딩크 감독을 영입했던 것처럼 공신력 있는 기관의 채점 시스템을 도입하는 것이 바람직할 것 같습니다. IB 교육은 내신 평가도 중앙 채점센터에서 관리하여 성적 부풀리기가 발생하면 해당 학교 내신 전체 점수를 조정하는데, 국내 학교의 내신 절대평가에서 발생할 성적 부풀리기 문제도 상당부분 해결할 수 있을 듯합니다.

또 IB 교육을 활용하면 교사의 평가권을 비롯해 교육내용, 진도, 평가, 교과서를 선택하는 교사의 자율권을 회복할 수도 있습니다. 동시에 교과서의 내용을 단순히 암기하는 방식이 아니라 학생 개개인이 스스로 생각하는 능력을 배우는 '학습권'을 보호할 수도 있습니다. 이런 맥락에서 IB 교육을 우리 공교육에 활용한다면 대한민국의 교육력을 높이는 유익한 디딤돌이 되리라 기대됩니다.

미래형 대입제도 설계의 주요 원칙

교육은 궁극적으로 우리 사회의 가치를 유지하고 후속 세대에게 경쟁력과 자아실현의 길을 열어주기 때문에 국가는 교육에 대한 뚜렷한 철학과 비전을 가져야 합니다. 우리나라의 교육 경쟁력을 높이려면 무엇보다 학교 수업의 질적 개선이 이루어져 교과별 수업에서 강의와 탐구활동 및 협동학습을 조화롭게 구성해야 합니다. 그리고 이러한 학교교육을 기반으로 하는 대입전형을 운영하려면 활용되는 전형자료의 진정성을 높여야 합니다. 또한 국가 수준의 평가 수능 체제가 교육의 본연적 모습을 구현하는 방식으로 운영되어야 학교 교육에 시너지 효과가 나타날 수 있습니다. 미래교육의 과제들을 해결하기 위해 IB 기반으로 미래형 대입제도를 설계하는 데는 다음과 같은 기본 원칙이 필요합니다.

① IB 교육제도 자체를 한국에 도입하는 것이 아니라 IB 교육의 취지와 장점을 활용하여 한국교육의 경쟁력 강화 방안을 탐색하는 데 목적을 두어야 합니다. 한국 교육은 긴 역사적 전통 속에서 우리 문화와 풍토에 맞는 제도를 운영하는 동시에 해외의 선진 방향들을 수용함으로써 발전을 거듭해 왔습니다. 이러한 맥락 속에서 IB 기반 미래형 대입제도 설계도 내부적으로 해결하기 어려운 문제들을 IB 교육의 취지와 장점을 활용하여 해결방안을 탐색함으로써 한국 교육을 미래지향적으로 설계하는 큰 틀에 초점을 맞추어야 합니다.

② IB 교육의 취지와 장점을 학교 내 평가의 역량 강화와 미래형 수능

제도 설계에 균형 있게 적용해야 합니다. 한국 교육이 경쟁력을 강화하려면 학교 교육과 대학입시가 균형 있게 발전해야 합니다. IB형 수업방식과 내부평가 체제IA 는 학교 내 평가의 역량 강화에 적용하며, 외부평가 체제EA 는 미래형 수능제도 설계에 활용함으로써 고교학점제 하의 학교 교육과 대학입시의 미래지향적 방향을 제시해야 합니다.

③ IB 교육의 취지와 장점을 활용하더라도 학교교육 기반 대입 전형의 기조를 유지해야 합니다. 학교 교육은 학생의 종합적인 배움과 다양한 성장이 일어나는 장이므로 대입 전형도 이를 기반으로 설계·운영되어야 합니다. 그리하여 IB 기반 미래형 대입제도를 논의할 때도 고교와 대학 사이에 교육적 연계성 강화라는 큰 원칙 하에 대입제도를 학교 교육 기반으로 운영해야 합니다.

④ 고교학점제가 시행됨에 따라 내신 절대평가 체제로 전환된 이후, IB 교육을 학교 내 평가의 신뢰도를 높이는 데 활용해야 합니다. 상대 비교보다 학생 각자의 맞춤형 성장이 일어나도록 하기 위해서는 학교 내 평가가 절대평가를 지향해야 합니다. 개별 학교 단위로 이루어지는 절대평가에서 개별 교과의 평가준거를 정립하고 평가 과정을 모니터링하는 데 있어 IB의 내부평가IA 시스템을 활용하는 방안을 모색해야 합니다.

⑤ IB 교육의 취지와 장점을 활용한 미래형 대입 설계를 통해 학생의 과목 선택권 활성화 등 고교학점제가 올바르게 정착하도록 지원해야 합니다. IB를 활용하여 미래형 대입제도를 설계하는 것은 고교학점제가 추구하는 방향과 일치해야 합니다. 학생들이 대학진학을 목적으로 수능 과목만 전략적으로 학습하는 상황이 계속되어서는 안 됩니다. 학생의 과목 선택권 확대, 사고력 중심의 수업 개선, 교과별 성취수준ABCDE+I

에 대한 정확한 판단 등 고교학점제의 핵심요소에 대해 IB 교육은 많은 단서를 제공해 줍니다.

⑥ IB 기반 미래형 수능은 학교교육과 대입제도의 일체화라는 큰 원칙에 부합함으로써 학교 교육만으로도 준비할 수 있어야 합니다. IB 기반 미래형 수능 설계가 수능의 비중을 늘리기보다는 수능이 학교 교육을 지원하도록 하는 관계가 바람직합니다. 그러기 위해서는 수능의 역할을 대입 소양시험, 고교졸업시험, 대입 대표전형요소 등 무엇으로 할 것인지에 대한 정밀한 검토가 필요합니다. 미래형 수능은 학교 교육 밖에서 이루어지는 사교육의 의존도를 줄어야 하며, 학교 교육을 통해서도 충분히 교육할 수 있도록 하는 것이 중요합니다.

서술형 논술형 평가가 도입되는 2028학년도 대입

2021년 4월 20일 교육부가 『2022 개정 교육과정 추진 계획』을 발표하면서 2015 개정 교육과정의 후속 교육과정에 대한 논의가 본격화되었습니다. 2022 개정 교육과정은 4차 산업혁명으로 가속화되고 있는 사회 변화에 적극적으로 대응하면서 학령인구 급감에 따른 교육 환경 변화에 적합한 미래교육으로 대전환을 모색한 교육과정입니다.

『2022 개정 교육과정 추진 계획』에 따르면, 2022 개정 교육과정은 미래 사회에 필요한 인재상과 이에 부합하는 미래 역량을 설정하고, 미래 지향적 교수 학습 및 평가 혁신을 교과 교육과정 개정의 중점으로 삼습니다. 지속 가능한 미래를 준비하기 위해 인공지능 AI과 디지털 소양을 포함한 기초 소양 및 역량 함양 교육을 강조합니다.

2022 개정 교육과정에서는 학교급별 발달단계를 고려하여 역량 및 함양 중심으로 초등학교와 중학교 교육과정을 개선하며, 고교학점제를 기반으로 선택 교육과정 및 직업교육을 혁신하고자 합니다. 고교학점제는 고등학생이 공통과목을 이수한 후 진로·적성에 따라 과목을 선택하여 이수하고, 이수 기준에 도달한 과목에 대해 학점을 취득·누적하여 졸업하는 제도입니다. 고교학점제는 자신의 진로와 적성을 찾아 자기 주도적 인재로 성장할 수 있도록 지원하는 2022 개정 교육과정의 주요 정책으로, 2024년 2월에 2028학년도 대입 방안을 발표할 예정입니다.

2022 개정 교육과정은 4차 산업혁명 시대의 환경 변화에 유연하게 대응할 수 있는 역량과 변화 대응력을 갖춘 인재 양성을 목적으로 학습자의 자기주도성, 창의성 등을 반영한 미래 역량을 교육의 최상위 목표로 삼고, 교수 학습 및 평가의 질적 제고를 실현하고자 합니다. 2022 개정 교육과정은 2022 개정 교육과정 총론의 주요사항을 발표한 이후 교육과정 총론과 각론을 확정·고시 2022 하는 절차를 거쳐 고교학점제, 교과서, 대입 체제에 대한 개정을 단계적으로 추진하는 중입니다. 고교학점제에 부합하는 대입 체제를 개편하는 것이 2022년 개정 교육과정의 핵심 사항 중 하나이기 때문입니다.

한편, 교육부는 『대학입시제도 국가교육회의 이송안 교육부, 2018. 4』을 통해 미래 역량을 평가할 수 있는 새로운 평가 체제인 서술형 논술형에 기반한 미래형 수능 도입에 대한 논의를 본격화하였습니다. 서술형 논술형 수능 체제를 도입하면 4차 산업혁명 시대에 요구되는 미래 역량인 창의력, 사고력, 문제해결력을 길러주고 평가할 수 있기 때문입니다. 교육부는 2021년 4월 20일 『2022 개정 교육과정 추진 계획』을 발표했는데, 미래 역량 함양을 위해 서술형 논술형 평가 확대하기로 했습니다. 따라서 앞으로 2022 개정 교육과정과 연계한 서술형 논술형 수능 체제가 도입될 전망입니다.

서술형 논술형 평가는 이미 학교 평가의 주요 방법론으로 자리 잡고 있습니다. 국내의 경우 1999년 수행평가 정책이 도입된 이후 서술형 논술형 평가가 학생평가의 주요 방법론으로 부각되었고, 2015 개정 교육과정이 도입되면서 학생평가 중 최대 20~50% 수준에서 서술형 논술형 평가가 실시되고 있습니다.

2028학년도 이후 도입되는 미래형 수능은 서술형 논술형 평가로 바뀔 것인데, 단순히 5지 선다형 문항이 서술형 논술형 문항으로 전환되는 것만을 의미하지 않습니다. OECD 2003가 DeSeCo Definition and Selection of Competencies 프로젝트를 통해 강조한 학생의 역량은 새로운 지식을 창출하고 구성하는 학습 및 혁신 역량입니다. 이러한 역량은 지식 획득과 형성을 위한 읽기, 지식 통합이나 생성을 위한 쓰기로 기를 수 있는데, 이를 학문 문식성 disciplinary literacy 이라고 합니다.

미국의 대학입학시험인 SAT, 일본의 '대학입학공통테스트 大學入學 共通 テスト', 프랑스의 바칼로레아, 독일의 아비투어 Abitur, 영국의 GCE A-level General Certificated of Education Advanced-level 등이 서술형 논술형 평가 문항을 채택한 이유도 대학 교육을 성공적으로 수행하기 위해 학생들이 학문 문식성을 갖추고 있는지를 측정하기 위해서입니다. 학문 문식성은 전공 지식에 관한 텍스트를 읽고 전공 분야와 관련된 글을 쓸

수 있는 능력을 의미하며, 이러한 학문 문식성은 대학생에게 가장 필요합니다.

실제로 OECD에서 대학교 4학년 학습자를 대상으로 실시하고 있는 대학생 학업성취도 평가인 AHELO Assessment of Higher Education Learning Outcomes, 2002년부터 실시된 미국의 CLA Collegiate Learning Assessment: 대학학습평가 와 MAPP Measure of Academic Proficiency and Progress·대학성취 정도 등은 대학생의 학업 성과를 측정하기 위한 평가 요소로 학문 문식성을 포함하고 있습니다. 이들 평가는 자료 통합형의 글쓰기 과제에 기반한 문항을 토대로 측정합니다. 국내의 대학생 핵심역량 진단도구인 K-CESA도 이를 바탕으로 하는 글쓰기 평가를 포함하고 있습니다.

국내 대학수학능력시험의 목적이 학생들의 대학 수학 능력을 진단하고, 대학의 학업 수행을 위한 준비도 readiness 를 측정하는 데 있으므로, 2028학년도 이후 달라질 수능은 학문 문식성을 평가하기 위해 서술형 논술형 평가가 도입될 전망입니다. 이미 2022 개정 국어과 교육과정에서 학문 문식성의 교육 내용을 반영한 교육이 이루어지고 있습니다.

이처럼 글쓰기가 무엇보다 중요해진 시대에 무엇을 어떻게 준비해야 할까요? 제2부에서는 그와 관련된 구체적인 해법을 알려드리고자 합니다.

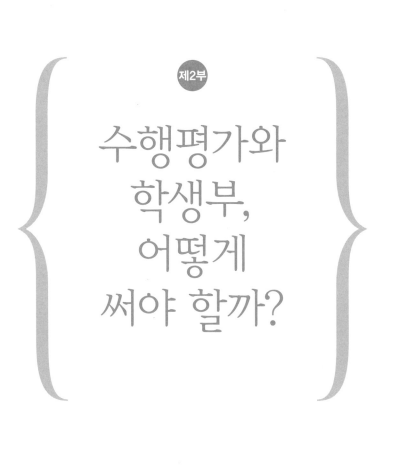

제2부

수행평가와 학생부, 어떻게 써야 할까?

4.
서울대 아로리 사이트 모범 학생부 글쓰기 사례

2023학년도까지는 대입 수시 자기소개서에 자신에게 가장 큰 영향을 준 책 2권에 대해 500자 이내로 담아야 했습니다. 2021학년도까지는 책 3권이었습니다. 2024학년도부터 대입 자기소개서는 폐지됩니다. 서울대 아로리 사이트에 공개된 학교생활기록부(이하 학생부) 예시들은 학생부 글쓰기의 모범 사례들이므로 세부능력특기사항과 창의적 체험활동 기재를 위해 좋은 참고 자료가 될 것입니다.

서울대 공과대학 화학생물공학부 수시 합격생의 학생부와 독서활동 예시

일반고 A학생의 학생부에서 발췌한 내용입니다. '평소 적극적인 발표

와 수업태도를 보이며, 수행평가 및 모둠활동에 적극적인 모습을 보인다'
는 세특 내용은 흔하디흔한 주례사 비평처럼 보이기도 합니다. 하지만 사
료를 읽고 종합적으로 유추하여 이해하는 역사적 사고력에 대한 평가가
수반되면서 서울대가 좋아하는 '진득하게 공부할 줄 아는 학생'의 이미
지를 연출해 줍니다. 우주와 '코스모스칼 세이건'에 이은 꼬꼬무꼬리에 꼬리를
무는 독서 기록도 이 학생을 면접장으로 불러 물어보고 싶은 욕구를 자극
합니다. 이 학생은 플라스틱 반대 운동이나 신재생에너지만을 고집하는
태도에 대해 비판적 사고와 분석 능력을 보이는데, 서울대는 이러한 학
생을 선호합니다.

• 평소 적극적인 발표와 수업태도를 보이며, 수행평가 및 모둠활동에
적극적인 모습을 보임. 또한 심도 있는 질문을 통해 풍부한 사전지식과
역사에 대한 열의가 보임. 역사를 배움에 있어 물리적 시간 분할이 아니
라 어떤 시기가 갖는 공통적 속성에 의해 구분하는 시대개념을 제대로
파악하고 있으며, 사료를 읽고 그 사료 속에서 확정된 사실과 본인이 생
각하는 당시 상황을 종합적으로 유추하여 이해하는 등 역사적 사고력이
뛰어난 학생임.
• 파동의 간섭을 학습하고 이중슬릿 간섭 실험을 수행하여 보고서를
작성해 발표함. 이중슬릿을 직접 제작하여 간섭무늬를 관찰하고 빛의 보
강간섭과 상쇄간섭 조건으로 밝은 무늬와 어두운 무늬를 설명함. 실험결
과를 분석한 결과 간섭무늬 사이의 간격이 일정함을 관찰하고 간섭무늬
사이의 간격에 관한 내용을 스스로 심화학습하고 공식을 유도함. 자연
현상에 관한 궁금증을 해결하기 위해 스스로 심화학습을 진행하며 실험

을 통해서 확인하는 학습능력과 탐구능력이 우수하며 물리학 개념을 유기적으로 이해하고 있고 자연 현상에 관해 통합적으로 사고하고 문제를 해결하는 융합적 문제해결능력이 뛰어남.

•'우주' 단원을 공부하며 칼 세이건의 '코스모스'를 읽고, 인류의 기원에 대하여 심도 있게 고찰함. 이러한 근원적인 질문에 대하여 고민하며 조금이라도 도움을 얻기 위해 이광식의 '천문학 콘서트'와 브라이언 토머스 스윔과 메리 에블린 터커의 '우주 속으로 걷다'라는 두 권의 책을 읽고 자료를 조사하여 정리함. 두 권의 책을 통해 수업 시간에 배운 우주론의 정립과정과 이론에 대하여 좀 더 깊이 있게 공부하여 질문하였으며, 특히 우주의 기원과 인류의 기원을 연관지어 시간의 흐름에 따라 자료를 조사하여 구체적으로 정리함.

•'현대인의 언어 사용상 특징'을 분석하는 활동에서 학생들의 언어 사용상의 문제를 '빈어증'으로 규정하고, 신조어 사용과 '헐, 대박' 등의 획일화된 표현 사용, 또한 활자 매체에서 디지털 매체로의 전환이 학생들의 어휘력을 저하했음을 원인으로 제시함. 어휘의 난이도를 분류하여 수준에 맞는 어휘학습을 도와주는 프로그램을 운영하는 것을 예로 들며, 학생들의 빈어증 실태를 정확하게 파악하여 원인을 찾고 대안을 모색해야 한다고 주장함.

•화학공학으로 발생하는 환경 문제에 관심을 두고 미세플라스틱에 대한 보고서를 체계적으로 작성하여 발표함. 미세플라스틱의 발생 원인과 인간에게 주는 피해를 연구 결과를 바탕으로 다양한 각도에서 조명하며 비판적 사고와 분석적 사고 능력을 보임. 미세플라스틱으로 말미암은 환경 문제를 줄이는 해결방안으로 개인적, 사회적, 국가적 노력을 제

시함으로써 교과 융합적 태도를 보임.

• 또래 학습 나눔 멘토링 2021.03.22.~2021.07.16. 활동에서 화학2 과목의 학습 능력 향상을 위한 멘토-멘티 학습팀을 구성하여 관련 교과의 학습 방법을 공유하며 협력을 통한 동반 성장의 보람과 가치를 경험함. 특히 화학2 과목멘토로서 멘티의 학습 수준에 맞게 도움을 주고자 노력하며 멘티의 호기심과 학습 욕구를 자극하는 질문과 강의식 안내, 토론식 학습 등을 적절히 활용하여 멘티의 학업 능력 향상을 위해 노력함.

• 과학적으로 탐구하고 해결하는 능력이 탁월하며, 수학 고난도 문제를 풀 때 복잡하고 다양한 많은 변수가 반영되어 있어 극히 풀기 어려운 수학적 상황에서도 항상 간결하게 통찰하여 돌파해 나가는 것을 볼 때 수학적 힘이 매우 좋음. 또래 나눔학습에서 친구들에게 최고의 멘토 역할을 수행함. 매일 신문에서 관심 있는 기사, 특히 과학적 흐름을 읽을 수 있는 내용을 스크랩하여 정리하고 질문을 통해 해결하는 경험을 통해 과학적 역량을 갖춘 학생임.

지구를 위한다는 착각 | 마이클 셸렌버거 저

과학의 발전이 환경보전을 어렵게 한다는 저의 통념을 부수며 화학공학자로서 지구 환경에 이바지할 방식을 다시금 생각하게 해준 책입니다. 올바른 관점을 가지고 환경문제에 접근하고 있는지 확인하고자 읽기 시작한 책은 맹목적으로 정보를 수용하며 지식을 쌓아왔던 저의 태도를 지적하는 것 같았습니다. 저자는 언론을 통해 접했던 일반적인 관점에 반하는 사실을 주장하며 과학의 발전이 환경보전에 일조하고 있음을 밝힙니다. 책을 통해 종말론적 환경주의에 휘둘리지 않고 비판적으로 사고하는 힘을 기를 수 있었습니다. 플라스틱 반대 운동을 펼치거나 신재생 에너지만을 고집하는 것이 아니라 기술의 발전과 실천이 길이 될 수 있음을 보았습니다. 이는 배터리 분야의 연구를 통해 지구 환경에 기여하겠다는 저의 꿈에 기폭제가 되어주었습니다.

탁월한 사유의 시선 | 최진석 저

공학자로서 철학을 공부할 이유를 알게 해준 책입니다. 저자는 '선도력'이 사람의 높이를 결정하며, 철학적 시선을 가짐으로써 선도력을 발휘할 수 있다는 견해를 밝힙니다. 누군가의 생각을 보고 배우는 것이 아니라 '먼저' 행동하며 스스로 생각할 줄 아는 것이 철학이라고 합니다. 별개의 영역이라 여겼던 과학과 철학이 탐구하는 힘과 창의력을 공통으로 요구한다는 점이 놀라웠습니다. 저는 과학을 공부하는 입장에서 이러한 철학적 사유가 필요하다고 느꼈습니다. 먼저 질문하면서 세상을 바꾸려 노력하는 태도가 중요함을 알고, 끊임없는 부정과 질문을 통해 높은 시선에서 사유하려 노력했습니다. 이렇듯 '탁월한 사유의 시선'을 가지고, 누군가의 연구를 따라가는 것이 아닌 새로운 길을 열며 미래를 선도하는 화학공학자가 될 것입니다.

일반고 B학생의 학생부에서 발췌한 내용입니다. 신재생에너지를 주제로 자료를 조사하여 발표한 내용인데, 면접관으로 하여금 이 학생이 위기의 지방대에 대한 주제 논술에서 언급한 비판적 사고력에 대해 질문해 보고 싶어 하는 생각이 들게 합니다. 생태주의와 기술주의처럼 상반된 가치를 다루는 '침묵의 봄레이첼 카슨'과 '에너지 혁명 2030토니 세바'를

107

독서활동으로 소개했는데, 이처럼 서로 상반된 가치를 비교해 보는 것을 서울대는 눈여겨봅니다.

- 꾸준한 자기주도적 학습을 통해 영어 읽기 및 쓰기 활동 시에 빠른 시간 내에 정확한 주제를 파악하고 핵심내용을 정리함에 있어 두각을 나타냄. 환경오염을 주제로 한 글쓰기 활동에서 직접 자료를 조사하여 주장하는 바의 근거로 활용함으로써 글의 설득력을 높임.

- 고전 문학 '동동', '속미인곡 정철'을 현대어로 해석하고, 시어의 상징적 의미와 비유적 표현을 이해하여 고전시가에 담긴 문학적 가치를 계승하려는 태도를 기름. 수업 태도가 매우 바르고 학습 내용을 성실하게 기록하며 자기 주도적으로 학습하려는 태도를 지님.

- '폐기물 에너지'를 주제로 비언어적, 준언어적 표현에 유의하여 청중을 고려하며 발표함. 특히 청중과 시선을 맞추고 호응을 유도하는 태도가 돋보이며, 발표 내용을 체계적으로 구조화하여 청중이 이해하기 쉽도록 전달하는 효과적인 표현 전략을 사용함.

- 복잡한 문제 상황을 직관적으로 이해하며 정확하게 수식으로 해결하는 능력이 있음. 원자 내의 전자는 불연속적 에너지 준위를 가지고 있음을 스펙트럼 관찰을 통하여 설명하고, 수소 원자에서 전자의 전이에 따른 흡수, 방출 스펙트럼 파장을 보어의 원자 모형으로 정확하게 수식으로 계산함.

- 신재생 에너지에 관심이 많은 학생으로 생활 속 이차곡선 사례 발표에서 '포물선 반사 성질을 이용한 태양열 집열기'라는 주제로 자료를 조사하여 발표함. 태양열 집열기의 개요, 포물선의 반사 성질을 활용한

PCT형 집열기와 접시형 집열기, 포물선의 반사성질의 증명 과정 등에 관해 설명함.

•'위기의 지방대'라는 제목으로 주제 논술을 작성하고 발표함. 지역 대학 미달과 학령인구 감소로 인해 지역 상권과 지역 대학이 함께 붕괴되는 심각성을 보여 줌. 선진국 사례를 통한 해결 방안을 제시하고 발표함. 민주 시민의 핵심 자질 중 하나인 비판적 사고력을 함양함.

•효율적인 화학 반응을 일으키기 위한 반응 속도에 관심이 많아 관련 문제를 쉽게 풀어냄. 끓는점 오름과 어는점 내림에 대해 개념 정리가 잘된 PPT를 작성한 후 그림과 그래프, 수식 등을 중심으로 청중이 이해하기 쉽게 발표함. 중화 적정 실험에서 뷰렛을 능숙하게 사용하여 중화점에서의 염산의 부피를 정확히 측정하고 뒤처지는 급우들을 챙겨가며 실험 결과를 해석하여 논리적인 보고서를 작성함.

•토의, 모의수업 등의 동아리 활동을 통해 생각의 깊이와 크기가 커진 학생으로 큰 내적 성장을 가져옴. 4차 산업혁명 교육 패러다임의 대변화의 주제를 담은 영상을 본 후 협업, 협력을 중시하는 교육으로의 변화가 불가피함을 인식함. 실제로 4차 산업혁명으로 인한 변화의 한 물결로 교육 현장에서의 평가 영역에 대한 토의를 실시하여 개별, 모둠 평가를 비교 분석함.

•성실한 태도로 끈기 있게 학업에 집중하고 자기주도학습 능력이 뛰어나 모든 교과 성적이 탁월함. 스스로 자만하지 않고 학습이 부진한 친구들을 도와주는 성숙한 마음씨를 지니고 있음. 수업 내용에 관해 질문하는 친구들에게 각 개인의 수준과 이해 정도에 맞게 설명해 주기 때문에 급우들 간에 인기가 많으며, 긍정적인 자세로 급우들을 존중하고 배

려하는 마음을 지니고 있음. 꾸준히 독서를 해서 기록하는 습관이 있고, 읽은 책을 다양한 각도로 분석하고 이해하는 능력을 지니고 있음.

침묵의 봄 | 레이첼 카슨 저

환경문제에 큰 관심이 있어 화학이 환경에 끼치는 문제점을 알고자 이 책을 읽었습니다. 책에는 편리함을 위한 살충제와 제초제의 남용으로 생태계와 생명체에 끼치는 많은 피해 사례가 나와 있었습니다. 책 속의 사례가 지금의 환경문제인 염화 불화 탄소의 사용으로 인한 오존층의 파괴와 미세 플라스틱 문제와 비슷하다고 생각하였고 현재도 환경과 생명에 끼치는 영향을 고려하지 않은 채 화학물질을 남용하고 있다는 것을 깨닫게 되었습니다. 책을 통해 화학제품을 연구하고 개발할 때 그것이 주는 편리함보다 생태계와 생명체에 끼치는 영향을 먼저 고려해야 한다는 것을 알게 되었습니다. 침묵의 봄이 오지 않도록 저의 연구가 환경과 사회에 끼칠 영향을 신중하게 고려하는 화학공학 기술자가 되어야겠다고 다짐했습니다.

에너지 혁명 2030 | 토니 세바 저

화학을 공부하여 미래에 무슨 일을 할 수 있을까 진로를 탐색하는 과정에서 이 책을 접하게 되었습니다. 책을 통해 전기자동차와 태양광발전이 에너지 효율 향상, 화석연료 사용 감소라는 측면과 에너지 빈곤의 해결이라는 측면에서 환경적, 사회적으로 큰 가치가 있다는 것을 깨닫게 되었고 이를 위해 배터리의 발전이 필수적이라는 것을 알게 되었습니다. 직업이 생계유지 수단일 뿐 아니라 사회적 가치를 창출할 수 있어야 한다는 생각에 배터리를 연구하는 화학공학 기술자를 꿈꾸게 되었습니다. 화학생물공학부에 진학하여 전기화학 에너지 시스템 연구실에서 이차전지의 새로운 전극 소재를 개발하고 차세대 배터리를 통해 전기자동차와 태양광발전의 대중화 및 상용화를 이끌어 에너지 혁명에 일조해야겠다는 목표를 세웠습니다.

일반고 C학생의 학생부에서 발췌한 내용입니다. 이 학생은 인간 중심주의와 생태 중심주의의 견해를 이용해 GMO 식품과 관련된 지속가능한 발전을 모색했다고 하는데, 이에 대해 이 학생과 구체적으로 논의해 보고 싶게 만드는 학생부의 내용입니다. 서울대 자기소개서에서 자주 언급되는 '침묵의 봄'에 대해 화학적 방제와 생물학적 방제를 이분법적으로 바라보지 않고 분야별 융합과 협력을 강조한 독서활동이 인상적입니다.

• 인류의 지속가능한 발전에 대해 학습한 내용을 바탕으로 유전자 변형 농산물 GMO 이 지속가능한 발전에 대해 이바지하는 내용에 관한 논설문을 작성함. GMO 식품의 단점으로 농산물의 무해성 입증이 안 되었다는 이유뿐만 아니라 종자 구입 과정에서 발생하는 추가 비용으로 농부들이 입게 될 피해를 생각하여 작성함. 동시에, 수확량 증가에 따른 비용 절감도 서술하여 양쪽의 의견을 모두 존중하는 태도를 보임. 특히, 수업 시간에 배운 인간 중심주의와 생태 중심주의적인 견해를 이용하여 GMO 식품은 인간 중심주의적인 산물일 수 있어 오히려 지속가능한 발전이라는 취지와 맞지 않을 수 있음을 보여주면서 생태계를 훼손하는 범

111

위를 최소화하는 내에서 개발하려는 노력이 필요함을 서술하고 설명함.

• 학교 교육과정에 준하여 성실하게 학업을 함으로써 학업성취도가 높고 꾸준한 학습태도와 성실함이 수학을 학습하는 원동력으로 학습에 대한 탐구력이 왕성하고 스스로 학습하는 좋은 습관이 형성되어 있어서 자기주도적 학습이 가능하며 수학교과 내용 전체에 대한 이해력이 높아 학습요소가 조합된 고난이도 문제 해결에 탁월한 능력이 있음. 특히 연습장 쓰기 습관이 잘 형성돼 있어서 문제 해결에 깊게 사고하여 간결하고 다양한 풀이 방법을 제시하고 표현하는 능력이 있음.

• 주제탐구발표 활동에서 물을 이용한 에너지 생산을 주제로 연료전지, 광촉매, 광분해, 인공나뭇잎에 대해 발표함. 연료전지는 화학에너지를 전기에너지로 바꾸는 장치로 수소의 산화와 산소의 환원으로 전류가 생산되고 광촉매는 빛으로 촉매작용이 활성화되는 물질로 반응의 제어가 쉽고 빛으로 세균번식억제가 가능함을 설명함. 물의 광분해는 빛으로 물이 분해되어 수소이온, 전자, 산소기체가 발생하여 빛이 화학에너지로 전환되는 과정이며 이는 인공 나뭇잎이 작동원리임을 설명함.

• '침묵의 봄 레이첼 카슨'을 읽고 화학물질의 양면성에 대해 발표함. DDT, DDD, 엔드린으로 인한 피해 사례를 소개하고 의도와 다르게 부정적인 영향을 미칠 수도 있는 화학 물질에 대해 경각심을 가져야 한다고 주장하고, 자신이 화학물질을 다루는 일을 하게 된다면 순기능과 역기능을 고려하여 인류의 화학발전에 기여하고 싶다는 포부를 밝힘. 청색병 실험에서 결과가 제대로 나오지 않았으나 실패한 원인을 분석한 후 재도전하여 실험에 성공함. 색깔 변화와 산화환원을 연결 짓고 산화환원 지시약의 원리를 학습함.

• 학습 내용에 대해 단순 암기를 벗어나 원리를 위주로 한 수업을 통해 지구과학이 딱딱하다는 편견을 벗어날 수 있었다고 발표함. 수업 직후 칠판 판서 내용을 중심으로 친구들과 의견을 교환하며 학습 내용을 정리하는 모습이 자주 목격됨. 친구들의 질문에 바로 답을 주지 않고 스스로 답을 찾을 수 있도록 안내하는 모습이 인상 깊었음. 연대측정 방식과 수소 핵융합 반응에 대해 구체적인 내용을 더 공부하고 싶어 하는 모습을 보임.

• 과학실험동아리 활동을 진행하면서 물리, 화학 분야에 관심이 많아 적극적으로 실험 주제를 제시하였고 그중 볼타전지 실험을 수행하였는데 과일에 연결된 LED가 켜지지 않자 실패 이유를 모색함. 변인을 달리하여 계속된 재실험으로 실험에 성공하였고 동아리원들과 토론하여 실험 실패 이유가 사용한 전극판의 크기가 작아 충분한 전압을 형성하지 못한 것으로 결론을 내림.

• 지적 호기심이 많고 논리적으로 분석하며 탐구하는 것을 좋아함. 자신의 관심 분야에 대해 높은 집중력과 열의를 가지고 있으며, 창의적인 아이디어를 내는 것을 좋아함. 깊이 사고하고, 세심하게 관찰하며, 신중하게 판단함. 집중력이 탁월하여 환경에 의한 영향을 받지 않고 자신의 계획대로 학업에 정진하며 공동의 관심사를 가진 사람들과 함께하는 활동에서는 그들을 가르치거나 돕는 역할을 함. 다른 사람의 마음이나 상황을 이해하는 통찰력이 뛰어남.

이해하기 쉬운 생화학 | 변기원 외 5인 저

효소에 대한 흥미가 생기게 되면서 생화학에 대한 관심으로도 이어지게 되었습니다. 생화학이 어느 부분에 중점을 두고 있으며 관련 특징으로는 무엇이 있는지 호기심이 생겨 이 책을 읽게 되었습니다. 가장 관심이 간 파트는 '효소의 동역학'이었습니다. 수업 시간에 배운 효소 그래프와 함수 해석을 이용하여 관련 식을 해석하는 과정이 무척 인상 깊었고이를 직접 실험에도 적용해 보고 싶었습니다. 이후, 동아리 시간에 과산화수소 분해 실험을 하였고 실험 자료를 라인위버-버크 식에 대입하여주요 특징들을 해석해 보았습니다. 책에서 배운 내용을 바탕으로 실험결과를 해석하고 알로스테릭 효소와 같이 효소에 대한 새로운 내용들을학습하면서 생화학에 대한 흥미를 많이 높일 수 있었습니다.

침묵의 봄 | 레이첼 카슨 저

여러 화학 도서를 읽다 보니 한 가지 공통점이 머릿속에 남았습니다. 바로 화학의 위험성에 대한 경고였고, 그러한 위험성으로 인한 피해 사례가 궁금해져 이 책을 읽게 되었습니다. 화학이 일으킬 수 있는 피해를줄이는 방안에 중점을 두어 책을 읽자 화학 방제와 생물학적 방제의 차이가 눈에 들어왔습니다. '화학 방제는 살충제만을 믿었고 생물학적 방제는 여러 요인을 고려하여 진행됐다'고 생각했고 한쪽 측면만을 생각하기보다는 다양한 측면을 따져봐야 피해를 최소화할 수 있다는 결론으로이어졌습니다. 그래서 화학 분야만으로는 다양한 변수를 고려하기 어려워 생명, 환경 분야와 융합시키는 것이 중요하다고 느꼈고 생화학에 관한 실험 연구에는 필요한 분야와의 협력을 우선시해야 함을 배울 수 있었습니다.

서울대 사범대학 국어교육과 수시 합격생의 학생부와 독서활동 예시

일반고 A학생의 학생부에서 발췌한 내용입니다. 이 학생은 혐오 표현에 대한 수행평가 글쓰기에서 영작 능력을 드러내며 이중언어의 글쓰기 능력을 강조했습니다. 이 학생은 볼 때마다 독서하고 있다고 평가하는데, 이런 점이 장점이 됩니다. 문학 수업에서 인생 수업으로 교육법을 발전시키는 교사가 되려는 모습을 독서활동에 담아냈는데, 진로 및 적성과 관련해 좋은 평가를 받을 수 있습니다. 어항식 토론과 딜레마 토론 같은 교육법을 철학 입문으로 소개해 균형적인 사고를 보여주고 있습니다.

- 글을 작성하기 전에 수업 내용 이외의 배경 지식 등을 스스로 찾아보고 교사에게 문의하는 과정을 밟는 등 기초적인 역사학 연구 방법의 자세를 견지함. 독립전쟁론과 외교독립론의 한계를 지적하며 실력양성론의 논리를 강조함으로써 여러 독립운동 방법론의 장단점을 확인하며 다양한 시각과 관점의 지평을 인식함.
- '꾸뻬 씨의 행복 여행'을 읽고 행복한 삶을 위한 자신만의 버킷리스트를 작성하여 발표함으로써 행복은 미래에 존재하는 것만은 아님을 깨닫는 모습을 통해 자신의 내면적 성장 과정을 보임. 사회적 약자인 장애인에 대한 인권 침해 사례를 찾고, '우리와는 다르다'는 장애인에 대한 사회적 편견의 측면에서 장애인이 겪고 있는 소외감을 깊이 공감하고 '조금 불편한 것일 뿐, 우리와 같은 사람으로 대하기'라는 해결방안을 제시

하는 모습에서 어려운 이웃을 돌아보는 온정을 느낄 수 있었음.

• 학습 과제에 대한 몰입력이 뛰어난 학생으로 수업 내용과 자기 삶을 잘 엮어서 내면화하고 표현하는 능력이 우수함. '행복'을 화제로 한 주제 통합적 읽기 단원을 학습하고 자신의 삶을 성찰하고 자신의 소소한 일상을 소재로 '행복이란 일상 속에 있음'을 효과적으로 표현하여 많은 공감을 얻음.

• 수업 중 알게 된 '혐오 표현'에 대해 더 파악하고자 관련 기사를 탐색함. 통계 자료를 통해 일상생활에서 혐오 표현이 만연하다는 사실과 이것이 초래하는 사회적 문제를 배우게 됨. 수행평가 Writing Essay 활동시간에 예비교사로서 학생들이 혐오 표현 사용을 지양하도록 혐오 표현의 정의, 예시, 혐오 표현이 개인과 사회에 미치는 영향을 알기 쉽게 설명하겠다는 자신의 의견을 뛰어난 문장으로 영작을 하는 등 영어 능력에 있어 발전가능성이 많은 뛰어난 잠재력을 보여줌.

• 심화 탐구 활동을 통해 차별극복방안에 대해 조사하고 사회적 소수자에 대한 고정관념과 편견의 문제점을 잘 설명함. 차별받는 경험이 인간의 성격 형성에 미치는 영향에 대해 설명하고 '푸른 눈, 갈색 눈' 실험이 연구윤리에 위배된다는 사실을 인정하면서도 비난자들의 이중성에 대해서 강조한 점이 인상적이었음. 무엇보다 차별하는 백인의 입장에서 이루어진 실험임을 강조하며 차별하는 행위에 경각심을 일으켜줌.

• 수학적 사고력과 논리력, 창의성이 뛰어난 학생으로 하나의 문제를 한 가지 방법으로만 푸는 것이 아니라 다방면으로 접근하면서 문제를 연구하는 모습을 보임. 본 학생은 2개 이상의 복잡한 조건이 주어진 상황에서 문제해결 전략을 세우는 데 탁월함을 보이는 학생으로 수학 공

부 방법과 비결을 묻는 친구들에게 개념에 충실한 공부법을 설명함. 개념 학습의 수준은 타인에게 쉽고 간결하게 설명이 가능한 수준까지로 스스로 설정하고 노력함. 그 결과 많은 친구의 수학 멘토로 활동함.

• 동아리 활동에 흥미를 갖고 적극적으로 참여하여 동아리 차장으로 활동함. 시간, 표현법, 글감 등 주어진 조건에 맞게 시를 창작하는 활동을 함. 작품에 대한 교사의 지도를 습득하고 다음 작품에 적용하는 능력이 탁월함. 동아리 활동을 통해 시를 조직하고 형상화하는 능력이 향상되었고 세상을 바라보고 고민하는 사고의 깊이가 깊어지는 모습을 보여줌.

• 볼 때마다 주로 독서하고 있는 학생으로, 지적 탐구심이 강해 도서관에 자주 들르며 남는 시간을 활용하여 다양한 분야의 도서를 읽음. 시짓기나 소설 창작을 즐기는 등 문학에 대한 관심이 높으며 어휘력이 풍부한 학생임.

• 수학적 능력이 뛰어나며 수학에 열정을 갖고 동아리, 수학체험전, 멘토링 등 모든 활동에 적극적으로 참여함. 참신한 풀이 과정을 자주 제시하고 이를 친구들 앞에서 논리적으로 설명하는 능력이 탁월함. '수학 클리닉'의 멘토로서 책임감을 갖고 겨울방학에도 매주 과제를 준비해 더 나은 풀이 과정을 위한 수학 토의를 주도적으로 진행함.

삶의 끝에서 | 다비드 메나셰 저

'내가 약속을 했고 너희들을 존중하니 그 약속을 꼭 지킨다는 걸 보여주고 싶었다.' 어떤 상황에서도 신뢰를 추구했던 메나셰 선생님의 이러한 마음가짐이 제 마음에 불을 지폈던 것 같습니다. 학생이 나아가는 길에 확신을 주는 교사가 되고 싶었던 제게 담임선생님께서 이 수필을 추천해 주셨습니다. '소용돌이 그리기'에서 '우선순위 리스트' 교육법으로, 문학 수업에서 인생 수업으로 끊임없이 자신만의 교육법을 발전시키는 선생님의 모습이 뇌리에 깊게 남았습니다. 학생에 대한 존중의 태도와 선생님의 특별한 교육법이 학생들을 어떤 주체적인 어른으로 성장시켰는지 글을 통해 생생히 목격했습니다. 자신만의 길을 찾아 단단해진 제자들의 삶을 확인하며 저의 교육 키워드도 자연스럽게 '존중'과 '전달 능력'으로 정립될 수 있었습니다.

철학 입문 | 롤란트 W. 헹케 저

비문학 지문을 읽던 도중 '철학적으로 사유한다'라는 말을 보고 철학의 진정한 의미에 호기심이 생겼습니다. 작가의 의견보다는 특정 글을 인용한 후 그에 대한 독자의 의견을 묻는 '철학 입문'의 전개 방식은 제게 깊은 생각을 불러일으켰습니다. 책에 소개된 '어항식 토론', '딜레마 토론' 등의 교육법은 제 미래 학생들의 폭넓은 사고에도 도움이 될 것입니다. 이 책은 제가 직접 보고 들은 것이 무조건적인 '참'이라 여겨왔던 제 사고방식에 파문을 일으켰습니다. 당연한 '진실'이 그저 '선입견'이었을지도 모른다는 점은 저의 과거 행동을 돌아보게 했습니다. '감각기관은 세계를 모사하는 게 아니라 세계를 해석하고 있는 것'이라는 서술대로, 제 감각에 현혹되지 않고 세상을 올바르게 바라보는 철학적 사고력을 키우겠습니다.

일반고 B학생의 학생부에서 발췌한 내용입니다. 국어교육과 지원자가 영어와 언어학, 컴퓨터에 대한 지식까지 관심을 넓혀 활동한 것은 긍정적으로 평가되는 동시에 면접관으로 하여금 이 학생이 준비해 온 과정에 대해 묻고 싶게 합니다. 독서활동에서도 책에 언급된 다른 책을 찾아 읽는 능동적 태도가 드러나고, 학교에서 건강한 토론이 이루어질 수 있도록 가르치고 싶다는 생각도 미래 교육자로서 바람직합니다.

• 모둠 내에서 모둠원들의 학업능력을 향상시키기 위해서 다양한 노력을 함. 특히 영어성적이 모둠 내에서 가장 우수한 학생임에도 직접 발표하지 않고 다른 친구들이 발표할 수 있도록 기회를 주고 발표자를 잘 도와줌으로써 이 학생의 협동심과 타인에 대한 배려심을 느낄 수 있었음. 평소 영어 해석뿐 아니라 영어 작문에도 관심이 많아서 주제를 정해서 꾸준히 영어로 자신의 생각을 쓰는 연습을 해옴.

• '잊힐 권리 right to be forgotten 는 허용 법제화 해야 하는가?'라는 발표 주제를 스스로 선정하고 탐구계획서를 바탕으로 자료를 수집하고 정리하여 파워포인트를 제작하여 급우들에게 발표한 다음 자신이 사회를 맡아 이 주제에 대한 학급 토론을 진행하였음. 잊힐 권리의 개념과 예시 및 사례, 알 권리와의 법적 비교, 잊힐 권리의 법제화에 따른 긍정, 부정의 양 측면과 문제점을 설명하고, 이의 찬반에 대해 토론을 주도함. 주제의 의미와 성격에 대한 이해도가 높고, 자료정리 및 원고 내용이 우수함. 발표력과 토론 진행 능력이 탁월함.

• 글의 관점이나 내용을 비판하며 읽는 활동을 위해 경쟁의 필요성과 공정한 경쟁의 중요성에 대한 논설문을 읽고 제출한 과제에서 글쓴이의 관점을 적절하게 파악하고, 지나친 경쟁은 인간의 효율적이고 긍정적인

발전을 막을 수도 있다는 자신의 의견을 덧붙임. 사회 문제에 관심을 가지고 학교나 집 주변 등 자신이 생활하는 공간에서 불편했던 점과 해결책을 제시함.

• 탐구활동으로 생활 속의 통계적 추정 - 코퍼스 언어학적 연구에 사용되는 통계적 추정 기법 알아보기를 조사하여 보고서를 작성하고 발표함. 코퍼스가 말뭉치라고도 불리며, 자연언어 연구를 위해 특정한 목적을 가지고 언어의 표본을 추출한 집합이라는 것과 컴퓨터의 발달로 말뭉치 분석이 용이해져서 확률과 통계적 기법을 이용한다는 것을 알게됨.

• 교과서 글 중 하나인 '그래프와 최소 신장 트리'를 읽고, 매우 성실하게 프레젠테이션을 만들어서 수업 시간에 학급 친구들 앞에서 발표함. 이 발표에서는 컴퓨터에서 활용되는 그래프와 최소 신장 트리를 유도하는 알고리즘에 대해 설명함. 비교적 어려운 글을 정확하게 이해한 후, 분명하고 자신감 있게 말하는 등 국어 능력이 매우 뛰어난 학생임.

• '소설로 만나는 세상'에서 읽은 소설들을 통해 알아본 한국 근현대사의 모습을 통해 그 시절의 교육에 대한 모습에 관심을 가지게 되어 현재 교육 제도에 상존하는 모순점의 발생 원인과 앞으로 대한민국 교육이 나아가야 할 방향성에 대해 탐구하였고 학생들의 교육에 앞장서는 교육 실무자들의 입장이 정치과정에 더욱 반영되는 것이 옳은 교육을 위한 방향성이라고 생각하게 됨.

• 친구들과 함께 토론하는 것을 좋아하며, 청소 시간을 즐김. 전 과목에 걸쳐 학업성취도가 높고 학업에 대한 열의가 대단하며 인문계열 진학을 목표로 하고 있지만, 수학과 과학 교과에도 관심과 열의가 뛰어나 이해가 되지 않은 부분에 대해서는 적극적인 질문을 통하여 반드시 해결함.

컴퓨터에 대한 지식도 해박하여 자율동아리를 통해 지식을 공유하고 새로운 응용 분야에 대해 공부함. 수업에 임하는 태도가 진지하고 흐트러짐이 없어 모든 교과 선생님들께 칭찬을 받는 모범적이고 우수한 학생임.

교사의 독서 | 정철희 저

이 책은 독서 수업 중 진로와 관련한 책을 찾다가 읽게 된 책입니다. 초등학교 교사로 재직 중인 저자는 현대 사회에서 교사가 겪는 여러 문제점들을 자신이 읽은 책의 내용과 엮어 말하고 있는데 이 책을 통해 교사라는 직업의 현실적인 모습을 그릴 수 있었습니다. 또한 여러 교육 문제에 관심을 가지고 고민하는 계기가 되었습니다. 저자가 언급한 학습자 중심 교육의 무분별한 추구에 관심을 갖고 화법과 작문 시간에 교사의 수업 방식에 대한 재량권을 확대해야 한다는 비평문을 작성하는 등 저자가 언급한 문제점들에 대한 나름의 해결 방안을 고민해 볼 수 있었습니다. 이후의 독서에도 영향을 주었는데, 책에서 언급한 '어른 없는 사회' 등을 읽으며 이 책의 저자가 책을 받아들이며 쓴 의견과 제 감상을 비교해 보기도 하였습니다.

자유론 | 존 스튜어트 밀 저

정치와 법 시간에 헌법 조문을 읽다가, 문득 우리 사회에 널리 퍼져 있는 자유의 이념에 대해 좀 더 알아보고 싶다는 생각이 들어 이 책을 읽었습니다. 밀은 모든 사람은 자유로울 권리가 있으며 다른 사람의 권리를 침해하지 않는 선에서 자유는 절대적으로 보장되어야 한다고 밝혔습니다. 비록 이 책에서는 미성년자를 이러한 원칙의 예외로 설정하였지만, 저는 현대 사회에서 학생들 또한 자유를 가질 수 있다고 생각합니다. 따라서 학생들의 자유를 존중함과 더불어 학생들에게 자유에 따르는 책임의 중요성을 가르치고 싶습니다. 또한 밀은 절대 진리란 존재하지 않으며, 따라서 생각과 토론의 자유가 보장되어야 한다고 밝혔는데 이러한 입장에 공감하여 학교에서 건강한 토론이 이루어질 수 있도록 가르치고 싶다는 생각을 하게 되었습니다.

일반고 C학생의 학생부에서 발췌한 내용입니다. 저출산 고령화는 흔한 주제일 수 있지만 교사의 입지에 미치는 영향을 조사하며 정부의 교육 정책과 교육 단체의 입장을 정리한 부분이 인상적입니다. 실패 이력서나 청소년 정책제안서, 서평 등 다양한 글쓰기 활동이 눈에 띕니다. 국어교육에 국한되지 않은 배려와 도덕교육 분야로 확장된 독서활동도 지원 전공 분야의 확장과 심화에 부합하므로 좋은 평가를 받을 수 있습니다.

• '저출산·고령화에 따른 우리의 인구 문제 및 학령인구 감소가 교사의 입지에 미치는 영향'을 조사하여 발표함. '인구 구조 변화에 따른 정부의 교육 정책과 각계 교육 단체의 입장'을 체계적으로 정리하여 미래 사회를 준비하는 예비 교사로서 자신의 생각을 조리 있게 발표함.
• '입시 제도 개편안과 교육 불평등'에 대한 사례를 찾아 관련 내용을 조사함. 정의의 의미, 정의로운 사회를 만들어야 하는 이유, 해결을 위한 실천 방안과 관련 제도에 대한 의견을 체계적으로 정리하여 제안함. 세계 여러 나라의 특징을 조사하여 7개의 문화권으로 구분하고 문화권별 특징과 삶의 방식을 서술하여 정리한 세계 지도를 제작하며 사회과

학적 지식을 확장하고 문화 상대주의 자세를 함양함.

• 나만의 국어사전 만들기에서 '아름답다'라는 단어의 뜻을 섬세한 묘사를 통해 확장시킴. 예문을 작성할 때에도 '몸이 불편한 친구를 끝까지 응원해 주는 아이들의 아름다운 모습에 어느새 12월에도 봄이 찾아왔다' 등 구체적이면서도 긍정적인 문장을 기록하여 사전에 자신만의 개성을 잘 살린 점이 돋보임.

• 실패를 딛고 얻은 성취에 관한 글을 읽고 자신의 실패 경험을 기록해 보는 '실패 이력서 Failure Resume'를 작성함. 고등학교 첫 영어 시험에서 겪었던 어려움을 극복하기 위해 실천했던 구체적인 방법 및 그 과정에서 얻게 된 성취와 교훈을 기술함. 학습에 있어서 때로는 좌절이 새로운 동기부여의 기회가 될 수 있다는 메시지를 논리적으로 전개함. 글쓰기 과정에서 교사의 피드백을 반영하여 과정 중심 쓰기 활동에 적극적으로 참여하고 작문 활동을 위해 관련 자료를 찾아서 분석하는 등 심도 있게 학습함.

• 현대 민주정치 운영에 대한 기본 지식을 바탕으로 '교육격차가 민주정치 사회에 미치는 영향과 해결방안'을 탐구함. 학력주의에 초점을 맞추어 현대민주정치의 발전과제를 분석하고, 건강한 민주정치 실현을 위해 학력주의가 반드시 타파되어야 함을 주장함. 다양한 사례 조사를 통해 기존 블라인드 제도의 한계점을 알아보고, 이를 보완할 수 있는 제도를 고안함. 채용시험에서 실제 직무 능력 평가 항목을 확대하는 'ESE Expertise Suitability Examination 제도'의 시행을 요구하는 청소년 정책 제안서를 작성하고 발표함.

• 홉스, 로크, 루소의 사회계약론과 교육철학에 대한 자율 탐구 활동

을 수행하면서, 그들의 국가관이 반영되어 있는 각 사상가들의 교육철학을 탐구함으로써 안전하고 정의로운 공동체 형성에 이바지할 수 있는 교육의 가치와 방향성에 대해 고민하게 됨.

• 선택주제로 교육제도, 사회구조의 관점별 핵심 주장을 비교·서술하고 자율 탐구 주제로 '상징적 상호작용론의 관점에서 보는 학교 교사'를 추가로 선정해 학생을 상황정의에 따라 이해하고 의미를 부여할 수 있는 교사의 역할을 제시하며 관심 분야를 연계해 통합적 사고력을 신장함.

• 서평쓰기에서 '평균의 종말토드 로즈'을 선택하여 관련된 수학적 내용에 대해 서술함. 천문학의 평균법을 사회학에 적용한 케틀러와 이를 교육분야에서 계승한 손다이크에 대해 소개함. 국제 학업성취도평가나 교육 통계에서 평균이 갖는 허점에 대해 반박하며 굳어진 평균주의의 위험성에 대한 글을 작성함. 교육의 본질에 대해 고민하며 고유의 학습 능력과 성장 가능성에 주목하는 모습이 인상적임.

• 동아리부장으로서 주제 탐구와 장소 정리 등 부원들의 활동을 묵묵히 돕는 서번트리더십의 소유자임. 능동적 태도와 열의 있는 자세로 활동에 임함. 드레퓌스 사건과 에밀 졸라에 대해 조사하고, 지식인의 역할을 고찰한 소감을 발표함. 에밀 졸라를 '정의를 추구한 지식인의 양심'이라 정의하고, 반유대주의와 군국주의가 팽배했던 시기에 인권 탄압에 맞선 부분을 높이 평가하면서, 강압적 권력과 선동에 매몰되지 않는 깨어있는 의식과 계몽의 중요성을 지적하는 통찰력을 나타냄.

• 남을 돕고 가르쳐주는 일에 재능이 있어서 학생회가 주관하는 멘토링 이외에도 학급 특색 활동 '함께 성장하는 우리'의 멘티와도 주기적으로 만나 언어와 영어 과목에 대해 가르쳐 줌. 자신이 가진 지식을 나눠

주고 함께 성장하는 것에 대해 큰 보람을 느끼며, 언어에 대한 이해력과 전달력이 뛰어나 멘티 학생의 만족도도 매우 높았음.

배려와 도덕교육 | 넬 나딩스 저

생활과 윤리 시간에 넬 나딩스의 배려 윤리를 배우고 배려의 진정한 의미를 되새기고자 이 책을 읽었습니다. "배려의 완성은 배려받는 사람의 응답을 통해 완성된다"라는 가르침은 멘토링을 통한 성장을 다른 관점에서 조명해 주었습니다. 2년간 멘토링하는 동안, 멘토링은 멘토가 도움의 주체, 멘티가 도움의 객체가 되어 각자의 성장을 이루는 활동이라고 생각해 왔습니다. 그러나 이러한 생각은 배려의 상호작용을 무시한 채 자기만족에만 그치게 함을 깨달았습니다. 피배려자(멘티) 의 배려 수용과 긍정적 반응이 배려자(멘토) 로 하여금 배려(멘토링) 에 몰두하게 했기 때문에 함께 성장할 수 있었음을 배웠습니다. 일방적 배려에 만족하던 과거를 반성하고, 상호 배려에서 시작하는 교사와 학생 간 바람직한 관계를 깊이 생각할 수 있었습니다.

나라말이 사라진 날 | 정재환 저

한국사 시간에 조선어학회사건을 배우고 국어의 아픈 역사에 공감해 이 책을 읽었습니다. "민족의 말과 글을 아끼고 사랑하는 것은 나라를 사랑하는 길이 되고 민족운동이 되는 것이야"라는 이윤재 선생의 말씀으로부터, 민족의 말과 글을 지켜 민족정신을 수호한 조선어학회의 굳센 의지를 느낄 수 있었습니다. 이를 계기로 한국사 시간에 존경하는 인물로 주시경 선생을 발표해 국어 연구와 보급 노력 또한 독립운동의 한

양상임을 알리면서, 선조의 숭고한 정신을 계승하고 드높이는 국어 교육에 사명감을 가졌습니다. 나아가 학문으로서의 국어에 대한 각별한 애정을 지녀 국어 교사로의 발전을 도울 버팀목을 만들 수 있었습니다. 국어교육과에 진학해 국어사를 깊이 탐구함으로써 자긍심을 키워가는 국어 교사로의 성장을 소망하고 있습니다.

서울대 약학대학 약학계열 수시 합격생의 학생부와 독서활동 예시

일반고 A학생의 학생부에서 발췌한 내용입니다. 이 학생은 최신 영문 기사로 진로를 연계하고 신간 도서를 통해 주요 이슈를 파악했습니다. 자기소개서가 폐지되더라도 학생부를 통해 자신을 소개할 수 있습니다. 국어 감상문 제출에서 '이기적 유전자'를, 보건의료 동아리 활동에서 '세포, 생명의 마이크로 코스모스 탐사기'와 같이 다양한 독서활동을 담아 세특과 창체 모두 생생한 자기주도성이 드러납니다.

• 진로관련주제 발표에서 생명과학이나 화학과 관련이 있는 최신 영문기사인 'Newborn DNA Tests'라는 독특한 주제를 선정하여 학생들 앞에서 사진 설명과 예시 등을 들어가며 논리적이고 차분하게 발표함. 영어의 기본적 능력뿐만 아니라 영어의 종합적인 사고능력이 충분히 갖추어져 있는 우수한 학생으로 더욱 심도 있는 학습과제가 주어져도 능

히 극복할 수 있는 매우 역량있는 학생임.

• 수업 중, 조원들과 '공동체주의적 관점'에서 '공익광고 UCC'를 참신하게 제작하여 급우들과 시청하고 느낀 점을 나누었으며, '상품개발자'가 되어 '전통문화 상품제안서'와 '문화여행브로셔'를 제작, 문화를 바라보는 관점을 '역할극'으로 만들어 발표하고, 다문화사회와 관련된 기사를 찾아 문제점 및 해결방안을 논리적으로 종합하여 발표함.

• 교과서 학습내용을 바탕으로 관심 분야의 책을 읽고 감상문을 제출하는 활동에서는 대단원 '다양한 분야의 글읽기' 중 소단원 '과학, 기술 분야의 글 읽기'와 관련하여 '이기적 유전자 리처드 도킨스'를 읽고 심층적으로 탐구하여 내용 분석 및 평가 감상문을 제출함. 이기적 유전자의 입장에서 바라본 자연을 자신의 말로 정리하고 노화, 혈연선택, 생존게임 등 인상 깊은 점을 조리 있게 소개하며 글쓴이의 관점에 대한 자신의 생각을 논리적으로 밝힌 부분이 돋보임.

• 시 탐구 감상문 쓰기 과제 수행 활동으로 '할머니 꽃씨를 받으시다 박남수'에서 참혹한 전쟁체험으로 인한 삶에 대한 회의와 전쟁의 고통 속에서도 채송화 꽃씨를 받으시는 할머니의 모습을 통해 보여주는 희망적인 자세와 생명의 소중함에 대한 인식의 확산을 통한 보다 나은 세상을 소망하는 것에 깊이 공감하였으며 자신의 삶에 큰 영향을 준 것임을 선명한 필체로 서술하였음.

• 논리적인 사고로 주어진 자료 간의 관련성을 잘 파악하는 학생으로 탄산칼슘과 염산의 반응을 통한 화학 반응에서의 양적 관계를 확인하는 실험과 중화 적정을 이용한 식초의 아세트산 함량을 구하는 실험에서 모둠원들과 협력하여 올바른 절차에 따라 실험을 수행하였고 결과를 해

석하는 전반적인 과정을 주도적으로 이끌어 가면서 모둠원들의 이해를 돕는 의사소통 능력을 보임.

- 화학반응과 촉매와의 연관성에 대해 배운 후 촉매가 반응속도에 영향을 미치는 것뿐만 아니라 물질의 합성에도 관여한다는 사실을 찾아 다양한 촉매의 종류와 역할에 대해 능동적으로 찾아 보고서를 작성함.

- 보건의료 동아리에서 활동하며 '세포, 생명의 마이크로 코스모스 탐사기 남궁석'라는 책을 읽고, 세포 치료와 텔로미어와 관련된 '세포 수명'에 관한 챕터를 선정해 관련 다큐멘터리를 시청하고 추가자료를 조사하여 동아리원들에게 발표하며 큰 호응을 얻음. 책에 언급된 배아줄기세포와 유전자조작기술에 대해 두 차례 찬반토론을 진행하였으며, 사회, 윤리, 생물, 경제 등 다양한 관점에서 주제에 대해 깊이 사고하는 태도를 보여줌.

- 2학기 학급 회장으로서 차분한 성향을 가졌지만 관계에 기반한 영향력을 가졌으며 평소에는 친근하게, 반장으로서는 적절한 판단력과 분별력을 가지고 친구들을 이끎. 체육시간에 지적장애가 있는 도움반 친구들의 원반 던지는 연습을 도와주고 사회시간에 역할극 및 수학여행을 위한 ccd를 준비하며 도움반 친구에게 역할을 설명하고 동작을 알려주며 학급 구성원으로 함께 할 수 있도록 도움을 줌.

마법의 탄환 | 다니엘바젤라, 로버트슬레이터 저

염색체의 구조 이상을 배우고 백혈병에 관해 조사하는 과정에서 정상세포를 파괴하지 않고 암세포의 성장을 억제하는 백혈병 표적치료제인 글리벡을 알게 되었습니다. 암 치료의 새로운 지평을 연, 글리벡의 개

발과정과 그 의미를 알고 싶어 이 책을 읽어 보았습니다. 화학물질을 개발한 후, 임상시험을 거쳐 절박한 환자들에게 희망이 되기까지의 과정을 보면서 생명을 살리는 신약 개발이 주는 벅찬 감동을 느낄 수 있었습니다. 환자들의 생생한 경험을 읽어보며 그들의 절박함에 공감할 수 있었고, 의약품 개발자로서의 사명감을 간접적으로 느낄 수 있었습니다. 이를 계기로 글리벡이 티로신 키나아제에 경쟁적으로 결합하는 것처럼, 질병 표적분자의 구조를 밝히고 이에 선택적으로 반응하는 약물 설계 연구를 목표로 하게 되었습니다.

생물과 무생물 사이 | 후쿠오카 신이치 저

생명의 한 정의는 '동적 평형'이라는 생명과학 선생님의 말씀을 듣고 생명의 본질이 궁금하여 읽게 되었습니다. 수정란 단계에서 특정 유전자를 없앤 녹아웃 마우스가 아무 탈 없이 자랐다는 연구 결과는 '생명은 기계가 아니다'라는 사실을 다시금 깨닫게 해주었습니다. 생명체는 유연한 임기응변 능력을 가지고 있고 단지 구성 요소로 환원될 수 없다는 것도 새롭게 인식했습니다. 이는 왜 의약품이 인체 내에서 예상치 못한 반응을 일으키는지 이해하는 바탕이 되었습니다. 또한 과학자의 연구 윤리에 대해 고민해 보았습니다. 이후, 책 '이중 나선'을 다시 읽어 보며 X선회절 사진 획득의 정당성에 대해 비판적 시각을 가지게 되었으며, 자료의 가치를 알고 해석하는 능력도 중요하지만 공정한 자료 획득이 바탕이 되어야 함을 느꼈습니다.

일반고 B학생의 학생부에서 발췌한 내용입니다. 교과 연계 활동으로 관련 실험을 했다고 하면 신빙성이 떨어집니다만, 관련 실험을 외국뉴스기사를 발췌하여 소개한 점에서 현실성이 인정됩니다. 영화와 논문 등 다양한 자료를 수집해 정리하면서 체계적인 과학적 글쓰기 능력도 보이고 있습니다. 사제동행 독서를 계기로 삼은 독서활동에서도 전문 지식이 부족하여 이해하기 어려운 부분도 있었다고 솔직히 고백했는데, 대학 입장에서는 이처럼 자신의 부족한 점을 솔직히 인정하고 더 배우려 하는 학생을 가르치고 싶어 합니다. 약학 전공자의 진로 분야로 식약처의 심의능력의 중요성을 언급한 점도 인상적입니다.

• 허전의 '고공가'와 이원익의 '고공답주인가'를 학습한 후 '리더의 자질의 관점으로 분석한 고공가와 고공답주인가'를 주제로 탐구하여 발표를 통해 급우들과 심화 내용을 공유함. 작품을 분석한 후 자신이 생각한 리더의 자질을 네 가지로 나누어 성숙한 판단력, 성실성, 변화에서의 민감성, 상상력임을 언급함. 이 자질을 통해 작품 두 편의 주인과 머슴에 대해 분석하여 그 결과를 정리하여 발표하였음.

• 교과서에서 '의사결정 심리학'을 학습한 후 관련된 심리학에 의해 결정되는 사례들을 찾아보다가 '노시보 효과'를 주제로 선정하고 파워포인트를 제작하고 영어로 전체 내용을 설명함. 관련 실험과 외국뉴스기사를 발췌하여 소개하면서 이해를 도움. 노시보 효과가 플라시보 효과보다 강하게 작용한다는 점, 환자와 의사 간의 신뢰관계가 결정적인 요인으로 작용함을 설명하여 의사에게는 환자와의 신뢰관계를 형성하는 것이 가장 우선시되어야 한다고 주장함.

• 교과와 연계된 자유 주제 활동 시간에 뉴턴의 운동법칙과 운동량

보전법칙이 적용된 스윙바이에 대하여 조사하고 관련 내용을 심화학습함. 연료의 소모 없이 화성 너머로 갈 수 있는 에너지를 얻을 수 있는 스윙바이에 대해 소개하고 중력가속효과를 정량적으로 계산하는 과정을 설명함. 발표를 마무리하면서 영화 '마션'에서 관련 내용을 소개하는 장면을 보여주며 다소 어려울 수 있는 내용에 대해 학급 구성원이 호기심을 가질 수 있도록 동기부여를 함.

• '웃음이 면역 반응과 인지된 스트레스에 미치는 영향 분석'이라는 제목의 진로탐색 보고서를 작성함. 코로나19 시대의 코로나 블루로 인해 발생한 면역력 약화와 질병 우려를 해결하는 방안으로서 웃음치료의 효용성을 알아보고자 연구를 수행함. 사전 계획서를 작성하고 양적 연구방법 절차를 준수하기 위해 노력하며 문헌연구법과 질문지법을 활용하여 자료를 수집하는 탐구 능력이 돋보임.

• 생명과학의 역사 중 세포생리학 분야를 선택하여 파스퇴르와 펠그너의 업적을 중심으로 과제를 작성하고, 실시간 쌍방향 온라인 학습에선 관심 주제별 모둠 토론 및 공유문서 작성을 하였음. 대표 과학자들을 연대별로 정리하고 연구방법과 향후 전망까지 체계적인 과학적 글쓰기 형태로 잘 정리한 점이 인상적이었음. 어떤 모둠보다도 역할분담이 잘 되고 토의가 활발하였음. 특히 모둠에서 각자의 역할을 나누고 자료를 취합하는 등 리더 역할을 한 점이 눈에 띔.

• 기본적으로 성실하고 바르며 긍정적인 성향과 적극적인 자세가 훌륭함. 학우들로부터 배려와 봉사 정신이 강한 친구로 평가받으며, 친구들과 축구를 즐겨 하고 모든 친구들과 공감하는 모습을 보임. 학급 대청소 시간에 무엇을 할지 먼저 물어보고 도움을 주려는 적극성을 보이며

두터운 신뢰를 주는 학생임. 온라인 공부방을 만들어 친구들과 함께 공부하며 면학 분위기를 주도하여 좋은 영향력을 끼침.

암 치료의 혁신 면역항암제가 온다 | 찰스 그레이버 저

교사와 함께 책을 읽고 토론하는 사제동행 활동으로 읽은 이 책은 전문 지식이 부족하여 이해하기 어려운 부분도 있었습니다. 선생님께 관련 내용을 여쭤보면 바로 답을 해주시기보다는 관련 서적이나 문헌자료를 추천해 주셨습니다. 물론 저는 'Toll 유사 수용체'와 같은 전공용어들을 접할 땐 대중을 위해 쓴 이 책보다 어렵기도 했습니다. 하지만 하나씩 알아가는 과정이 즐거웠고 추가로 추천해 주신 '내 몸 안의 주치의 면역학'이라는 책도 읽으면서 면역기전을 대략이나마 파악할 수 있었습니다. 이 책이 제게 의미 있는 이유는 난치병을 극복하고자 끊임없이 노력하는 의과학자들의 이야기에 매료되어 임상약사라는 진로 확신을 가지게 되었기 때문입니다.

바이오 의약품 시대가 온다 | 김시언, 이형기 저

CAR-T에 매료되어 있을 때 이해를 넓히고자 약의 관점에서 바라본 이 책을 읽게 되었습니다. 하지만 제게 인상 깊은 것은 CAR-T에 대한 내용이 아니라 임상시험의 중요성에 대한 내용이었습니다. 기업의 사례를 통해 철저한 임상시험 설계의 중요성과 이를 검증하는 식약처의 심의 능력의 중요성을 깨달았습니다. 생명공학 연구자처럼 치료제를 직접 개발할 수도 있지만, 저는 개발 중인 치료제에 대한 철저한 임상과정 검토를 통해서 난치병 치료라는 목표에 기여하고 싶습니다. FDA의 상호대체

가능성 개념 도입에 대해 제약회사들이 구체적이지 않다며 반발하는 사례를 통해 적절한 가이드라인 작성의 중요성 또한 알게 되었습니다. 식약처나 FDA에서 RMP를 검토하는 역할을 맡아 난치병 치료제에 대한 임상시험에 참여하고 싶습니다.

　　일반고 C학생의 학생부에서 발췌한 내용입니다. 교과 탐구 활동과 수업 내용을 연계해 다양한 독서활동을 담아냈습니다. 수행평가 글쓰기와 독서토론 참가와 관련해서도 능동적인 태도를 보이고 있습니다. 질병관리본부와 식량농업기구 등의 객관적인 자료를 활용하는 모습도 외부의 도움 없이 스스로 탐구했다는 것을 입증합니다. 전공 분야와 관련된 코로나 시대의 백신 수급의 불평등 같은 주제 선정도 바람직합니다. '우리 몸이 세계라면 김승섭'에서 지식의 사회화를 키워드로 삼아 정리한 독서활동도 전체 생기부와 잘 연결됩니다.

　　• 교과 탐구 활동에서 '왜?'라는 질문을 바탕으로 과학 이론의 원인과 결과의 논리적인 타당성을 이해하려고 하며, 주변 사람과 지속적인 의사소통을 바탕으로 합리적인 대안을 찾아냄. 생명 분야에 관심이 많은 학생으로서 교과 시간에 생명체 구성을 학습하고, 생명에 영향을 주는 요소를 조사하다가 세균학을 알게 됨. 평생 세균학을 연구한 코흐의 업적을 알고, 세균학을 알아보고자 '왜 하필이면 세균이었을까 존 월러'를 읽고 의견을 발표함.
　　• '생활 속 과학 탐구'에 대한 수업 중 하나로 '우리 주변 음식 속 영양 성분 분석'이라는 주제로 활동을 함. 수업 내용을 주변에서 볼 수 있는

사례에 적용하여 이해하고자 하며 그 과정에서 생기는 궁금증에 대해 다양한 매체를 활용하여 탐구하려는 모습이 인상적임. 또한 질병관리본부, 식량농업기구 등의 객관적인 자료를 충분히 활용한 점에서 정보수집능력이 돋보이는 학생임. 탐구 과정에서 필요한 정보를 얻기 위해 본인이 읽은 '왜 세계의 절반은 굶주리는가?_{장 지글러}'라는 책을 친구들에게 소개함.

• '음운의 변동' 부분을 학습하던 중 '사잇소리 현상'에 대해 의문을 품음. 사잇소리 현상에서 정확히 어떠한 환경일 때 된소리로 변하는 것인지와 그 기준은 무엇인지에 대해 궁금증을 가짐. 이를 해결하기 위해 관련 내용을 찾아보기도 하였고 이와 관련하여 '사글셋방 되고 월셋방 안 된다, 둘쑥날쑥 사이시옷 규정, 맞춤법 사이시옷에 관한 문제'를 찾아 읽음. 이처럼 학습내용에 대해 깊이 있게 공부하며 궁금한 점을 적극적인 자세로 탐구하여 자신의 것으로 만들 줄 아는 능력을 지닌 학생임.

• 문화유산을 영어로 소개하는 글쓰기 수행평가에서 물에 잠긴 도시 이탈리아의 베네치아를 선택하여 소개함. 이곳이 동서양의 건축양식과 예술이 조화를 이룬다는 점과 118개의 섬들이 400여 개의 다리로 이루어진 점을 특별하게 소개함. 지구 온난화로 수위가 높아지고 수질 오염이 큰 피해를 주기 때문에 인류에게 환경 관련한 경각심을 줄 수 있는 가치 있는 유산이라고 주장함. 논리적인 전개와 자연스런 연결어 사용이 돋보이고, 충분한 근거를 들어가며 의견을 표현해 글쓰기의 완성도가 매우 높음.

• 학업 태도와 의지, 열정 면에서 매우 뛰어난 역량의 소유자. 세상을 탐구하는 것 자체가 철학적 태도라는 것을 배우고, 과학을 기반으로 철

학과 친해지고 싶어 심화 활동 '장하석의 과학, 철학을 만나다(장하석)' 독서토론에 참가함. 따로 과제로 제시하지 않아도 스스로 책을 읽으면서 인상 깊은 부분, 새로 알게 된 것 등을 골라 적고, 깨알같이 자기 생각을 메모해 오는 등 성실하고 능동적인 자세가 돋보임.

• 평소 인권에 대해 관심이 많은 학생으로 수업 중 '인권선언의 이상과 현실 사이의 격차'를 중심소재로 한 글을 읽고 관심을 가짐. 코로나 시대에 세계 곳곳에서 발생하는 심각한 불평등과 인권문제에 대해 알고 싶어졌고 백신 수급 문제의 불평등에 대해 탐구해 보기로 함. 백신 접종률이 낮은 국가들이 겪고 있는 의료 붕괴 상황과 백신 이기주의에 대해 잘 정리한 후 PPT를 활용하여 급우들에게 영어로 발표함.

• 수업 시간에 19세기 후반부터 20세기까지 이어지는 빛과 양자에 대한 과학자들의 끊임없는 논쟁을 들으면서, 양자역학이 우리 일상생활에 어떻게 적용되는지 궁금해서 '익숙한 일상의 낯선 양자물리 채드 오젤'를 읽고 독서 발표 탐구를 진행함. 이 책의 여러 내용 중 레이저의 원리인 아인슈타인의 유도방출이론이 가장 인상 깊었다고 표현함. 하나의 의문에 대해 꼬리의 꼬리를 무는 집요함이 있는 학생으로서, 탐구에 대한 열정이 누구보다 뛰어난 매우 훌륭한 학생임.

• 종례시간에 다양한 아이디어를 내어 학급의 면학 분위기를 조성함. 친구들의 선생님으로 어떤 과목이든 질문을 하면 대부분 대답을 해주는 듬직한 '반의 똑똑이' 역할을 함. 작은 체구 어디에서 끊임없는 열정과 에너지가 나오는지 궁금할 정도로 수업, 창체활동, 행사, 동아리 활동, 학업 등 어느 것 하나 빠짐없이 적극적으로 참여함. 다방면에 지적 호기심이 많아 수업 중 생긴 의문을 해결해 나갈 때 열정과 의지력을 갖고 끝까

지 파헤침.

암 치료의 혁신 면역항암제가 온다 | 찰스 그레이버 저

항암제의 역사를 조사하며 3세대 항암제인 면역항암제를 알게 되었습니다. 생명과학 2 수행평가로 면역항암제 연구 역사를 알고 싶어 이 책을 찾아 읽었습니다. 면역항암제의 발전은 모두가 면역항암제의 가능성을 무시할 때 묵묵히 연구하여 성과를 인정받은 과학자들이 있었기에 가능했음을 깨달았습니다. 특히 면역관문 억제제 연구로 노벨 생리의학상을 받았다는 이야기를 읽고 저도 제 분야에서 세계적으로 인정받고 싶다는 목표가 생겼습니다. 약학 연구원이 되어 '뇌 질환 치료제 개발' 분야의 연구를 할 때 이러한 '용기'와 저의 열정이 합쳐진다면 목표에 한 발다가갈 수 있을 것 같습니다. 이후 더 심화된 지식을 얻고자 '면역항암제를 이해하려면 알아야 할 최소한의 것들'을 읽고 추가로 바이오마커에대해 공부했습니다.

우리 몸이 세계라면 | 김승섭 저

이 책은 사회적 약자에 대한 지속적인 고민의 출발점이 되었습니다. 진로독서토론 책을 찾던 중 '지식의 사회화'에 끌려 이 책을 선정했습니다. 자본주의 사회에서 질병의 치료제 개발에 필요한 지식이 선별적으로 생산된다는 사실이 안타까웠습니다. 또한 담배회사에서 과학자들을 매수하여 '객관성'이라는 특성을 무기로 수익추구를 한다는 사실에 큰 충격을 받았습니다. 이를 읽고 저의 연구 결과가 특정 입장에 유리하게 작용해 대중들에게 해를 끼치지 않게 하겠다는 신념을 갖게 되었습니다.

또한 지식을 있는 그대로 수용하지 말고 비판적인 시각으로 살피는 것이 중요함을 깨달았습니다. 아무리 완벽하고 유용한 지식이라도 생산 과정에서 억울한 희생은 없었는지 주관이 개입하지 않았는지 살피는 것이 필수적임을 느꼈습니다.

서울대 농과대학 바이오시스템 소재학부 수시 합격생의 학생부와 독서활동 예시

일반고 A학생의 학생부에서 발췌한 내용입니다. 수학과 공학 등과 관련된 다양한 분야의 보고서를 쓰는 과정에서 주제 관련 핵심 내용들을 학생부에 잘 담아냈습니다. 창의융합독서토론활동 참여와 독서활동과도 잘 연결됩니다. 농대 바이오시스템 소재학부 지원 학생이 '나의 문화유산답사기' 중에서 7권을 선택에 자기소개서를 작성한 선택도 탁월합니다. 자연과 문화유산을 신소재 개발의 꿈과 연계했는데, 융합적이고 창의적인 면이 돋보이므로 지원자에 대한 긍정적인 인상을 만들어 줍니다.

• '개꼴된 우리들의 한글 맞춤법 꽃등부터 고치자' 프로그램을 모둠의 아이디어로 선정하여, 알고리즘 설계, 파이썬 프로그램 개발 등 일련의 과정을 체계적으로 수행함. '피지컬 컴퓨팅 장치 제작' 활동에서는 과학 실험의 용이성과 정확성을 위해 수위 센서와 온도 센서 등을 사용하

여 하드웨어를 구성하고 프로그래밍하여 'Experiment Helper'라는 아두이노 장치를 제작함.

• 액체 손난로가 환경을 오염시킨다는 단점을 극복하기 위해 내용물을 아세트산 나트륨을 이용하며 벨트형으로 만들어 신체에 맞게 고정시킬 수 있는 아이디어를 창출함. 액화질소에 대한 관심이 많아 그것을 이용한 아이스크림을 만들어 과자 용기에 담아 환경오염을 줄일 수 있는 구슬 아이스크림을 판매하는 사업계획서를 작성함.

• 제주도의 위치에 따른 습도가 같은 지점이 적어도 하나 존재함을 사잇값 정리를 이용하여 스스로 증명해 보고 보고서를 제출함. 수학적 개념이나 정리를 단순히 받아들이는 것이 아니라 조건이 변경되면 어떻게 되는지 항상 의문을 가지고 스스로 더 생각해 보며 개념이나 수학적 정리를 이해하는 모습으로 보아 뛰어난 자기주도적 학습능력을 보임.

• '공학과 관련된 자신의 관심분야 보고서 쓰기' 활동에서 직접 염다리를 제작하여 다니엘 전지를 제작하고, 이에 대한 보고서를 작성하여 발표함. 염다리가 있을 때와 없을 때의 다니엘 전지를 비교하여 염다리의 역할을 추론해 냄.

• 로봇 하드웨어 설계에 필요한 기본적인 전기전자 분야의 이론을 이해하고 기본 이론을 이용한 실험실습에서 탁월한 적용 능력을 발휘함. 회로해석 능력이 뛰어나 빠르고 정확하게 회로를 해석하였으며 로봇 하드웨어의 전원부 기기와 입력부 기기 간의 결선에서 재료를 효율적으로 사용함으로써 실습 시간을 단축하고 정확하게 작업을 수행하였음.

• 창의융합독서토론활동에 참여해, 한 주제에 대한 인문학적, 자연과학적, 예술적 시각을 융합한 독서토론에 매주 1회 참여하여 독서를 생

활화함. 책을 읽고 지식을 향상시켰을 뿐 아니라 나와 책을 연결 지어 삶 속에서 지식의 활용을 시도한 사례를 발표함. 이를 통해 나와 다른 시각과 관점을 가진 타인에 대한 이해의 폭을 넓히고 자기표현 및 의사소통 능력을 향상시킴.

세계사를 바꾼 12가지 신소재 | 사토 겐타로 저

미래 활용될 신소재를 모색하려면 우리 삶의 영향을 준 신소재의 지나온 역사를 알 필요가 있다고 생각해 읽게 된 책입니다. 책을 읽기 전, 소재는 무엇보다 효율성과 경제성이 최우선으로 고려되어야 할 요소라고 생각했습니다. 하지만 책을 읽으며, 미래에 적합한 소재는 그 어떤 가치보다 사람을 생각하고 환경을 생각하는 소재여야 한다는 것을 깨달았습니다. 세계가 어떤 이유로든 종말을 맞이한다면 인류가 과학 문명을 다시 일으키기 위해 가장 먼저 채굴해야 할 재료로 탄산칼슘을 꼽은 루이스 다트넬과 우연한 시도가 대단한 발견으로 발전한 금 이야기를 통해 소재 연구자에게는 물질에 대한 편견 없이 모든 것에 가능성을 열고 생각하는 사고의 유연함이 중요하다는 것을 깨달았습니다. 어떤 형태로든 자유롭게 변환할 수 있는 바이오 소재처럼 공간과 사고의 제약을 없애는 소재를 연구하는 창의적인 사람으로 성장하고 인류의 삶에 긍정적 영향을 끼치는 소재를 개발하고 싶다는 꿈을 키우게 되었습니다.

나의 문화유산답사기 7 | 유홍준 저

'스스로 탐구 Package 여행' 체험학습을 준비하며 제주도에 대해 깊이 있게 알기 위해 읽은 책입니다. '인간은 아는 만큼 느낄 뿐이며, 느낀

만큼 보인다'는 저자의 말처럼 아름답고 경이로운 자연의 위대함에 가려져 있던 제주 인물과 역사적 이야기들을 알게 된 후에 제주의 아픈 과거를 공감하고 그들의 삶을 조금은 이해할 수 있었습니다. 제주는 자연과 문화유산, 역사와 인물, 문물과 언어, 민속, 미술 등이 하나로 어울려 있을 때 그 가치가 더한다는 생각이 들어 새로운 시각으로 제주를 느낄 수 있었습니다. 또한, 자랑스러운 우리 문화유산의 가치와 소중함을 일깨우며 우리 문화가 이미 세계적이라는 자긍심도 갖게 되었습니다. 책을 읽으며, 주목받지 못하고 제대로 조명된 적 없는 문화유산의 가치를 일깨우는 일이 사회적, 역사적으로 얼마나 중요한 일인지 새삼 깨닫게 되었습니다. 삶을 이해하는 것이 곧 문화를 이해하는 것이고 역사를 이해하는 것이라는 걸 깊게 느끼게 해준 책입니다.

수학자들 | 마이클 아티야 외 저

일일 대학생 체험을 하며 선형대수학을 청강했었습니다. 수학 문제를 푸는 데 있어서 알고리즘과 유사하게 행렬과 벡터 공간에서 수학을 이해하는 수학자들의 위대함을 느꼈습니다. 그래서 수학자들의 인간적인 면과 삶을 통해 그들은 어떤 가치관을 따르고 있는지 궁금해 읽게 된 책입니다. 보통 수학자라 하면 천재적으로 타고나거나 어딘가 유별나고 자기중심적이며 현실과는 다른, 수의 세계에 사는 사람들이라고 생각했습니다. 하지만 이 책을 읽고 어려운 정리나 증명이 아닌 수학 그 자체가 삶인 수학자들을 만나게 되면서 그들에게도 현실의 일상이 있고 헌신과 좌절이 있음을 알 수 있었습니다. 수학을 배우면서 수학자가 되는 것이 아니라 수학을 하면서 수학자가 된다는 저자의 말에 공감했습니다. 수학을 배우는 사람으로서 창의적으로 수학을 즐기고 생활화하는 것이 수학자들의 끊임없는 열정과 노력을 헛되이 하지 않는 것이라 생각하게 되었습니다.

일반고 B학생의 학생부에서 발췌한 내용입니다. 지엽적인 해석보다 글쓴이가 말하고자 하는 주제를 파악하고 글의 흐름을 이해하면서 해석하는 노력을 기울인 점이 돋보입니다. 지원 학과 선정 과정에서 여러 전공들을 고민한 흔적이 있지만 독서활동을 통해 바이오 산업을 컴퓨터공학, 재료공학 등의 학문과 연계시켜 단점을 장점으로 바꾸어냈습니다. 앞에서 소개한 A학생과 마찬가지로 이 학생도 '세계사를 바꾼 12가지 신소재'를 자기소개서에 담았지만 일상적인 물질들을 신소재라고 설정한 목차에서 의문을 품었다는 점이 눈에 띕니다.

• ○○○팀원으로서 ○○ 탐구 활동에 적극 참여하였으며 여러 가지 소재를 사용한 방음재 제작에 몰두하였으며 실험과 측정값을 통해 결과물을 체계적으로 분석함.

• 학기 말 기하를 주제로 친구들 3명과 실생활에서 찾을 수 있는 포물선에 대해 자료를 조사하여 발표하였고 농구에서 골대에 던진 공이 포물선을 그리는 자취를 컴퓨터 프로그램을 이용하여 구하고 포물선의 방정식을 유도함. 이를 통해 수학 원리를 주변에서 쉽게 관찰할 수 있다는 사실을 알려줌

• 신소재에 관심이 많아 기존의 딱딱하고 푸른색으로 통일된 태양전지를 투명하고 유연하게 만드는 새로운 기술에 대해 조사하면서 투명 태

양전지에 대해 흥미를 느낌. 태양전지가 광전효과로 광전자를 방출시키는 원리 이외에도 염료 분자가 에너지를 받아 홀전자를 내놓는 원리도 알게 되었고, 투명하고 유연한 성질을 가진 고분자 복합체 기판을 사용하여 유연성을 갖춘 태양 전지도 가능할 수 있다는 사실을 알게 됨.

• 합성함수의 미분법, 역함수의 미분법, 매개변수로 나타낸 함수의 미분법, 음함수의 미분법 등과 관련된 문제들을 완벽한 풀이 과정을 작성하여 제출할 정도로 초월함수의 미분에 대한 이해가 뛰어남.

• 지엽적인 해석보다는 글쓴이가 말하고자 하는 주제를 파악하고 글의 흐름을 이해하면서 해석하는 노력을 기울인 결과 다양한 주제의 영어 지문을 이해하고 파악하는 능력이 향상되었음.

• 수업 중 유전 분극과 축전기 관련 내용을 듣고 최신 축전기의 발전 동향에 관심을 보여 슈퍼캐퍼시티 등에 대한 자료를 탐구하고 조사함. 다공성 탄소 전극을 활용하는 슈퍼 캐퍼시티에 대해 구체적인 작동원리와 활용도에 대해 알아보고 그래핀을 활용한 그래핀 슈퍼 캐퍼시티에 대한 연구 진행과 장단점을 확인, 이러한 탄소기반 축전기가 앞으로 리튬배터리를 대체할 수 있음을 설명하는 등 본인이 평소에 흥미를 갖고 궁금해하던 부분을 직접 찾아 탐구, 조사하는 적극적인 활동 모습을 보여줌.

• 동아리 활동에 주도적으로 참여하고 친구들을 격려하여 실험에 참여하게 하는 등 핵심적인 리더 역할을 함. 〈아스피린 역적정〉, 〈비어 법칙과 분광광도계를 이용한 용액의 농도 계산〉 실험을 통해 기본적인 실험능력이 향상되었음. 발생한 오차를 분석하고 보정하는 과정에서 주도적으로 의견을 냄. 화학에 관심이 많아 화학기상 증착법에 대해 심층적으

로 조사, 발표하고 여러 분야에 이용되는 과학 기술을 개발하고 싶다는 자신의 진로 의지를 더 확고히 함.

· '생활 폐기물을 이용한 중금속 흡착'에 관한 실험을 직접 구상하고 수행함. 달걀껍데기와 커피찌꺼기의 구조를 관찰하고, 이를 활용해 실험실 폐수와 하수처리장 원수를 흡착하는 실험을 수행하고 유의미한 결과를 도출해냄.

바이오닉맨 | 임창환 저

융합은 4차 산업혁명에서 무엇보다 중요하다고 생각합니다. 바이오 산업 또한 컴퓨터공학, 재료공학 등의 학문과 연계되어 눈부신 발전을 이루어냈습니다. 시대의 흐름에 발맞추어 미래의 과학자는 한 분야의 지식뿐 아니라 다양한 분야의 지식을 이해하고 신기술과 소재를 만드는 데 활용될 연결고리를 찾아내어 사회에 필요한 시스템과 소재를 개발할 수 있어야 한다고 생각합니다. 이 책에서 생체공학과 유비쿼터스 기술을 접목시킨 생체 마이크로칩으로 마비된 신체부위를 생각만으로 움직이게 하고 만성 고혈압, 당뇨병을 모니터링하는 실시간 검진 기술이 인상 깊었습니다. 나아가 '나도 전문적으로는 아니더라도 사회에 도움이 될 시스템을 만들고 싶다'는 영감을 받아 'IOT 적용 화장실 발판'으로 독거노인의 안전 여부를 확인하는 앱을 만들었습니다. 이 책을 통해 생명공학 기술을 실생활에 적용시킨 사례들을 배웠고 인류에게 변혁을 가져올 생명공학 기술의 발전을 제가 이끌고 싶다고 생각했습니다.

세계사를 바꾼 12가지 신소재 | 사토 겐타로 저

'오늘을 살아가는 우리는 무한에 가까운 재료의 우주에서 극히 일부만을 바라보고 있을 뿐이다'라는 글귀를 보고 융합으로 다양화된 현대사회가 떠올랐고 오늘날 우리를 존재하게 하는 소재엔 무엇이 있는지 알아보고자 책을 읽게 되었습니다. 목차를 보는 순간 황당함과 함께 '이게 왜 신소재지?'라는 생각이 들었습니다. 이 책의 신소재들이 철, 자석과 같은 일상적인 물질이었기 때문이었습니다. 그렇게 의문과 함께 책을 읽기 시작했습니다. 오늘날의 혁신적인 소재가 미래엔 일상적인 것이 된다는 책의 내용에서 허무함과는 완전히 다르게 신소재 공학이 미래를 만들어가는 혁신적인 학문이라는 느낌과 함께 매력을 느꼈습니다. 또한, 이 책을 통해 불모지에서 새로운 물질을 개발하는 학문이라고 생각했던 재료공학에 대한 관점을 바꿀 수 있었고 주변의 사소한 물질이라도 본질을 파악하고 유용한 특징을 찾아내 소재에 구현하는 것이 신소재공학의 본질임을 깨닫게 되었고 일상에서 호기심을 놓지 않고 살아가는 계기가 되었습니다.

위험한 과학자, 행복한 과학자 | 정용환 저

사람들이 만들어가는 노력의 하루들이 쌓여 현재의 공학과 과학이 만들어졌다고 생각합니다. 아직 존재하지 않은 새로운 기술과 길을 개척해야 하는 공학자는 불모지에서도 건물을 만들어낼 수 있는 굳은 의지가 중요하다고 생각하여, 이에 대해 고찰하고자 이 책을 읽게 되었습니다. 책에서 가장 인상적이었던 것은 한 과학자의 700여 종의 신소재 합금을 일일이 실험해낸 열정과 7년간의 특허 전쟁으로 인한 역경을 극복해

내는 과정이었습니다. 하나의 기술이 만들어지기까지 연구자가 이겨내야 할 분야들을 간접적으로 경험하면서 꿈에 대한 포부를 다지게 되었습니다. 급변하는 기술 분야에 대한 적극적인 탐구 열망, 실패를 기회로 만드는 발전적인 사고, 긴 연구의 시간을 이겨내는 끈기, 이렇게 이루어진 연구를 통해 사회에 공헌하는 헌신적인 자세 등을 깨닫게 되었습니다. 이를 바탕으로 지식을 우리 사회에 긍정적으로 활용하는 과정에서 필요한 미래 연구자로서의 준비를 다지는 시간이었습니다.

자공고 C학생의 학생부에서 발췌한 내용입니다. 실험 자체도 중요하지만 설계 내용과 계획서도 주요 평가 대상이 됩니다. 백신 최적 비축 규모 추정에 대한 보고서도 시의성 측면에서 훌륭합니다. 농기계 설계와 식물공정 자동화, 바이오센서 개발, 블록체인을 활용한 스마트 농업처럼 책 내용을 좋은 의미로 견강부회하여 자기소개서에 담아내어 진로와 관련된 진학 의지를 드러냈습니다. 과학기술의 양면성에 대한 윤리적, 사회적 문제를 고찰한 것도 선정도서를 통해 잘 담아냈습니다.

• 천연 재료에서 항생 물질을 추출하여 세균의 억제 정도를 측정하는 방법에 관심을 갖고 은행나무, 소나무, 편백나무 잎으로 대장균의 생장 억제 정도를 탐구하는 실험을 자기주도적으로 설계하고 계획서를 제출하는 모습에서 집중력과 끈기, 탐구 의욕을 엿봄.
• 교과서를 읽어가며 도함수를 이용해서 변화율을 파악해 전염병의 전파 양상을 예측해 볼 수 있다는 글을 읽게 됨. 전염병의 전파 양상을 예측하고, 그에 따라 적절한 대책을 마련하는 것이 코로나와 같은 전염

병을 초기에 방역하는 데에 있어서 중요하므로 어떻게 예측하는지 구체적인 방법에 대해 호기심이 생겨 관련 논문을 찾아보는 등, 조사를 통해 도함수를 이용하면 적절한 전염병 모형(SI모형, SIS모형 등)을 수립하여 예측할 수 있다는 것을 새로 알게 됨. 그중에서 전염병 백신으로 발생 가능한 사회적 편익과 백신 투여에 소요되는 비용 등의 사회경제적 효과를 기존의 역학모형에 결합한 형태인 경제-역학 SIS모델을 활용한 '백신 최적 비축 규모 추정'에 대해 경제역할모형, 로지스틱 함수를 이용한 향후 추이 분석을 통해 전염병 전파 양상을 예측한 결과에 대한 보고서를 작성함.

• 교과서에 있는 문제 중 정사영한 사각형의 둘레를 구하는 문제를 넓이를 구하는 문제로 바꾸는 등 몇 가지 수학적 개념을 더 추가하여 문제를 변형시킨 후 풀이하는 활동을 함. 비유클리드 기하학에 대해 유클리드 기하학에서의 구의 원주가 비유클리드 기하학 상에서는 직선이 된다는 사실을 알고 지적 호기심이 생겨 스스로 공부하기 시작함. 유클리드 기하학에서는 '선 밖의 한 점을 지나 그 직선에 평행한 직선은 단 하나만 존재한다'라는 평행선 공리가 있는데, 그와 반대로 비유클리드 기하학에서는 성립하지 않는 등 두 기하학의 차이점을 평행선, 삼각형의 세 내각의 합, 측지선의 측면에서 파악하여 보고서를 작성함. 추가로 더 알고 싶어 관련 도서로 '무한의 끝에 무엇이 있을까?'라는 책을 읽어보니, '삼각형의 합은 정말로 180도인가?', '우주의 기하학' 등 다양한 주제에 대한 새로운 시각을 갖게 됨. 그중 구면기하학 상의 개념에서 '삼각형의 내부 각도의 합이 180도보다 크며 540도보다 작다' 등 여러 개념을 이해한 뒤, 지구의 표면을 구면기하학적으로 표현하여 기하학적으로 이해할

수 있으며 나아가 물리학에서 배운 아인슈타인의 상대성 이론과 연결하여 시공간 좌표계를 더 잘 이해할 수 있게 됨.

• 공의 움직임을 수학적으로 설명하는 영상을 만드는 동아리 활동을 통해 원과 접선의 관계, 평면좌표에서의 운동과 속도, 가속도 계산, 미분 개념을 학습하였으며 이를 영상으로 표현하기 위해 수많은 시행착오를 거듭하면서 토스하는 각도에 따라, 공의 회전 속도에 따라 움직이는 공의 방향을 동영상으로 담아내기 위해 노력함.

• 물리학Ⅱ를 공부하면서 부력에 대해 배운 뒤, 이에 대해 심화 연구하고 싶어 '선박복원력을 높이는 효율적 방안'이라는 주제를 선정해 과제연구 프로젝트를 수행함. 평형수와 화물 무게를 복원력에 영향을 미치는 조작 변인으로 설정하여, 파동의 세기에 따른 선박모형의 복원주기를 측정하는 실험을 진행하고, 이에 대한 연구의 전 과정을 탐구일지를 통해 포트폴리오로 정리함.

인공지능과 4차 산업혁명의 미래 | 전승민 저

TV로 이세돌과 알파고의 대국을 보면서, 미래에는 인공지능 로봇이 인간의 일자리를 모두 잠식해 버릴지도 모른다는 두려움에 휩싸였습니다. 하지만 이 책을 읽고 생각이 바뀌었습니다. 현재 AI 기술은 인류의 능력을 초월하는 영역까지 도달했다고 볼 수 있습니다. 그러나 저는 '인공지능과 공존하는 능력이 뛰어나고, 자신만의 전문성이 높으면서, 창의적/복합적 역량을 갖춘 인재가 대우받는다'라는 문구를 읽었습니다. 이를 보고 역으로 AI를 통제할 수 있는 능력만 갖춘다면 두려움이 아닌 '희망'이라고 인식하게 되었습니다. 최근에는 생명공학과 농학을 응용하는 분야가 인류에게 많은 혜택을 주고 있습니다. 그래서 앞으로의 산업화 과정에서 농학과 AI를 융합함으로써 농업의 경쟁력을 높이고 국가발전에 기여하고 싶습니다. 컴퓨터 공학기술을 활용한 농업기계의 설계, 식물공정의 자동화, 바이오센서 개발, 블록체인을 활용한 스마트 농업 등에 대한 연구를 통해 바이오기술 혁명의 한 축에서 함께 성장해 나가겠습니다.

바이오테크 시대 | 제레미 리프킨 저

생활과 윤리 수업 시간에 배아복제의 허용 여부에 대한 찬반 토론에 참여한 후, 생명공학 기술의 활용이 윤리적 측면에서 많은 딜레마가 존재한다는 점을 느꼈습니다. 그래서 해답을 찾고자, 생명공학 기술의 윤리적 가치에 대해 다루고 있는 이 책을 찾아 읽었습니다. '생명공학 기술은 인류의 희망인가, 재앙인가'라는 표지의 구절을 보고, 마냥 희망이 넘치거나 유용한 것만은 아니라는 생각이 들게 했습니다. 생명의 가치에 대해 다시 생각하면서, 과학기술의 모든 희망과 절망이 우리들의 손에 달려 있다는 점을 뼈저리게 느꼈습니다. 그래서 나중에 연구원이 되었을 때 생명공학이 야기하고 있는 현실적, 잠재적 위험과 윤리적 난제에 대해 관심을 갖고 모두에게 이익이 되도록 하는 방향의 윤리적 해답을 찾기 위해 노력해야겠다고 생각했습니다. 또한 아무도 시작해 보지 않은 새로운 기술에 도전해, 해결되지 않은 질병의 치료나 노화문제, 건강한 삶을 지킬 안전한 먹거리 확보문제 등의 수많은 과제를 해결할 것입니다.

제목에서 알 수 있듯이, 이 책은 현재 자신의 문제가 아니라며 잊고 있는 기아 문제를 다루고 있습니다. '21세기, 농업생산력이 극도로 향상된 시대에 왜 사람이 굶어 죽을까?'라는 의문에 대한 답과 해결책을 찾고자 이 책을 읽었습니다. 가장 인상 깊었던 구절은 '지배층의 욕망 때문에 지구상에서 해마다 수백만 명이 떼죽음을 당하는 현실을 우리 시대가 낳은 수치스러운 스캔들'이라고 표현한 것입니다. 이를 보고 소수가 누리는 복지의 대가로 다수가 절망하고 배고픈 세계는 존속할 희망이 없는 불합리한 세계로서, 모든 사람이 자유와 정의를 누리고 배고픔을 달랠 수 있기 전에는 진정한 평화는 존재하지 않는 것이라 생각했습니다. 또한 이에 대해 아무 생각 없이 지냈던 저는 굉장한 부끄러움이 들었습니다. 그래서 코로나 상황 속에서 훨씬 힘들어할 것을 상상해, 한 사람의 사소한 도움도 엄청난 구원의 손길이 될 수 있다는 점을 깨닫고 유니셰프에 가입해 나눔을 적극 실천하기 위해 노력하고 있습니다.

서울대 사범대학 영어교육과 수시 합격생의 학생부와 독서활동 예시

일반고 A학생의 학생부에서 발췌한 내용입니다. 이 학생은 비평문 쓰기 활동을 잘 활용했습니다. 동아리 주제탐구활동에서 SNS 수업을 주제로 모둠활동을 진행하고 작성하여 발표한 보고서도 인상적입니다. 전공 분야와 관련해 영자신문 독해활동에서 영문기사를 번역해 코로나 교육의 불평등을 주제로 설정한 점도 좋습니다. 뮤직비디오에서 언급된 책을 자기소개서에 담은 선택도 신선합니다. 또 교사의 말공부도 좋은 키워드입니다.

• 비평문 쓰기 활동을 통해 '프리덤 라이터스 다이어리'를 감상하고 사회적 약자의 인권문제와 소외된 학생들의 어려움에 대해 더 깊이 이해하는 계기를 마련했으며 올바른 신념과 열정을 가지고 학생들을 바르게 선도하는 교사가 되고 싶다는 스스로의 다짐을 밝히는 등 자신의 배경지식을 바탕으로 능동적으로 문학을 수용하는 자세가 돋보임.

• 함수의 극한, 미분을 활용하여 함수의 그래프를 해석하는 능력이 뛰어나는 등 한 가지 개념을 다른 개념과 연계하여 생각하고자 하는 확산적 사고가 돋보임. 함수의 극한과 연속에 관한 문항과 미분계수에 대한 문항을 제작하여 소개함. 에빙하우스의 망각곡선과 그를 나타내는 함수를 탐구하고 이것을 미분과 연계하여 분석하고 해석하는 과정을 자세하게 소개함. 인문사회분야에 미분이 적용되는 구체적인 사례를 안내하여 미분이 인간의 삶을 해석하는 데 큰 도움을 준다는 것을 다른 친구들이 이해할 수 있도록 하는 데 큰 도움을 줌.

• 추론적 독해를 배운 후 비행기가 뜨는 이유를 양력의 발생 과정, 기압 경도 발생 원리, 압력차와 유속 상호작용 관계, 양력 계수, 양력 곡선 등을 통해 이해함. 어려운 물리 관련 글도 그것을 끝까지 이해하려는 모습이 돋보임.

• 동아리 부장으로서 교육 현안에 관심을 갖고 모든 활동을 계획하여

추진했으며, 주제탐구활동으로 강의식 수업방식에 문제점을 제기하고 이를 해결하기 위해 'SNS 수업'을 주제로 모둠활동을 진행함. 윤리와 사상 교과를 SNS 활용수업으로 구성해 수업지도안을 작성했으며 이를 교사와 학생들을 대상으로 설문조사를 진행하고 피드백을 받음. 그 결과 교사와 학생 모두 긍정적인 효과를 기대하고 참여할 의향이 있다고 답변했으며 제한적이고 한계성을 지닌 기존 수업자료를 탈피하고 참여형, 소통형의 창의적인 수업방식에 대한 갈증이 있음을 확인함. 이를 종합해 보고서를 작성하고 발표하며 매차 시 이러한 수업을 진행하는 것과 모든 과목에 보편적으로 적용하는 것의 어려움을 한계로 인식했으며, 그럼에도 평화로운 관계 속에 모두가 참여하는 수업에 대한 공감대를 형성함.

• 영자신문 독해활동으로 영문기사 Coronavirus: The shift to online learning could worsen educational inequality 번역을 통해 코로나 바이러스로 시작된 온라인 수업으로 인한 교육 불평등 실태 및 해결방안에 대해 정리함. 문제 해결을 위해 기술적 측면뿐만 아니라 새로운 교육 시스템에 대해 생각해 볼 필요가 있다고 기술함. 진로 연계 발표 활동으로 교육과 창의력에 관한 Ken Robinson의 온라인 강연을 통해 현 교육제도의 문제점을 파악한 후, 장차 교사로서 아이들이 스스로의 개성과 예술성을 발휘할 수 있고, 창의력을 지성으로 인정하는 수업을 만들고 싶다는 삶의 포부를 밝힘.

• 학교에서 수준별 수업을 해도 되는지에 대한 찬반 토론 시간에 성적의 우열에 의한 편성으로 인해 위화감이 조성될 수 있다는 생각을 함. 관련 논문 사례를 찾아본 결과 수준별 수업을 실시한 학교의 수학 평균이 그렇지 않은 학교에 비해 오히려 낮은 경우를 알게 됨. 하위반으로 편성

된 학생의 열등감을 증가시키고 사교육을 조장함으로써 교육적으로 바람직하지 않다고 판단하여 반대 의견을 펼침. 토론을 통해 수준별 수업의 장점과 문제점에 대해 인식하고 이를 대체할 바람직한 방법에 대해 고민해 봄.

The Little Prince | Saint Exupery 저

좋아하는 노래의 뮤직비디오에 나온 'It is only with the heart that one can see rightly'라는 책 속 구절은 중요한 것은 눈이 아닌 마음으로 보인다는 의미로 인상 깊게 다가와 이를 찾아보게 된 계기가 되었습니다. 등장인물들이 같은 대상을 다르게 바라보는 것을 보면서 저는 세상을 어떠한 관점으로 바라보고, 소중한 존재를 어떻게 인식하고 대했나 생각해 본 결과 가끔은 주변 사람들의 특별함을 잊었다는 걸 알았지만, 어린 왕자가 장미를 보살핀 정성을 보며 오직 단 하나뿐인 소중한 사람들과 가치를 더욱 특별히 여기기로 다짐했습니다. 또한, 과거에는 어린 왕자처럼 하고 싶은 것도, 자신 있는 일도 많았는데 되돌아보니 어느새 현실에 안주하는 저를 발견했습니다. 하지만 'One must look with the heart'라는 말을 통해 진실한 아름다움은 가시적인 것이 아니므로 순수한 시각으로 세상을 바라볼 필요가 있다는 것을 다시 깨닫고 꿈에 도전했습니다.

푸른 사다리 | 이옥수 저

아이들의 직설적인 대화로 도시 빈민촌의 구체적인 생활을 묘사한 이 작품을 통해 가난한 청소년의 어려움을 사실적으로 알아보기 위해 이 책을 읽었습니다. 열악한 가정환경의 청소년들이 학교에서 벗어나 범죄의 길로 빠지게 되며 겪는 혼란스러운 심정과 갈등을 보며 우리 사회의 빈곤 문제와 소외된 약자에 대해 문제 의식을 가졌습니다. 이에 대한 해결 방법을 고민하던 중 주인공이 마을 어른들의 도움으로 시련을 극복하고 성장하는 모습을 떠올리고 나쁜 길과 어두운 그늘의 위험에서 벗어나기 위해서는 제도적 도움도 필요하지만 누군가의 관심과 어른의 역할이 가장 중요하다는 것을 느꼈습니다. 또한, 주인공과 마찬가지로 소외된 청소년들은 어른의 작은 도움이 성장의 발판이 될 수 있다는 것도 깨달았습니다. 그러므로 소외된 청소년들에게 긍정적 변화의 계기가 되어 그들을 안전한 빛으로 이끌기 위해서 평소 아이들의 말을 경청하고 공감해 그들이 저에게 편히 도움을 요청할 수 있는 친구 같은 교사가 되기로 다짐했습니다.

마음과 마음을 잇는 교사의 말공부 | 천경호 저

어떠한 원인이 나를 이끌었는지에 대해 생각하며 행동의 의미와 가치를 찾아가면 무엇이든지 지치지 않고 더 열심히 할 수 있기에 의미를 부여하는 일은 매우 중요하다고 생각합니다. 현직 교사와 아이들의 다양한 실제 대화 상황을 보면서 학생들이 자신이 하는 일의 의미를 찾아 꿈을 향해 계속 나아갈 수 있도록 하는 교사가 되기 위해 이 책을 읽었습니다. 그 결과 왜 이러한 일을 해야 하냐고 생각하는 학생에게 먼저 그 일에 대해 어떻게 생각하는지 질문하고, 상대방의 답변을 경청하고 공감하는 것이 행동의 의미를 되새겨주는 일의 시작이라는 것을 알았습니다. 책을 통해 배운 경청과 공감의 자세를 바탕으로 목표를 잊어버려 학업에 지친 친구들에게 각자의 특성을 반영한 학업 및 진로 상담을 진행해 그들이 다시 꿈을 되새겨 힘을 낼 수 있도록 독려했습니다. 이러한 경험을 바탕으로 학생들이 자신만의 사소한 행동의 의미에서부터 나아가 삶의 의미를 찾을 수 있도록 마음을 전하고 소통하는 교사가 될 것입니다.

  일반고 B학생의 학생부에서 발췌한 내용입니다. 교사와 함께하는 독서 프로그램에서 '자존' 캠페인을 기획한 점이 눈에 띕니다. 언어에 대한 인지 의미론적 접근과 영어교육 체계에 대한 문제점을 지적한 점도 훌륭합니다. 21대 총선 투표율을 분석한 것도 시의성과 자기주도성이 드러납니다. '차별없는학교'라는 동아리활동도 진로 연계성 측면에서 좋은 평가를 받았습니다. 자기소개서 책으로 번역서와 원서를 함께 비교해 독서한 내용도 인상적입니다. 유튜브와 관련된 책을 읽고 영어를 즐겁게 배울 수 있는 학습프로그램을 제작하고, '학습의 내면화'를 이루는 데에 이바지하겠다는 목표를 세웠는데, 면접관으로 하여금 이에 대해 질문하고 싶어 하게 합니다.

  • 교사와 함께하는 독서 프로그램에서 활동함. '여덟 단어'를 읽고 특히 '자존'에 대해 토의하며 입시 스트레스로 자아와의 괴리를 경험하는 현실을 언급함. 이후 학생들의 자존감 상승을 위해 할 수 있는 일을 고민하다, '자존'이라고 적힌 배경에 자신의 칭찬을 써넣는 자존 캠페인을 기획해 전교생들의 높은 참여를 이끌어 냄. 두 번째로 '데미안'을 읽고, '데미안이 싱클레어의 제2 자아가 아닐까?'라는 창의적인 의견을 제시하며 토의에 적극적으로 참여함. 일상생활에서도 상대방의 입장에서 서로를

이해하고자 하는 노력이 필요하다고 생각해 이와 관련한 '타인 캠페인'을 진행함.

• 포코니에의 정신공간의 특징에 대한 글을 읽고 언어는 배경지식과 앞뒤 관련성 속에서 파악해야 한다는 관점이 언어는 큰 맥락에서 바라보아야 한다는 자신의 관점과 공통점이 있다고 생각하여 포코니에에 대해 조사하고 분석함. 포코니에가 언어를 인지 의미론적으로 접근했을 뿐만 아니라 담화상황에서 정신공간을 형성한다는 새로운 관점을 제시했다는 점에 흥미를 느낌. 언어를 맥락으로 해석해야 한다는 관념적인 개념에 그치지 않고 정신 공간 구성 원리와 함께 구체적 방법을 제시하고 발화라는 추상적 개념을 도형을 사용하여 구체화한 점이 포크니에 정신공간의 의의라고 스스로 분석함. 발화는 독자적으로 처리될 수 있는 것이 아니라는 점에 동의하며 우리나라의 영어 교육 체계에서는 문장 간의 관계보다는 문장 자체 의미 해석에 중심을 두고 특히 학습을 처음 시작할 때 단어, 문장, 문단으로 확장하는 학습 기본 틀의 문제점을 지적하며 담화를 완전히 받아들이기 위해서 큰 범주에서 작은 범주로 전체를 파악하고 세부적 내용을 바라보는 영어 학습 방법의 필요성을 주장함. 문화와 언어적 맥락을 중심으로 하는 학습의 방향성을 제시하며 포코니에의 관점을 현실에 적용할 방안을 모색하는 적극성을 보임.

• 과정중심쓰기활동 동료평가 과정에서 다양한 소재의 친구의 글을 비판적으로 읽고 우수한 측면과 보완해야 할 부분에 대한 정보를 두루 제공하는 등 글을 보는 능력과 피드백 활동 참여자세가 돋보임. 특히, 의료계 번아웃에 관련된 에세이 동료평가 활동에서 작성자의 의도와 독자의 의도가 일치하지 않는 부분을 언급하고 긍정적인 피드백을 제공하여

친구의 글의 완성도를 높임.

•선거와 선거 제도 단원을 배우고 21대 총선 결과를 스스로 탐구하여 과제를 제출함. 비례대표 의석 배분방식 중 봉쇄 조항을 적용한 사례를 담은 기사를 선정하여 기사에 포함된 정당 의석수 확보 현황 표를 바탕으로 정당 득표율이 5%를 넘지 못한 당들이 의석을 배분받지 못하므로 여대야소의 정국을 이룰 것이라 분석함. 21대 총선 잠정 투표율과 사전투표 투표율이 26.69%를 차지한 것을 통해 사전 투표의 중요성을 분석하고 이전 총선 투표율과 비교해 보며 이러한 결과가 나오게 된 상황을 토대로 결론을 도출함.

•매주 2회 이상 정기적으로 열리는 토론과 타 학교 동아리와의 연합 토론에 적극 참여하여 다양한 주제를 다루며 배경지식을 넓히고 주장을 논증하는 실력을 쌓으며 진로 계발에 힘씀. 교과교실제 도입, 교내 원어민 교사 채용 등 교육 문제로 토론할 때 큰 관심을 보였으며 교육이 무엇인지에 대한 자신의 입장을 정립하려고 노력함. 토론 중 학생 만족도와 교사의 능력 검증 문제를 언급하였으며 교육의 중심이 학생이 되어야 한다는 가치관을 확립하였다고 소감을 밝힘.

•고전을 통해 현재를 이해하고자 자율동아리 '클래식피아'를 구성해 활동함. '사회계약설', '리바이어던'을 읽고 자신의 생각과 비교해 보았으며 특히, 국가관과 관련해 '입법권과 행정권 중 무엇이 더 중요한가?'라는 주제로 조원들과 토론함. '대동사회'를 바탕으로 '고등학교 무상교육'과 비교하며 비판적 사고능력을 길렀으며 교육받을 권리 보장에 힘쓰겠다는 견해를 밝힘.

•학교 및 일상생활에서 일어나는 차별을 근절하자는 목적을 가지고

'차별없는학교'라는 동아리를 개설하여 활동함. 체육대회와 같은 학교 행사가 장애인 학생들에게는 참가조차 불가능하다는 사실을 깨닫고 장애인 학생들을 위한 체육대회도 가능함을 보여주기 위한 목적으로 점심시간에 안대를 쓰고 2인 1조로 참여하는 경보 경기를 개최하고 진행하며 장애 학생에 대한 이해를 촉구하는 메시지를 전달함. 또한 언어가 사고와 행위, 가치관 형성에 미치는 영향에 주목하여 일상생활 속에서 사용하는 차별적 용어의 사용을 줄이기 위해 미국 인종 차별 시위를 화두로 던져 인종 차별, 특정 국가나 집단을 향한 조롱의 단어를 언급해 언어 습관의 심각성을 드러내는 카드뉴스를 제작하고 SNS에 게시하여 큰 공감과 호응을 얻음. 또한 국제교류 도우미 활동을 2년간 하면서 문화적, 인종적 차별적 인식이 학생들 사이에 존재함을 깨닫고, 문화적 상대성과 가치를 드러내는 게시 활동을 지속적으로 실천함. 이를 통해 차별이 아닌 차이가 다양성과 풍요한 인류의 자산이 될 수 있음을 학생들에게 알리고, 스스로도 다양성의 가치를 인식함.

The Last Lecture | Randy Pausch 저

번역서를 먼저 만나고, 좀 더 생생한 감동과 의미를 접하고자 원서를 찾아 읽었습니다. 가장 기억에 남는 구절은 'What makes me unique?'라는 질문에 어린 시절의 꿈, 목표가 자신을 특별하게 만들었다는 저자의 답변입니다. 저는 이 답변에서 항상 고민해 왔던, 교육자로서의 비전에 대한 단서를 찾을 수 있었습니다. 이전까지 저는 교육자의 역할과 책임에 집중한 나머지, 정작 중요한 피교육자의 역할에는 소홀했습니다. 하지만 책을 통해, 교육의 핵심은 '복잡하고 어려운 교육 방식'이 아니라,

'아이 자체에 집중하는 것'이라는 것을 깨닫게 되었습니다. 그것은 아이에 대한 존중, 스스로의 삶을 사랑하도록 하는 인도, 아이의 평생에 기반이 될 꿈의 마련을 돕는 것이었습니다. 이렇게 스스로를 주변의 위치로 내려놓자, 교육의 길이 보이기 시작했습니다. 한편, 편하게 읽힌 번역서에서 원서의 의미와 감동을 충실히 전달하지 못한 것을 보며, 의역의 범위와 한계에 대해 고민해 보기도 했습니다.

배움의 발견 | 타라 웨스트오버 저

교육자 관점의 책을 주로 읽다가, 피교육자의 입장에서 교육을 바라보고 싶은 생각에 읽게 된 책입니다. 이전까지 교육의 선한 영향력을 의심치 않던 저에게 이 책은 충격이었습니다. 책을 통해 제가 느낀 것은 '잘못된 교육보단 오히려 무교육이 낫다'라는 것입니다. 책을 읽는 동안, 저는 '배움'이 한 개인에게 새로운 눈을 줄 수도 있지만, 기본적 빛을 빼앗을 수도 있다는 것을 알게 되었습니다. 이렇게 교육의 양면성을 새롭게 알게 되자, 교육자의 책임의 무게를 실감할 수 있었습니다. 주인공이 자신의 지역을 벗어나며 새로운 삶을 펼쳐가듯, 한 지역, 국가에만 머물며 살아가는 학생들에게도 다른 세상에 도전할 기회가 필요하다고 생각했습니다. 영어교육을 통해, 한국에서만 오랜 시간을 보낸 학생들에게 영미권을 포함한 더 큰 세상에 나아갈 디딤돌을 마련해 주고, 문화의 매개가 되어 시야를 넓혀주고 싶습니다. 저에게 이 책은 새로운 도전을 하는 학생들을 이끄는 사람이 되겠다고 결심하는 계기가 되었습니다.

유튜브는 책을 집어삼킬 것인가 | 김성우, 엄기호 저

점점 정교해지는 통번역 기기의 발달 속에서 영어교육의 역할에 대한 고민의 답을 찾던 중 읽게 된 책입니다. 가장 인상적이었던 개념은 '텍스트의 사유화'입니다. 저자들은 시험을 위한 영어교육은 기계적 능력만을 강조하게 되었다고 문제를 제기했고, 미디어가 조장하는 단편적 관점을 우려하고 있습니다. 저자들의 의견에 동의하지만, 미디어가 현세대에게 필수적이라는 점과 교육에의 도입 효과 또한 무시할 수 없다고 생각했습니다. 책을 읽는 내내 미디어의 단점을 극복할 해결방안을 탐색했고, 이를 직접 실천하기 위해 노력했습니다. 문화적 맥락을 적용한 영어학습프로그램이 건강한 미디어 활용 방법이 될 수 있다고 생각해서, matplotlib과 pandas를 이용한 코딩을 배우며 프로그램 제작을 위한 기초를 쌓았습니다. 이를 통해 영미 영화와 드라마를 활용한 학습프로그램을 제작하여 '생생하고 즐겁게' 영어를 배울 수 있도록 하고, '학습의 내면화'를 이루는 데에 이바지하겠다는 목표를 세울 수 있었습니다.

일반고 C학생의 학생부에서 발췌한 내용입니다. 영어 교과 사교육 참여율과 관련된 통계자료에 호기심을 갖고 조사해 발표한 내용이 눈에 띕니다. 플립 러닝 교수법에 대한 수업 구성이나 정보화 시대의 다독의 중요성도 좋은 주제 설정입니다. 하브루타 교육의 효과와 성공사례에 대한 내용도 주제와 잘 연결됩니다. AI 기술과 관련된 영어활용에 대한 고민은 최근 면접장에서 자주 질문하는 내용이기도 합니다. 책을 통해 생각하는 힘을 기를 수 있었다는 대목도 학생부 전체와 자기소개서 맥락과 잘 어울립니다.

• 직업윤리 단원을 학습하면서 교직윤리에 관심을 가져 교직을 바라보는 관점인 전문직 윤리와 천직 윤리를 탐색하고 교직생활에서 나타날 수 있는 도덕적 딜레마 상황인 교육적 관계와 인간적 관계의 혼동, 인권 존중의 의무와 교육의 의무 간의 긴장, 공정성의 의무와 교육적 배려 간의 긴장 등 다양한 사례를 바탕으로 통합적 성격의 교직 윤리의 필요성을 체계적이고 분석적으로 연구하여 보고서를 작성한 후, 수업시간에 발표하고 우수한 평가를 받음.

• 2학년 때 유형별 사교육비를 분석한 활동을 계기로 사교육 참여율의 변화에 영향을 미치는 변인들이 무엇이 있을지 호기심을 갖고 탐구함. 영어 교과의 사교육 참여율 통계자료에 호기심을 갖고 참여율과 다른 변인들과의 관계를 조사하며 교육 불균형의 문제를 지적하고 평등한 교육 기회의 제공의 중요성을 알리는 인상적인 발표 수업을 진행함.

• 〈나의 진로와 사회문제 탐구 프로젝트 수업〉에서 사이버 학교폭력 문제를 선정하여 언론 보도 및 학술저널을 활용하여 학교 폭력 실태 조사 자료 및 피해자가 받는 영향 등을 두루 정리하여 발표함. 문화지체 현상의 개념을 활용하여 학교폭력의 원인을 분석하고 이에 대한 대응책을 연결하여 지속적인 폭력 예방 교육의 필요성을 설명한 점이 인상적임.

• 다양한 교육주제 수능 절대평가, 고교학점제, 문·이과 통합, 교원수급에 대한 토론활동에서 적극적으로 조사를 하고 자신의 의견을 개진함. 이 과정에서 교육제도 관련 사항에 관심을 키우고, 교육 분야 전반에 대한 지식의 폭을 넓히고 자신의 생각을 정립함. '플립 러닝' 교수법을 국어와 수학에 적용하는 수업 구성을 해 봄. 멘토·멘티활동을 통해 '법과 정치'과목을 선배부원으로부터 배운 후, 직접 가르쳐보는 경험을 통해 교사의 역할

과 효과적인 지식전달방법에 대해서 고민함.

• '정보화 시대 영어 교육의 필요성과 다독의 중요성'을 주제로 연구하고 보고서를 작성하며 다독이 영어실력 향상에 미치는 영향을 다각적으로 분석함. '교권 실추의 원인과 교권 신장 방안'에 대해 토의하며 교권 실추의 원인과 해결 방안을 개인적, 사회적 차원에서 바라봄. 또한 저소득층 자녀가 학습 부진에 빠지기 쉬운 이유와 해결방안을 주제로 토의하는 과정에서 원인을 물질적, 시간적, 정서적 측면에서 분석했으며 가정 배경으로 인한 교육 불평등을 줄이기 위한 방안들을 고민함.

• 인권수업내용을 토대로 주제 선정, 사전계획 및 조사, 쟁점 발표 및 찬반토론을 진행함. 특히 '여성의 인권은 지금도 침해당하고 있다'라는 제목으로 보고서와 PPT를 제작하고, 발표수업을 진행함. 특히 나치시대의 레벤스보른, 파키스탄의 여성 교육 현실, 우리나라 미디어 속에 나타난 여성 혐오 사례에 대한 폭넓은 사전조사를 통해 문제의 심각성을 알기 쉽게 설명하여 청중들의 관심과 호응을 크게 이끌어 냄. 또한 4차 산업혁명, 인공지능 시대를 맞이하며 시대가 요구하는 인재육성에 대해서 고민하고 '자신이 교사라면 어떤 수업을 할까?'를 생각함. 유대인들의 교육법인 '하브루타'의 효과와 성공사례를 구체적으로 제시함. 또 플립 러닝 flipped learning 학습법을 소개하여 여러 친구들의 관심을 이끌어 냄.

• 자율시간 창의 주제 활동을 통해 디지털 게임 속의 영미문학을 탐구 주제로 정하고, 발표를 통해 주제 및 방법론을 공유했으며, 주제 탐구를 위해 마인드맵 그리기를 하여 주제를 구체화하고 탐구 활동을 함. 탐구 활동을 통해 게임과 문학의 연관성, 텍스트 변용과정과 성공이유 등의 보고서를 작성함.

• 창의적 체험활동수업의 비전탐구 시간을 활용하여 자신이 관심 있어 하는 교육분야와 관련된 서적을 읽고 자료를 찾았으며 〈교육현장 획일화의 현황과 문제점〉이라는 주제로 발표수업을 진행함. 자신의 경험을 바탕으로 현재 교육현장의 문제점이 학생다움을 획일적으로 강요하는 오래된 문화와 관습에서 비롯된다는 점을 지적하고 이로부터 발생하는 여러 가지 문제점을 밝힘. 나아가 획일적인 학교 건물의 구조를 벗어나면 교육현장의 문화와 질이 상승할 것이라는 점을 다양한 실제 사례를 제시하며 알림.

내가 공부하는 이유 | 사이토 다카시 저

'내가 공부하는 이유'는 저의 학업 태도 전반에 커다란 영향을 미쳤습니다. 독서를 하며, 똑같은 질문에도 제자가 누구인지, 상황이 어떠한지에 따라 다른 답변을 한 공자의 일화를 접한 후 '정답이 아닌 나만의 답을 찾자'는 목표를 세웠고 이를 위해 비판적으로 학습하는 태도를 기르고자 노력했습니다. 교과목은 물론 사회 현상에도 관심을 갖고 특히 교육 현장과 영미 문화와 관련하여 어떤 판단을 내려야 할지 생각해 보며 저만의 가치관을 정립하기 위한 고민의 시간을 가져왔습니다. 특히 '생각하지 않는 사람은 위험하다'는 소크라테스의 말을 접하고는 그의 질문을 던지는 자세를 내면화했습니다. 책을 읽을 때 저자의 의견과 책의 내용은 모두 옳다고 여기던 수동적 태도에서 벗어나 '왜 그럴까? 정말 그럴까?' 등의 질문을 던지며 내용을 검증, 점검하고자 했습니다. 책을 통해 생각하는 힘을 기를 수 있었으며 대학교에 진학해서도 질문을 멈추지 않고 저만의 답을 향해 나아가며 제 꿈에 더 다가가고 싶습니다.

나는 대한민국의 교사다 | 조벽 저

1학년을 마치고 교육이 정말 나의 길일까 고민을 하던 중 '나는 대한민국의 교사다'를 읽고 흔들리던 목표를 다시 확고히 할 수 있었습니다. 인격체의 성장에 기여하는 것을 가치 있게 여기며 이를 통해 제가 행복해질 것이라고 생각해 교사의 꿈을 키워왔지만 대입이 중심이 되어 주입식, 교사 중심 수업이 주를 이루는 교육 현실을 보고 이상과 현실의 괴리에 괴로워하며 꿈을 포기하고 싶었습니다. 하지만 '교육은 희망을 전하는 일이기 때문에 교육자는 희망을 버려서는 안 된다'는 구절을 읽고 저의 생각이 모순이었음을 깨닫고 반성했으며 오히려 고민하는 교육자들이 더욱 필요하다고 생각했습니다. 책 속 질문들에 답하며 '단 한 명이라도 나를 만난 것이 인생의 큰 전환점이 되었으면 좋겠다'고 생각하며 초심을 되새기기도 했습니다. '교육의 질은 결코 교사의 질을 넘어설 수 없다'는 저자의 말을 마음에 새기고 현실 안에서 내가 할 수 있는 것은 무엇일까를 고민할 줄 아는 교육자가 되겠다고 다짐했습니다.

굿바이, 영어 사교육 | 이병민, 어도선, 서유헌, 김승현, 권혜경 저

'굿바이, 영어 사교육'은 영어 교육의 목표와 방법에 대해 진지하게 고민해 보는 계기가 되었습니다. 정보화 시대에서 영어의 중요성은 자명하지만, 기술의 발전으로 AI 번역기의 성능이 완벽해진다면 그때는 영어를 왜 배워야 하는지, 그 기능은 무엇일지 고민되었습니다. 그 결과, 미래에는 다양한 AI 기술 관련 산업에서 영어활용이 늘어날 것이므로 영어격차가 사회 양극화에 미치는 영향은 보다 커질 것이며, 따라서 영어 교육의 내실화가 더욱 필요하다는 결론에 다다랐습니다. 또한 '수업이 언어를 접하는 유일한 수단이라면 언어발달은 없거나 매우 더디게 일어날 것'이라는 구절은 신선한 충격이었습니다. 이는 교육 방식의 문제를 '넘어 자발적 학습이 부족하기 때문임을 알게 되었고, 학생 스스로 지속적으로 학습하는 '자발적 다독'을 유도하기 위한 구체적인 수업 방식에 대해 생각해 보게 되었습니다. 이 책은 저에게 있어 올바른 영어 교육의 방향을 끊임없이 고민하며 영어 교사의 꿈을 정립하게 된 책입니다.

서울대 치의대학 치의예과 수시 합격생의 학생부와 독서활동 예시

일반고 A학생의 학생부에서 발췌한 내용입니다. 소외질병에 대한 주제 설정과 논의의 확장 방향이 좋아 보입니다. 구강건강과 관련된 통계자료를 활용한 점도 바람직합니다. 의료 복지에서 계층별 차별과 격차를 줄이는 데 세심한 관심과 노력을 기울이겠다는 포부도 주제와 잘 연계됩니다. 결정장애에 대한 개인적 특성을 독서활동과 연계해 극복해 나가는 점도 자연스럽게 신중하고 실천적인 지원자의 이미지를 형성해 줍니다. 동아리활동에서 꿀벌의 특성인 협업을 배우고 이를 직접 적용해 보았다는 점도 좋은 점수를 받을 수 있습니다.

• 함수의 그래프 해석하기 활동 중 국가통계포털 사이트에서 '2009년부터 2016년까지 치아우식증 환자의 수'를 나타내는 그래프를 보고 치아

우식증 환자의 수의 증감이 불규칙함을 관찰함. 치아우식증 환자의 수가 증가하는 원인을 찾으려고 다양한 자료를 찾으며 음료 섭취 시간 및 종류가 치아 부식에 미치는 영향을 알게 되었다는 소감을 발표함.

•효모를 이용한 발효실험 수행평가에서 주어진 실험 외에 개인적으로 관심을 갖고 있는 젖산발효 실험과 맥주효모를 이용한 비교실험을 추가로 진행함.

•교내 'Forum on UNESCO'의 대주제 지속가능한 발전목표 SDGs-건강한 삶과 웰빙에 대해 '소외질병에 대한 연구를 촉진할 사회적 방안과 지속 가능한 미래를 위한 의료 시스템'으로 하위주제를 정해 공동 발제함. 주요 내용으로 소외 질병과 지속 가능한 미래를 위한 의료 시스템에 대해 논제를 정리하였으며, 건강한 삶을 위해 필요한 것으로 물과 건강, 식량과 건강, 의료와 건강에 대해 다루었으며, 소외질병에 대한 연구를 촉진할 사회적 방안으로 경제적 지원을 통한 유인, 공동개발 환경 조성, 인공지능과 페노믹스크린 등의 신기술의 이용 방안에 대해 집중적으로 탐구한 의견을 제시하였음.

•장애인 의료복지 개선에 관심이 많은 학생으로 장애인 치아건강 관련 기사문을 읽고 분석, 정리함. 특히 기사는 보건복지부의 2016년 장애와 건강통계 자료를 인용하여 장애인과 비장애인의 구강검진 수검률을 시각적으로 비교, 장애인의 구간건강에 대한 인지가 낮음을 알리어 기사문의 타당성, 신뢰성을 높이고 있다고 함. 또한 2011~2015년 치아 관련 질환과 각 시도별 65세 이상 장애인 치아우식증 진료 현황의 통계 자료에서 전체 치아우식증 대비 장애인과 65세 이상 장애인의 치아우식증의 증가율을 각각 계산하여 그들의 구강위생 상태의 심각성을 전함.

이에 대한 나름의 원인을 찾아내고, 개선방향으로 양치습관의 중요성 홍보, 활동보조인 대상 장애인 구강교육 및 창애인 치과병원 확대 등을 제안함.

• 진로 발표에서 '치매 약을 통한 치아 재생'에 대해 발표하여 진로와 관련된 이슈를 동아리 부원들에게 소개하였음. 알츠하이머병을 치료할 목적이었던 디데글루십이 치아 중심부의 줄기세포를 자극하여 거치는 과정을 통해 치아의 상아질을 복구함이 발견되었다는 흥미로운 주제를 선정해 발표하였음.

• 동아리의 부장으로 평소 궁금했던 양치 직후 구강청결제의 사용이 치아에 미치는 영향에 대한 기사를 작성함. 자료 조사와 전문가와의 인터뷰를 통해 양치 직후 구강청결제의 사용은 치아에 부정적 영향을 끼칠 수 있으나, 구강청결제의 종류에 따라 다름을 깨닫고 기사를 통해 이를 전달함.

• '청각장애인과 구강 위생'이라는 주제로 발표함. 청각장애의 정의와 청각장애를 가진 사람들이 갖게 되는 어려움을 연령대별로 구분하여 보여주며 설명을 시작함. 청각장애와 구강 위생 상태의 관련성을 다룬 논문에서 청각장애인의 구강 위생 상태가 비장애인보다 낮은 수준이라는 것을 보고 그 이유가 궁금하여 관련 자료들을 찾아 정리함. 청각장애인들은 대화를 통한 적절한 입과 혀의 운동이 불가능하여 구강 내 이물질이 오래 남아 있다든지 치과진료에 대한 불안과 공포로 치료에 협조적이지 못한 점 등 여러 가지 이유를 소개함.

• 시사이슈 찬반토론에 '청소년 처벌강화'와 '최저임금제'에 대한 시사이슈 찬반토론에 참석하여 성실하게 준비한 자료를 바탕으로 토론이 살아

있는 수업을 진행하는 데 주도적으로 참여하여 최우수 토론자로 선정됨.

• 전공적합성 함양을 위한 양방향 학습 프로그램에 참여하여 '생물학적 인간'을 주제로 매주 소주제별로 내용을 요약한 후 발표하고 질의 응답하는 시간을 가짐. 동물들의 입체 및 양안시야, 입천장의 주름구조, 혈액, 폐기능 검사 등을 탐구하면서 생물학적으로 바라본 인간과 자연에 대한 지식을 갖추며 '얼굴은 무엇인가', '눈은 왜 항상 입보다 위에 위치하는가' 등 근본적이지만 생각해 보지 못했던 질문에 답을 찾는 과정에서 희망 전공에 대한 확신을 가짐.

보이지 않는 이야기 | 조현대 저

프로젝트 수업에서 노인과 장애인을 대상으로 '코로나19 계단에 맞선 경사로 프로젝트'를 진행하던 중, 시각장애인이 세상을 어떻게 느끼는지 알고 싶어 이 책을 읽었습니다. 평소 소외계층에 대해 관심을 가지고 세상을 바라본다고 생각하고 있었지만, 시각장애인인 작가님이 책에서 펼치는 이야기는 그런 저의 생각을 반성하게 해주었습니다. 비장애인은 생각하지도, 인식조차도 하지 못하는 작은 차이가 시각장애인에게는 큰 혼란을 준다는 것을 배웠습니다. 특히나 버스의 하차벨과 입식봉의 위치가 버스마다 달라 평소 버스를 이용하기 힘들다는 이야기는 머리를 때리는 충격으로 다가왔습니다. 이런 사례들을 통해 장애인의 불편함을 해소하기 위한 방안을 마련하기 위해서는 그들이 진정 필요로 하는 것이 무엇인지 알아야 함을 깨달았고 그를 위해 더 세심한 태도를 갖추어야겠다고 다짐했습니다. 이를 바탕으로 의료복지에서 계층별 차별과 격차를 줄이는 데 세심한 관심과 노력을 기울이는 치과의사가 되고 싶습니다.

열두 발자국 | 정재승 저

평소 쉽게 결정을 내리지 못하고 고민이 많아 친구들에게 결정장애가 있다는 소리를 듣곤 했습니다. 그러다 심리학 수업에서 결정장애의 원인에 관한 영상을 시청하고, 이 기회에 그 이유를 제대로 알고 타파해 보고자 이 책을 읽었습니다. 책을 읽고, 결정장애는 결정의 순간 공황이 발생하는 심각한 질병이며 저의 성격은 그보다는 우유부단한 성격의 유형에 속한다는 것을 알았습니다. 하지만 우유부단한 성격 또한 의료인을 꿈꾸는 저에게는 고쳐야 할 문제였습니다. 의료인에게는 매 순간이 판단의 연속이고, 그 판단이 환자의 생사를 가를 수도 있기 때문입니다. 그래서 저는 빠른 시간 내에 최선의 결정을 내리는 능력을 기르기 위해 책에 나오는 '메멘토 모리'를 실천했습니다. 점심 메뉴를 정하는 사소한 일부터 대학을 선택하는 중요한 일까지, 이 결정이 마지막 선택의 순간이라면 어떻게 할지, 최선의 결정은 무엇일지 생각하며 결정했습니다. 이런 노력이 치과의사가 되었을 때의 밑거름이 될 것이라 생각합니다.

경이로운 꿀벌의 세계 | 위르겐 타우츠 저

동아리에서 도시 양봉을 하면서 꿀벌의 특성에 대해 더 자세히 알고 싶어 이 책을 읽었습니다. 꿀벌 군집을 하나의 포유류 생명체로 인식할 수 있다는 관점은 정말 신선했습니다. 꿀벌 군집에서, 일벌은 생명 유지와 소화를, 여왕벌과 수벌은 각각 여성과 남성의 생식기를 담당하여 꿀벌 군집 전체가 하나의 생명체처럼 보이는 것이었습니다. 이런 꿀벌 군집의 활동은 마치 분업이 잘된 모둠의 활동을 보는 것 같고, 이를 적용해 여러 사람과 함께 일을 할 때 구성원의 특성과 장점에 맞게 역할을 나누면 좋겠다고 생각했습니다. 꿀벌을 통해 얻은 교훈을 바탕으로 모둠 활동이 있을 때면, 구성원 개인의 특성과 잘하는 것에 집중하여 역할을 나누었습니다. 실제로 라디오 드라마를 제작할 때, 각 역할에 맞는 친구를 이유와 함께 추천하는 시간을 가졌고 이를 통해 팀 내 분위기가 더욱 좋아져 좋은 성과로 이어지기도 했습니다. 꿀벌의 특성을 통해 협업을 배우고 직접 적용해 볼 정도로 의미 있는 책이었습니다.

전국자사고 B학생의 학생부에서 발췌한 내용입니다. 과학탐구 과목을 선택한 과정도 진로와 연계해 잘 드러나고 있습니다. 타액의 기능에 대한 탐구활동과 예방치학의 중요성 등 좋은 키워드들을 잘 담고 있습니다. 학생부에 담고 있는 3학년 1학기까지의 기록 내용을 자기소개서 도서 선정과 잘 연계했습니다. '코로나19 데카메론'처럼 신간 도서이자 통합의료인문학을 다룬 좋은 책을 통해 서울대 치의대학이 원하는 인재상과 부합된다는 점을 잘 구현했습니다.

• '실내환기의 중요성'을 주제로 자유탐구활동을 진행함. 미세먼지 관련 통계자료를 근거로 실내환기의 중요성과 그 효과, 효율적인 실내환기법을 소개하며 실내공기오염에 따른 질병을 정리하여 친구들의 관심을 유도함. 실제로 로그를 이용하여 실내 산소 농도 구하기 문제를 함께 풀어보고 로그의 쓰임을 경험할 수 있도록 도움.

• 의학 분야에 관심이 많은 학생으로 수학과의 접점을 찾던 중 컴퓨터단층촬영을 찾아내어 'CT와 적분'을 주제로 탐구 활동을 진행함. X선 촬영과 CT의 차이를 설명하며 컴퓨터단층촬영의 원리를 예시를 들어 이해

시킴. 2차원의 그래프를 조합하여 3차원의 영상을 만들 수 있는 컴퓨터 단층촬영의 기법과 필요성을 소개함. 몸 안의 밀도를 측정하여 영상으로 남기는 이 촬영방법으로 충치가 생겼을 때 치아의 밀도가 달라져 이것을 진단할 수 있음을 발표하여 자신의 진로분야에 대한 관심과 흥미를 드러냄.

•소수 학생이 선택한 과목임에도 불구하고 화학I에서 학습한 개념을 확장하기 위해 화학II 교과를 선택하여 이수함.

•중추신경계 이상 질환인 알츠하이머에 대해 탐색하던 중 구강 세균과 관련이 있다는 기사를 읽고 관련 논문과 기사 등 자료를 조사하여 구강 세균이 영향을 끼치는 전신질환에 대한 보고서를 작성함. 구강 관리와 전신 건강과의 관계에 대해 발표 자료를 체계적으로 정리하여 학우들의 이해를 도움.

•신체에서의 방어 작용에 관심을 갖고 비특이적 방어작용 중 타액의 기능에 대해 깊이 있는 탐구활동을 하고 보고서를 작성함.

•교내 응급처치 동아리의 회장으로 여러 곳의 찾아가는 심폐소생술 교육을 통해 이론 및 실기 능력을 보유한 학생임. 체육 수업 시간만으로 응급처치를 교육하는 것이 충분하지 않다고 생각하여 담당교과 선생님과 상의하여 각 반 응급처치 멘토들을 교육하는 프로그램을 만들어 수업시간 및 점심시간에 자치적인 교육활동이 이루어질 수 있는 환경을 조성함.

•화학 시간에 아스피린에 대해 조사한 내용을 바탕으로 아스피린 합성실험을 주도함. 단계별 과정을 직접 시연해 보이며 설명을 덧붙임으로써 조원들의 이해를 도움. '물로 피우는 불' 실험을 기획한 뒤 팀장을 맡

아 실험을 주도함. 여러 번의 모의 실험 후 화학약품의 가장 이상적 배합과 성공적 실험 원리를 찾아낸 후 조원들에게 직접 실현을 통해 타오르는 불꽃을 보여줌.

• 진로 시간을 활용한 '진로 탐색 심층보고서' 작성에 참여함. '뇌 노화를 멈추려면 35세부터 치아관리 습관을 바꿔라'는 책을 읽고 건강한 치아관리가 뇌 노화를 늦춘다는 사실에 호기심을 느껴 치아 개수와 치매와의 상관관계를 주제로 보고서를 작성함. 뿐만 아니라 올바른 치아 관리법을 조사하며 예방치학의 중요성을 깨닫는 계기가 됨.

입속에서 시작하는 미생물 이야기 | 김혜성 저

신문 칼럼을 읽다 구강 내 진지발리스가 분비하는 진지페인이 알츠하이머의 원인이 된다는 사실을 알게 되었습니다. 저는 구강 내의 균이 어떻게 뇌기능에도 영향을 줄 수 있는지에 대해 궁금하여 칼럼 저자가 쓴 이 책을 읽게 되었습니다. 책을 읽으면서 구강관리를 '미생물 관리'라는 단어를 쓰며 미생물학적 관점에서 치료의 의미를 바라보고 있다는 점이 새롭게 다가왔습니다. 또한 구강 내 수많은 미생물들은 뇌뿐만 아니라 폐, 심혈관, 소화관 등에 다양한 영향을 미친다는 것을 파악했습니다. 저는 치과 진료가 단순 구강 치료가 아닌 전신 건강을 위한 치료가 될 수 있음을 깨달았습니다. 우리 몸의 최전방 방어막으로써 구강을 건강하게 유지하는 것이 구강질환과 전신질환 예방에 매우 중요한 역할이 될 수 있기 때문에 예방치의학의 중요성을 절감했습니다. 그래서 예방치의학 교수가 되어 국민들의 올바른 구강 관리 습관 형성에 힘쓰고 구강질환 예방법을 연구하는 데 선구자가 되고 싶다는 꿈을 가지게 되었습니다.

우리는 어떻게 화학물질에 중독되는가 | 로랑 슈발리에 저

시험기간에 에너지 드링크를 자주 마시는 친구의 모습을 보며 고카페인 섭취가 위험하지는 않을까 의문이 들어 선택한 책입니다. 책의 내용은 물부터 유제품, 화장품 등 사람들이 일상생활 속에서 화학 물질에 노출되어 있다는 사실을 적나라하게 드러냈습니다. 또한 책에 소개된 유해 화학 물질들 중에 제가 치과 치료를 받으면서 쓰인 재료도 포함되어 있었으며, 날마다 사용하고 있는 치약조차도 우리 몸에 악영향을 끼친다는 사실에 놀랐습니다. 그래서 화학 물질에 대한 규제를 찾아보았더니 수은을 포함한 아말감이 유럽에서는 금지되고 있지만 한국에서는 여전히 사용되고 있다는 사실을 알고 우리나라가 화학 물질 노출에 대한 관심이 부족하다는 것을 느꼈습니다. 저는 치의학에서도 화학 물질에 대한 연구를 폭넓게 할 수 있는 전문성을 키워 몸에 무해한 화학 물질로 치료를 할 수 있는 방법에 대한 연구가 필요함을 깨달았습니다. 그래서 치의학대학원에서 구강에 덜 해로운 제품과 재료에 대해 연구해야겠다고 다짐했습니다.

코로나19 데카메론 | 경희대학교 인문학연구원 HK+통합의료인문학연구단 저

코로나19로 등교가 미뤄지고 평범한 일상이 사라졌습니다. 이 상황에 대한 무기력감을 느끼는 와중에 뉴스에서 코로나 위험 지대로 자원하여 나서는 의료진들의 소식을 접하게 되었습니다. 저는 의료진 분들을 보면서 만약 제가 이런 상황에 직면했을 때 어떤 선택을 하는 것이 옳을까 고민하는 과정 중 이 책을 찾아 읽게 되었습니다. 책을 읽으면서 의료와 공동체에 대한 많은 생각을 하게 되었습니다. 앞으로 코로나19와 같은 전염병이 찾아오는 주기가 짧아질 것이라고 예상되는 상황에서, 저는 어떤 선택을 할 것인가 고민이 되었습니다. 책에서 논의하는 개인주의와 공동체주의, 두 관점에서 생각해 본 결과 저는 개인의 이익과 권리를 지키려면 타인의 이익과 공공선과의 조화도 중요하다는 점을 깨달았습니다. 또한 책을 통해 의료계에서의 인문학, 사람을 위한 학문이 중요하다는 것을 느꼈고, 치의학과에 진학한 후에도 인문학을 꾸준히 공부하여 따뜻한 사회를 만들어나가는 의료인이 되자고 다짐했습니다.

지역자사고 C학생의 학생부에서 발췌한 내용입니다. 수학과 의학의 연계 지점, 한국 의학사와 관련된 탐구활동이 인상적입니다. 코로나19 관련 활동 과정에서 4차 산업혁명의 흐름과 전공을 연계한 노력도 좋습니다. 치의학에 국한되지 않은 다양한 독서활동을 자기소개서에 담아내며 생태주의적 감수성과 인간관계에 대한 성찰, 협력의 중요성을 강조한 글쓰기도 호감을 자아냅니다.

• 의학 속에서 발견할 수 있는 수학으로 삼각함수와 푸리에 변환이 있으며 이것이 뇌파와 심장의 전파 파동, 청력검사에 활용됨을 설명함. 또한 초음파 영역에서의 음향 공동현상을 예측하는 수학적 모델을 활용하여 종양세포를 효과적으로 제거하는 기술에 대하여 소개함. 발표를 준비하면서 수학적인 모델링이 의학에 적용되어 수학이 의학 메커니즘을 효과적으로 설명함으로써 의학 기술이 더 발전할 수 있음을 인식함.

• 우리나라 의학의 역사는 어떠한지에 대한 호기심과 의학에 대한 보다 깊은 이해를 위해 '한국의 의학사'라는 탐구활동을 함. 선사시대부터

조선시대, 그리고 현대에 이르기까지 의학 관련 정책과 의료기관을 조사하며 우리나라 의학사의 큰 흐름을 연구함. 이를 통해 서양의학에 가려진 우리 의학의 역사를 알게 되었으며, 일제 강점기, 한국전쟁, 그리고 고도성장시대를 거치면서 한국 의학이 겪어온 변화 속에서 당면한 의료문제의 근원을 보다 깊이 이해하는 계기가 되었음.

• 매우 뛰어난 수학실력을 바탕으로 미적분의 심화된 내용을 학습하면서 미분방정식과 푸리에 변환에 대해 심화 탐구함. 전염병 예측모델로 사용되는 SIR모델에서 각각의 변수와 변수의 변화율이 갖는 의미를 수학적 모델링을 활용해 알아보고 SIR모델로 현 코로나19로 인한 상황을 분석해 보고 실제 자료와 비교해 봄. CT에서 X선을 통해 얻은 사이노그램을 영상으로 복원하는 과정에서 쓰이는 적분과정에 대해 탐구하면서 푸리에 변환을 탐구해 보고 그 원리를 이해함.

• 체외 충격파 쇄석기의 원리에 대해 알아봄. 그 원리에 활용된 타원의 성질을 정리함. 치과에서 사용하는 타원형 반사경에도 타원의 수학적 성질이 적용된 것을 알 수 있었음. 이러한 특징이 일반 조명과는 달리 빛이 구강 내부만 비추어 환자와 치과의사의 눈부심을 제거한다는 것을 확인함. 구강용 3D스캐너의 활용방법에 대해 탐구함. 위생과 시간적인 측면에서의 유용함에 대해 알게 됨. 치아를 모델링하는 것이 중요한 만큼 공간좌표가 매우 유용하게 사용될 것임을 알고 기하과목에 대한 흥미를 더해감.

• 반응속도와 촉매 단원에서 1차 반응의 반감기 개념을 확장시켜 방사성동위원소와 방사성의약품을 이용하여 질병을 진단하고 치료하는 핵의학 분야에 대해 문헌 조사를 함. 이 과정에서 해부학적 이상이 생기기 전

에 나타나는 몸의 이상 징후를 진단할 수 있는 핵의학의 매력에 대해서 새롭게 알게 됨.

• 사람들이 무의식적으로 입을 벌리는 것을 보고 구호흡이 구강 구조에 안 좋은 영향을 미칠 수 있다는 것에 관심을 가지게 되어 '구호흡이 인체에 미치는 영향 및 치료법'을 주제로 탐구하였음. 구호흡의 정의와 구호흡이 인체에 미치는 영향 중 면역력, 산소섭취량, 아데노이드 얼굴과의 연관성에 대해 조사하였고 구호흡 개선 방안으로 교정치료, 근기능 치료훈련, 부테이코 호흡법 등을 조사하였음.

• 동아리 활동을 통해 생명과학과 의학에 관련된 사회 이슈를 다각도로 탐색해 봄. 특히 코로나19와 관련하여 코로나바이러스의 특징을 알아보고 진단 기술 중 RT-PCR에 대하여 집중 조사함. 또한 효소 저해제, 마취제 등 의학에 사용되는 약제 종류를 조사하기도 하고, 의학과 치의학에 4차 산업혁명의 흐름이 미칠 영향도 고찰해 보았음.

• 3인 1팀을 이루어 선배들의 연구 보고서를 비판적으로 검토하고 다양한 아이디어를 제시하며 토의하는 시간을 가졌고, 최종적으로 '대체 당의 설탕 대체 가능여부 탐색'을 진로탐구활동 연구 주제로 결정함.

동물 권리 선언 | 마크 베코프 저

반려견을 키우면서 중성화 수술을 한 적이 있습니다. 반려견과 가족 모두의 편의를 위한 선택이라고 생각했지만 제목을 보면서 당시의 선택이 정말 반려견의 입장을 고려한 것인가 떠올리게 됐습니다. 또 인간의 편의를 위한 동물실험이 윤리적으로 정당한지에 대한 고민으로 이어졌습니다. 그 결과 인간의 생명 구제를 위해 동물실험은 필요하지만 최소한의 고통과 더 나은 생활환경 등 동물들의 생명 존중을 위한 제도적 노력이 더 필요하다는 생각을 하게 됐습니다. 그리고 무엇보다 동물실험을 통한 결과가 동물들의 타의적 희생으로 인한 것임을 잊지 않고 미안함과 감사함을 갖는 태도가 중요하다고 생각했습니다. 책을 읽으면서 코에 빨대가 박혀 있는 바다거북이의 사진을 본 것이 떠올랐습니다. 동물들을 돕기 위한 적극적인 방안에 대해서 생각하는 것도 중요하지만 그전에 우리의 무의식적인 행동이 동물들의 생명을 위협하고 있지 않은지 되돌아보고 생태계를 위한 작은 행동부터 실천해 나가는 것이 가장 기본이 된다고 생각합니다.

연을 쫓는 아이 | 할레드 호세이니 저

제목의 연을 쫓는다는 의미가 무엇일지 궁금해져서 이 책을 읽게 되었습니다. 책은 주인과 하인 관계에 놓인 두 아이 아미르와 하산의 우정과 방관에 따른 배신, 그리고 뉘우침을 통한 성장에 대해서 다루고 있습니다. 가장 인상적인 부분은 친구가 어려움에 처했을 때 외면했다는 죄책감을 느끼고 그 죄책감에서 벗어나기 위해서 끊임없이 자기합리화를 하는 아미르의 모습이었습니다. 왜냐하면 아미르의 그런 모습이 평소 저의 모습과 다르지 않고, 결국 모든 사람이 은연중에 지니고 있는 모습이라고 생각이 들었기 때문입니다. 책 속 아미르는 자신의 잘못을 회피하다가 너무 늦게 자신의 죄를 반성하였는데 잘못을 깨달았을 때 바로 사과할 수 있는 용기와 용서를 구하는 자세 또한 인간관계에 중요한 요소임을 깨달았습니다. 또한 똑같은 실수를 저지르지 않기 위해서는 잘못에 대해 적당히 눈감거나 회피하는 것이 아니라 잘못을 인정하는 용기와,

그것을 바로잡기 위한 용기가 필요하다는 것을 알게 되었습니다.

생명이 있는 것은 다 아름답다 | 최재천 저

동물 행동학의 권위자인 저자가 쓴 책임을 알게 되어 이 책을 집게 되었습니다. 동물들의 여러 생태를 묘사한 부분이 흥미로웠습니다. 새끼에게 자신의 몸을 먹이는 염낭거미나 동료들에게 피를 나누어주는 흡혈 박쥐 등 이전에는 선입견을 갖고 꺼려졌던 동물들이 '알면 사랑한다'라는 작가의 말처럼 알고 나서 바라보니 이 책의 제목처럼 그 자체로 아름답다고 생각했습니다. 또한 동물들이 협력하는 모습을 보며 우리 사회를 되돌아보았습니다. 우리 사회, 더 작게 보아서 교실 안에서도 친구들끼리 경쟁하고 어떻게 하면 더 많은 이익을 얻을 수 있을까 이기적인 고민을 하는 모습을 쉽게 볼 수 있습니다. 의료계도 점차 세분화되면서 서로 간의 협력이 중요해지고 있다고 생각합니다. 의료계에서 다른 분야와의 연계는 의사가 진료해야 하는 것이 병이 아니라 하나의 사람이라는 정신을 바탕으로 한다는 구절은 읽은 적이 있습니다. 저는 입만 보지 않고 구강 건강을 통한 전신 건강까지 생각하는 치과의사가 되고 싶습니다.

서울대 공과대학 기계공학부 수시 합격생의 학생부와 독서활동 예시

일반고 A학생의 학생부에서 발췌한 내용입니다. 물의 특성에 대한 주제와 관련된 자료 조사와 포트폴리오, 논술 활동이 잘 연결됩니다. 공부법을 통해 공학 계열에 대한 열정을 드러내고 아인슈타인을 거쳐 드론으로 이어지는 자기소개서 선정도서 글쓰기가 지원자의 학업 역량과 더불어 전공 관련 진학 의지를 잘 담아냈습니다.

• 수학에서 증명과 같은 높은 난이도의 문제에도 흔들림이 없고 유한집합의 원소의 개수의 최댓값과 최솟값을 활용하는 실생활 문제를 논리적으로 증명한 바 있음. 산술기하평균의 부등식에 대한 대수적 증명 및 조별로 부과된 기하적 증명을 명쾌하게 해결함.

• 지속가능한 발전을 토대로 창의적인 학교모형 제작 프로젝트에서 '○○한옥'이라는 주제로 학교모형을 제작함. 리더십을 발휘해 모둠 내 의사소통이 잘 이루어지는 분위기를 형성, 협업이 잘 이루어졌으며 자연친화적이며 전통적인 재료의 사용이 특징적임.

• '물의 특성으로 인한 자연현상과 이를 유용하게 활용하는 방안'이라는 주제로 자료를 조사해 포트폴리오를 만들고 논술해 보는 활동을 하였음. 물의 특성을 유용하게 활용하는 방안을 도시의 열섬 현상과 연결하여 물이 증발열과 기화열이 크다는 점을 활용해 도시에 숨어 있는 잠열을 물의 특성을 이용해 없애자는 자신만의 아이디어를 제시하여 학생들과 교사에게 큰 호응을 얻어냄. 기본 이론을 심화 개념에 잘 적용시켜 난이도 높은 문제의 해결력이 돋보임.

• 'Eletromagnetic motor의 회전 운동 현상에 대한 연구'라는 주제로 5인이 함께 진행함. 전기장과 자기장의 상호작용으로 발생하는 전자기력을 알아보기 위해 전류의 세기, 전선의 연결 방향, 자석의 방향 등에

따른 모터의 회전 운동을 관찰하여 회전수에 영향을 주는 요인과 효율을 탐구하는 방법을 연구함.

• 'collimating현상을 이용한 조준경 제작과 그 원리에 대한 탐구'를 5인이 함께 진행함. 이론에 대한 충분한 공부 및 선행연구를 충실히 하고 다양한 실험설계를 통해 영향을 미치는 원인을 조사함.

• 아두이노 캠프를 통해 기술에 대한 관심을 키우고 조작법 및 원격제어를 위한 앱 개발도 배워 다양한 응용 능력을 습득함.

• '마찰진동'이라는 주제를 선정하고 막대의 진동 주기에 영향을 주는 요인을 연구하기 위해 마찰력, 돌림힘 등에 대한 이론적 배경과 선행 연구를 조사한 후 이를 바탕으로 회전 주기에 영향을 주는 요인 막대의 종류 및 길이, 바퀴의 회전 속도 등 을 다양하게 생각하여 탐구활동을 진행함.

• '베르누이 원리와 비행기 제트 엔진의 원리를 이용한 날개 없는 선풍기'를 주제로 한 조사보고서 작성 활동에서 과학적 탐구 역량과 자료 해석능력, 분석적 사고능력을 보여줌.

• 수학과 물리에 대한 흥미도가 높고 가설을 설정하고 여러 실험 및 탐구 활동을 통해 문제를 해결해 나가는 활동을 통해 연구에 대한 관심이 높아짐.

완벽한 공부법 | 고영성, 신영준 저

완벽하려면 반례가 없어야 하는데, 이 책은 완벽하다고 할 수 있는지 의심이 들어 이 책을 읽어보았습니다. 이 책은 자기 자신에 대한 이해를 토대로 공부 전략을 선택한다는 구성이 특이했습니다. 또한 최근 논란이 있지만 저와 같이 공학 계열에 열정을 지니면서 청춘들의 멘토가 되어 색다른 조언을 아끼지 않는 작가의 모습이 인상적이었습니다. 저는 이 책을 통해 저의 공부 계획을 보완해야 한다는 생각을 하였습니다. 계획을 짜기 위해서는 먼저 내가 할 수 있는 공부량을 측정해야 한다는 설명에 집중하였습니다. 이를 바탕으로 계획을 실천해 학습 능률이 상승하여 높은 학업 성취를 이룰 수 있었습니다. 특히 계획이 있기에 내가 해야할 것이 무엇인지 헤매지 않게 되어 시간 관리도 잘할 수 있었습니다. 또한, 이를 멘토링 활동에도 적용해 멘티에게 맞는 학습 계획을 세우게 했고 이로 인해 학습자로서의 자신의 색깔을 찾게 되었으며 자신에게 맞는 공부법을 찾아 자기 주도적 학습을 하게 되었습니다.

아인슈타인의 생각 실험실 | 송은영 저

상대성 이론은 아인슈타인이 개시한 이론으로, 이론에 대한 내용은 알면서도 정작 아인슈타인이 이 이론을 만들기까지의 과정은 알지 못했습니다. 하지만 이 책을 통해 알 수 있을 것 같았습니다. 공부를 하는 저의 시각에서의 상대성 이론과는 다른 아인슈타인으로서의 시각으로 상대성 이론을 들여다볼 수 있었습니다. 예를 들자면, 교과서를 통해 배운 저의 시각에서 빛의 매질이라고 여겨진 에테르는 터무니없는 상상에 불과하지만, 아인슈타인의 세계에서의 에테르는 대립적인 면이 있었으나 은근히 지지되기를 바라는 분위기였습니다. 에테르의 바람과 같이 에테르를 검증하는 데 파생되는 개념들을 구체적으로 살펴보니 에테르에 대한 의견 충돌이 더 흥미진진하게 느껴졌습니다. 이렇게 상대성 이론을 배경과 함께 폭넓게 살펴보니 기존에 알던 상대성 이론과 다른 면이 매우 신선하게 느껴졌고, 관심 분야에 대해 폭넓게 탐구하고 사고하고자 노력하는 계기가 되었습니다.

왜 지금 드론인가 | 편석준, 최기영, 이정용 저

4차 산업혁명 시대에 많은 기술이 발전하고 있는데, 그중 드론이 많은 인기를 끌고 있지만, 왜 드론이 각광받고 있는지 깊게 생각해 본 적은 없었습니다. 이 책을 통해 드론의 활용 방안, 필요성에 대해 생각해 보게 되었고 특히 드론의 조종 방식을 재미있게 읽었습니다. 쿼드콥터 드론에서 날개 회전 방향이 다른 이유와 드론이 이동할 때 기울어진 정도에 따라 가속센서를 이용한다는 사실을 기하와 벡터 과목과 연관지어 발표도 하였습니다. 이 책을 통해 기술 분야에서 변화가 빠르게 진행됨을 알 수 있었습니다. 제가 이러한 변화에 부응할 수 있도록 역량을 키워야 한다는 생각을 했고 강한 동기부여가 필요하다고 느꼈습니다. 그래서 저의 꿈의 동기를 점검해 보았습니다. 이 책은 기계 설계 분야 중 역학 분야에서 연구를 하며 기계 및 시스템에서 발생하는 현상을 분석하여 이를 적재적소에 활용해 사회에 기여하고 싶은 저의 열망을 가슴속에 깊이 새기게 하는 계기가 되었습니다.

일반고 B학생의 학생부에서 발췌한 내용입니다. 교내 창의챌린지 활동이 상세히 기술되어 협업 능력과 문제해결 역량을 잘 드러냅니다. '링크'를 통한 책읽기 활동의 확장 키워드들이 '인간 관계론'과 잘 연결됩니다. 부조리극과 소설 '1984'을 연계한 점도 바람직합니다. 예비 공학도로서 논리학 서적을 자기소개서에 담아내어 이 학생이 기초 소양이 탄탄하다는 장점을 느끼게 해줍니다.

• 수학탐구시간에 자신이 가장 좋아하는 수열인 피보나치 수열에 대해 조사하여 피보나치 수열의 개념과 일반항을 구하는 방법을 탐구하고 정보시간에 배우는 플레이봇을 통해 피보나치 수열을 구하는 프로그램을 직접 만들어 수학을 탐구하고 보고서를 작성함.

• 스크래치로 자신만의 오목게임과 windows 계산기 추가과제를 완벽 구현하고, 플레이봇으로 언어분석시스템, 369 게임, 숫자 6이 없는 나라를 창의적으로 해결해냄.

• 쌍곡선에 대해 배우면서 교과서에 쌍곡면의 구조가 풍압에 잘 견뎌 냉각로 등에 사용된다는 것을 보고 '왜 그럴까?'에 대해 관심을 가지게 되어 관련된 탐구를 진행함. 실험조건에 맞는 쌍곡면을 만드는 쌍곡선의 식을 세우고, 지오지브라, 스케치업 등을 이용하여 정확한 실험물을 수학적으로 제작함. 또한 실험결과를 해석할 때도 벡터의 개념을 도입하여 원기둥이 사각기둥보다 풍압에 잘 견딜 수 있었던 이유를 설명함. 종종 스케치업으로 3D도면을 설계하여 학교에 있는 3D프린터로 출력하며, 설계하는 과정에서 쌍곡면, 타원 등 이차곡선을 이용하고, 구조를 회전시키거나 분할하는 등 수학적인 요소를 설계에 적용하려고 노력함.

• 교내 해커톤 창의챌린지에 참가하여, 만 하루 동안 쉼 없이 프로그래밍하며 창의적인 아이디어를 SW로 현실화해내는 경험을 하고 팀 협업으로 문제해결역량을 한층 키우는 계기를 마련함. '더 나은 사회를 위한 혁신… 소프트웨어'라는 대 주제를 바탕으로, 버튼이 눌러진 층들을 표시하고 탑승할 사람 없이 버튼이 눌러진 층에서는 문을 열지 않거나 이동을 취소하는 '시간 절약 엘리베이터-타임베이터'를 인체감지센서, 버튼, LED, LCD 등을 사용하여 아두이노로 시각적으로 구현해냄. 일상생

활 속 문제 상황을 세분화하며 아이디어 발산과 분석과정의 반복을 통해 '엘리베이터 문제 상황'이라는 불편과 개선 사항을 발견해내고, SW로 현실화할 수 있는 창의적인 문제해결방법을 고안함. 회로의 동작원리를 고려하여 LED 관리 배열, 엘리베이터의 방향과 위치관리 변수를 효과적으로 사용하여 프로그래밍으로 구현해내며 팀원과 조화로운 협업을 바탕으로 프로젝트를 성공적으로 이끌어냄으로써 컴퓨팅 사고력과 창의력을 향상시키며 뛰어난 기량을 발휘하는 기회가 됨.

• 교내 수학체험전에서 ○○○○이라는 팀으로 참가함. 큐브의 경우의 수에 대해 관심을 가져 222큐브와 333큐브에서 엣지 조각의 개수는 짝수개이며 코너조각의 돌아간 각도의 합은 360도가 되어야 한다는 규칙을 알게 되었고 각 경우의 수를 직접 계산함. 또한, 큐브의 모든 섞인 상태를 집합으로 하고 돌리는 회전을 연산으로 구성하여 군 Group 이 됨을 확인하고 자료를 제작하여 전시하고 친구들에게 실생활의 여러 부분에서 수학을 발견할 수 있다는 사실을 알려줌.

• 책읽기 활동을 하면서 A.L. 바라바시의 '링크'를 읽고 척도 없는 네트워크의 적용성에 관심을 가지고 친구들과 함께 민주주의와 공산주의, 양자역학 등에서 척도 없는 네트워크가 나타나는 양상에 대해서 이야기함. 이후 C언어로 척도 없는 네트워크를 직접 구현하는 활동을 해봄. 두 번째 책인 '카네기 인간관계론'을 읽고 'the desire to be important'라는 구절에 궁금증을 가지고 친구들과 함께 이것으로 인간의 행동을 어디까지 설명할 수 있는지에 대해 이야기함. 이후 소프트웨어 봉사 등에서 이 책에서 배운 원칙들을 적용하여 상대방을 변화시키는 경험을 함.

• 레고마인드스톰 EV3, 코드론, MODI 등 다양한 코딩기반 문제해결

활동으로 컴퓨팅 사고력을 기름. 특히 EV3에 집중해 자신이 일상생활에서 필요를 느꼈던 로봇을 구현하고 아이디어를 전체에 공유하며 성장해나감. 손이 불편한 분들을 위해 자동으로 책을 넘겨주는 독서대를 고안하여 만들며, 책을 한 장씩 들어올려서 넘기는 문제를 바퀴 마찰을 통해 해결한 아이디어가 놀라움.

1984 | 조지 오웰 저

우연히 문학 교과서에 수록된 부분을 읽으며 '둘 더하기 둘은 다섯'이라는 구절이 이상하게 강렬한 인상으로 남았습니다. 후에 부조리극 '원고지'를 배우며 이 내용이 떠올랐고, 이 책에서는 어떤 부조리가 나타나는지 궁금해 찾아 읽어보았습니다. 사회의 부조리 속에서 살아간다는 점은 원고지의 내용과 일치하지만, 주인공 윈스턴이 결국 세뇌를 당해 부조리함을 사랑하게 된다는 점에서 차이를 보이며, 이 때문에 더 안타까운 책입니다. 윈스턴의 자유에 대한 신념이 무너진 이유는 그의 신념에 구체적인 목표가 없었기 때문이라는 결론을 내렸습니다. 제게는 로봇으로 따뜻한 기술사회를 만들겠다는 신념이 있지만, 윈스턴과 같이 구체적인 목표는 없었다는 것을 깨달았습니다. 제 소중한 신념을 지키기 위해 목표를 구체화하겠다는 다짐을 했습니다.

성냥갑으로 재미있고 쉽게 배우는 인공지능 이야기 | 모리카와 유키히토 저

인간에게 다가갈 수 있고, 효율적인 제어를 하는 로봇을 만들려면 인공지능이 필요할 것으로 생각했습니다. 인공지능을 배우는 것은 처음이었기에 쉽게 배울 수 있는 책을 찾아 읽었습니다. GA, NN, 엑스퍼트 시스템을 다양한 예시로 설명하고 있어 구체적인 상황에서 인공지능의 작용을 익힐 수 있고, 집단행동 생성 알고리즘, 홉필드 모델 등 인공지능의 전반적인 분야에 대해 맛볼 수 있는 책이었습니다. 책에서 설명하는 대로 성냥갑으로 GA와 NN의 작용을 직접 해 보고, 각 인공지능의 구조와 알고리즘을 노트에 정리하며 읽었습니다. 그 자체로는 의미 없어 보이는 알고리즘이 인간과 비슷하게 학습과 판단을 할 수 있는 것이 신기했습니다. 이때까지 인공지능에 대해 막연히 위험하고 어려울 것으로 생각했지만, 이 책을 통해 인공지능은 '재미있고 쉽게 배울 수 있는', 인간다운 제어로서 인간의 필요에 다가갈 수 있는 것으로 인식을 바꾸었습니다.

논리는 나의 힘 | 최훈 저

프로그래밍에서 조건식을 통해 프로그램이 어떤 논리로 명령을 실행하는지 궁금했고, 이에 직접 논리라는 학문을 접하고자 이 책을 찾아 읽었습니다. 한 장이 끝날 때마다 예제를 제공해 바로 배운 것을 적용할 수 있고, 사회 이슈에 대한 논증 분석을 하며 흥미롭게 읽을 수 있어 '논리학 입문서'라고 불러도 손색없는 책이라고 생각합니다. 이 책에서 배운 기술로 여러 문장의 논증 분석을 직접 하며 언어를 형식적으로 이해하는 기회가 되었습니다. 제게 이 책이 특별한 이유는 내용보다 형식을 탐구한다는 점에서 논리를 통해 인공지능을 발전시킬 수 있지 않을까 하는 생각을 주었기 때문입니다. 인간의 '사고'를 모방하는 엑스퍼트 시스템이 여러 조건을 이용해 '그럴듯한' 판단을 내린다는 점에서 귀납 논증을 활용할 수 있다고 생각했습니다. 논리학을 처음 접했지만, 구조를 파악하는 것을 즐기는 저에게 큰 즐거움을 주었습니다. 대학에서 논리학 공부를 통해 인간과 인공지능의 사고를 밀접하게 연결하고 싶습니다.

일반고 C학생의 학생부에서 발췌한 내용입니다. 물리 선택 심화 과제로 특수 상대성 이론 관련 서적을 찾아 보고서를 작성하며 최대한 수식을 배제하고 쉽게 설명한 글쓰기가 인상적입니다. 수학으로 물리 법칙을 표현해 보기 위해 책을 찾아보았다는 세특의 내용은 자기소개서 책들과 잘 연계됩니다. 두 권의 물리학 관련 책들은 서로 다른 수준과 영역을 다루고 있는데, 이 학생의 발전 가능성을 느끼게 합니다. 소설 '난장이가 쏘아올린 작은 공'과 로봇 의족에 대한 내용도 이질적이기보다는 자기주도적으로 평가됩니다.

• 물리에 대한 관심과 노력이 남다르며 문제 상황을 파악하고 해결의 실마리를 찾는 직관력이 있어 물리적 현상을 이해하고 설명하는 데 탁월하며 문제 상황을 정확하게 해석하여 문제의 핵심을 잘 파악함. 새로운 내용을 대할 때 물리 개념의 정의나 단위의 의미 등 기초적인 부분에도 민감하며 지식을 그대로 받아들이기보다 의미를 이해하여 스스로 법칙이나 이론에 다가가고자 노력하는 모습을 보임. 선택 심화 과제로 특수 상대성 이론을 정하고 관련 서적을 찾아 보고서를 작성하여 제출하고 시간 팽창과 길이 수축을 설명하는 데 정량적 자료를 바탕으로 최대한 수식을 배제하고 쉽게 설명한 것이 인상적임.
• 과제탐구보고서쓰기에 참여하여 로봇의 구동장치와 골격근의 구조를 비교해 보고 구동장치에 적용되는 물리적인 원리에 대해 알아봄. 보행 운동에 중점을 두어 인간이나 동물의 2족, 4족, 6족 보행운동 과정

과 2족 보행에서는 2족 보행 로봇을 제작하기 힘든 이유와 2족 보행에서 핵심적인 물리적 요인인 ZMP에 대해, 4족 보행에서는 말의 4가지 보행 동작과 그것이 적용된 로봇의 종류들에 대해, 6족 보행에서는 곤충의 보행 동작에 대해 조사하고, 로봇 뱀이나 로봇 박쥐, 로봇 물고기 등의 창의적인 생체모방로봇들 속에서 찾을 수 있는 동물의 동작에 대해 알아봄.

• 수학으로 물리 법칙을 표현해 보는 것에 관심이 많아 수업시간에 배운 개념 외에도 책을 찾아보는 등 수학을 이용하여 물리 법칙을 스스로 증명해 보는 활동을 함.

• 사물에 대한 관찰력과 물리 현상을 해석하고 문제를 해결하는 능력이 탁월함. 물리에 대한 지적 호기심을 바탕으로 여러 실험 활동을 진행함. 다이오드를 이용하여 정류회로를 구성하고 오실로스코프를 활용하여 정류된 전류를 확인하고 기주공명장치를 이용한 진동수 측정 실험에 열정을 보임.

• 수학적 언어로 물리 현상을 기술하는 방식에 대해 스스로 공부하고, 진동운동이나 전향력 등의 주제를 깊이 있게 탐구하여 수식으로 표현하여 친구들에게 설명함.

물리학 클래식 | 이종필 저

제 인생의 첫 번째 물리학 책이자 제가 물리에 심취하게 되는 계기가 된 책입니다. 과학 분야에 대한 지식이 거의 없던 1학년 초에 물리는 어떤 것을 다루는 학문인지 호기심이 생겨 읽어보게 되었습니다. 20세기의 현대 물리학을 주로 다루는 책이라 이해하기 버거운 내용들도 있었지만 흥미롭고 신기한 내용들이 많았습니다. 특히 특수 상대론에 푹 빠졌었는데, 상대 운동에 따라 시공간이 팽창하고 수축한다는 사실은 꽤나 충격적이었습니다. 물리I 시간에 교과 개념을 하나씩 맡아 발표하는 과제가 있었는데, 이 책을 읽은 것이 생각나 시간팽창과 길이수축에 대해 발표했습니다. 제 발표를 듣고 친구들도 상대성 이론이 신비롭다며 관심을 보였습니다. 또한 책에서는 GPS 위성의 시간 보정과 같은 예시를 통해 상대론을 비롯한 물리 이론이 단순한 공상이 아니라 현실을 설명해 주는 이론이라는 것을 보여줍니다. 저는 이 책을 통해 신비하면서도 현실과 맞닿아 있는 물리에 큰 매력을 느끼고 물리에 빠져들기 시작했습니다.

물리의 정석-고전 역학 편 | 레너드 서스킨드, 조지 라보프스키 저

제가 물리를 더 일반적이고 수학적인 관점에서 바라볼 수 있게 해준 책입니다. 물리I에서 뉴턴 법칙과 일-에너지 정리를 배우면서 고전 역학에 관심을 가지게 되었습니다. 그런데 교과서의 설명은 가속도가 일정한 상황에 국한되어 있어서 더 많은 상황에 적용되는 일반적 원리를 꿰뚫어 보기에는 부족했습니다. 저는 수학을 통한 명료하고 일반적인 설명을 원했는데, 이 책에서 그것을 얻을 수 있었습니다. 제가 가장 큰 흥미를 느낀 부분은 퍼텐셜인데, $F=-\text{grad } U$ 라는 퍼텐셜에 관한 일반적인 식, 그리고 '힘은 여러분을 언덕 아래로 밀어버린다'라는 보존력의 작용 양상에 대한 비유는 퍼텐셜이 단순히 mgh가 아니라 더 일반적인 자연법칙임을 깨닫게 해주었습니다. 이 책을 읽고 퍼텐셜에 심취한 저는 $F=-\text{grad } U$ 라는 표현을 이해하기 위해 인터넷과 대학수학책을 찾아보며 다변수 미적분을 공부했고, 그래디언트와 선적분을 통해 퍼텐셜 에너지와 보존력

간의 관계를 이해할 수 있게 되었습니다.

난장이가 쏘아올린 작은 공 | 조세희 저

이 작품을 읽고 인간을 생각하는 사람이 되어야 함을 깨달았습니다. 자본가 계층의 타락과 그로 인해 고통받는 최하층 노동자들의 모습을 통해 산업사회의 어두운 면을 느낄 수 있었습니다. 제가 그 속에서 고통받는 노동자가 된다면 삶을 견딜 수 없었을 것이란 생각을 했습니다. 이야기 속에서 은강 그룹의 회장 동생을 살해한 영수가 법정에서 "그분은, 인간을 생각하지 않았습니다"라고 말하는 장면에서 인간을 존중하지 않는 것이 참담한 결과를 불러올 수 있다는 것을 깨달았습니다. 또한 경제적 합리성보다 인간 고유의 도덕성을 지켜내는 것이 중요함을 인식하고, 기계와 차별화되는 인간의 존엄성에 대해 생각해 보았습니다. 4차 산업혁명시대에 공학자가 되어 인간존중의 가치를 실현하기 위해 제가 무엇을 할 수 있는가에 대해 고민하며, AI와 로봇에 관한 책을 더 읽어 보았습니다. 그러던 중 로봇 의족에 관한 글을 보고 신체가 불편한 분들께 도움이 되는 로봇을 개발하고 싶다는 꿈을 키우게 되었습니다.

서울대 농과대학 농경제사회학부 수시 합격생의 학생부와 독서활동 예시

일반고 A학생의 학생부에서 발췌한 내용입니다. 중국농업 관련 글쓰기의 내용으로 농업 용수와 농산물 소비구조, 식량 주권까지 좋은 키워드들을 담았습니다. 서울대 입시에서는 소논문을 언급하지 못하게 변경되었는데, 이런 한계를 극복하고자 학생부에 다양한 키워드들을 진로와 연계해 잘 담았습니다. '부국의 조건'에서는 제도에 주목해 인적 자원과 능력주의, 인센티브와 넛지, 카르텔과 특허제도 등 책의 주요 쟁점을 잘 담았습니다. '북학의'와 박제가에 대한 글쓰기에서 농산물 유통 시스템을 잘 연결했습니다.

• 말이 만드는 마음의 상처를 이해하고, 달리기 기록을 재는 중요한 상황에서 몸이 아픈 친구와 서로를 격려하며 달린 경험을 글로 작성하여 우수작품으로 선정됨.

• 논리적인 사고력과 사회현상에 대한 이해, 끊임없이 노력하는 열정적인 학업태도가 돋보이는 학생으로 함수의 극한, 미적분 등 전 영역에 걸쳐 개념별로 본질을 파악하여 전체적인 맥을 연결할 수 있는 능력이 있음.

• 생산함수와 이의 경제학적 접근이라는 주제로 탐구보고서를 작성함. 특히, 인구증가와 생활수준의 향상이 앞으로도 양립할 수 있는가에 대해 회의론적 입장을 반박하였는데, 생산에 투입되는 여러 요소들과 산출량의 관계를 함수로 표현하며, 추론하고, 검증하는 수학적 사고력을 보임.

• 경제 분야에서 확률밀도함수를 이용하여 향후 발생할 수 있는 금융 자산의 손실 위험을 예측해 보는 접근법과 그 예측의 한계에 대해 공부하고 보고서를 작성해 봄. 이를 통하여 주어진 데이터를 활용해 분명한

한계는 있지만 주어지지 않은 과거의 기록이나 미래를 예측해 보는 것에 더욱 관심이 생겨 주가 그래프의 변곡점들이 피보나치 수열을 따르는 경향을 통해 주식을 매수해야 하는 타이밍을 예측해 보기도 하는 등 남다른 적극성과 학문적 호기심을 지님.

• '중국의 농업에 대한 소논문'을 작성하였고, 그 논문에서 중국농업이 직면한 문제점을 분석하고, 농업용수의 부족 및 농산물 소비구조의 변화에 대해 언급하였고, 특히 중국의 우량종자보조 정책을 우리 한국의 식량 주권 문제에 연결시켜 분석하면서 생명과학 분야에까지 언급함.

• '사교육과 공교육의 공존 방안 모색'을 주제로 교육현장 탐구하고, SDGs 지속 가능한 발전 목표 페스티벌 활동을 바탕으로 시민, 교사, 학생의 의견을 수렴해 국회의원 및 교육감에게 교육 정책을 제안함. 특히 발표 중 빈부 격차와 교육을 받을 권리의 관계를 언급하며 공교육의 영향력 확대를 제안함.

부국의 조건: 국가의 운명과 국민의 행복을 결정하는 제도의 힘 |
KBS 부국의 조건 제작팀 저

자원부국 베네수엘라의 하이퍼인플레이션을 보면서 몰락의 원인이 무엇인지 고민했고, 이 책은 제도가 부와 빈곤을 결정한다는 가르침을 주었습니다. 부국의 조건을 관통하는 메시지는 포용적 분배입니다. 책은 기득권의 권력 독점 차단을 통한 경제적 계층 이동 활성화 및 청렴한 정부가 포용적 사회 시스템을 구축한다고 말합니다. 이는 제가 생각하는 한국의 정치, 경제 제도가 나아가야 할 방향과 일치했습니다. 국가를 움직이는 것은 인적 자원입니다. 우수한 인재 양성을 위해 필요한 가치는 능력주의라고 생각합니다. 개인이 속한 환경이 능력에 우선되는 목적전치를 막기 위해 실력 양성에 대한 인센티브가 제공되어야 한다고 생각합니다. 독일의 카르텔청이 경쟁제한유지법을 통해 대기업의 독점을 방지하였듯이 기회의 평등을 제공하는 투명한 제도를 구축해야 합니다. 성과에 대한 합당한 보상뿐 아니라 미국의 특허 제도 확립과 같은 경제적 동기부여가 보장되어야 건강한 경쟁 속에서 계층 이동 역시 활성화된다고 생각합니다.

심플러 | 캐스 선스타인 저

현실에 개입하는 넛지 정책을 알기 위해 이 책을 읽었습니다. 미국 농무부가 영양소 홍보 방식을 피라미드에서 접시 모양으로 단순화하여 아동 비만율을 낮췄듯이, 저는 정보 제공의 명료화에 관심을 가져 넛지가 적용되어야 할 정보 전달 체계를 찾아보았고, 모호한 원산지 표시제가 눈에 띄었습니다. 저는 한 제품의 원산지가 복수의 국가들로 표기되어 소비자의 혼란을 유발한다는 단점을 포착했습니다. 원산지를 상세히 표시하면서도 소비자의 이목을 끄는 방식을 고민하던 저는 색을 이용한 시각 넛지를 떠올렸습니다. 복수의 원산지들을 비율로 표시하여 자세한 정보를 제공하면서도 원산지를 색으로 단순화시키는 방안을 고안했습니다. 예컨대 식약청이 국산은 흰색, 중국산은 검은색, 미국산은 노란색 등으로 원산지 표시를 제도화한다면 소비자들의 직관적이고 합리적인 소비에 도움이 된다고 생각했습니다. 향후 인센티브와 넛지를 적절히 조화시켜 간결하면서 효과적인 정책을 펴겠다는 포부를 가지게 되었습니다.

북학의─시대를 아파한 조선 선비의 청국 기행 | 박제가 저

북학의는 제게 경제정책연구원의 꿈을 심어주었습니다. 박제가는 중농사상을 펼쳐 과거시험에 몰두하는 유생을 줄이고 수레를 보급할 것을 역설했습니다. 즉 인적 자원과 운송의 개혁을 통한 농업 활성화를 주장한 것입니다. 저는 이 주장이 우리 농업에도 적용된다고 생각합니다. 청년들이 좁은 취업문을 두고 경쟁하는 인력 낭비는 그가 비판한 농업 불호 현상과 통합니다. 더불어, 그가 수레의 보급을 제안한 이유는 말을 이용한 유통비용이 과도했기 때문입니다. 이는 기존 농산물 유통 시스템과 유사하며, 저는 유통 과점 현상을 극복할 방법을 육류 거래 플랫폼 기업 미트박스에서 찾았습니다. 미트박스는 생산자와 자영업자를 연결하여 유통의 비효율성을 해결했으며, 이 성공은 호가 경쟁 시스템에서 비롯됐다고 생각합니다. 유통 시세와 농산물 등락률을 공개한다면 생산자와 유통자의 품질 향상 노력을 유도할 수 있다고 생각합니다. 이와 같은 농업 활성화를 이끄는 경제 정책을 제시해 국토 균형 발전에 기여하고 싶습니다.

일반고 B학생의 학생부에서 발췌한 내용입니다. 국어 전문 잡지 모둠 활동이 다양한 글쓰기와 잘 연결되도록 좋은 토대를 만들어 주었습니다. 역사 수행평가와 지역 과제 연구, 시 비평문과 칼럼, 보고서와 다양한 장르의 글쓰기 등 여러 활동들이 지원자의 지적 수준을 잘 드러내 줍니다. 미디어의 역사 왜곡과 '정사 삼국지' 독서를 SF 창작과 연계시킨 자기소개서 독서활동은 지원자에 대한 호감을 불러일으킵니다.

• 국어 전문 잡지를 제작하는 모둠활동에 참여해, 구성 및 편집 회의를 이끌면서 지적 수준이 높은 두 편의 원고를 완성해 냄. '겨레말 큰사전 완성 기념식'을 보도 기사로, '훈민정음 반대 상소문에 대한 비판'을 칼럼으로 작성함.

• 수업 중 다룬 'Saving Bananas for Us All'을 읽고 종의 다양성을 무시한 플렌테이션 산업의 부작용을 깨닫고 이에 대한 대안을 탐색하던 중 '아일랜드 기근' 사건을 스스로 조사해 보며 탐구해 보는 자기 주도적 학습의 면모를 보임.

• 역사적 글쓰기 수행 과제에서 당나라의 소금 전매제에 대한 탐구를 진행하여 실시된 배경과 운영 방식, 그 영향을 면밀히 조사하였고 단순히 조사만 하면 나오는 내용을 정리하는 것을 넘어서서 제도의 실시 목적과 문제점에 대한 주체적인 평가를 하는 냉철한 판단력을 지닌 학생임.

• 지역적 특수성에 관심이 많아 '지역 고등학생의 노동자 권리에 대한 인식'을 주제로 과제 연구를 수행함. 공업 도시라는 지역의 특수성을 흥미롭게 인식하고 선행 연구의 경향이 노동 교육에만 초점이 맞춰진 점을 파악하였으며, 교육 외의 독립 변인에 대한 탐구를 실행함. 보호자의 직업, 아르바이트 경험, 쟁의 행위 목격 여부에 따른 노동 지식과 노동자의 권리 보장에 대한 인식 차이를 질문지법을 통해 조사함. 파업, 집회, 시위 등을 직접적으로 목격한 학생들이 노동자의 권리 보장에 덜 우호적인 것이란 가설이 부정적으로 나타난 것에 그 원인이 촛불시위 등 평화적인 시위 문화의 정착 때문인 것으로 해석한 것이 인상 깊음.

• 시 '새해의 노래'와 '새해 새 아침은'을 비교하여 통찰력 있는 시 비평문을 작성하였고, 본교 도서관 최다 대출도서를 통해 본 독서경향에 일

침을 놓는 칼럼을 작성하였으며, 일용직 노동자인 김동식 작가의 칼럼을 찾아 읽고 '계층화되는 현실', '최근문단의 도태적 경향', '온라인 아마추어 작가들의 오프라인 등장과 그 한계'라는 방대하고 다양한 층위의 주제의식들을 적확한 어휘와 풍부한 배경지식으로 풀어낸 훌륭한 소감문을 작성함.

• 수업시간에 배운 향가 '안민가'를 심화 조사하여 보고서를 제출함. 충담사와 경덕왕이 등장하는 설화와 '안민가'가 지어진 정치적, 역사적 배경을 깊이 있게 연구하여 '안민가'가 창작된 배경을 설득력 있게 분석한 보고서를 제출함. 사고력이나 분석력이 뛰어나서 사회학 연구 분야에 매우 적합한 능력을 보임.

• 글쓰는 것을 좋아하는 학생으로 자유 작문 과제에 판타지, 로맨스, 패러디 등 다양한 장르로 글을 씀. 특히, 'Y에 대한 그의 소고'라는 3인칭 관찰자 시점으로 쓴 SF소설이 참 인상 깊었음. 글마다 시점을 다양하게 시도하며 문예적 소양을 함양하면서 자신의 생각을 글마다 명확하게 논증하려고 한 노력이 사회과학도로서의 면모를 보임.

• 도시재개발 단원 수업에서 우리나라 도시재개발의 사례탐구에 깊은 관심을 보임. '지붕 없는 미술관'이라 불리는 마을의 역사 탐구를 통해 외형적 경관의 형성원인을 역사적 차원에서 이해하려는 아이디어를 갖게 됨. 또한 마을 주민들의 생활모습을 사진과 보고서에 담아 이를 수업시간에 발표하여 학생들에게 도시재개발로 인한 주민생활의 어려움을 체험하게 하고 지역특성이해에 흥미를 가지도록 동기를 부여하였음.

누구나 한 번쯤 읽어야 할 목민심서 | 미리내공방 저

생활과 윤리의 '공직윤리' 단원에서는 현대 관료 시스템에 적용되는 서양의 윤리만 중점적으로 배웠기에, 동양 윤리를 더 알고자 이 책을 읽었습니다. 사형수의 대를 끊지 않기 위해 독방에 아내를 들여보낸 후한의 모범적 행정 처리의 사례는 현대사회의 관념과 맞지 않았습니다. 그러나 그 사례를 통해 정약용이 말하고 있는 국민에 대한 봉사정신은 지금까지도 유효하다는 생각이 들었습니다. 이에 정책은 공익을 지향하며 끊임없이 혁신된다는 결론에 도달했습니다. 또한 유학은 시대에 뒤처진 철학이라고 치부했지만 현재에도 유학이 실제적 대안을 제시할 수 있도록 방향성을 잡아주는 가치가 있음을 새롭게 인식했습니다. 더불어 3학년 때 경세유표까지 조사하며 정약용이 과학적 지식으로 거중기를 만들고, 공직윤리로 목민심서를 쓰고, 경세유표로 경제정책을 수립함을 알았습니다. 1학년 때 나눔과학 특강을 듣고서 간학문적 학습에 매료됐던 저는 융합적 인재인 정약용을 존경하게 됐고 저도 그처럼 성장하겠다고 다짐했습니다.

돈으로 살 수 없는 것들 | 마이클 샌델 저

저는 선진국이 개발도상국을 경제적으로 착취한다는 종속이론은 인식하고 있었습니다. 그러나 이 책을 읽으며 선진국에서도 자본주의의 풍요가 비물질적인 가치를 모두 물질적 가치로 대체하는 비도덕적인 사건들로 진행되는 부정적 일면을 알게 되었습니다. 돈의 흐름을 파악하기에만 흥미를 가졌던 저는 이 독서로 또 다른 자본주의의 문제를 직시하게 되었고, 그 충격은 자본주의에 대한 균형적 시각을 유지하는 노력을 하기 위한 계기가 되었습니다. 이러한 의식은 실용경제의 교과서로 활용된 '유시민의 경제학 카페'를 읽으며 말의 의미를 곱씹어 볼 때 활용되었습니다. 작가의 생각에 비판적 사고를 발휘하며 그때까지 당연하게 넘어간 문장에 대해 반론을 던지는 노력을 계속하며 현대 인간의 삶을 구성하고 있는 경제에 끝없이 다가가고자 노력했습니다. 그러므로 인간의 삶에 가장 필수적인 농업과 경제를 결합한 학문을 배운다면, 경제의 윤리성을 말하는 이 책이 장래 학문의 길잡이가 되어줄 수 있을 것이라 생각합니다.

정사 삼국지 오서 | 진수 저

삼국지연의와 완전히 다른 오나라의 역사에 대해서 성토하는 인터넷 글을 본 뒤, 미디어의 역사 왜곡에 민감한 저는 정사 삼국지를 읽게 됐습니다. 연의에서 제갈량을 질투하는 주유와 판이한 정사 속 주유의 행적에 안타까운 마음이 들었습니다. 이에 화법과 작문에서 자유 작문 과제의 테마로 이 책을 선택하였습니다. 정사를 기반으로 소설 '추야우중'을 쓰고 오나라 인물들의 관계성을 살려 'Y에 대한 그의 소고'라는 삼국지 기반 SF소설을 창작했습니다. 더불어 동아시아사에서 주유와 손책이 중국 신작물 전래를 설명하는 소설을 썼습니다. 3세기에서 16세기, 37세기로 배경을 옮기며 시대 상황에 맞게 낡은 서사를 새로운 서사로 탈바꿈시켜 보았습니다. 같은 관계를 다양한 배경에 넣어 보면서, 인간은 역사에서 시대를 초월한 삶의 진리를 발견할 수 있음을 깨달았습니다. 동시에 저는 사회가 개인의 행동에 미치는 영향이 어느 정도일지 가늠하며 시대와 공간의 맥락을 고려해 개인을 평가하게 되었습니다.

서울대 생활과학대학 아동가족학전공 수시 합격생의 학생부와 독서활동 예시

일반고 A학생의 학생부에서 발췌한 내용입니다. 영어신문제작과 지역 청소년들의 소비실태 탐구 등 주체적인 활동이 인상적입니다. 문화구 탐방과 지역경제 활성화처럼 특색 있는 키워드들을 학생부에 잘 담아냈습니다. '제3의 길'과 관련된 논문을 참고하는 과정과 진로학술동아리 탐구를 통해 사회복지학에서 아동가족학으로의 진로를 변경하게 되었다는 점도 설득력을 갖게 해줍니다.

- 영어신문제작에 참여하여 '복지제도 실효성 제고'를 주제로 영어 기사를 작성함. 《대한민국 최저로 살아가기》, 《우리도 행복할 수 있을까》를 참고하여 기초생활수급자들의 현실을 알리고 공공사회복지 지출도를 높일 수 있는 방안을 제시함.
- 청소년기에는 부모로부터 독립지향성과 가치관의 혼란으로 인한 과시, 모방, 충동소비와 같은 과소비 경향이 있음을 학습하고 '서귀포 청소년들의 소비실태'를 탐구함. 약 320명을 대상으로 종이 및 온라인 설문을 진행한 결과 청소년들이 자극적인 광고나 상술에 현혹되어 충동적인 소비행태를 보이면서 과소비와 모방소비의 비중이 높음을 확인함. 청소년의 건전하고 합리적인 소비생활 습관 유도를 위해 체계적인 교육 및 관련 제도의 필요성을 인식하였고 해결방안을 모색하면서 유사 연구와

논문을 참고하여 객관성 및 시사성 제고를 위해 노력함.

•자연과 함께하는 진로탐색에서 '서홍 8경 생태체험' 코스를 선택하여 하논 분화구를 탐방함. 하논의 심각한 훼손을 눈으로 확인하며 '하논의 가치와 보전 및 복원 방안 탐색'을 주제로 탐구를 진행함. 하논의 사회역사경제적 가치에 대한 주민들의 공감대 형성 및 특별법 제정을 통한 국책사업 추진 등을 골자로 하여 하논 복원을 통한 지역경제 활성화 방안에 대한 보고서를 작성함.

•'Oliver Twist Charles Dickens'를 읽고 소설 속에 나타난 영국 산업화의 폐단과 아동 인권 유린 문제의 심각성을 비판하는 영어 기사를 작성함. 등장인물과의 인터뷰 형식을 빌려 작품에 드러나는 당시의 시대상과 돈벌이 수단으로 전락해버린 아동의 가치에 대한 안타까움을 문학적 상상력을 발휘하여 잘 녹여냄.

•'사회복지에서의 갈등'에 관한 지문을 읽고 《사회주의의 경직성과 자본주의의 불평등이 조화를 이루며 서로 보완하는 방안》을 주제로 탐구 보고서를 작성함. '제3의 길' 및 관련 논문을 참고하여 자유론자와 평등론자의 입장을 비교함. 시장의 자유는 유지하되 개인이 소외되지 않도록 하는 제도운영의 필요성을 강조하고 비영리단체가 사회복지서비스를 제공할 수 있는 환경의 구축을 촉구함.

•아동 정서발달을 위한 프로그램을 알아보고 관련 연구를 진행하고자 진로학술동아리를 조직하여 지역 돌봄교실에 관한 탐구를 진행함.

정서적 흙수저와 정서적 금수저 | 최성애, 조벽 저
어떤 가치를 중심으로 정책을 만들어갈지 고민하고, 아동 정책에 대한 저의 생각을 확립하게 해준 책입니다. 특히 아동기의 애착 형성이 전 생애에 걸친 정서에 영향을 미치며, 정서 발달에 문제가 생길 경우에는 사회문제로 이어져 막대한 피해가 발생할 수 있다는 내용이 인상 깊었습니다. 이는 정책기획가가 되면 물질적 지원을 중심으로 정책을 기획하고자 했던 저의 가치관을 다시 생각하는 계기가 되었습니다. 책을 읽고 난 후, 정책은 단순히 눈앞에 놓인 일을 해결하기 위해서가 아닌, 인간의 건강한 삶과 지속 가능한 공동체를 만들어가는 방향으로 설계되어야 한다고 생각하게 되었습니다. 또한, 아동기 정서적 발달의 중요성을 인식하게 되어, 아동의 보육료뿐만이 아니라 정서적 발달도 지원할 수 있는 정책을 설계하겠다는 목표가 생겼습니다. 이러한 목표는 제가 돌봄교실 프로그램에 관한 탐구를 진행하고, '무엇이 행복을 좌우하는가?'를 읽으며 대한민국의 건강한 발전에 대해 생각하는 원동력이 되었습니다.

복지국가의 철학 | 신정완 저

책을 읽으며 생긴 의문을 독서로 해소한 경험은, 독서가 단순히 지식의 습득을 위한 '도구'가 아니라, 또 다른 탐구를 유도하며 끊임없는 지식과 사고의 확장을 돕는 '동력'임을 깨닫게 해주었습니다. '우리도 행복할 수 있을까'를 통해 우리나라의 조세저항 정도가 높다는 것을 알게 되었습니다. 교수님께 조세저항이 센 이유를 여쭈어보았고, 복지역사가 짧아 복지제도의 수혜를 경험한 사람이 적어서 저항이 세다는 것을 알게 되었습니다. 이후 조세저항을 낮추는 방법을 알아보던 중, 한 선배가 저에게 이 책을 권해 주었습니다. 책을 통해 보편적 복지 중심의 정책을 운용하면 재원 부담자가 혜택을 받아, 조세저항이 낮아진다는 것을 알게 되었습니다. 이는 그동안 선별주의 중심의 제도를 운용하여, 소득 격차를 줄여야 한다고 생각하였던 제가 보편주의 정책을 통해 갈등을 줄이고, 계층 간 연대의식을 중심으로 정책을 설계해야 한다는 생각을 갖게 되는 계기가 되었습니다.

5.
국영수사과 과목별 수행평가,
학생부 세특 글쓰기

학생부는 수시 입시에서 당락을 좌우할 만큼 매주 중요한데, 앞에서 우리는 서울대 합격생들의 학생부를 살펴보았습니다. 그렇다면 학생부는 무엇일까요?

학생부는 교사가 학생 성장과 학습 과정에 대해 종합적으로 기록하는 장부입니다. 학생부는 준영구 보존되는 굉장히 중요한 장부입니다.

학생부의 기재 항목에는 무엇이 있나요? ① 인적·학적사항, ② 출결상황, ③ 수상경력, ④ 자격증 및 인증 취득상황, ⑤ 창의적 체험활동상황, ⑥ 교과학습발달상황, ⑦ 독서활동상황, ⑧ 행동특성 및 종합의견 등 총 8가지 항목으로 구성됩니다.

학생부는 학교 교육활동 내실화 및 신뢰 회복을 위해 때에 따라 기재 내용이 달라집니다. 해마다 달라지는 학생부 기재요령을 참고하여 주요 변경사항에 따라 입력해야 합니다.

2022학년도 학생부에서 달라진 점과 주요사항에 대해 살펴보겠습니다.

2022학년도 학생부 기재 항목

1. 출결상황

1) 장기결석_{질병, 미인정} 일수 기준 : 연속 7일

　① 미인정결석 사유 : 학교생활부적응

　② 질병결석 사유: 개인정보 보호를 위해 난치병, 정신과, 신경계, 심혈관, 산부인과, 비뇨기과 진료는 학업성적관리위원회의 심의를 완료하여 기록하지 아니하고, 그 외의 개인정보를 보호할 필요가 있다고 판단되는 질병명은 성적위 심의를 통해 학교장이 정함.

2. 수상경력

1) 수상명 입력시 연간 시상 계획의 수상명과 일치하게 입력하되 수상명에 고등학교를 알 수 있는 내용은 입력하지 않음.* 고교 블라인드 처리

2) 교내대회 수상은 허용하지만, 교외대회 수상경력은 입력할 수 없음.

　　*대입전형자료 제공 범위 : 1학년, 2학년(제공하지 않음), 3학년(한 학기에 한 개씩만 제공)

3. 자격증 및 인증취득상황

자격증 취득 입력 시 자격증 취득 내역서를 바탕으로 학교생활기록부에 입력할 수 있는 기술자격증 항목만 입력 가능함.

4. 창의적 체험활동

1) 자율활동 개별적 특성, 개인적인 특기사항이 드러나도록 화요일 7교시 HR 시간에 실시하는 활동 내용으로 작성

2) 동아리활동 2024학년도 대입_{졸업생 포함}부터 상급학교 진학 시 자율

동아리 실적, 학교교육계획에 의한 정규교육과정 이외의 청소년 단

체활동은 제공하지 않음._{현재 1, 2학년}

3) 봉사활동

　① 2024학년도 대입_{졸업생 포함}부터 상급학교 진학 시 '학교' 봉사활

　　동 실적은 제공하나 '개인' 봉사활동 실적은 제공하지 않음._{현재 2}

　　_{학년부터 적용}

　② 헌혈 : 연 3회까지만 인정됨.

　③ 봉사활동 실적으로 인정이 되는지 안 되는지 여부를 확인해서

　　봉사활동을 실시해야 함.

4) 진로활동 진로희망분야는 학생의 진로희망을 입력하며 특기사항에

　는 진로부에서 실시하는 진로와 관련된 활동을 바탕으로 학생의 활

　동 내용을 기재

5. 교과학습발달상황 과목별 세부능력 및 특기사항

모든 교과의 과목별 세부능력 및 특기사항은 모든 학생 대상으로 해당

교과선생님이 학생참여형 수업 및 수업과 연계된 수행평가 등에서 관찰

한 내용을 입력함.

6. 독서활동상황

1) ISBN_{국제표준도서번호}에 등재된 도서에 한해 가능함.

※정기간행물, 만화책, 초등도서, 유아도서는 기재할 수 없음.

2) 2024학년도 대입_{졸업생 포함}부터 상급학교 진학 시 독서활동상황은

　제공하지 않음.

7. 행동특성 및 종합의견

1) 행동특성 및 종합의견은 수시로 관찰하여 누가기록된 행동특성을 바탕으로 담임교사가 기재

2) 종합의견에는 다른 항목자율, 진로, 동아리, 과세특과 관련된 내용을 입력할 수 있음.

3) 대입전형에 교사추천서, 자기소개서 등이 반영되지 않기 때문에 학생의 개별적 특성 및 학교생활 전반적인 내용을 알수 있는 행동특성 및 종합의견의 항목의 중요성이 강조됨.

교육부의 학생부 기재요령에 따르면 학생부의 서술형항목은 교사가 직접 관찰·평가한 내용을 근거로 입력하며, 학교교육계획에 따라 실시한 교육활동 중 교사지도하에 학생이 직접 작성한 자료만 활용할 수 있습니다. '학교교육계획에 따라 실시한 교육활동 중 교사 지도하에 학생이 직접 작성한 자료'로 학생부에 기재할 때 활용 가능한 자료는 아래 사례로 한정합니다.

① 동료평가서
② 자기평가서
③ 수업산출물수행평가 결과물 포함
④ 소감문
⑤ 독후감

제15조 교과학습발달상황

⑥ 중·고등학교의 '세부능력 및 특기사항'란에는…

2. 전문 교과Ⅱ의 실무과목 : 능력단위 기반의 과목별 학습활동 참여도 및 태도 등

⑦ 제6항에 따른 중학교의 '세부능력 및 특기사항'란에는 특기할 만한 사항이 있는 과목 및 학생에 대하여 입력하고, 고등학교는 모든 학생에 대해 입력하되 세부사항은 교육부 장관이 별도로 정한다.

⑯ 학점제를 적용받는 고등학교는 제4항, 제8항, 제10항, 제15항의 '이수단위' 또는 '단위수'를 '학점수'로 본다.

과목별 세부능력 및 특기사항의 경우 수업량 유연화에 따른 학교 자율적 교육활동 내용 입력 방식에 따릅니다.

1) … '수업량 유연화에 따른 학교 자율적 교육활동' 관련 내용을 해당 과목의 '세부능력 및 특기사항' 또는 '개인별 세부능력 및 특기사항'에 입력할 수 있다.

   ※입력 여부는 교육적 유의미성 등을 고려하여 학교에서 판단하고, 관련 과목의 '세부능력 및 특기사항' 및 '개인별 세부능력 및 특기사항' 등에 중복 기재가 되지 않도록 유의한다.

   가) 학교 자율적 교육활동이 교과와 연계되는 경우에는 해당과목의 '세부능력 및 특기사항'에 입력할 수 있다.

   나) 학교 자율적 교육활동이 특정 과목의 세부능력 및 특기사항으로 한정하기 어려운 경우 등에는 '개인별 세부능력 및 특기사

항'에 입력할 수 있다.

교과학습발달상황의 '세부능력 및 특기사항'에는 입력 불가 항목이 많습니다.

'학교생활기록부 작성 시 유의사항_{p.19~20}'에서 기재 금지한 사항 일체
- K-MOOC, MOOC, KOCW
- 자율탐구활동으로 작성한 연구보고서_{소논문} 관련사항 일체는 기재할 수 없으며, 탐구 보고서 등으로 편법적 기재 금지

  ※대회와 관련하여, 대회의 명칭을 단순 행사로 변경하여 입력하는 행위 불가('세부능력 및 특기사항'을 포함하여 '수상경력' 이외 학교생활기록부 어떠한 항목에도 변경 입력 불가

또 '행동특성 및 종합의견'에는 다음과 같은 것들을 기재할 수 없습니다.

가. 각종 공인어학시험 참여 사실과 그 성적 및 수상실적
나. 교과·비교과 관련 교외대회 참여 사실과 그 성적 및 수상실적*

  *학교장의 참가 허락을 받아 참여한 각종 교외대회에서의 수상실적도 기재 불가함.

다. 교외 기관·단체_장 등에게 수상한 교외상_{표창장, 감사장, 공로상 등도 기재 불가함}

라. 교내·외 인증시험 참여사실이나 그 성적
마. 모의고사·전국연합학력평가 성적_{원점수, 석차, 석차등급, 백분위 등 성적 관련 내용 일체} 및 관련 교내 수상실적

바. 논문을 학회지 등에 투고 또는 등재하거나 학회 등에서 발표한 사실

사. 도서출간 사실

아. 지식재산권특허, 실용신안, 상표, 디자인 출원 또는 등록 사실

자. 어학연수, 봉사활동 등 해외활동실적 및 관련 내용

차. 부모친인척포함의 사회·경제적 지위직종명, 직업명, 직장명, 직위명 등 암시 내용

카. 장학생·장학금 관련 내용

국어 수행평가 학생부 세특 글쓰기

학생부 세부능력특기사항 국어 과목의 예시입니다. 이 학생은 시 창작 수행평가에서 주제 정하기, 자화상 발표에서 거울신경세포 개념을 적용해 좋은 키워드들을 세특 글쓰기에서 잘 활용했습니다. 이 학생의 경우 '신경림의 시인을 찾아서신경림'나 '미술관에 간 의학자박광혁'와 같이 배경지식을 확장시킬 수 있는 다양한 독서가 큰 도움이 되었습니다.

수업 시간에 현대 시 창작 수행평가에서 시의 제목을 '어무이 사랑'으로 정하고 열매와 잎과의 관계를 통해 자식을 향한 어머니의 헌신적인 사랑을 노래함. 특히 다양한 과일 열매 아래 나무 이파리가 항상 깔려 있고 가을 열매가 떨어지기 전 자기 옷을 벗어 깔아둔다는 표현에서

어머니의 사랑을 느낄 수 있었음. 윤동주의 시 '자화상'을 감상하고 '나'의 자화상이란 주제로 글을 작성하여 수업 시간에 발표함. 작품을 자신의 관점에서 자세하게 분석한 후 거울신경세포 개념을 활용해 어린아이가 거울에 비친 자기 모습을 보고 동일시하면서 자아가 형성된다고 언급하며 스스로를 성찰함. '자신의 진로와 관련하여 관심 있는 직업 조사'에 대한 수행평가에서 안과 의사를 조사하고 발표함. 의사가 되기 위해 공부뿐만 아니라 동아리와 같은 창체 활동을 통해 의료 관련 실험을 수행해야 하며 영어 실력을 쌓아야 하고 안질환은 나이를 가리지 않고 발생하므로 다양한 연령대의 환자를 이해하고 공감하기 위해 심리학 공부도 필요하다고 주장함. 관심 직업에 대한 기본 조사를 바탕으로 의학의 다양한 세부 전공 분야에 대한 분석과 구체적인 준비 과정 등을 체계적으로 정리해 독자들이 이해하기 쉽게 글로 풀어가는 능력이 돋보임.

　　예비고1 신입생 국어 과목 입학 전 과제의 예시입니다. 진로 관련 도서는 주요 대학이나 특목고들의 추천도서 목록을 참고해도 좋습니다. 교내 독서 관련 행사 예정도서 5권 중 1권을 택하는 것이 입학 전 과제이지만 나머지 4권도 입학 후에 충분히 활용 가능하므로 미리 준비해 볼 것을 권장합니다.

```
1. 과제(1) 아래의 도서 중 택 2권 독후감
  : 1,500자 작성 타이핑 파일과 출력물로 동시 제출
가. 진로관련 도서 본인 자율 선정 1권
      (1) 현재 수준에서 정해진 폭넓은 본인의 진로이면 되고, 고등학교 수준의 도서여야 함, 진
         로 미정일 경우 관심분야도 가능
      (2) 진로진학 관련 도서자료 참조 : 전남대 홈페이지>입학안내>신입학>진로진학 자료실>모
         집단위 추천도서 참조
나. 23학년도 교내 독서관련 행사 예정도서 5권 중 택 1권
      (1) 동물해방(피터싱어, 연암서가)
      (2) 돈으로 살 수 없는 것들(마이클 샐던, 와이즈베리)
      (3) 오래된 미래(헬레나 노르베리 호지, 중앙북스)
      (4) 페스트(알베르 카뮈, 더 스토리)
      (5) 니체의 차라투스트라는 이렇게 말했다.(진은영, 웅진주니어)
--->  위 '가와 나' 에서 각 1권 총 2권, 1,500자 분량 독후감 타이핑 한글 파일로 제출 준비 (입
     학날 본인 이메일에 파일로 담아오고, A4 출력물 동시 제출)
--->  반영 : 입학 후 독서지원시스템에 기록 후 생기부에 기록반영 예정
```

국어 세특 작성을 위한 설문과 답변의 예시입니다. 세특 작성은 과목
별 선생님들의 고유권한이기도 하지만, 세특을 작성하기 위해 과목별 선
생님들이 각각의 학생들에게 설문 과정을 거치는 경우가 많습니다. 이
학생의 경우에는 문법 단원 중 피동표현를 선택해 주어진 충실히 답하면
서도 국어시간에 배운 내용을 실생활에 적용해 본 예로 의학용어를 선
정하는 등 세특에 담기 좋은 키워드를 잘 선정했습니다. 코로나 펜데믹
상황에서 소설 '페스트_{알베르 카뮈}'를 독서한 점도 바람직합니다.

수업 시간 배운 내용 중 본인에게 의미 있었던/새롭게 알게 된/흥미로
웠던 단원 및 주제 1가지를 골라 물음에 답하시오.

1. 내가 선택한 단원과 학습 주제는?
8-(2)문법 요소의 이해와 활용 - 피동표현

의학 계열 진로와 연관해 정확한 의사소통이 매우 중요하므로 우리말 사용에서 모든 상황에 적용되는 문법 요소를 배우기 때문에 인상 깊은 범위였다.

3. 수업 내용을 간단히 요약 정리하여 서술하시오.

주어가 체험으로 움직이는 것을 능동이라 하고, 주어가 다른 힘에 의하여 움직이는 것을 피동이라 한다. 같은 사건을 표현한 문장이라도 능동문인지 피동문인지에 따라 문장의 의미와 초점이 달라진다.

우리말에서 잘못된 이중피동 표현을 자주 사용한다. 그 까닭은 우리나라의 말하기가 문화, 관습적으로 남에게 자신을 낮추고 공손하게 말하는 것을 높임 표현으로 쓰다 보니 자신의 의견을 단정적으로 내세우기는 꺼리고, 다른 사람 또는 외부적인 표현에 의해서 책임을 외부에 전가하려는 심리적 요인이 작용하기 때문이다.

4. 수업 내용과 관련한 궁금한 점, 의문점은?배운 내용과 관련하여 궁금하거나 좀 더 알아보고 싶었던 내용

실생활에서 어떤 이중피동이 잘못 사용되고 있을까?

5. 해결하기 위해 직접 찾아본 자료와 그 자료를 통해 얻게 된 정보는?찾은 자료는 모두 작성하기

글이나 말에서 이중피동을 쓴 경우는 어렵지 않게 찾아볼 수 있다.

'잘 닦여진 도로', '손바닥에 쓰여진 글씨', '끈으로 묶여진 상자', '과일이 담겨진 접시', '영웅으로 불려진 사나이', '책상 위에 놓여진 책' 등이 있었고, 각각 동사들은 모두 피동사가 가능한 것으로, 각각 '닦인', '쓰인', '묶인', '담긴', '불린', '놓인' 따위로 쓰는 것이 훨씬 자연스럽다.

6. 4를 탐구한 내용과 결론은?

의식적인 노력으로 문법적 오류를 바로잡아 정확하고 효율적인 의사소통을 할 수 있어야 한다.

7. 이 과정을 통해 얻은 교훈/깨달음/느낀 점은?

조사를 해보며 잘못된 표현을 어색하지 않다고 느껴서 평소 스스로의 언어 습관이 잘못되었는지를 반성해 보게 되었고, 윤동주 시인의 시 제목 '쉽게 씌여진 시'가 있듯이 지식인들도 피할 수 없는 큰 문제라는 교훈을 깨닫게 되었다. 자연스러운 문장을 만들기 위해 이중피동을 사용을 피하고 '무분별하게', '쓸데없이' 피동표현을 쓰지 않음으로써 이중피동표현 남용을 해결할 수 있다.

8. 국어시간에 배운 내용을 실생활에 적용해 본 예가 있다면 적어보세요.

뇌졸중은 '뇌가 졸지에 다친다'는 의미로 일본에서 독자적으로 만들어진 일본식 한자어다. 2003년 대한의사협회 의학용어위원회에서 이를 '뇌중풍'으로 바꾸려는 시도가 있었지만 이미 굳어진 표현인 데다 일본과 한국의 영향으로 중국과 대만에서도 같은 용어를 사용하고 있어 이 시도는 중단된 것으로 알려졌다. 의학 분야와 같은 전문 용어들을 대중들이 쉽게 이해할 수 있도록 순화하려는 노력이 필요하다.

2학기 동안 읽었던 책 중 한 권을 골라 작성하세요._{진로독서 서평쓰기의 책은} 제외. 중복 기재 불가

책 제목 : 페스트 _{알베르 카뮈}

1. 줄거리

소설의 무대는 평범하기 이를 데 없는 알제리의 작은 해안도시이다. 어느 날 갑자기 쥐들의 시체가 발견되고, 어제까지만 해도 대화를 나누었던 이웃이 갑자기 병에 걸려 죽어나가지만 시민들은 현실을 직시하지 못한다. 페스트가 의심되지만 그들에게 페스트는 구체적인 현실감이 없는 '추상'일 뿐이다. 환자와 사망자 수가 급격히 늘어가면서, 시민들은 병을 이겨내기 위해 미신에 의지하기도 하고, 박하사탕이나 고무를 입힌 레인코트가 병을 이겨내는 데 효험이 있다는 뜬소문에 휘둘리기도 한다.

사태가 장기화되자 극한의 절망과 공포에 대응해 다양한 인간 군상이 그려진다. "사랑과 행복에 대한 권리를 주장"하는 사람_{신문기자 랑베르}도 있고, 재앙 앞에서 "인간의 구원"의 문제를 성찰하는 사람_{파늘루 신부}도 있고, 속수무책인 현실 속에서 "행위의 필요성"을 부르짖는 사람_{타루}도 있다. 그리고 묵묵히 환자들을 치료하면서 이 상황을 관찰하고 기록하는 의사 리외가 있다. 이들은 불완전한 인간이지만, 공동체의 운명을 극복하기 위해 투신하는 가운데 조금씩 변화해 간다.

2. 국어 시간에 배운 학습 내용과의 연관된 것:

인간은 때때로 극복하기 어려운 역경과 고통에 처한다. 그런데 이러한 상황을 이해하고 거기에 대처하는 방식은 사람에 따라 다를 수 있다. 문학 작품을 통해 다양한 삶의 모습을 경험해 볼 수 있다.

3. 깨달은 점/의미 있었던 점/느낀 점/독서를 통해 새롭게 알게 된 점

카뮈의 소설 『페스트』에는 페스트로 인한 재난의 상황에서 고통받는 오랑 시 주민들의 사고와 행동이 나타난다. 기자 랑베르, 신부 파늘루, 의사 리유가 각각 역경에 대처하는 방식을 평가하며 코로나 펜데믹 상황과 비교해 다양한 사고 방식과 행동 양식을 통해 반성해야 할 모습을 깨닫고, 오늘의 상황에 적용해 보며 새로운 교훈을 알게 되었다.

국어 수행평가의 예시입니다. 우리 시대의 문제라는 주제는 매우 광범위한데 이 학생은 사회 불평등 이슈 중에서도 의료 불평등에 주목해 세특에 좋은 키워드들을 다양하게 담아냈습니다. 콜센터 감염 사례를 근거로 건강 보험 제도의 개선과 의료 공공성 확충, 사회적 약자에 대한 안전망 구축 등을 과제로 제시해 논리적 연결성도 강해 보입니다.

1. 내가 조사한 우리 시대의 문제와 선정 이유

히포크라테스-제네바 선언에는 "나는 국적이나 종교나 정치적 입장이나 사회적 신분을 초월하여 오직 환자에 대한 나의 의무를 다하겠다"라는 문구가 있다. 코로나 펜데믹을 경과하며 사회 계층의 양극화가 심화되면서 의료 불평등이 심화되고 있어 주제로 선정하였다.

2. 문제의 구체적인 양상

의료 불평등은 다양한 양상으로 발생한다. 먼저, 건강 보험 적용이 미흡해 사각지대가 존재한다. 지역 격차도 심각하다. 인구 1,000명당 의사 수가 서울은 4.4명, 농어촌은 1.2명이다. 병원까지 걸리는 평균 시간은 서울이 6분, 강원도와 제주도는 45분이다. 특히 여성, 장애인, 폐쇄 직종 등 사회적 약자일수록 전염병에 취약하다.

3. 문제가 일어나게 된 구체적인 원인과 배경

건강 보험이 미흡하여 저소득층이 치료를 받지 못하는 경우 제도적 원인이 존재하고, 지역별 의사 수나 병원까지의 거리에서 나타나는 지역 격차의 문제는 적극적 유인의 부재가, 사회적 약자가 전염병에 취약한 문제는 사회복지 전반의 원인이 배경이 된다.

4. 문제를 개선할 수 있는 아이디어나 해결 방안

건강 보험 제도의 전면적인 개선과 지역 간 균형 발전을 위한 공공 의대 및 의료 공공성 확충, 사회적 약자의 입장에 대해 이해하는 태도를 함양하고 그들의 삶을 보호해 줄 실질적 안전망 구축을 현 시대 국가의 최우선 과제로 설정해야 한다.

5. 시대 문제를 해결하는 글쓰기

대한민국 사회에서 의료 불평등의 주된 원인은 사회적 약자에 대한 차별이다. 코로나19는 우리 시대 사회적 약자가 의료서비스를 받는 데 얼마나 불리한 위치에 처해 있는지 적나라하게 드러냈다. 2021년 서울시 구로구 콜센터 집단 감염 사태가 이를 증명한다. 콜센터가 있던 11층 종사자 216명 중 94명이 감염되었는데, 43.5%라는 상당히 높은 감염률이어서 더 크게 화제가 되었다. 높은 감염률은 오랜 기간 개선되지 못한 콜센터의 취약한 노동환경에 기인한다. 화장실 갈 시간도 제약받고, 1인당 1평이 채 안 되는 협소한 공간에서 생활하는 콜센터 직원들은 바이러스에 특히 더 취약할 수밖에 없다. 의료 불평등은 보건의료 서비스의 개혁만으로 해결할 수 없다. 사회 구성원 모두가 재난에 대처하는 힘을 키우고 시민의식이나 위생의식을 올바르게 함양하는 노력뿐만 아니라 재난 상황에 더욱 아파하는 사회적 약자들의 삶을 보호해 줄 안전망 구축과 불평등을 완화할 수 있는 구조적 개혁이 필요하다. 특히 코로나19를 넘어서 아픈 개인을 탓하는 수준이 아니라, 사회적 원인을 찾고 공동체 전체가 이 아픔을 어떤 책임과 공감의식을 가지고 바라볼 것인지에 대한 관점을 확립하고, 사회제도적 측면에서 어떻게 이들을 도울 것인지 고민하고 접근을 하는 사회로 거듭나야 한다.643자

독서감상문의 예시입니다.

1. 모든 범죄는 흔적을 남긴다

— 작품제목과 내용 소개

저자인 법의곤충학자 마르크 베네케는 직접 사건 현장에 가서 피해자가 정말 그곳에서 죽었는지 아니면 죽은 후에 옮겨진 것인지 사망 시간이 언제인지 밝혀내 범인 색출에 큰 도움을 준다. 이 책은 곤충과 유전자 감식을 이용하여 자신이 담당했던 사건들의 해결 과정을 다룬다. 책

후반부에서 인종학의 역사와 잘못된 과학이론, 독재자에게 헌신한 과학자들에 대한 비판을 담고 있다. 곤충만 찾아낼 수 있다면 사건을 해결할 수 있는 열쇠를 쥐는 것이라 말할 정도로 시신에 대해 많은 정보를 알려주는 곤충들을 이용한 수사 기법을 소개한다.

– 선정 이유나 감명 깊은 구절과 이유

진실을 알기 위해서는 현장에 될 수 있는 한 가까이 가라는 말이 있다. 하지만 유럽의 범죄 수사 제도와 비슷하게 한국에서도 수사와 현장감식은 경찰들의 일이며, 법의학자는 사인을 찾아내는 법의학을 전공한 전문의에 지나지 않는다. 저자도 '우리가 절대 잊지 않아야 할 점은 사건 해결은 과학자가 아니라 경찰이 한다는 엄연한 사실이다'라고 말한다. 사건 해결에만 집중하다 보면 진실에서 멀어질 수 있기 때문이다. '경험으로 미루어볼 때 이런 사건들에서 유죄냐 무죄냐의 관점에서만 접근하다 보면 오히려 전체 진실을 가리게 되는 결과를 낳을 수 있다'는 구절이 감명 깊었다. 유죄인지 무죄인지, 사건을 해결하기 위한 학문으로 법의학을 제한하는 시각과 달리 남겨진 단서들을 재구성해 과학도에게 필수적인 진실의 중요성을 깨우쳐주기 때문이다.

2. 우리 몸이 세계라면

– **작품**제목과 내용 소개

사회역학 연구자인 김승섭 교수가 지식의 생산을 주제로 쓴 책이다. 저자는 인간의 몸이 다양한 관점이 각축하는 전장이라고 이야기하며 지식의 전쟁터가 된 우리 몸에 대해 다루고 있다. 병원 진단 과정이나 의학 지식을 생산하는 과정에서 남성의 몸만을 표준으로 삼아 생긴 문제들, 신약 개발에 있어 고소득국가에서 소비되는 약만 개발되면서 저소득국 가에서는 필요한 약이 개발되지 못하는 현실을 지적하는 등 몸을 둘러 싼 지식의 생산 과정에 대해 분석한다. 역사적 사례와 현대의 여러 연구 를 망라하며 의료 계열 진학을 준비하는 학생들에게 필요한 지식을 만들 기 위해 상식이라 불리는 개념들에 질문해야 하는 이유를 보여 준다.

– 선정 이유나 감명 깊은 구절과 이유

'오늘날 우리가 상식이라고 생각하는 이론이나 직접 경험했다는 이유 로 확신하는 사실들 역시 우리 시대의 천동설일 가능성을 마음 한구석 에 품고 있어야 합니다. 지금 내 생각이 틀린 것일 수 있다는 비판적 사 고는 인류가 과거의 상식과 맞서 싸우며 이 세상과 인간에 대한 더 나은 설명을 제공할 수 있었던 거대한 원동력이었습니다. 누가 뭐라고 해도, 지금 이 순간 지구는 돌고 있으니까요'라는 구절이 기억에 남았다. 당대 의 상식이자 사람들의 경험에도 부합하는 직관적인 설명이었던 천동설 과 달리 훨씬 복잡한 설명이 필요했던 지동설처럼, 감각과 직관으로 받 아들이기 어려운 진실도 많기 때문이다. 상식과 직관이 틀릴 수 있다는 비판을 기억하는 태도가 과학의 출발점이란 말처럼, 세상을 더욱 잘 이 해하고 사회가 발전하게 하기 위해서는 예비 의학도 스스로 자신에 대해 의심하는 노력을 멈춰서는 안 되겠다는 교훈을 얻었다.

대치동 글쓰기

3. 자살의 9할은 타살이다

– 작품제목과 내용 소개

일본의 법의학자 우에노 마사히코가 30여 년간 감찰의로서 직접 검시하고 부검한 변사 사건들을 바탕으로 쓴 책이다. 청소년의 집단 따돌림에 의한 자살과 노인 자살, 부모에 의한 소위 자녀 동반 자살, 과로와 정리해고 등 직장 업무로 인한 자살 사건 등의 구체적인 사례와 함께 설명함으로써 자살이 온전히 개인의 선택이 아니라 암묵적으로 강요하는 외부 요인들의 작용으로 이루어짐을 지적하고 있다. 따라서 자살을 예방하기 위해서는 자살 사건의 사망 원인을 명확히 규명해야 하고, 나아가 개인의 문제가 아닌 사회 전체의 문제로 인식하는 사회 태도의 변화가 필요하다고 주장한다.

– 선정 이유나 감명 깊은 구절과 이유

처음 제목을 보았을 때 '자살의 9할은 타살'이라는 모순적인 말의 의미가 궁금해 책을 읽게 되었다. 현장에서 2만 구의 시체를 검시한 법의학자가 자살에 대해 내린 결론은 OECD 회원국 중 자살률 1위로 꼽힐 만큼 자살 문제가 심각한 우리나라에서도 적용할 수 있는 점이 많아 선정하게 되었다. 일반인들에게 법의학은 범죄 수사를 위한 분야로 많이 알려져 있지만 법의학의 역할은 그 이상이다. '같은 사건이 반복해서 일어나지 않도록 방지하는 예방의학이자 고통받은 사람들에게 도움을 주는 사회의학'이라는 구절이 인상 깊었다. 법의학자라고 진로를 말하면 무슨 일을 하는 직업이냐고 되묻거나, 드라마 속에 나오는 범죄 수사와 관련된 직업 정도로만 알고 있는 사람이 많아 널리 인용하고 싶은 구절이다.

국어과 수업에 대한 자기평가서 및 소감문의 예시입니다. 13개 단원별로 활동 주제가 주어지고 활동 내용 예시문이 공유됩니다. 제한된 분량 내에 모든 내용을 담기 어려우므로 학기별 학년별 계획을 가지고 순차적으로 활용하기 위한 전략이 필요합니다.

아래의 자료를 기반으로 구글 클래스룸 설문지에 자기평가서 및 소감문 내용을 구체적으로 기재하시기 바랍니다.

연번	단원	활동 주제	활동 내용
1	서정갈래의 이해 (정호승의 슬픔이 기쁨에게)	자신의 애송시 발표하기	자신이 좋아하는 시를 발표하고 다른 사람들이 낭송하는 시를 들으면서 시가 주는 아름다움과 시를 통해 읽을 수 있는 자신의 정서를 엿볼 수 있는 활동임.
2	서사갈래의 이해 (이태준의 달밤)	소설 줄거리 말하기	많은 사람 앞에서 이야기를 하고 다른 사람의 소감을 통해 자신의 말하기 상황을 점검하고, 스스로의 언어적 표현뿐만 아니라 비언어적 표현까지 점검하며 더 나은 말하기 태도를 지닐 수 있도록 함.
3	극갈래의 이해 (이강백의 파수꾼)	희곡 작품 연기	자신에게 맞는 배역을 골라 친구들과 함께 연습을 하고 또 연기를 해 봄으로써 성격이 대사나 행동으로 발현되는 신기함을 느끼고 자신의 생각을 적절한 대사나 행동으로 표현해야 함을 느끼도록 함.
4	고전소설 감상하기 (심청전)	'심청전'을 통한 나의 세계관 읽기	고전소설에서 추구하는 '효'의 가치를 통해서 자신의 현재의 가치를 들여다보고 어떤 가치가 바람직하며 미래의 삶을 위해 지녀야 할 효에 대한 가치가 무엇인가를 스스로 생각해 보게 하는 쓰기 활동.

5	현대시 감상하기 (남신의주 유동 박시봉 방)	자신을 성찰하는 시 쓰기	성찰적 태도가 드러나는 백석의 시를 통해서 자신의 삶을 성찰하는 시를 써보는 쓰기 활동. 이 활동을 통해서 자신의 지난 시간을 반성하고 미래에 어떤 마음가짐으로 살아갈 것인가를 다짐하는 계기가 됨.
6	현대소설 감상하기	소설 줄거리 말하기를 통한 자신의 말하기 태도 점검	소설 '삼포 가는 길'을 읽고 친구들 앞에서 자신의 개성을 살려 이야기하는 활동과, 다른 사람의 말하기를 듣고 다양한 관점으로 '장점'을 찾아 칭찬해 주는 말하기 활동으로 대상에 대한 긍정적 인식이 소통의 효과를 높인다는 점을 느끼도록 함.
7	교과 융합(국어진로)프로 젝트	진로탐색을 통한 자신의 미래를 설계하기	'꿈은 이루어진다' 프로그램에서 '나 이런 사람이야(자신의 성격과 가치관, 욕구 등을 알아봄.)', '꿈을 꾸자, 품자(자신의 진로 유형을 파악하고, 일의 가치나 의미, 직업의 의미 등을 파악함.)' 등 활동을 통해 자신의 미래의 삶을 직접 설계하는 기회가 됨.
8	명확한 논증, 즐거운 토론 (투표 연령을 낮추어야 한다.)	반대신문식 토론	– 모둠 토론 주제 : – 찬성 / 반대 : – 입론 시 논증 구성 내용(주장, 근거, 이유) : – 반대신문(교차 질문) 내용 :
9	추모공원 건립에 대한 협상	모의 협상	협상은 개인이나 집단 사이에서 이익과 주장이 달라 갈등이 생길 때, 문제를 해결하기 위해 서로 타협하고 조정하면서 해결 방법을 찾아가는 의사소통의 방법을 말한다. 협상의 개념과 절차를 이해하고 적용하여 협상을 실행함으로써 양측이 모두 만족할 만한 결과를 이끌어내는 경험을 해보는 데 중점을 둔다. – 모둠 구성원 : – 협상 주제 : – 협상 시 역할 : 우리 측 최소 요구 사항 : 협상 시 '타협 또는 조정'을 통해 얻어 낸 이익 :

10	문제 해결의 길잡이 (로봇 시대, 인간의 일)	창의적 독해 (교과서 313쪽)	• 독자는 독서를 통해 삶의 문제를 해결할 수 있는 실마리를 발견하거나 문제를 해결할 수 있는 직관과 깨달음을 얻는 경우가 많다. 또한 글을 읽으면서 필자의 생각이나 주장을 비판하고, 이를 보완하거나 대체할 수 있는 창의적인 방안을 발견하기도 한다.

감정과 의지는 인간과 인공지능(기계)를 구분하는 요소이다.	
글쓴이의 관점에 대한 자신의 생각 (동의 / 비동의)	
그 까닭	
글쓴이의 생각을 보완하거나 대체할 방안★	

• 독서를 통하여 자신의 삶의 문제를 해결한 경험

11	음운 변동과 한글 맞춤법/ 우리말의 문장 표현 탐구	음운현상, 음운변동 탐구 / 문장 표현 탐구	• 음운 변동의 원리와 규칙 • 〈한글 맞춤법〉의 기본 원리와 내용 • 높임 표현과 시간 표현의 특성을 탐구하고 바르게 사용한다. • 피동 표현과 인용 표현의 특성을 탐구하고 바르게 사용한다. • 탐구 내용
12	의사소통과 언어 예절	대화의 원리 (역할극)	• 대화의 원리(공손성의 원리, 협력의 원리)를 적용한 대본을 작성하고 모둠별로 발표함. • 모둠 구성원 : • 역할극 주제 :
13	세종어제훈민정음 용비어천가	15세기 문법 탐구	• 중세 국어와 현대 국어의 특징 비교하기 • 국어의 역사성 이해하기 • 탐구 내용

고1 국어 수행평가 양식의 예시입니다. 진로 연계 독서에서 한 학기 한 권 읽기는 개정교육과정을 통해 확산된 프로그램입니다. 세특에 기재된 키워드와 참고 자료를 활용하면 좋겠습니다. 설득하는 글쓰기처럼 조건이 주어진 경우 반드시 포함해야 할 사항들을 기초로 해야 합니다. 글을 쓴 소감 및 활동후기가 세특에 활용되므로 머리말과 본문, 맺음말에서 핵심이 되는 내용을 압축적으로 요약해 담아야 합니다. 서평쓰기 양식에서 관련 자료를 2가지 이상 활용하라고 조건에 명시하고 있으므로, TED와 같은 영상 자료나 다른 관련 도서 등을 연계해 줍니다. '제망매가'를 다른 매체로 표현하기와 '군주론' 고전읽기 학습지처럼 평가 기준과 질문에 호응하는 수행평가 능력이 중요합니다. 50자 이내로 서술하기처럼 원고지 쓰기가 필요한 경우가 있으니, 중학교 때까지 원고지 쓰기법을 반드시 익숙하게 훈련해 두어야 합니다.

🌸 진로 연계 독서 - 10분 독서

수행평가 1	'한 학기 한 권 읽기' - 읽기방법 조정하며 선정 도서 읽기

학번　　　　　　　　이름

기간	범위	소제목	키워드 및 인상적인 내용	관심주제	관련 경험,시사 참고 자료 내용
3월　주					
		나의 생각			
3월　주					
		나의 생각			

평가 요소		채점기준	배점		
목적에 맞는 정보추출	1	목적에 맞는 정보를 잘 추출하고 이해하며 읽음	1	0.5	0
문제해결방안 탐색	1	문제 해결 방안이나 대안을 찾으며 읽음	1	0.5	0
다양한 자료 참고	1	자신의 진로 관련된 다양한 글을 선택하여 읽음	1	0.5	0
계획적 독서	1	읽기방법을 조정하며 계획적, 효과적으로 읽음	1	0.5	0

Tip!
· 읽기에 집중할 수 있도록 정리해야 할 내용은 최소화하였습니다. 독서 내용과 연계하여 관심 주제를 생각하고 관련 자료를 찾을 수 있도록 안내합니다.
· 평가 요소를 제시하면 학생의 배움을 촉진할 수 있고 학생의 부족한 점을 피드백하기 수월합니다.

🏅 설득하는 글쓰기: 제목 붙이고 고쳐쓰기

[10국03-02] 주제, 독자에 대한 분석을 바탕으로 타당한 근거를 들어 설득하는 글을 쓴다.
[10국03-04] 쓰기 맥락을 고려하여 쓰기 과정을 점검 · 조정하며 글을 고쳐 쓴다.

■ 자신의 진로 및 변화시키고 싶은 미래와 연계하여 고등학교 생활에서 꼭 배워야 할 학습 요소를 서술하시오.

조건 1. 자신의 삶이나 현대 사회의 실태, 문제점, 또는 미래에 대한 전망을 포함할 것.
조건 2. 사실논거는 교과 활동을 통해 알게 된 내용을 근거로 할 것.
조건 3. 소견논거는 진로독서나 멘토도서(오리진이 되라) 내용을 포함할 것.

제목:
주제문:

머리말

본론

맺음말

글을 쓴 소감 및 활동 후기

평가 요소		채점기준	배점		
고쳐쓰기(3)	1	독자의 호기심을 자극하면서 내용에 적합한 제목을 사용하는가?	1	0.5	0
	1	완결된 문단들로 주제를 통일성 있게 전개하는가?	1	0.5	0
	1	문법 요소의 특성을 알고 상황에 맞게 잘 사용하는가?	1	0.5	0

Tip!
· 학습지 안에 자기 평가 내용을 정리하도록 만들면 피드백과 생기부 기재가 수월합니다.
· 개인 글을 쓴 후 모둠별로 돌려 읽기를 하면서 학습지 빈 공간을 활용하여 간단하게 동료들의 평가를 쓰게 하면 동료 평가지를 따로 만들지 않아도 됩니다.

🕸 서평 쓰기

| 수행평가 3 | 그동안 읽은 책의 내용을 자신의 삶과 연계하여 바람직한 삶의 자세를 논술하시오. |

조건1. 책의 내용과 질문 내용을 통해 알게 된 내용을 근거로 할 것

조건2. 관련 자료를 2가지 이상 활용할 것

책제목:		저자:
제목:		

서론	개념 소개(정의, 부연, 상술)
본론	(책 내용 예시, 관련 자료 인용, 비교 대조, 분류, 분석, 인과 등) - 본론 1 - 본론 2
결론	

평가 요소	배점	채점 기준
문제 인식 및 해결	2점	책과 연계하여 자신과 사회의 문제를 발견하고 문제 해결을 위한 방법을 구체적으로 작성한 경우
관련 자료 활용하기	1점	질문을 해결하기 위한 적절한 자료를 2가지 이상 활용한 경우
삶에 대한 성찰	1점	자신의 진로와 연계, 삶을 성찰하여 완성된 서평을 작성한 경우

✿ '제망매가'를 다른 매체로 표현하기

☞ [모둠 과제] 조건을 참고하여 '제망매가'의 내용을 다른 매체로 바꾸어 표현하시오.

조건

- 작품의 내용을 고려한 후, 내용을 표현하기에 적절한 매체를 선택할 것.
- 교실 수업의 환경에서 구현할 수 있는 어떠한 매체도 선택이 가능함.
 (단, 교실 수업의 환경에서 구현할 수 없는 매체는 선택이 불가능함.)

평가 기준

평가 요소	평가 요소 3	평가 기준 2	배점 1
매체 선택의 적절성	작품의 내용을 적절하게 전달할 수 있는 매체를 선택하였다.	작품의 내용을 부분적으로 전달할 수 있는 매체를 선택하였다.	작품의 내용을 적절하게 전달할 수 있는 매체를 선택하지 못했다.
표현 방법의 적합성	매체의 특성과 어울리는 표현 방법을 두 가지 이상 사용하였다.	매체의 특성과 어울리는 표현 방법을 한 가지 사용하였다.	매체의 특성과 어울리는 표현 방법을 사용하지 못했다.
내용 전달의 효과성	표현 방법이 작품의 내용을 효과적으로 전달하는데 기여하였다.	표현 방법이 작품의 내용을 전달하는데 부분적으로 기여하였다.	표현 방법이 작품의 내용을 전달하는데 거의 기여하지 못했다.
협력적 의사소통	적극적인 의사소통을 통해 협력적 의미 구성에 기여하였다.	의사소통을 통해 협력적 의미 구성에 일부 기여하였다.	의사소통을 통한 협력적 의미 구성에 기여하지 못했다.

✿ 이상적 정치, 고전에서 답을 찾다

고전읽기 학 습 지	이상적인 지도자는 이런 사람이다
	이름:

1. 「군주론」에서 권력과 도덕의 관계를 분리해야 한다고 주장한다. 과연 권력은 도덕과 무관할 수 있을까? 권력은 도덕적이어야 하는가?에 대한 자신의 생각을 적어 봅시다.

2. 인간의 본성에 대한 시각에 따라 정치는 어떻게 달라질까? 자신이 생각하는 통치자가 지녀야 할 인간관은 어떠해야 한다고 생각하는가?
 인간 본성에 대한 시각을 바탕으로 나타날 수 있는 통치자의 모습을 적어 봅시다.

3. 그 동안의 고전 독서와 토론을 근거로 '이상적인 정치'에 대해 자신의 생각을 적어 봅시다.

🌼 읽기 자료 정리하기 · 뒷받침 자료 찾기

• 읽기 자료의 내용 정리하기

❶ [읽기 자료1]의 각 문단별 주요 내용을 정리해 보자.

	중심 내용
1문단	
2문단	
3문단	
4문단	
5문단	

❷ [읽기 자료1]의 주제(중심 내용)를 50자 이내로 서술해 보자.

• 중심 내용을 뒷받침할 수 있는 자료 찾기

❶ [읽기 자료1]의 중심 내용을 뒷받침하기 위한 정보를 두 가지만 찾아보자.

	정보 1	정보 2
정보의 종류		
정보의 내용		
정보의 출처		

❷ ❶에서 찾은 정보가 [읽기 자료 1]을 뒷받침하기에 적절한지 평가해 보자.

	정보 1	정보 2
적절성 여부와 그 까닭		

고1 국어 수행평가의 예시입니다. 중세 국어의 수업 내용을 다양한 자료와 연결시켜 좋은 평가를 받았습니다. 병원신문과 우리말 큰사전처럼 출처를 명시했는데, 이는 논리적 근거로 기꺼이 인정됩니다.

1-1. 내가 선택한 단원_{소단원}과 학습 주제는?

8-1. 국어의 변화와 발전

1-2. 그 단원 및 학습 주제를 선택한 이유는? 진로와 연관성이 있다면 희망 진로를 밝히고 서술할 것

중세 국어를 배우며 조선 시대 사람들의 언어 생활에 대한 궁금증이 생겼기 때문이다. 의학 분야 진로와 연관해서 원활한 의사소통의 중요성을 깨우치는 계기가 되었다.

1-3. 수업 내용을 간단히 요약 정리하여 서술하시오.

국어의 변천사에 대해 시대별로 배웠으며, 〈세종어제 훈민정음〉이 무엇인지에 대해 배웠다. 훈민정음의 창제 원리, 그리고 중세 국어의 어휘와 문법에 대해서 배웠다.

1-4. 수업 내용과 관련한 궁금한 점, 의문점은? 배운 내용과 관련하여 궁금하거나 좀 더 알아보고 싶었던 내용

중세 국어의 실제 발음은 어땠을까?

1-5. (4)를 해결하기 위해 직접 찾아본 자료와 그 자료를 통해 얻게 된 정보

프랑스 국립 박물관 아카이브에서 발견된 1928년 이극로 선생의 구술 자료

1935년 〈조선어 독본〉 음성 교재

1-6. (4)를 탐구한 내용과 결론은?

1900년대 초반의 우리말은 현대와 비교해 종결 어미, 어조 등에서 뚜렷한 차이가 보이지만, 현대 국어와 비교해 의사소통할 수 없을 정도로 아주 다르지는 않다고 생각했다. 또 당시의 사람들이 쓰던 말의 어조가 북한말의 어조와 비슷하다는 느낌이 들었다.

1-7. 이 과정을 통해 얻은 교훈/깨달음/느낀 점은?

100년 동안 언어에 얼마나 큰 변화가 일어나는지 알게 되니, 그보다 더 오래전인 한글이 창제되었을 당시 600년 전에는 지금과 비교해 언어가 달랐을지 실감이 난다. 600년 전의 언어가 지금과 그렇게 달랐음에도 불구하고 두 시대에 쓰인 말을 이어주는 한글의 위대함에 대해 깨달았다. 또한 지금으로부터 100년 후에는 언어가 얼마나 바뀌었을지 상상해 보게 된다.

1-8. 국어 시간에 배운 내용을 실생활에 적용해 본 예가 있다면 적어보세요.

병원신문http://www.khanews.com에 따르면 현재 영어 'disease'가 병, 질병, 질환으로 다양하게 사용되고 있으나 '우리말 큰사전' 7판에 의하면

질병, 질환은 병과 완전히 같은 의미로 되어 있어 이들을 모두 '병'으로 통일하는 것이 바람직하다고 주장한다. 'disorder' 역시 장애, 병, 질환으로 다양하게 사용되고 있는데 '장애'로 통일하기를 주문한다.

2-1. 책 제목

'아름다운 우리말 의학 전문용어 만들기_{은희철, 송영빈 외}'

2-2. 줄거리

의학용어를 실제적인 예를 통해 체계적으로 보여줌으로써 전문용어 순화와 제작을 위해 힘쓴 책이다. 일본어에서 들어온 전문용어의 문제점과 쉬운 우리말 전문용어의 정당성을 언어학의 입장에서 입증하고, 한국어 전문용어의 역사적 변천과 쉬운 우리말 해부학 용어 만들기의 실제를 제시하고 있다.

2-3. 국어 시간에 배운 학습 내용

소통이 중시되는 현대사회에서 의사와 환자는 물론 전공이 다른 의사, 의료 관련 인력 사이의 원활한 소통을 위해 의학용어는 쉬워져야 한다. 전문용어 순화와 제작에 관여하는 모든 이들에게 도움이 되고자 집필된 이 책을 통해 국어 공부의 중요성을 깨닫게 되었다.

2-4. 깨달은 점/의미 있었던 점/느낀 점/새롭게 알게 된 점

자유로운 소통의 중요성을 깨달았다. 수준 높은 진료를 위해 의학과 언어학의 융합이 갖는 의미를 알게 되었다. 좌창, 단골, 와우를 쉬운 우리말로 바꾸면 여드름, 짧은 뼈, 달팽이라는 새로운 사실을 알게 되어 한국어 전문용어는 자유로운 소통과 질 높은 진료를 위해 필수적이라고 느끼게 되었다.

영어 수행평가
학생부 세특 글쓰기

학생부 세부능력특기사항 영어 과목의 예시입니다. 이 학생의 경우 교과서의 등장인물에 대한 추가 조사를 통해 영작문으로 이어간 과정이 매끄럽습니다. 영어 숙어 표현이나 구문 관련 의학용어와 약어들의 어원과 출전, 의미에 대한 심화학습도 개연성이 높아 보입니다.

교과서에 실린 마리 시콜이라는 의료인 이야기를 읽고 전쟁 상황에서 아픈 사람들을 진심으로 위하는 헌신적인 모습에 감동을 받아 구체적인 생애와 업적에 대해 더 자세히 조사해 보았으며, '좋아하는 드라마 소개하기' 활동에서 의학 드라마를 소개하면서 환자들을 진심으로 대하고 치료하는 의사가 되고 싶다는 내용으로 영작문을 진행함. 매 수업시간 클래스카드를 이용한 어휘 학습에 성실히 참여하며 영어 실력 향상을 위해 노력했으며, 어휘 퀴즈에 참여해 매번 좋은 성적을 거둠. 수업시간에 배우는 어법을 꼼꼼히 필기해 정리하고 꾸준히 복습하였으며 반 친구들이 헷갈려하는 문법 개념을 알기 쉽게 설명해 주었는데, 특히 교재 지문을 조별로 해석하고 발표하는 활동을 하면서 친구들이 어려워하는 문장의 해석을 도맡아하면서 영어 숙어 표현이나 구문에 대해 잘 이해하고 활용하여, 심정지. 심장박동이 정지해서 심장이 혈액을 방출할 수 없게 된 상태인 '어레스트Cardiac Arrest', 수술대 위에서 사망함을 의미하는 '테이블 데스Table Death'와 같이 영문학 작품이나 영어권 미디어에서 활용되는 의학용어와 약어들의 어원과 출전, 의미에 대해 주체적으로 심화 학습하며 진로와 연결된 실용적인 학습 태도를 보임.

예비고1 신입생 영어 과목 입학 전 과제의 예시입니다. 원서 독서가 가능한 책들의 경우 번역서와 비교해 보는 독서법도 유용합니다. 입학 전 과제를 입학 후 생기부에 반영한다고 하므로, 5권의 책 중에서 1권을 택하더라도 다른 4권을 영어 과목 외에 활용하도록 준비하는 것이 좋겠습니다.

---

1. 아래의 도서 중 택 1권 독후감
: 1,500자 작성 타이핑 파일과 출력물로 동시 제출
(1) 사피엔스 (유발하라리/김영사)
(2) 돈으로 살 수 없는 것들 (마이클샌델 /와이즈베리)
(3) 환경에도 정의가 필요해 (장성익 / 풀빛)
(4) 내가 틀릴 수도 있습니다 (비욘 나티코 린데블라드 / 다산초당)
(5) 편향의 종말 (제시카 노델 / 웅진지식하우스)

---> 1,500자 분량 독후감 타이핑 한글 파일로 제출 준비 (입학날 본인 이메일에 파일로 담아오고, A4 출력물 동시 제출)
---> 반영 : 입학 후 독서지원시스템에 기록 후 생기부에 기록반영 예정

영어 세특 작성을 위한 설문과 답변의 예시입니다. 과목 담당 선생님은 담임 선생님보다 더 많은 학생들의 세특을 작성해야 하므로 설문에 충실히 답해야 합니다. 이열치열, 개량백신, 번역의 묘미, 면역에 관하여로 이어지는 키워드들이 일관성이 있고 진로 연계성 측면에서도 좋아 보입니다.

1학년 영어 교과서 지문 중, 내가 특별히 관심을 가졌던 지문과 그 이유는 무엇이며, 해당 지문을 읽으며 했던 추가적인 활동이 있나요?

4과의 'Some Like It Cold, Some Like It Hot' 지문에서 이열치열이 언급되는데 과학적 원리에 대해 호기심이 생겨 특별히 관심을 가지고 추가 활동을 진행함. 지문에서 이열치열은 열을 열로써 다스린다는 한자어로 원리적으로는 땀을 뺀 이후에 외부의 바람이 불면서 땀을 식히는 과정에 의해 달아오른 열을 식히는 과정이라 전통적 방법으로 많이 알려져 있으나 열을 내리는 방법은 서양 의학에서도 널리 사용되고 있다는 점을 확인하고 체질적으로 열이 많은 사람에게 열이 심한 상태에서 열이 더욱 가해지기에 삼가야 한다는 특성을 파악함. 나아가 이한치한의 원리도 찾아 조사하는 과정에서 이열치열과 비슷하리라는 예상과는 달리 자세히 알려진 과학적 사례가 없어 신체에 적합한지 여부를 파악하고 시도해야 한다는 교훈을 얻음.

수업 시간의 활동 중, 나의 장점이 돋보였던 활동과 그 이유는?

수업 시간 중 선생님들이 하시는 질문에 열심히 답함. 특히 코로나 팬데믹 백신에 대해 관심이 생겨 mRNA 백신 원리, 종류 및 부작용에 대해 더 알아보며 오미크론 변이를 타깃으로 한 '개량백신 2가 백신' 접종과 관련하여 지속적으로 탐구 활동을 발전시켜 나가는 장점을 발전시켜 나감.

Writing 수행평가 영시 읽고 감상문 작성하기 **수행에서 새롭게 느끼고 배운 점 노력한 점은?**

The mountain and the squirrel : 다람쥐가 작다는 이유만으로 경시하는 산을 보면서 상대의 겉모습만을 보고 판단해서는 안 된다는 교훈을 다시금 깨달음. 모든 사람들이 독특한 자신만의 재능이 있고 다양한 개성들을 존중해야 한다고 배움.

Color of the wind pocahontas ost : 일상 속에서 당연하다고 생각되는 상황들이 사실 셀 수 없을 만큼 많은 나비의 날갯짓으로 이루어져 우리에게 도달한다는 사실을 상기시켜 줌. 한국판 가사는 차별 반대에 무게를 두지만 영어 가사는 환경 보호에 더 큰 무게를 두는 차이점에서 번역의 묘미에 대해 흥미를 느낌.

영어 과목 세부 능력 특기사항에 특별히 기재하고 싶은 독서활동 저자명, 책 제목 필수 포함/책을 읽은 이유/구체적 활동 내용

책 제목 : On immunity: An inoculation 면역에 관하여

저자명 : Eula biss 올라 비스

수업 시간 활동으로 백신에 관하여 조사하고 발표한 이후 백신 관련 과학적 태도에 더욱 호기심이 생겼고 추가 심화 활동을 위해 '면역에 관하여 올라 비스'라는 책을 읽음. 예방 접종 백신과 집단 면역이 어떻게 이루

어지고 유지될 수 있는지 학습하며 책에 언급된 백신 거부 사례들을 현 코로나 상황에 대입하며 실천적으로 읽음.

　　고1 영어 수행평가 양식의 예시입니다. 모둠별 참여 방식을 고려해 내용상 3가지 이상을 제시할 수 있도록 모둠 단위에서 서로서로 평가해 보아야 합니다. 과제 수행에서 2가지를 모두 충족했는지 미리 평가해 보고 언어 사용에서의 오류도 사전 점검해야 합니다.

수행평가 Ⅱ

Comfort Food 스토리를 인포그래픽으로 제작하기	
학습 경험	**전개 질문**
세계의 Comfort Food에 관한 동영상을 시청하여 다양한 음식 문화에 대해 알아본다. 인포그래픽 제작에서는 음식의 특성이 잘 드러날 수 있게 하고 모둠별로 각자 맡은 역할을 연습하며 영어 사용 능력을 향상한다. 인포그래픽 발표에서는 모둠원이 모두 함께 참여하며, 교실을 순회하며 설명하는 것을 듣고 느낀 점을 포스트잇에 써서 붙인다.	· 외국에는 어떤 Comfort Food가 있을까? · 외국의 Comfort Food의 의미는 무엇일까? · Comfort Food의 특성을 잘 드러나도록 표현하는 방법은?

채점 기준(루브릭)			
평가 내용	**평가 요소**	**평가 기준**	**배점**
내용 (4점)	· 그림이 Comfort Food의 특성을 잘 묘사하고 있는가 · 세계의 음식 문화의 특성이 반영되었는가 · 주제에 대한 의견이나 감정을 표현하였는가	3가지 제시한 경우	4
		2가지 제시한 경우	3
		1가지 제시한 경우	2
		어느 것도 제시하지 않은 경우	1
과제 수행 (4점)	· 인포그래픽의 구성이 체계적인가 · 세계의 음식 선정이 잘 이루어졌는가	2가지를 모두 충족하는 경우	4
		1가지를 충족하는 경우	3
		평가 요소를 어느 것도 충족하지 못한 경우	2

		그림 묘사에 적절한 어휘를 사용하고 어법상 오류가 거의 없는 경우	2
언어 사용 (2점)	· 어휘 사용 · 문법 및 철자 사용	그림 묘사에 사용된 어휘 또는 어법상 오류가 다소 있는 경우	1

평가 시 유의점

· 세계의 음식에 나타난 그 나라의 문화를 반영하여 인포그래픽이 균형 있게 표현되었는지 평가한다.
· 모둠 활동에서 역할 분담이 적절히 이루어졌는지에 대한 평가를 포함할 수 있다.

고1 영어 수행평가의 방법 및 평가 기준의 예시입니다. 자신을 소개하는 항목을 4개 이상 포함하라는 내용 평가 요소를 충족시키기 위해서는 체계적인 키워드 발굴이 필요합니다. 영어 키워드의 경우 우리말 세특에 담길 수 있는 번역어에 대해서도 미리 고민하는 것이 좋습니다.

2022학년도 1학년
1학기 영어 쓰기 수행평가 공지사항

일시	내용
3.28(월) ~ 4.1(금) 주간 (목요일 '진로영어' 시간 제외)	자기소개 온라인 페이지 작성하기

1) 수행평가 방법

1차시와 2차시 수업시간 중 '자기소개 온라인 페이지' 작성 방법과 주요 표현을 배우고 이를 활용하여 글을 영어로 작성하고, 교사가 피드백 1차 제공 후 3차시 수업시간 종료 직후 완성한 글을 제출하고 이를 평가함.

2) 평가 기준

평가 요소	평가 기준
과제 완성도	수업에 참여하여 완성작을 제시간에 제출함. 완성작을 제출하였으나 늦게 제출함. 수업에 참여하였으나 완성작을 제출하지 않음. 수행평가를 응시하지 않음.
글의 내용	자신을 소개하는 항목을 4개 이상 포함하고, 각 항목에 대한 설명이 구체적임. 자신을 소개하는 항목을 4개 이상 포함하였으나, 각 항목에 대한 설명이 다소 부족함. 자신을 소개하는 항목이 4개 미만이거나, 각 항목에 대한 설명이 상당히 부족함. 과제와 무관한 내용이거나 수행평가를 응시하지 않음.
글의 구성	자신을 소개하는 글에서 첫인사와 구체적인 내용, 마무리 문장으로 그 구성이 짜임새 있으며, 단어나 표현의 사용이 소개 글에 적합함. 자신을 소개하는 글에서의 구성 요소나 단어, 표 현의 사용이 다소 어색하거나 부적합함. 과제와 무관한 내용이거나 수행평가를 응시하지 않음.
언어 사용	문법상 오류가 거의 없고 적절한 어휘를 사용함. 어법에 오류가 다소 있으나 내용 전달에 큰 어려움이 없음. 문법에 오류가 많아 내용 이해가 어려움. 수행평가에 응시하지 않음.

고1 영어 수행평가의 예시입니다. '동물농장'에서 전체주의와 민주주의, 고난이도 문법 내용에 대한 차분한 설명, 원서 읽기의 교훈으로 봉사와 우애의 중요성을 깨달은 것처럼 세특에 좋은 키워드들을 잘 담아냈습니다.

영어로 쓰인 책을 골라서 일정 기간 읽으면서 그 과정을 기록하는 활동으로 'Animal Farm조지 오웰'을 읽고 주제와 느낀 점을 기록하고 나누는 영어원서읽기English Book Reading 활동에 참여함. 등장인물 가운데 끝까지 정의를 추구한 스노우볼과 독재자인 나폴레옹을 보고 권력 남용과 전체주의 체제의 모순 그리고 민주주의 사회의 소중함을 느끼게 됨. 이러한 영어원서읽기 활동을 통해 실질적 민주주의가 무너지고 있는 현실에서 공동체의 소중한 가치를 지키기 위해 자신이 노력할 점을 생각해보고 실천에 옮기는 의지가 중요하다는 교훈을 깨달음.

평소에도 자주 등장하고 친구들이 많이 햇갈려 하는 관계사에 관한 교재 지문을 꼼꼼하게 분석하고 해석하며 관계대명사 뒤에는 불완전한 문장이 쓰이고 관계부사 뒤에는 완전한 문장이 온다는 특성, 관계사에서 의미를 제한하는 한정적 용법과 부연 설명의 기능을 하는 계속적 용법, 선행사를 포함한 관계사 what의 쓰임, 관계사에 ever가 결합한 복합관계사의 명사절 역할과 부사적 역할, 'What cell metabolism and structure should be complex would not be surprizing'와 같은 고난이도 문법 내용을 차분히 설명함.

작은 행동으로 세상을 바꾼 이야기, 즉 자신이 할 수 있는 것을 찾아 실천해 다른 사람에게 도움이 될 수 있다는 원서를 읽고 사소한 행동으로 주변 사람들에게 도움이 될 수 있다는 교훈을 깨달아 실천해 보고 싶다는 마음으로 학급 내에서 우울해하는 친구들에게 긍정적인 메시지 전하기, 책 없는 친구들에게 먼저 다가가 같이 보자고 하기, 청소 도와주기 등의 봉사와 우애의 중요성을 깨닫게 되는 계기가 되어 공동체에 헌신하는 의학 분야 진로에 대해 성찰해 봄.

영어 자기평가서의 예시입니다. 수상실적이 대입에 미반영되는 현 상황에서 담당 교과 선생님이 글쓰기 능력의 향상을 강조하며 에세이 수상을 언급했는데, 이에 대한 내용을 잘 풀어서 세특에 담아냈습니다. 교과 지문의 이론과 개념, 학자나 시대 특성에 대한 추가 학습 과정도 인상적입니다. 라틴어 등에서 파생된 다양한 의학용어들에 대해 찾아보겠다는 이후의 계획도 영어 과목 및 진로 설정과 연계성이 좋아 보입니다.

1. 이 과목에서 다룬 내용 중 가장 의미 있는 것은 무엇이었는가?

제가 이 과목에서 배운 가장 의미 있는 것은 글쓰기 능력입니다. 수행평가를 위해 글을 쓰고 수정하는 과정에서 글쓰기 실력이 늘어 교내 영어 에세이 대회에서도 수상하는 큰 보람을 느꼈기 때문입니다.

2. 이 과목의 성취도를 올리기 위해 어떤 노력을 해야 할지 고민해 본 적이 있으며, 그 노력 덕분에 수업이나 평가에서 좋은 결과를 낸 적이 있는가?

영어라는 과목을 딱딱하게 접근하는 방식보다는 삶의 일부인 또 하나의 언어를 배운다는 느낌으로 공부하였습니다. 영어를 공부하는 과정 자체가 즐겁게 느껴지며 더욱 동기부여가 되었습니다.

3. 이 과목에서 배운 것들 중 특별히 좋아하거나 아는 것이 있어서 다른 사람들에게 알리거나 발표하고 싶은 지식이나 학습내용이 있는가?

특정 지문을 공부하면서 내용에서 다루는 이론과 개념, 학자나 시대 특성 등에 관해 인터넷에서 찾아보는 추가 학습을 좋아합니다. 특정 내용에 대해서 검색해 보면 지문에 나와 있는 내용에서 그치지 않고 양적으로나 질적으로 새로운 정보들을 더 찾을 수 있기 때문입니다.

4. 이 과목을 수강하기 전과 후의 모습을 비교해 보았을 때 더 나아진 점이 있는가? 학문적 이해, 가치관, 태도변화 등등

영어 지문이나 해석에 대해 더 잘 알 수 있게 되었습니다. 특히 딱딱한 암기 과목이 아닌, 더 많은 사람들과 학문적으로나 일상적으로 소통할 수 있는 언어를 배운다는 마음가짐으로 즐겁게 임하게 되어 가치관 자체를 새롭게 자리매김할 수 있었습니다.

5. 진로와 관련하여 이 과목을 공부한 이유가 무엇이었는가? 이 과목에서 기르고자 했던 역량

현재 의학계에서는 대부분의 전공서나 용어들이 영어로 되어 있습니다. 따라서 미래 의학 분야 진로에 필요한 지식을 습득하고 소통하는 데에 도움이 되게 하기 위해 열심히 공부했습니다.

6. 이 과목에서 배운 내용 중 궁금해서 스스로 찾아본 내용이 있거나 앞으로 찾아보고 싶은 내용이 있는가?

배운 지문들과 관련된 최신 내용들이나 해당 지문에서 잘 이해되지 않은 전문 용어들을 찾아보았습니다. 라틴어 등에서 파생된 다양한 의학 용어들에 대해 찾아보고자 합니다.

교사 관찰 기록지의 예시입니다. 전 영역에서 최고 점수인 3수준으로 평가받기 위해서는 먼저 영어신문사설 협력적 읽기에서 사설 표현의 정확한 이해를 돋보이게 준비해야 합니다. 특히 논점에 대한 찬반 의견 작성에서 명확한 이유가 근거로 뒷받침되어야 합니다. 최종적으로 발표하기와 동료평가하기에서 긍정과 부정 모두 적극적인 참여가 필요합니다.

활동 (차시)	평가 요소	수 준		
		3	2	1
영어신문사설 협력적 읽기 (1차시)	영어신문 사설의 논지파악	영어신문 사설을 사용된 표현들을 정확히 이해하고 정독하여 필자와 제목을 정확히 파악하고 논지에 따른 필자의 주장을 정확히 파악하여 정리한다.	영어신문 사설을 사용된 표현들을 이해하고 읽어서 필자와 제목 및 논지를 개괄적으로 파악하고 필자의 주장을 대략적으로 파악하여 정리한다.	영어신문 사설을 사용된 표현들 중 이해되지 못한 부분이 있으며 필자와 제목 및 필자의 주장을 정확히 파악하지 못한다.
논점에 대한 찬반 의견 영어로 작성하기 (2차시)	신문사설 찬반의견 작성하기	주어진 영어신문사설의 논지를 정확히 이해하고 이에 대해 찬성 혹은 반대 의견을 이유를 들어 명확히 설명한 글을 영어로 작성한다.	주어진 영어신문사설의 논지에 대해 찬성 혹은 반대의견을 설명하는 글을 영어로 작성하되 영문에 오류가 있으며 논리가 부족하다.	주어진 영어신문사설의 논지에 대해 찬성 혹은 반대의견을 명확하게 설명하는 영어 글을 작성하지 못하며 글의 논리가 맞지 않다.
찬반 의견 발표하기 및 동료평가하기 (3차시)	신문사설 찬반의견 발표하기	영어신문 사설에 대한 찬반의견을 영어로 발표함에 있어서 찬반의 논리가 분명하고 영어 표현에 오류가 없고 동료평가에 적극 참여한다.	영어신문 사설에 대한 찬반의견을 영어로 발표함에 있어서 찬반의 논리가 애매하며 영어 표현에 약간의 오류가 있고 동료평가에 참여한다.	영어신문 사설에 대한 찬반의견을 영어로 발표함에 있어서 찬반의 논리가 논리적이지 않고 일부 동료평가에 참여하지 않는다.
점수 합계				
특징 관찰 기록				

학 년   반   번   이름:

영어 독서일지 수행평가의 예시입니다. 이 경우에는 서술 방식이 정해진 상황이므로 군더더기 없이 기재해야 합니다. 한글과 영어로 각기 다르게 작성하라는 요구도 꼼꼼하게 점검해 오류가 없도록 주의해야 합니다.

독서일지

학 번		이 름	
Overarching Theme			
Overarching Theme 선정 이유 (3 Whys_한글로 작성)	• 나는 ＿＿＿＿＿＿＿ 에 흥미를 느낀다. • 왜냐하면, ＿＿＿＿＿＿＿ 때문이고, • 그 이유는 ＿＿＿＿＿＿＿ 이고, • ＿＿＿＿＿＿＿ 이기 때문이다.		
Individual Reading Day 1			
Topic of the Reading			
Reading Passage			

What was interesting/ surprising/ informative/ meaningful (한글로 작성)		
details I learned from the reading (영어로 작성)		
details I learned from the reading (영어로 작성)	관계대명사 계속적 용법	
	동 격	
	가정법	

진로영어 수행평가의 예시입니다. 사진과 표 등을 활용해 작성 가능하므로 관련 시각 자료를 잘 담아내면 좋겠습니다. 커리어넷과 워크넷이라는 참고 사이트도 명시되어 있으므로 두 사이트를 기본으로 하되 추가 참고 자료를 최신 데이터로 활용하는 것도 금상첨화입니다.

❀ My Career Exploration Report

My Career Exploration Report 탐구 질문: 미래에 나에게 맞는 직업은 무엇일까?

Class:　　No:　　Name:

희망진로 분야	영어(한글)

** 글자 크기 11, 줄간격 160, A4 1쪽(최대 2장)을 맞추고
아래 내용을 담아 자유로운 형식으로 진로리포트를 완성하여 제출하세요.

1) 희망 직업(한글과 영어로 둘 다 작성, 커리어넷에 표기되어 있는 직업명으로 기재할 것!)

2) 본인 MBTI 유형 및 성격

3) 진로 분야 인터뷰 질문-답 내용(실제 혹은 가상 인터뷰)

4) 진로 탐구

　① Duties (하는 일이나 직업 특성)
　② Job Growth & Outlook(직업 성장률 및 전망)
　③ Average Salary(평균소득)
　④ Necessary Skills(필요한 역량)
　⑤ Certification(자격증)
　⑥ Short-term goals(단기 목표: 현재~고등학교 시절 목표를 이루기 위해 달성해야 할 것들)
　⑦ Short-term goals(장기 목표: 고등학교 졸업 이후 목표를 이루기 위해 달성해야 할 것들)

**사진, 표 등을 활용하여 보고서 작성 가능, 보고서를 자유롭게 구성하여도 됨
**참고 사이트: 커리어넷, 워크넷 등

영미문학읽기 수행평가의 예시입니다. 한 권의 소설을 통해 다양한 항목의 키워드를 추출 및 가공하여 진로와의 연계성을 드러내는 것이 좋습니다.

❈ 등장인물로 미니북 만들기

	저자 및 장르			책추천 이유			책평가	
			장르 및 저자	책추천 이유	책평가			
	인상 깊은 구절		인상 깊은 구절	book title:	배경		배경	
			등장 인물	줄거리	느낀점			
	등장 인물			줄거리			느낀점	

〈연꽃기법 활동〉

연꽃기법(Mandal-art)은 Mandal + La + Art를 결합한 말로 목표를 달성하는 기술이라 할 수 있는 연꽃기법에서 아이디어를 얻은 아이디어 발상기법으로 흔히, 연꽃기법이라고도 하는 데, 활동 방법은 다음과 같습니다.

1. 활동지 중앙에 주제 쓰기
2. 중앙 주변 칸에 주제와 관련된 아이디어 적기
3. 주변 칸에 기록한 단어를 위에서와 같이 적기
4. 기록한 어휘들을 중심으로 관련 내용을 적으며, 아이디어 확장하기

대치동 글쓰기

수학 수행평가 학생부
세특 글쓰기

학생부 세부능력특기사항 수학 과목의 예시입니다. 학생의 수학 실력이 뛰어나다는 점은 교과 성적만으로도 파악할 수 있으므로 멘토와 멘티의 활동처럼 협업 능력이 강조되면 좋습니다. 이 학생의 경우 수요의 소득 탄력성과 같이 경제 사회 현상과 연계해 학습한 내용이 장점으로 부각됩니다.

교과서와 부교재를 풀면서 급우들이 힘들어하는 문제를 질문하면 어떤 단원에 속한 문제인지 먼저 파악해 개념을 설명하고 유사한 유형의 문제들을 공유해 변형 문제를 다시 틀리지 않도록 도와줌. 수1에서 지수함수, 로그함수, 삼각함수를 포괄하는 개념에 대해 호기심을 느끼고 선형과 비선형 함수의 특징을 비교해 봄. 이후 수2에서 불연속과 미분 불가능 점에 대해 배우며 나누어진 구간에 따라 함수가 다르기에 그래프 역시 구간마다 다르게 그려진다는 특성을 고려해 부분 선형 및 단계형 함수에 대해 추가적으로 자료를 조사함. 수2에서 도함수의 활용에 대해 배우며 함수의 미분과 적분 개념을 이후 경제수학 수업 시간에 생산함수와 연결되는 내용을 발견해 구체적인 적용 사례들을 매우 흥미롭게 탐구함. 생산함수에 평균비용함수와 한계비용함수가 존재하는데, 평균비용함수는 총비용함수를 변수_{비용}로 나눈 함수이고 한계비용함수는 총비용함수를 미분시켜 생산량 1단위가 증가함에 따른 비용의 증가를 나타낸 함수이므로 시장에서 철수해야 할 시점과 이윤을 최대로 거둘 수 있는 지점 등을 수학적으로 계산할 수 있음을 알게 되고 수요의 소득 탄력성을 배우며 미분이 공식에 사용됨을 알고 연관지어 심화 탐구함.

예비고1 신입생 수학 과목 입학 전 과제의 예시입니다. 『대치동 독서법』에서도 다양한 교과 독서의 중요성을 강조했지만 각 교과목과 관련된 추천도서 읽기를 권합니다. 대부분의 수학 관련 추천도서들이 중복된 내용들을 담고 있으므로 수학 상, 수학 하, 수학1, 수학2, 기하, 확통, 미적 등 내신 교과별로 3학년 1학기까지 5학기에 걸쳐 수학 세특으로 담을 책들을 미리 읽으면 좋겠습니다.

---

1. 아래의 도서 중 택 1권 독후감
 : 1,500자 작성 타이핑 파일과 출력물로 동시 제출
     (1) 오일러가 사랑한 수 e(엘리 마오, 경문사)
     (2) 수학나라에 바보는 없다(존 알렌 파울로스, 푸른산)
     (3) 바보들의 수학잔치(나카무라 기사쿠, 홍)
     (4) 수리철학(이건창, 경문사)
     (5) 수학공부 개념 있게(고중숙, 푸른나무)

---> 1,500자 분량 독후감 타이핑 한글 파일로 제출 준비 (입학날 본인 이메일에 파일로 담아오고, A4 출력물 동시 제출)
---> 반영 : 입학 후 독서지원시스템에 기록 후 생기부에 기록반영 예정

고1 수학 수행평가의 방법 및 평가 기준의 예시입니다. 권장도서 리스트를 활용해 책을 선정하게 된 동기와 더 알아보고 싶은, 관심이 가는 부분에 대해 탐구주제를 선정해 심화탐구를 진행하는 과정을 세특에 담아내야 합니다.

이번 단기방학을 활용하여 수학 관련 독서활동을 구상하세요! 단기방학 이후 수학탐구능력평가 시간이 있으며, 독서활동이 진행된 만큼 수업시간에 적어 제출하면 됩니다. 추후 수학 독후감 및 심화탐구보고서를 작성하는 데 기초자료로써 활용됨.

1. **권장도서 리스트** 참고용이며, 아래 7권의 책이 아니어도 수학 관련 책이면 모두 OK!

(1) 수학의 몽상[이진경, 휴머니스트]

(2) 수학의 원리+철학으로 캐다[김용운, 상수리]

(3) 수학, 인문으로 수를 읽다[이광연, 한국문화사]

(4) 신은 주사위 놀이를 하지 않는다[데이비드 핸드, 더퀘스트]

(5) 미적분으로 바라본 하루[오스카E 페르난데스, 프리렉]

(6) 괴짜가 사랑한 통계학[그레이엄 테터솔, 한겨레출판사]

(7) 벌거벗은 통계학[찰스 윌런, 책읽는수요일]

2. **아래 내용을 중심으로 독서활동을 진행하면 됩니다.**

– 책 선정

– 책을 선정하게 된 동기

– 책을 어느 정도 읽었다면 **책 내용 정리 및 알게된 점, 궁금한 부분, 관심이**

가는 주제가 있을 경우 이에 대한 간략한 내용 정리 및 탐구

- 책을 모두 읽었을 경우 더 알아보고 싶은, 관심이 가는 부분에 대해 탐구 주제를 선정하여 심화탐구를 진행합니다.

수학 성찰록의 양식입니다. 500자 내외의 분량은 한 학기 과목 세특 분량 1,500바이트와 유사합니다.

☀ [성찰록 쓰기] '생활 속 이차곡선 탐구 프로젝트' 활동을 통해 배우고, 느낀 점을 글로 쓴다.
(단, 500자 ~ 1,000자)

프로젝트 수행 성찰록		
배우고 느낀 점을 구체적으로 적어보기 (500자 내외)	자기평가 : 10점	
	상(10), 중(7), 하(4)	

수학 독후감의 예시입니다. 이 학생은 수학을 스토리텔링으로 접근하도록 쉽게 쓰여진 책을 골랐습니다. 코로나 팬데믹 상황과 감기의 미적분학을 잘 연결했습니다. 포스트 코로나 시대에 또 다른 감염병에 대비하기 위한 심화탐구의 필요성도 느꼈다고 하는데, 이러한 태도가 바람직합니다. 코로나19 수리모델링 학술 자료로의 확장도 학생의 지적 수준을 높게 평가하도록 합니다.

1. 책 정보 및 소개

‘미적분으로 바라본 하루오스카 E. 페르난데스’는 하루하루 겪는 일을 통해 일상 속에 숨어 있는 미적분을 찾아내어 단순한 관찰로부터 수학이 자연스레 드러나도록 이끌어준다. 명확한 개념을 제시하여 수학을 처음 접하든 아니면 이미 수학에 호기심이 많고 열정이 있든 간에, 이 책은 학생들이 주변을 둘러싼 미적분을 발견하면서 하루를 보내게 안내해 준다. 이 책을 통해 수학을 입시용으로만 공부한 학생들이 완전히 새로운 방식으로 수학을 바라보게 될 수 있다.

2. 책을 선정하여 읽게 된 동기이유

진로 및 수업과의 관계, 타 교과와의 융합, 관심 분야 및 호기심 등

‘미적분’이라고 하면 우리는 보통 수많은 교과서와 참고서를 떠올리며 지루하고 추상적인 방정식을 연상한다. 하지만 실제로 미적분은 재미있고, 이해하기 쉬우며, 우리가 사는 세상 모두를 둘러싸고 있다. 이 책에서는 커피 속에서 수학을 찾고, 고속도로와 밤하늘에서도 미적분을 발견한다. 어렵게 느끼던 미적분을 일상의 하루를 통해 스토리텔링으로 쉽게 이해할 수 있다. 의학 계열 진로 관련 미적분학을 통해 사람의 혈관이 특정한 각도를 유지하면서 나뉘는 이유를 설명하고5장, 왜 공중으로 던진 모든 물체가 포물선을 그리는지도 증명한다1장. 시간 여행과3장 우주 팽창을 증명하면서7장, 우리가 알고 있는 시간과 공간에 대해서 다시 생각해 보게 한다. 특히 미적분을 통해 어떻게 더 잠을 푹 자는지1장, 연료를 아끼는 방법5장, 영화관에서 가장 좋은 좌석을 찾는 법7장처럼 수학과 일상의 관계를 융합시켜 호기심을 키워준다.

3. 책에서 인상 깊은 주제 및 내용과 이유, 책을 읽고 알게 된 것, 깨달은 것

새롭게 알게 된 사실, 심화 탐구 주제 선정 및 활동에 대한 근거 등

코로나 팬데믹의 끝자락에 서 있는 지금 '감기의 미적분학'이 주목을 끌었다. 인류의 불치병인 감기를 둘러싸며 꼭꼭 숨은 수학을 하나둘씩 찾아내, 수학이 어떤 모습을 하고 있는지 궁금했다. 꼭꼭 숨은 수학의 머리카락을 들춰보니 로지스틱 방정식의 모습을 한 채 숨어 있었다. 이 책에 따르면, 로지스틱 방정식을 이용해 총인원이 n명일 때 t감염된 사람의 수에 관한 식을 $I_{(t)}=n/1+3e^{-20}$으로 나타낼 수 있다.이때, k는 감기가 얼마나 빠르게 전염되는지 나타낸 숫자다 여기서 로지스틱 방정식이란 생태학에서 개체군 성장의 단순한 모델로 고안된 미분 방정식으로 대부분 $p'=ap-bp^2$a,b는 숫자으로 나타나고 이 수학 모델은 인구증가를 설명하는 데 쓰였다. $I_{(t)}$의 방정식은 시간t를 x축으로, 감염자의 수를 y축으로 둔 부드러운 파도물결모양의 그래프로 나타났다. 시간t=t에서 변곡점을 가져 그 이전에는 감염자 수가 점점 빠른 비율로 증가하는데, 그 후에는 점점 느린 비율로 증가하는 추세를 보인다. 결국 감기와의 시간전쟁에서 승기를 잡아야 인류가 승리할 수 있다는 이야기이다. 그래프의 하얀 배경은 감염병의 진행을 막기 위해 과학자들, 수학자들이 고군분투한 전쟁터 현장이었다는 교훈을 배우게 되었다. 미적분을 비롯한 수학의 중요성을 새롭게 알게 되고, 포스트 코로나 시대에 또 다른 감염병을 대비하기 위한 심화 탐구의 필요성도 느끼게 되었다. 특히, 델타 및 오미크론 등 n차 재유행을 겪어 온 과정을 수학적으로 탐구해 이후 대응 방향에서 참고해야 할 근거로 삼아야 한다고 추가 과제를 설정해 보았다.

4. 책의 내용과 연계 또는 심화하여 탐구하고 싶은 주제 및 선정 이유,
추가 탐구_{보고서, 독서, 자료수집 등} **계획 및 진행 내용**

코로나19 바이러스 확산으로 인해 국가적 재난 상황을 맞이하여, 수학계에서 수학을 기반으로 한 코로나19 공동 대응을 위해 '코로나19 수리모델링 TF'가 발족했다. TF의 킥오프 미팅이 2020년 6월 16일_화 국가수리과학연구소에서 개최되었으며, 위원장은 한국산업응용수학회 회장을 역임한 건국대 정은옥 교수가 맡게 되었다. TF는 매달 온라인 학술대회를 마련하여 수리모델링을 통한 코로나19 바이러스 확산 방제 정책들을 제안하고 있다. 대한수학회와 국가수리과학연구소 공동 주최로 진행한 'COVID-19 선제적 대응을 위한 수리모델 역할' 온라인 워크숍 내용을 연계, 심화하여 탐구하면서 장기적으로는 'AI 융합 기술을 활용한 의료·산업수학 문제해결'과 같이 Amyloid PET 영상 SUVr의 뇌지도 영역별 판별 중요도 계산, 보행데이터 기반 파킨슨 질환 예측, X-ray 이미지를 통한 NSA_{Neck Shaft Angle} 기반 뇌성마비 환자 대퇴골 길이 추정처럼 의료 분야와 수학을 연계한 추가 탐구 과제를 설정해 '디지털 헬스케어: 의료의 미래_{최윤석}'와 같은 추가 독서와 연계해 지속적으로 탐구해 보고자 한다.

고1 수학 교과 활동지 자율주제 탐구의 예시입니다. 요소수 대란이라는 시사 이슈를 잘 접목했습니다.

수학교과 활동지 (자율주제 탐구)					
	반:		번호:		이름:

자율 주제명	자동차 헤드라이트의 원리
주제선정 이유	요소수 대란을 통해서 관찰된 나비효과를 알아보기 위하여 주제를 선정함.
주제탐구 방법	지식채널E "요소수 어디 없소"를 통해 요소수 대란의 원인을 알게 되었고, 자원을 통해 발생할 수 있는 국가 간의 갈등을 살펴보았으며 희토류 사태와 유사한 점을 찾아보고 "희토류 자원 전쟁"을 읽어내며 자원 전쟁에 대한 다양한 사례를 찾아봄.
관련주제 내용	요소는 동물의 체내에서만 합성되는 대표적인 유기물이었지만, 20세기 화학의 발전으로 대량 생산되어온 농업용, 산업용 화학소재로 물에 녹인 수용액인 요소수는 대다수 디젤 차량에서 뿜어내는 질소산화물을 획기적으로 줄여서 미세먼지를 줄일 수 있음. 2020년 10월 호주가 미국 주도의 안보 회담 쿼드에 참여한 것에 대한 중국의 무역보복으로 호주산 석탄수입 금지되고 이는 중국 내 발전소 가동이 중단되며 요소생산량이 급감하여 전량 중국에 수입을 의존하고 있는 우리나라의 경우 요소수 수입량이 급감하게 되고 결국 요소수 대란으로 이어짐.
관련주제 활동	나비효과 : 미국의 기상학자 에드워드 N. 로렌츠가 처음으로 발표한 이론이지만 나중에 카오스 이론으로 발전하는 계기가 되었다. 일반적으로는 작고 사소한 사건 하나가 나중에 커다란 효과를 가져온다는 의미로 쓰인다. 희토류 : 유사한 화학적 특징을 가진 17개 원소를 하나로 묶어 부르는 말. 반도체, 연료전지 등 다양한 분야에 쓰이며 21세기 핵심자원 중 하나. 중국에 36.7% 정도 매장되어 있으며 비경제적, 비효율적이란 이유로 채굴을 하지 않고 미국은 중국에서 80%를 수입함. 석유파동 : 석유공급의 제한으로 인하여 실질생산 감소와 생활수준의 저하를 초래함. 대체재: 서로 다른 재화에서 같은 효용을 얻을 수 있는 재화(꿩 대신 닭) 보완재 : 두 가지 이상의 재화를 사용해 하나의 효용을 얻을 수 있는 재화(바늘과 실)
관련활동 느낀 점	자원부족으로 인하여 경제 전반에 걸쳐 연쇄효과(나비효과)가 일어난다는 것을 알게 되었음. 일부 지역에 한정된 자원뿐만 아니라 기술력도 국가의 경쟁력이 되어 다른 나라에 영향을 미칠 수 있을 것이라 생각함. 자원부족으로 인한 수입을 불가피하지만 다양한 국가에서 수입할 수 있도록 해야 하며 특정자원을 대체할 수 있는 자원 또는 보완할 수 있는 자원을 개발해야 함. 우리나라의 경우 자원이 부족하므로 기술력을 키워나가야 함. 독점기업들도 같은 방법으로 공급량을 조절하여 높은 가격을 유지할 수 있다고 생각함.

관련추가 활동	전 세계 특정 자원의 분포 정도를 살펴보고 우리나라의 자원 수입의존도를 조사하고자 함. 우리나라의 독점 기술력을 조사함.

수학 독서 양식의 예시입니다. 원문을 그대로 옮겨 적으라는 요구에 맞춰 유용한 키워드를 찾아야 합니다. 목차나 서평을 활용하면 좋겠습니다.

🎖 수학 독서

Ⅰ. 독서활동(20분)

※ 필독 도서의 4, 5, 12, 13, 17, 18, 29, 41 Chapter를 정독 하시오.

Ⅱ. 독후활동(30분)

※ 아래 내용을 읽고 조건에 맞게 서술하시오.

1. 읽은 내용 중 시선을 끄는 문장을 3개 찾아 원문을 그대로 옮겨 적으시오.[2점]

  1)

  2)

  3)

2. 위의 문장에서 한 문장을 선택하고 시선이 끌린 이유를 자기의 생각이 드러나도록 5줄 내외로 서술하시오.[1점]

  _____

  _____

  _____

  _____

  _____

3. 8개의 Chapter 중 하나의 주제를 정하고 핵심줄거리를 5줄 내외로 요약하시오.[2점]

  _____

  _____

  _____

  _____

  _____

기하 활동지 양식의 예시입니다. 원리 분석과 논증 과정에서 그림을 활용하되 세특 기재용 문구를 한두 줄로 정리해서 담으면 좋겠습니다.

☼ **[문명의 이기 속 이차곡선 원리 탐색]** 현대 기술 문명에 의하여 만들어진 편리한 생활 수단이나 기구 속에서 포물선, 타원, 쌍곡선의 원리가 적용된 예를 찾고, 그중 하나를 선정하여 내재된 이차곡선의 원리를 분석하고 논증한다.

문명의 이기 속 이차곡선 원리 탐구 활동지				
과제 제목			모둠평가: 20점	
			상(20), 중(14), 하(8)	
활동	1. 활동①에서 설정한 모둠 과제를 확인하고 제목 정하기		모둠	이름
	2. 해당 과제와 관련된 이차곡선 사례 및 원리 탐색하기			
	3. 사례에 적용된 이차곡선의 원리를 분석하고 논증하기			

1. 과제 선정 및 선정 이유

2. 핵심 이차곡선 원리 분석

3. 분석된 이차곡선 원리 논증

경제수학 활동지의 예시입니다. 미래 변화와 관련해 '글로벌 트렌드 2023' 같은 도서를 참고해 언급하면 좋겠습니다.

❀ 1950년대 이후 한국의 직업 변화의 흐름 파악하기

우리나라의 1950년대 이후 인기 직업 변화의 흐름을 파악해 봅시다.

※ 우리나라의 시대별 인기직업을 참고하여 물음에 대해 짝과 함께 생각해 보세요.

시대별 인기 직업

1950년대	1960년대	1970년대	1980년대	1990년대	2000년대
군 장교	택시운전사	트로트 가수	증권·금융인	프로그래머	공인회계사
의사	자동차엔지니어	건설기술자	반도체엔지니어	벤처기업가	국제회의 전문가
영화배우	다방 DJ	무역업 종사자	야구선수	웹마스터	커플매니저
권투선수	은행원	화공엔지니어	탤런트	펀드매니저	사회복지사
타이피스트	교사	기계엔지니어	드라마프로듀서	외환딜러	IT컨설턴트
의상디자이너	전자제품기술자	비행기 조종사	광고기획자	가수	인테리어디자이너
서커스 단원	개발기술자	대기업 직원	카피라이터	연예인 코디네이터	한의사
공무원	섬유엔지니어	노무사	선박엔지니어	경영컨설턴트	호텔지배인
전화교환원	버스안내양	항공 여승무원	통역사	M&A전문가	프로게이머
전차운전사	방송업계 종사자	전당포 업자	외교관	공무원	생명공학연구원

Q1. 인기 있던 직업은 년대별로 어떤 특징이 있나요? 우리나라의 시대적 변화와 연결해서 생각해 보세요.

〈예시〉 1950년대 : 국가를 재건하는 시대적 요구에 맞춰 군 장교, 의사, 영화감독과 배우, 외교관, 법관, 공무원,
전차운전사 등의 직업이 큰 인기가 있었다.

1960년대 :

1970년대 :

1980년대 :

1990년대 :

2000년대 :

2010년대 :

Q2. 다가오는 미래엔 어떤 변화가 나타날까요?

사회 수행평가 학생부
세특 글쓰기

학생부 세부능력특기사항 사회 과목의 예시입니다. 사회 과목의 경우 행복, 인권, 세계화 등 통합사회 교과서 단원들의 특성을 살려 다양한 키워드를 활용하는 것이 좋습니다. 이 학생의 경우 감정노동, 서유럽 복지 제도, 사회적 합의, 무임승차, '대변동'과 '정의론'까지 연결 과정이 매우 훌륭합니다.

국내외 인권 문제에 대해 관심을 가지고 감정노동 문제의 구체적인 원인을 제도의 사각지대와 소비자의 부적절한 행동을 중심으로 탐구함. 감정노동자를 보호하기 위한 법조항과 소비자 윤리의식 수준을 조사하고 기업과 노동자가 상생할 수 있는 개선 방안을 고민해 프랑스의 근로자 복지 제도를 바탕으로 우리나라 복지 제도의 방향을 탐구하여 발표하며 프랑스 복지 체계를 형성한 라 로크와 구체적인 복지 예시를 조사하고 사회적 안정과 공정한 분배, 낮은 근로의지와 사회적 갈등을 중심으로 서유럽 복지 제도의 장단점을 추가 탐구해 포트폴리오를 작성함. 복지 확대 과정에서의 부작용을 막기 위한 사회적 합의의 중요성과 무임승차 방지 제도의 필요성을 주장함. 한국의 지정학적 위치와 국제 정세에 대한 발표를 듣고 역사적으로 한국과 비슷한 처지에 있던 나라들의 예시를 바탕으로 '대변동'제레드 다이아몬드'에서 교훈을 얻어 현재 미중 갈등과 새로운 국제 정세에서 우리나라가 나아갈 길을 고민함. 롤스의 '공정으로서의 정의'에 대한 발표를 듣고 '정의론'의 의의와 한계를 균형 있게 살펴보며 개인의 공정한 경쟁을 보장하는 제도적 방안을 공론화함.

　　2022학년도 대원외고 사회 과목 활동기록의 예시입니다_{다음 페이지}. 1학기 인권 문제 100자, 2학기 개인별 발표 200~300자, 2학기 활동지 100자처럼 세세하게 유의 사항이 주어집니다. '-함', '-임'처럼 개조식 종결어미를 조건으로 설정하여 학생부 세특 기록을 수월하게 하기 위한 장치도 보입니다. 작성 예시를 통해 선배들의 좋은 사례도 소개하고 있습니다. 제출한 활동 기록은 어디까지나 선생님들이 학생들의 활동을 참고하는 용도라고 명시하고 있습니다. 과목별 세부능력 및 특기사항의 입력 권한은 담당 교과 교사에게 있기 때문입니다.

[1학년 통합사회]
2022년 '활동 기록'에 대한 공지사항

1. 통합사회 생활기록부는 1학기 인권 문제에 대해 탐구한 내용과 2학기 주제 탐구 및 발표한 내용을 바탕으로 선생님이 직접 작성하며, 별도의 보고서는 절대 받지 않습니다. (교육부 금지 사항)

2. 여러분은 1, 2학기에 한 수행평가를 바탕으로 활동 기록을 작성해야 합니다.

① 12/13(화) 오전 중으로 사회부장을 통해 1, 2학기에 제출한 활동지를 학생 개인별로 배포함.

② 12/14(수) 오전 8시 30분까지 사회부장이 1, 2학기에 제출한 활동지를 걷어 교과 선생님께 다시 제출함. (1~5반 김난경선생님, 6~10반 권민정 선생님)

③ 12/14(수) 오후 11시 59분까지 아래 구글 설문에 활동 기록을 완료합니다.

---

* 활동 기록 작성 시 유의 사항
1. 500자 내외로 작성. 초과한 내용은 삭제될 예정
   ex) 1학기 인권 문제 100자 / 2학기 개인별 발표 2-300자 / 2학기 학급 친구의 발표를 듣고 작성한 활동지 내용 100자
2. 3인칭 시점 (나, 내가 등 1인칭 X)
3. - 종결어미는 -함, - 임 (-했다. -했습니다. X / -발표함. - 탐구함. - 작성함. - 정리함 등 O)
4. 특정 기관이나 (살아 있는) 인물명은 바꿔서 작성
   (UN, EU, WTO, 구글, 나이키 등 X / 푸틴X <u>고르바초프O</u>)
   ex1) 인도- 파키스탄 분쟁에 대해 EU가 개입하여→ → 인도- 파키스탄 분쟁에 대해 <u>국제기구</u>가 개입하여~
   ex2) 나이키의 air jorden 등 스포츠 선수의 브랜드화를→ → <u>글로벌 기업</u>에서 스포츠 선수의 브랜드를~
5. 1, 2학기에 제출한 활동지에 쓴 제목은 수정이 가능하나 내용 자체에 대한 수정은 불가.
   <u>본인이 활동한 내용과 다르게 작성한 경우, 생활기록부에 기록하지 않음.</u>

---

* 작성 예시 (1학기 인권 문제 140자 –2학기 본인 발표 181자 – 2학기 활동지 124자, 총 452자)
국내외 인권 문제에 관심을 가지고 '코로나가 학습에 미치는 영향-취약계층을 중심으로'에 대해 탐구함. 코로나 이후 취약계층 청소년들의 문해력이 은 일반 가정 아이들보다 더 큰 폭으로 떨어졌다는 객관적인 자료를 바탕으로 정부의 지원이 필요하다고 주장함. '**현대의 소통 단절'에 대해 탐구하여 포트폴리오를 작성함.** 현대 사회에서 도시와 거주자들의 정신생활에 대한 게오르크 지멜의 이론을 바탕으로 도시의 도구적인 인간관계에 대해 설명함. 현대 도시에서는 인구밀도로 사람들 간 교류횟수와 인간관계의 폭이 늘어났지만, 다른 사람들로부터 감정적으로는 멀어지는 공간의 이중성이 드러난다고 주장함. **또한 공간의 효율성을 높이면서 불평등을 줄일 수 있는 방법에 대해 발표한 내용을 듣고** 효율성과 형평성이 양립할 수 있는지에 대해 고민함. '도구적 정의'에 대한 **발표를 듣고** 정의가 무엇인지에 대한 본인의 생각을 정리함.

---

3. 제출한 활동 기록은 어디까지나 선생님들이 여러분의 활동을 '참고'하는 용도입니다. 과목별 세부능력 및 특기사항의 입력 권한은 교과 교사에게 있습니다.

궁금한 내용은 사회 선생님에게 언제든 문의하세요. 1년 간 정말 고생 많았습니다!

고1 통합사회 수행평가 독후활동 평가 기준의 예시입니다. 평가 요소별로 우수 등급으로 평가받기 위해서는 세부 평가 기준을 꼼꼼히 확인하여 수행평가 감점이 없도록 준비해야 합니다.

■ 2022학년도 1학년 1학기 통합사회 수행평가 - 독후 활동 ■

평가 영역	독후 활동		만점 (반영비율)	100점 (15%)		
평가 방법	과정+결과 평가					
관련 단원	I. 인간, 사회, 환경과 행복 ~ V. 시장 경제와 금융					
수행 과제	통합사회 교과서의 내용과 관련이 있는 책을 읽고 독후활동 양식에 맞게 기록지를 작성 (자신의 진로나 관심 분야와 관련된 서적을 권장함)					
평가 요소	평가 기준		평가 등급 및 배점			
			우수	보통	미흡	매우 미흡
독후 활동 (100점)	책의 선정 이유를 교과 내용 및 진로와 충분히 연계하여 구체적으로 서술하였는가? | 세부 평가 기준	등급 | |---|---| | 책의 선정 이유를 교과 내용 및 진로와 충분히 연계하여 구체적으로 제시한 경우 | 우수 | | 책의 선정 이유를 교과 내용 및 진로와 연계하여 서술하였으나 구체적이지 못한 경우 | 보통 | | 책의 선정 이유가 교과 내용 및 진로와 연계성이 미흡하고 구체적이지 못한 경우 | 미흡 | | 책의 선정 이유를 서술하지 않은 경우 | 매우미흡 |		20	15	5	1
	책의 내용 요약 및 정리가 논리적으로 서술하였는가? | 세부 평가 기준 | 등급 | |---|---| | 책의 주요 내용을 충분히 이해하고 체계적으로 핵심 내용을 성실하게 정리한 경우 | 우수 | | 책의 내용을 정리하였으나 핵심 내용을 잘 정리하지 못하고 내용이 다소 미흡한 경우 | 보통 | | 책의 일부분을 그대로 인용하거나 극히 일부 분만 정리한 경우 | 미흡 | | 책의 내용 요약 및 정리를 서술하지 않은 경우 | 매우미흡 |		30	25	10	1
	책을 읽고 배우고 느낀점을 논리적으로 서술하였는가? | 세부 평가 기준 | 등급 | |---|---| | 책을 읽고 배우고 느낀점이나 비판점을 매우 논리적으로 잘 서술한 경우 | 우수 | | 책을 읽고 배우고 느낀점이나 비판점을 일반적으로 서술한 경우 | 보통 | | 책을 읽고 배우고 느낀점이나 비판점을 미흡하게 서술한 경우 | 미흡 | | 책을 읽고 배우고 느낀점이나 비판점을 서술하지 않은 경우 | 매우미흡 |		30	25	10	1

고1 통합사회 수행평가 독서활동 채점기준의 예시입니다. 줄거리 혹은 가장 인상 깊었던 내용은 요약적으로 서술해야 합니다. 길게 서술하면 감점되기 때문입니다. 그렇다고 해서 너무 대략적으로 서술하면 안 되고, 책 본문에서 구체적인 사례와 키워드를 뽑아내야 합니다.

2. 독서 활동 평가

① 수행 과제 : 통합사회 관련 지정도서를 읽고 내용 요약과 독서 감상을 평가한다.

지정도서명	경제학콘서트1 -생활 경제편
저　　자	팀 하포드

② **평가 일자 : 6월 13일(월) ~ 6월 17일(금) 중 수업 시간**

③ **유의사항 : 자료를 보지 않고 독서감상문을 작성하니 평가 전 반드시 자료의 내용을 숙지하시기 바랍니다.**

<채점기준>

평가 요소	횟수	배점	채점 기준	배점
줄거리	1	30	• 줄거리 혹은 가장 인상 깊었던 내용에 관해 요약적으로 서술했다. • 줄거리 혹은 가장 인상 깊었던 내용에 관한 선정 이유를 구체적으로 서술했다.	30점
			• 줄거리 혹은 가장 인상 깊었던 내용에 관해 요약 없이 길게 서술했다. • 줄거리 혹은 가장 인상 깊었던 내용에 관한 선정 이유를 대략적으로 서술했다.	20점
			• 줄거리 혹은 가장 인상 깊었던 내용에 관해 서술한 부분에 오류가 있다. • 줄거리 혹은 가장 인상 깊었던 내용에 관한 선정 이유를 서술하지 않았거나 미흡하게 서술했다.	10점
느낀점	1	40	• 배운점, 느낀점, 이해하게 된 점에 관해 구체적으로 서술했다.	40점

정치와법 학습지의 예시입니다. 사회탐구 영역의 선택 과목들을 잘 활용하면 해시태그 키워드를 통해 진로와 연계해 전공 분야에 대한 관심을 표현할 수 있습니다.

○ 해시태그(#) 키워드로 한반도의 국제질서 분석하기

한반도의 지정학적 특징을 참고하여, 한반도의 국제질서를 분석해 보세요.

1. 다음은 한반도와 그 주변국에서 발생한 주요 사건을 나열한 것이다. 사진 카드 속 이야기를 담아내는 해시태그(#) 키워드를 작성하세요.

〈예시〉 #냉전 #남한 · 미국 · 일본 VS 북한 · 소련 · 중국	〈예시〉 #미군과 소련군 간의 경계선 #현재의 휴전선 #열전의 장, 한반도 #한국전쟁, 분단	〈예시〉 #북한 핵 개발, 미사일 발사 #김정은 정권의 생존 수단 #평화 위협
〈예시〉 #한 · 미 동맹 #미 · 일 동맹 #중국 견제	〈예시〉 #미중 세력(패권) 경쟁 #G2 시대의 도래 #중국의 급부상 #미국의 아시아 회귀	〈예시〉 #일본의 군사적 보통국가화 #전쟁 가능한 국가를 향한 평화헌법 개헌 #하필 731

2. 한반도의 국제질서를 한 문장으로 표현해 보세요.

> 한반도는 〈예시〉 힘의 각축장이다.
> 왜냐하면 주변 강대국들의 이해관계가 충돌하는 지역이기 때문이다.

사회문화 질문지의 예시입니다. 탐구를 위한 질문의 내용에는 양적 연구와 질적 연구, 개념의 조작적 정의, 자료 분석과 가설 검증 등의 키워드들이 포함되어 있습니다. 이 키워드들을 간과해서는 안 됩니다.

교수·학습 자료 ▶ **탐구를 위한 질문**

1. 양적 연구입니까? 질적 연구입니까? 어떻게 알 수 있습니까?
　양적연구 / 가설을 설정하여 검증하는 과정을 통해 알 수 있다.

2. 〈❷가설 설정〉시 유의해야 할 사항은 무엇이 있을까요?
　검증이 가능해야 한다. 독립변수와 종속변수와의 관계로 표현해야 한다. 간결하고 명확해야 한다.

3. 〈❸연구 설계〉에서 '개념의 조작적 정의'란 무엇입니까? 이 절차가 필요한 이유는 무엇일까요?
　추상적인 개념을 측정 가능하도록 구체적인 수치로 나타내는 것을 말한다. 통계 처리 및 분석을 통해 가설을 검증하기 위해 필요하다.

4. 〈❸연구 설계〉에서 활용한 자료 수집 방법의 특징은 무엇이며 특별히 유의해야 하는 사항은 무엇일까요?
　질문지법: 경제성이 높고 통계 처리가 용이하다. 문맹자에게 실시하기 곤란하다. 응답자의 심층적인 동기나 의도를 파악하기 힘들다. 대표성이 있는 표본을 추출해야 한다.

5. 〈❺자료 분석〉과 〈❻가설 검증〉을 바탕으로 〈❼일반화〉에 들어갈 적절한 내용을 적어보세요.
　성적이 높은 학생일수록 자아 존중감이 크다고 할 수 없다.

6. 이 연구 계획서에서 궁금한 점, 동의하지 못하는 점, 잘 이해가 안 가는 점이 있으면 질문 형태로 적어 보세요.

고1 통합사회 수행평가로 진로독서 활동이 담긴 주제탐구 활동지 양식의 예시입니다. 사회적 윤리적 문제에 대한 분석 과정에는 구체적인 방법을 담아내야 합니다. 창체 진로와 별개로 교과 세특 기재를 위한 주제탐구 활동지에는 추가 진로독서 활동이 요구되므로, 관련 도서 리스트를 미리 준비해 두면 좋겠습니다. 『대치동 독서법』에서 강조한 예비고1 베스트 컬렉션을 참조할 것을 권합니다.

통합사회 1학기 주제탐구 활동지	(1)학년 ( )반 ( )번 이름 :		
논제 : 1. 산업화와 도시화에 따른 문제점. 교통·통신의 발달과 정보화에 따른 문제점. 사회의 다양한 불평등 현상 등 현대 사회의 윤리적 문제점 중 한 가지 주제를 선택하여 윤리적 쟁점을 분석하고 이를 바탕으로 윤리적 문제에 대한 해결책을 제시할 수 있다. 2. 위 1번과 관련된 심화 독서활동을 할 수 있다.			
현대사회의 윤리적 문제 (사례중심)	1. 주제:_____(윤리적 문제 주제를 쓸 것) (예시: 성장 위주의 개발정책. 임금 격차. 사이버 범죄. 인종 차별 문제 등) 2. 사례 :		
해결책 모색 (방안에 대한 제안)	*윤리적 문제의 해결방안(구체적인 방법을 제시할 것) 1. 2.		
진로 독서 활동을 통해 느낀 점 (1번과 연계하기)	■도서명(저자) : ■느낀 점 1. 도서 선정 이유 : 2. 독서활동을 통한 가치관 성장 혹은 해당 분야에 대한 개인적인 지식 확장을 위해 노력: (자신의 진로와 연계) 3. 독서 후 추후 계획: 4. 책을 읽고 가장 인상적인 문장 작성(및 문제 제기):		

고1 통합사회 수행평가로 진로독서 활동이 담긴 주제탐구 활동의 예시입니다. 해고 노동자, 참전 군인, 소방 공무원처럼 구체적인 사례를 담았습니다. 같은 저자의 다른 책을 추후 독서 계획으로 담아 확장성이 느껴집니다.

1. 주제

사회적 차별과 의료 불평등의 문제

2. 사례

2009년 쌍용자동차 정리해고 후, 직장점거 파업에 참가했던 노동자들의 50.5퍼센트가 외상 후 스트레스 장애를 앓는 것으로 조사되었다. 걸프전 참전 군인의 외상 후 스트레스 장애 유병률이 22퍼센트인 것을 감안하면, 그 심각성이 더 확연히 드러난다. 소방공무원, 해고노동자, 세월호 생존 학생, 동성애자와 같이 "사회적 원인을 가진 질병은 사회적 해결책이 필요하다."

윤리적 문제의 해결방안

1. 최첨단 의료 기술의 발전으로 유전자 수준에서 병을 예측하고 치료하는 게 가능해지더라도, 사회의 변화 없이 개인은 건강해질 수 없다. 사회적 차별을 금지하는 법과 제도가 필요하다.

2. 고용 불안, 차별 등 사회적 상처가 어떻게 우리 몸을 아프게 하는지, 사회가 개인의 몸에 어떻게 반영되는지 연구하는 의학 중에서도 사

회역학 분야의 발전이 요구된다.

도서명 : 아픔이 길이 되려면
저자 : 김승섭

1. 도서 선정 이유

이 책은 공중보건의사 시절부터 김승섭 교수가 걸어온 치열한 고민의 흔적들과 연구의 발자취를 고스란히 담고 있다. 데이터를 통해 질병의 사회적·정치적 원인을 밝히는 사회역학을 도구 삼아 혐오, 차별, 고용불안 등 사회적 상처가 어떻게 우리 몸을 아프게 하는지 말하고 있다.

2. 독서활동을 통한 가치관 성장 혹은 해당 분야에 대한 개인적인 지식 확장을 위해 노력 자신의 진로와 연계

저자는 "사회적 환경과 완전히 단절되어 진행되는 병이란 존재할 수 없"다고 말하면서, "사회적 원인을 가진 질병은 사회적 해결책이 필요"하다고 이야기한다. 최첨단 의료 기술의 발전으로 유전자 수준에서 병을 예측하고 치료하는 게 가능해지더라도, 사회의 변화 없이 개인은 건강해질 수 없다고 말이다. 의학 계열 진학을 위해 학업뿐만 아니라 개인과 사회에 대한 관심이 필수적이라는 교훈을 얻게 되었다.

3. 독서 후 추후 계획

저자의 다른 책 '우리 몸이 세계라면'도 찾아 읽고 관련 인터뷰도 시청하면서 사회역학이라는 의학 분야에 대해서도 더 알아 나가겠다. https://

4. 책을 읽고 가장 인상적인 문장 작성및 문제 제기

"폭염으로 인한 사망 위험을 증가시키는 또 다른 원인이 드러납니다. 바로 사회적 고립이었습니다. 혼자 사는 사람들, 폭염에도 집을 떠나지 않은 사람들, 교회에 나가거나 봉사활동에 참여하는 등 사회활동을 하지 않는 사람들이 더 많이 숨졌던 것입니다."

미국 시카고에서만 벌어지는 일이 아니다. 코로나 팬데믹 상황 속에서 전 세계와 한국 곳곳에서 차별과 불평등으로 인한 사회적 약자들의 희생이 증가하고 있다.

고1 통합사회 돌아보기의 질문과 답변의 예시입니다. 생명 존엄성과 동물권처럼 진로 관련 키워드를 잘 담아냈습니다. 추가로 한 독서활동을 통해 '생명 공학 기술의 발전 과정에서 발생할 윤리적 사회적 이슈에 대해 통합사회 교과에서 배운 내용을 바탕으로 보다 심층적인 논의를 전개해 나갈 수 있는 의료 전문가가 되기를 새로운 목표로 설정하게 되었다'고 했는데, 통합사회 교과목을 진로인 의학과 연계한 점이 돋보입니다.

1. 나에게 통합사회란? 본인의 희망진로와 관련하여 서술하시오.

나에게 통합사회란 의사로서 나의 윤리적 의식을 기르고 확립할 수 있도록 도와주고 사회와 소통하게 해주는 학문이다. 통합사회를 통해 한국 사회에서의 정의가 무엇을 의미하는지를 알게 되고, 어떤 불평등이 일어나는지를 알게 되었다. 또한 통합사회를 통해 과거에는 무슨 일이 일어났고, 사람들이 어떤 생각을 했으며 이를 통해서 인류 사회에 어떤 미래가 일어날지를 예상할 수 있게 도와주었다.

2. 통합사회의 전체 단원 중 나에게 유의미하게 다가왔던 주제를 그 이유와 함께 서술하시오.

주제 : 사회 정의와 불평등, 미래와 지속 가능한 삶 세계의 인구 문제의 해결 방안

이유 : 현대 사회에서 많은 사람이 인간이 누려야 할 기본적인 권리조차 누리지 못하고 사는 경우가 많다. 자본주의가 등장하고, 사람들은 자신의 이익을 위해 이기주의적 성향이 나타나면서 계층 간의 빈부격차가 심화되었다. 양극화가 심해지면서 사회의 하위 계층들은 깨끗한 주거환경, 의료 복지 서비스 같은 필수적인 요인마저 갖지 못한다는 의료 불평등을 깨달았기 때문이다. 그래서 사회적 문제를 해결하기 위해서 무엇이 필요한지를 생각하게 되었다.

빈부격차 문제와 여러 갈등이 원인이 되어 한국의 출산율은 눈에 띄게 낮아졌다. 하지만 의료 기술과 과학의 발달로 기대 수명이 증가하면서 오히려 사망률은 이전에 비해 많이 낮아졌다. 오늘날 선진국 대부분에서 저출산-고령화 문제를 겪고 있다. 청장년층의 수는 계속 감소하고, 노인층에 대한 부담은 증가하는 상황에서 고령층을 위한 새로운 의료 시스템이 필요함을 깨달았다.

3. 통합사회를 공부하다가 생긴 의문점을 그 내용이 언급되는 주제와 함께 서술하시오.

키메라 배아를 통해 사람에게 이식할 장기를 찾고 이용한다는 주제를 공부하다가, 과연 키메라 배아를 이용해 장기를 배양하고 이식하는 과정에서 부작용은 없는지, 그리고 과연 이러한 행동이 옳은 것인지에 대한 의문점이 생겨났다. 인간의 생명 존엄성과 동물의 권리 등의 쟁점이 얽혀 있는 문제이기 때문이다.

4. 그 의문점을 해결하기 위해 어떤 노력을 했는지, 그리고 어떤 결론을 얻게 되었는지 서술하시오.

현재 병원에서 장기 기증이 필요한 환자들은 많지만, 장기 기증자의 수가 턱없이 부족해 많은 환자가 장기 기증만을 기다리며 병원에서 생명을 연장하고 있다. 하지만 키메라 배아를 통해 환자에게 제공해 줄 장기를 직접 만들어 낸다면 장기 기증자에게 필요한 장기를 보급할 수 있고, 결국 그들의 생명을 살릴 수 있게 된다. 키메라 배아를 형성하는 과정은 가축의 배아에서 특정 장기를 생성하는 유전자 부위를 제거하여 가축 배아를 만들고, 가축 배아에 유도 만능 줄기세포를 주입해 인간과 가축의 형질이 뒤섞인 배아를 만들고, 이를 가축의 자궁에 넣어 키운다. 이 과정을 통해 가축의 췌장이 만들어지지 않기 때문에 유도 만능 줄기세포가 빈 유전자 부위를 차지해 인간의 췌장을 만들어 낼 수도 있다. 하지만 아직 인간에게 시험해 본 전례가 없어 인간과 동물을 섞어 만든 배아에서 어떤 부작용이 일어날지는 아무도 예측할 수 없다. 또한 유도 만능 줄기세포가 뇌로 분화하여 인간의 뇌를 형성하면 그 생명체를 무엇으로 여겨야 할지도 하나의 문제이다. 따라서 인간의 생명을 위해 시작한 연구일지라도 아직 아무것도 밝혀진 것이 없으며 이로 인해 어떤 일들이 일어날지는 아무도 모른다. 따라서 키메라 배아 연구는 공동체 내의 윤리적 합의 없이 더 이상 진행되어서는 안 된다는 결론을 얻었다.

5. 그 이후 새로운 의문점이 생겼거나, 더욱 깊이 알고 싶어 추가로 조사나 독서 등의 활동을 했거나, 새로운 목표를 갖게 되었다면 추가로 작성하세요.

키메라 배아에서 장기를 생성해낼 때 사용하는 유도 만능 줄기세포란 무엇일까? 유도 만능 줄기세포란 분화가 끝난 체세포에 세포 분화 관련 유전자를 주입해 분화 이전의 세포 단계로 되돌린 배아줄기세포처럼 만능성을 유도한 세포이다. 이러한 유도 만능 줄기세포를 이용하여 가축에서 배아를 형성할 때 가축의 장기 관련 유전자를 제거해야 하는데, 이때 사용하는 방법이 바로 유전자 가위이다. Cas9과 같은 유전자 가위를 이용하여 유전자에서 장기 형성에 관여하는 유전자만을 제거해 내는 방식이다. 또한 유도만능 줄기세포를 왜 사용하게 되었으며 어떠한 방식으로 이미 분화가 끝난 세포를 다시 배아줄기 세포와 같이 만능성을 지니는 세포로 역분화 시키는지를 알아보기 위해 '한 권으로 읽는 유도만능 줄기세포_{호조 모토하루}'라는 책을 읽었다. 그리고 차세대 유전자 편집 기술이라 알려진 Cas9과 같은 효소가 어떠한 방식으로 작용하는지를 알아보고 이에 따른 생명윤리와 관련 규제 이슈 등을 알아보기 위해 'DNA 혁명 크리스퍼 유전자 가위_{전방욱}'를 추가로 읽었다. 생명 공학 기술의 발전 과정에서 발생할 윤리적 사회적 이슈에 대해 통합사회 교과에서 배운 내용을 바탕으로 보다 심층적인 논의를 전개해 나갈 수 있는 의료 전문가가가 되기를 새로운 목표로 설정하게 되었다.

과학 수행평가 학생부 세특 글쓰기

학생부 세부능력특기사항 과학 과목의 예시입니다. 세특에서 좋은 평가를 받기 위해서는 적극성, 학문적 호기심, 심화 질문 등이 포함되어야 합니다. 이 학생의 경우 이러한 요소들을 모두 충족시켰습니다. 방법 공유, 탈리도마이드 사건, 조사 발표 내용들은 이러한 요소들을 충족시키는 근거가 됩니다.

과제를 비롯한 모든 활동에서 남다른 적극성과 학문적 호기심이 뛰어나며 본질적이고 심화된 질문을 많이 함. 화학 반응식의 양적관계 단원에서 물질에 대한 정보가 부피, 질량, 밀도 등 다양한 정보들로 주어졌을 때 각 변수들에 대한 접근 방법을 제시하고, 변수들이 융합된 경우 다양한 변수들을 서로 치환하는 방법을 공유하여 급우들의 성취도를 향상시킴. 소독제부터 항암제까지 생활 속 의약품에 사용된 화학반응을 소개하고 '탈리도마이드 사건'를 예시로 들어 동종요법을 이용한 의약품과 구조 이성질체의 위험성을 설명하고 전기적 신호를 통해 병을 치료하는 전자약을 소개함. 혈관질환에서 주로 핵 속에 위치하고 유전자 손상의 복구 및 전사인자의 활성을 조절하는 세포내 주요단백인 '산화환원 조절 단백체의 새로운 패러다임'과 '알츠하이머 치료의 후보 물질을 저분자 방향족 화합물 산화환원 반응 입증'에 대해 개별적으로 조사하고 발표함. 이를 통해 화합물들의 반응과 매커니즘에 놀라웠고 병인학적 연구를 통한 폭넓은 치료법 개발에 매진하는 연구 분야에 관심이 높아져 의학 분야에 대한 새로운 연구 발표와 성과에 관심이 많아 주기적으로 기사와 논문을 탐독하여 교과 외 정보를 습득하는 열정이 돋보임.

고1 통합과학 수행평가 안내서의 예시입니다. 이 수행평가는 집에서 해오는 수행평가가 아닙니다. 수업시간 50분 동안 진행됩니다. 시각 자료를 사전 출력하는 과정에서 보고서 작성을 위한 키워드를 미리 준비해야 세특에서 좋은 평가를 받을 수 있습니다. 사전 공지된 수행평가 세부 기준의 평가 요소도 세세하게 점검해야 합니다.

1학년 2학기 통합과학 수행평가 안내

- 심화 주제탐구 -

☐ 수행 과제
: 수업시간에 배운 내용을 바탕으로 창의적 탐구 보고서 작성하기

☐ 평가 방법
- 수업시간에 배운 통합과학 내용 중 자신의 진로와 연관된 주제를 선정하여 배부된 **B4용지(1장)**에 탐구 보고서를 작성함
- 구성 방식의 제한은 없지만, 주제에 대한 탐구과정과 결과가 타당한 근거를 바탕으로 체계적으로 작성되어야 함 ➜ **자세한 내용은 '수행평가 세부 기준'을 참고'**
- 보고서 작성 예시 : 주제, 주제 선정 이유(동기), 탐구과정(절차), 결론(느낀점), 출처 등…

☐ 주의 사항
- **작성은 수업시간(50분)동안** 진행되며, 수업시간이 종료되면 더 이상 작성이 불가능함
- 시각적인 효과를 위해 사용할 **사진, 도표(그래프), 그림 등의 보조 자료는 사전에 출력**해 붙일 수 있으며, 그 외에 나머지 부분은 모두 직접 수기로 작성해야 함
- 작성 시 **핸드폰, 테블릿을 사용할 수 없으며**, 교과서와 부교재만 사용할 수 있음 (교과서와 부교재를 오려 붙이는 것은 안됨)
- 보고서를 작성하기 위해 필요한 준비물은 **개인적으로 준비하기** 바람

❏ 수행평가 세부 기준

평가 영역	주제탐구		
평가 방법	학습과정평가	만점 (반영비율)	100점 (15%)
관련 단원	2. 자연의 구성 물질 3. 역학적 시스템 5. 생명 시스템 7. 생물 다양성과 유지 8. 생태계와 환경 9. 발전과 신재생 에너지		

수행 과제	수업시간에 배운 내용을 바탕으로 창의적 탐구 보고서 작성하기
문항 유형	☑서술·논술 ☐ 구술 ☐토론·토의 ☑프로젝트 ☐실험·실습 ☐포트폴리오 ☐자기평가·동료평가 ☐기타( )
핵심역량	☑과학적 사고 역량 ☑과학적 탐구능력 ☑과학적 문제 해결력 ☐과학적 의사소통 능력 ☐과학적 참여와 평생 학습 능력
성취기준	[10통과02-03] ~ [10통과03-02], [10통과05-03], [10통과07-01] ~ [10통과09-05]

평가 요소	평가 기준	평가 등급 및 배점			
		우수	보통	미흡	아주 미흡
보고서 내용의 완성도 (70점)	주제와 보고서의 내용이 일치되도록 적절하게 완성되었는가?	10	7	4	1
	보고서의 내용이 체계적으로 완성되어있는가?	10	7	4	1
	탐구 절차와 과정, 결과가 잘 드러나도록 체계적으로 작성하였는가?	20	14	8	1
	탐구 결과를 타당한 근거를 바탕으로 해석하고 분석하였는가?	10	7	4	1
	사진, 도표, 그림 등이 보조 자료를 효과적으로 사용하였는가? (우수 : 3개 이상, 보통 : 1~2개, 미흡 : 0개)	10	7	4	1
	주제와 관련된 다양한 과학적 개념 정리가 잘되어 있는가?	10	7	4	1
창의성/ 수업참여도 (30점)	다양한 시각으로 의문점을 찾아서 해결하였는가?	10	7	4	1
	창의성을 잘 드러내고 있는가?	10	7	4	1
	활동에 적극적으로 참여하였는가? (활동에 필요한 보조 자료, 사진, 도표, 그림)	10	7	4	1
기준 성취율	•A: 80점 이상 •B: 80점미만 ~ 60점 이상 •C: 60점 미만 ~ 40점 이상 •D: 40점 미만 ~ 25점 이상 •E: 25점미만				

고1 통합과학 수행평가의 예시입니다. 이 학생의 경우 '미국국립농업연구소ARS'로 시작하는 주제 선정 이유가 객관성을 보장합니다. 교과서 단원과의 연계성도 자연스럽습니다. 미국 조지타운대 연구팀의 연구 결과를 인용한 것도 신뢰할 만합니다.

주제 : 바이러스 종간 전파의 원인과 해결 방안

주제 선정 이유

미국국립농업연구소ARS는 꿀벌의 개체 수 감소가 식물 바이러스 TSRV와 관련이 있다고 밝혔다. 꽃가루를 실어 나르는 곤충은 대부분 식물 바이러스에 노출되어 있지만, 바이러스가 다른 종을 잘 감염시키지 못하는 '종간 장벽' 때문에 식물 바이러스가 곤충으로 쉽게 전파되지 않는다. 그러나 연구팀은 TSRV 유전자 돌연변이 때문에 꿀벌이 감염되었고, 감염 정도가 심한 벌집은 떼죽음을 당했다고 밝혔다. 바이러스의 종간 전파가 생태계와 인간에게 큰 피해를 가져와 그 원인과 해결 방안을 탐구하고자 교과서의 생태계와 환경 단원과 연계된 주제를 선정하였다.

탐구과정

바이러스는 스스로 복제할 수 없어 살아 있는 숙주의 세포를 통해 복제를 하고 복제 활동을 지속하기 위해 다른 숙주의 몸을 찾는다. 현재 최소한 1만 종 이상의 바이러스가 인간을 감염시킬 수 있는 능력을 갖추고 있지만, 대다수는 야생 포유류에 조용히 은신하고 있다. 하지만 기후 변화는 이전에 지리적으로 격리된 야생동물 사이에 바이러스 공유 기회를 높일 수 있다.

미국 조지타운대의 콜린 칼슨 연구조교수 연구팀은 인간에게 전파될 가능성이 높은 바이러스의 숙주로 가장 적합한 동물이 박쥐라고 밝혔다. 바이러스는 스스로 복제할 수 없어 살아 있는 숙주의 세포를 통해 복제하고 전파하기 위해 다른 숙주의 봄을 찾는다. 이에 많은 개체 수와 높은 밀집도가 바이러스의 숙주로서의 최적 조건이다. 개체 수도 많고, 군집 생활을 하여 직접 접촉으로 인한 바이러스의 전파 가능성이 큰 박쥐는 바이러스의 숙주로 적합하다. 이러한 박쥐는 대부분 열대 지방에 서식한다. 그런데 최근 지구 온난화로 인해 박쥐의 서식 영역이 온대 지방까지 확산되고 있다. 인간의 자연 생태계 파괴로 서식지를 잃은 동물들이 인간과 같은 지역에 머무르게 되는 것은 심각함을 더한다. 전에 상호작용이 없던 박쥐와 인간 간의 접촉이 늘어나 야생동물에서 인간으로의 병원균 전파가 일어나는 것이다.

연구 결과는 기후변화가 바이러스 종간 전파에서 주도적인 인위적 동력이 될 수 있음을 보여준다. 바이러스가 인간에 전파되는 것을 감시하는 것도 중요하지만 야생동물 종간 바이러스 전파를 모니터링하는 것도 필요하다. 또한, 무분별한 자연 생태계 파괴를 멈추고 인간과 자연의 관계를 새롭게 정립하여 생물 다양성을 유지하려는 노력이 필요하다.

출처

종간Cross-species 바이러스 전파 위험을 증가시키는 기후변화

2022년 7월 21일 Nature 607, 7919

https://www.nature.com/articles/s41586-022-04788-w

고1 통합과학 수행평가 독후활동의 예시입니다. '인수공통 모든 전염병의 열쇠'는 코로나 시대의 필독서로 여러 기관에서 추천한 책입니다. '의사와 수의사가 만나다'는 서울대 아로리 사이트에서 공개하고 있는 서울대 의대 지망생들의 자기소개서에 꾸준히 선택된 권장도서입니다. 서울대 의대뿐만 아니라 의대 지망생이라면 이 책들을 꼭 읽어야 합니다.

인수공통 모든 전염병의 열쇠 데이비드 콰먼, 2020.2.

우한, 메르스, 사스는 모두 예견된 사건이었다! 왜 박쥐가 문제인가? 왜 코로나바이러스가 문제인가? 이런 일이 또 생길까? 잊을 만하면 찾아와 닭을 몰살시키고 사람의 건강까지 위협하는 조류독감, 전 세계를 공포에 떨게 했던 사스, 아프리카 사람들을 끔찍한 고통과 죽음으로 몰고 가는 에볼라, 2,900만 명의 사망자와 3천만 명이 넘는 환자를 낳은 세기말적 역병 에이즈, 2015년 우리나라 전체를 마비시켰던 메르스, 소위 '햄버거병'으로 알려진 용혈요독증후군의 공통점은 무엇일까? 모두 동물의 병원체가 인간에게 건너와 생기는 병, 즉 인수공통감염병이다. 인수공통감염병이 왜 중요한가? 모든 전염병을 이해하는 열쇠이기 때문이다.

왜 동물의 병원체가 인간에게 건너올까? 인간과 동물이 접촉하기 때문이다. 이런 접촉은 인류 역사상 끊임없이 있었다. 하지만 인간의 숫자와 능력이 폭발적으로 늘어난 지금, 인간이 동물의 서식지를 무차별적으로 침범하면서 그 어느 때보다 늘고 있다. 이 책은 중국 남부의 박쥐 동굴과 광둥성의 식용동물시장, 콩고 강변의 외딴 마을들, 중앙아프리카의 정글, 방글라데시의 오지, 말레이시아의 열대우림, 그리고 미국과 호주, 네덜란드, 홍콩을 종횡무진 누비며 개성 넘치는 동물들과 무시무시한 병원체들이 사는 세계로 우리를 인도한다.

의사와 수의사가 만나다 바버라 내터슨 호러위츠, 캐스린 바워스, 2017.7.17.

아툴 가완디와 최재천·우희종 교수도 극찬한 〈뉴욕타임스〉 베스트셀러. 세계 의료계에서 새로운 바람을 일으키고 있는 '주비퀴티zoobiquity' 개념을 온갖 흥미진진한 사례를 통해 설명하는 대중과학서다. 의사인 내터슨 호러위츠와 과학 저널리스트 캐스린 바워스는 동물의그리고 박테리아에 이르기까지 모든 생물의 건강과 질병에 대한 치밀한 조사연구를 통해 인간과 다른 동물들을 한데 아우르는 새로운 의학적 관점에 이른다. 바로 '주비퀴티', 수의학과 인간의학의 관계와 경계를 재정립하는 접근법이다. 저자들은 이 '통일적 관점'으로 진화 이론과 인류학, 사회학, 생물학, 수의학, 동물학 등을 넘나들면서 우리의 눈을 가려온 벽을 허문다. 그리고 인간을 포함한 모든 종의 질병 치료에서 일대 진전을 이루기 위해서는 "인간의학과 동물의학이 손을 잡아야 한다"고 강조한다.

과학 세특을 위한 활동1진로 관련 양식과 답변의 예시입니다. 이 학생의 경우 서울대 암연구소 홈페이지를 참조해 주요 키워드들을 잘 담아냈습니다. '질병의 탄생'도 연관성이 높은 추천도서입니다.

(1)학년 ( )반 번호( ) 이름( )	
희망분야	**의학**
진로 희망 분야를 위와 같이 선택한 이유는 무엇인가?	중학교 때부터 병원으로 봉사활동을 다니며 생명을 구하는 의료 분야에 흥미가 생겨 의학에 대한 독서와 탐구를 하던 중, 생명과학과 관련한 줄기세포 등의 도서를 찾아보며 의학 분야에 대한 이해도를 높이며 의학 발전에 기여하고자 함.
개인이 선택한 진로 희망 분야가 수업에서 배운 내용과 어떻게 연관되어 있는가? **수업에서 배운 핵심어(과학개념 또는 원리)를 언급하여 쓰기.** **필요시 연번은 무시해도 좋음.**	1) 암 발생률은 전세계적으로 꾸준히 늘어나고 있으며, 높은 발병률과 사망률을 보여 여전히 위협적인 질병으로 분류되기 때문에 많은 치료제가 끊임없이 개발되고 있는 질병이기도 하므로 추가 조사해 봄.
	면역항암제는 숙주의 면역체계를 이용하여 암세포를 죽이도록 돕는 약물인데 신체 내에는 병원균과 싸워 이길 수 있는 면역체계가 있으며 이를 활용한 항체 기반 면역항암제의 개발은 우수 치료 효과가 입증되고 있어 개발 범위가 확대되는 추세임.
	인체 내 발생 부위가 다양한 암은 의사들에게 필수로 학습하고 완벽히 숙지하고 있어야 할 질병 하나이기 때문에 의학 관련 진로와 밀접히 연관되어 있음.
	2) 탄소는 생명체를 구성하는 물질 중 하나이며 이러한 탄소 골격에 원자가 공유 결합을 하여 이루어진 화합물을 탄소화합물이라고 한다는 교과 내용을 심화 탐구함.
	탄소화합물은 생명체 내에서 분해와 합성이 쉽게 일어나고 생명체 내에서 일어나는 물질대사 수행에 매우 적합한 물질이며 항체를 기반으로 한 면역항암제 역시 우리의 몸을 지켜내는 탄소화합물임을 확인함.
	3) 1세대 일반항암제, 2세대 표적 항암제의 단점을 보완하고 면역항암제가 등장한다는 진행 과정을 학습하고 구체적인 원리를 탐구해 봄.
	면역항암제는 암세포가 면역세포의 공격으로부터 회피하는 활동을 억제하거나 면역세포를 강화 만들어 암세포를 더욱 효과적으로 공격하도록 만드는 치료제임.
	면역항암제는 T면역세포와 결합하는 항체의 역할을 함. 면역항암제와 T면역세포가 결합하면 PD-L1항원과 PD-1 수용체의 결합을 끊어 다시 T면역세포가 암세포를 인식하여 공격하도록 만들기 때문에 신체 내 면역체계를 활성화시켜 암세포를 공격하는 방법으로 부작용이 적음.
해당 활동 후 새로 알게 되거나 자신이 달라진 점	의학 계열 진로와 관련한 다양한 질병을 찾아보며 암에 대한 경각심을 갖게 됨. 암과 같이 치유가 어려운 질병들의 치료제 연구에 대해 관심을 갖는 계기가 됨. 우리 몸을 구성하는 탄소화합물의 종류 중 하나인 항체, 병원체에 대해 심화 학습을 전개하여 교과와 진로를 연계해 나가는 자기주도적 학습의 중요성을 깨달음.
참고한 자료	서울대학교 암연구소 https://cri.snu.ac.kr/
	'질병의 탄생(홍윤철)'

고1 통합과학 수행평가의 평가 기준 예시입니다. 논점과 논거를 나누어 담아야 '우수' 평가를 받게 됩니다. 출처 기록도 매우 중요합니다. 글과 그림 등을 3개 이상 이용해야 합니다. 결과물에서 핵심원리를 자세하게 묘사하거나 차별화된 창의성을 나타내야 하는데, 두 항목 중 하나만 선택하기보다는 둘 다 시도해 보는 것이 좋겠습니다.

평가 영역	과학 글쓰기			
평가 방법	관찰 및 보고서 평가	만점 (반영비율)	100점 (15%)	
관련 단원	1. 물질의 규칙성과 결합, 2.자연의 구성 물질 3. 역학적시스템, 4.지구시스템, 5.생명 시스템			

평가 요소	평가 기준	우수	보통	미흡	아주 미흡
결과물 평가 (70점)	과학적 사고력에 기반하여 논점과 논거가 명확하게 드러나도록 결과물을 작성하여 제출하였는가?	10	7	3	1
	결과물의 내용과 형식을 적절하게 갖추고 있으며, 출처를 기록하였는가? (우수: 틀린 내용 0개, 출처를 모두 기재, 보통: 틀린 내용 1개~4개 또는 1~4가지 항목에서 출처 누락, 미흡: 틀린 내용 5개 이상, 아주미흡: 미기재)	10	7	3	1
	결과물에 대한 활용 사례를 글, 그림 등을 이용하여 이해하기 쉽게 효과적으로 작성하였는가? (우수: 항목 3개 이상, 보통: 항목 1~2개, 미흡: 항목 0개, 아주미흡:미참여)	10	7	3	1
	결과물의 주제와 내용에 대해 적절하고 충분한 완성도를 보여주었는가? (우수: 항목 3개 이상, 보통: 항목 1~2개, 미흡: 항목 0개, 아주미흡: 미참여)	15	10	3	1
	결과물에서 핵심원리를 자세하게 묘사하거나 차별화된 창의성을 나타내었는가?	15	10	5	1
	자신의 연구 주제에 대해 자신의 진로와 관련지어 탐구하고자 하는 내용이 잘 나타나 있는가? (우수: 높은 유창성 보통: 기본내용표현, 미흡:기록미흡, 아주미흡: 미기재)	15	10	5	1
활동의 참여도 (30점)	활동 과정에서 적극적으로 참여(과제집착력)하였는가?	20	14	8	1
	활동 주제에 대해 다양한 시각에서 의문을 찾아 해결하였는가?	10	7	3	1
기준 성취율	•A: 80점 이상 •B: 80점미만 ~ 60점 이상 •C: 60점 미만 ~ 40점 이상 •D: 40점 미만 ~ 25점 이상 •E: 25점미만				

고1 과학탐구실험 수행평가의 평가 기준 예시입니다. 과학 지식의 변천 원인과 결과에 대한 탐구와 발표 과정에서 4개 이상의 항목을 담아야 합니다. 사진, 도표, 그림 등의 보조 자료를 3개 이상 효과적으로 활용해야 합니다.

평가 영역	주제탐구발표		만점 (반영비율)	100점 (25%)
평가 방법	학습과정평가			
관련 단원	I. 역사 속의 과학 탐구 II.생활 속의 과학 탐구			
수행 과제	과학의 본성을 올바르게 이해하여 설명하고, 발달 단계별로 과학 지식의 변천 원인과 결과를 탐구하여 발표하기			

☑ 서술논술 ☐ 구술 ☑ 토론토의 ☑ 프로젝트
☐ 실험실습 ☑ 포트폴리오 ☐ 자기평가동료평가 ☐ 기타( )

☐ 과학적 사고 역량 ☑ 과학적 탐구 능력 ☐ 과학적 문제 해결력
☐ 과학적 의사소통 능력 ☑ 과학적 참여와 평생 학습 능력

[10과탐01-01] ~ [10과탐01-04], [10과탐02-01] ~ [10과탐02-09]

평가 요소	평가 기준	평가 등급 및 배점			
		우수	보통	미흡	아주 미흡
발표 자료 완성도 (70점)	과학의 본성에 대한 발표 자료의 구성이 탐구 주제와 부합하며 충분한 완성도를 보여주었는가? (우수: 항목 4개 이상, 보통: 항목 2~3개, 미흡: 1개)	20	15	10	1
	과학 지식의 변천 원인과 결과에 대한 발표 자료의 구성이 탐구 주제와 부합하며 충분한 완성도를 보여주었는가? (우수: 항목 4개 이상, 보통: 항목 2~3개, 미흡: 1개)	20	15	10	1
	과학 지식의 변천이 갖는 의미와 한계점을 과학의 본성으로 해석하는 내용이 포함되어 있는가?	10	7	4	1
	사진, 도표, 그림 등의 보조 자료를 효과적으로 활용하여 이해하기 쉽게 표현하고, 출처를 표시하였는가? (우수 각 항목 3개 이상, 보통: 항목 1~2개 미흡 0개)	10	7	4	1
	과학적 본성을 체득하여 편견 없는 자세를 가지고 열린 마음으로 연구를 하여 과학의 발전에 기여할 수 있는 태도를 드러내있는가?	10	7	4	1
활동 참여도 (30점)	주제 탐구 활동에 적극적으로 참여하였는가? (과정 평가: 활동에 필요한 준비물 준비상태, 태도 등을 평가)	20	15	10	1
	발표나 질의응답에 참여하고, 다양한 시각에서 의문점을 찾아서 해결하였는가?	10	7	4	1
기준 성취율	• A: 80점 이상 • B: 80점 미만 ~ 60점 이상 • C: 60점 미만				

고1 통합과학 활동지 양식의 예시입니다. 기상청 자료를 확인하라고 전제하고 있으므로 홈페이지를 검색해 빠르게 평균 기온 변화 경향성을 찾아야 합니다. 대기 중 온실 기체의 농도와 어떤 관계가 있는지를 교과서 지문을 확대 적용해 추론한 결과를 담아야 합니다.

🌸 한반도의 기후 변화 경향성 파악하기

북극 지방은 기온이 매우 빠르게 상승하고 있는 지역이다. 과학자들은 현재 추세대로라면 이번 세기 안에 여름철 북극해의 얼음이 완전히 사라질 수도 있다고 우려한다. 만약 지구의 평균 기온이 계속 상승한다면 미래에는 어떤 일이 발생할까?

기상청의 자료를 확인하여 다음에 답해보자.

1. 우리나라와 지구 전체의 평균 기온 변화 경향성을 비교하여 설명해 보자.

   🖊
   _____

   _____

   _____

   _____

   _____

   _____

   _____

2. 우리나라와 지구 전체의 평균 기온 변화는 대기 중 온실 기체의 농도와 어떤 관계가 있는지 서술해 보자.

   🖊
   _____

   _____

   _____

   _____

   _____

   _____

   _____

고1 과학탐구실험 활동지 양식의 예시입니다. 관련 기사를 검색해 오려 붙이거나 정리해야 합니다. 우리 주변에서 산성화가 많이 일어나는 지역을 분석하기 위해 지방자치단체 및 공공기관 홈페이지를 검색할 수 있어야 합니다.

🌺 토양과 호수의 산성화 원인과 영향 조사하기

산성화된 토양에서는 농작물이 잘 자랄 수 없고, 산성화된 호수는 수중 생물을 포함한 수중 생태계에 여러 가지 피해를 준다. 따라서 산성화된 토양과 호수는 여러 가지 물질로 중화시켜 복구해야 한다. 토양과 호수의 산성화 원인과 영향을 조사해 보고 그 해결 방안에 대해 토의해 봅시다.

■ 조사 및 토의하기

1. 토양과 호수의 산성화와 관련된 기사를 검색하여 자료를 오려 붙이거나 정리해 보자.
   (인터넷, 신문 등 이용)

2. 조사한 자료를 바탕으로 우리 주변에서 산성화가 많이 일어나는 지역을 분석해 보자.

3. 토양과 호수가 산성화되는 원인을 2가지 이상 조사하고 토의해 보자.

4. 토양과 호수의 산성화가 미치는 영향을 2가지 이상 조사하고 토의해 보자.

화학 탐구 보고서 양식의 예시입니다. 비주얼싱킹의 빈칸을 채우는 과정에서 세특에 담을 주요 키워드를 찾아야 합니다. 화학의 유용성과 관련된 다양한 추천도서를 활용하면 좋겠습니다.

✿ 인류 문명과 화학 (탐구 보고서)

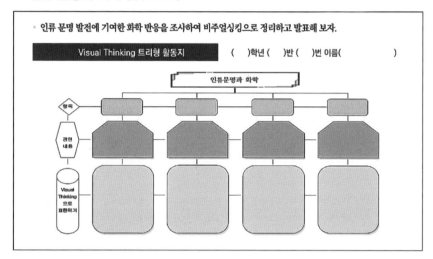

✿ 실생활 문제 해결에 기여한 화학 (탐구 보고서)

* 『조사하기』 화학이 일상생활의 문제 해결에 기여한 사례 조사하기
  (영역 ; 식량 문제, 의류 문제, 주거 문제, 에너지 문제, 환경 문제, 의료 문제 등)

영역	일상 생활에서의 문제	문제 해결을 위한 화학의 역할

* 위에 제시한 다양한 영역 중에서 미래의 문제 해결에 화학의 발전이 어떤 역할을 할지 화학의 유용성에 대해 간단한 글과 그림으로 미래의 화학이야기를 해 보자.

지구과학 수행평가 개별평가지 양식의 예시입니다. 모둠 활동에서 동료평가는 자기평가와 유사합니다. 모둠 활동에서는 특히 협업 능력이 강조될 수 있도록 충실히 작성해야 합니다.

☀ 지질시대 환경단면도 만들기 개별평가지

주제	고기후 연구방법 조사하기
인적사항	학번 　　　　　　이름
모둠 선택	□ 하천 환경　　　　□ 해저환경　　　　□ 호수환경
컨셉	우리 모둠의 컨셉은 ＿＿＿＿＿＿＿＿＿＿＿입니다. 그 이유는 ＿＿＿＿＿＿＿＿＿＿＿＿＿＿＿＿＿＿＿＿＿＿ ＿＿＿＿＿＿＿＿＿＿＿＿＿＿＿＿＿＿＿＿＿＿ ＿＿＿＿＿＿＿＿＿＿＿＿＿＿＿ 때문입니다.
나의 역할 & 소감	나의 역할은 ＿＿＿＿＿＿＿＿＿＿이며 저의 생각이 반영된 부분은 ＿＿＿＿＿＿＿＿＿＿＿＿＿＿＿＿＿＿＿＿＿＿ ＿＿＿＿＿＿＿＿＿＿＿＿＿＿＿＿＿＿입니다. 이번 활동을 통해서 저는 ＿＿＿＿＿＿＿＿＿＿＿ ＿＿＿＿＿＿＿＿＿＿＿＿＿＿＿＿＿＿＿＿＿를 느꼈습니다.
동료평가	모둠원 A : (　　　)는 ＿＿＿＿＿＿＿의 역할을 하였습니다. 칭찬할 부분은 ＿＿＿＿＿＿＿＿＿＿＿＿ 라고 생각합니다. 모둠원 B : (　　　)는 ＿＿＿＿＿＿＿의 역할을 하였습니다. 칭찬할 부분은 ＿＿＿＿＿＿＿＿＿＿＿＿ 라고 생각합니다. 모둠원 C : (　　　)는 ＿＿＿＿＿＿＿의 역할을 하였습니다. 칭찬할 부분은 ＿＿＿＿＿＿＿＿＿＿＿＿ 라고 생각합니다

기타 과목 수행평가 학생부
세특 글쓰기

학생부 세부능력특기사항 한국사 과목의 예시입니다. 한국사 전공을 희망하지 않더라도 다양한 전공 분야에서 역사적 상상력을 발휘하면 큰 도움이 됩니다. 이 학생의 경우 코로나 팬데믹 과정에서 세계 및 한국의 감염병 대응 사례에 관심을 기울였는데, 역사적 상상력이 돋보입니다.

코로나 팬데믹을 겪으며 세계 및 한국 역사에서 감염병 관련 대응 사례에 대해 호기심을 가지고 '우리 역사 속 전염병_{신병주}'을 읽으며 조선 최초 근대식 병원인 제중원 등 전염병에 맞섰던 의료기관의 역사를 살피고 허준과《동의보감》, 정약용과《마과회통》, 종두법을 보급한 지석영 등의 한국 의학사의 주요한 지점을 점검해 봄. 성별에 구애받지 않고 치료받을 수 있도록 의녀 제도를 마련해 혜민국에서 교육을 담당했으며 매월 성적을 매겨 세 번 불통한 자는 좌천시키고 다시 기회를 주어 조건을 충족하면 복귀시키는 등 체계적으로 이루어졌으며 의녀라면 기본적인 의학 지식 이외에도 진맥, 침과 뜸, 약 등 각각의 전문 분야를 가지고 있었던 점을 새롭게 알게 됨. '홍역을 치뤘다', '학을 뗐다', '에이, 염병할 놈' 등 전염병과 관련된 표현이 오늘날에도 사용되고 있을 만큼 전염병은 시대를 막론하고 사람들의 삶에 지대한 영향을 끼쳤다는 교훈을 얻게 되었으며 모든 조건이 지금보다 훨씬 열악했던 조선 시대에 우리 선조들이 전염병을 극복해 나간 역사는 코로나19 시대를 살았고 그 끝자락을 지켜보고 있는 현대인들에게도 중요한 자산이 된다는 점에서 한국 및 동아시아 의학의 역사에 대한 추가 연구의 필요성을 느낌.

고1 한국사 연계 글쓰기의 예시입니다. 한국사 인물 선정 과정에서 지원 전공 관련 롤 모델을 찾거나, 필요한 덕목과 자질을 연계해 주면 좋겠습니다.

삶과의 연계 글쓰기

공민왕은 강한 힘의 원에 대항해 반원정책으로 개혁을 시도했었고, 노국공주에 대한 사랑을 보여 주기도 했다. 공민왕과 노국 공주에 대한 사랑, 더불어 그의 가족 관계와 성격 등 교과서 외의 사적 내용이 궁금하여 공민왕을 선택하게 되었다.

강감찬에 대한 조사 중 그의 무덤이 청주시 흥덕구에 소재 한다는 사실을 알게 되었다. 그의 묘가 개성이 아닌 이곳 청주에 묻힌 이유가 무엇 일까에 대한 의문을 가지고 조사한 결과 조선 시대 인조 때 있었던 소현세자의 죽음과 강감찬 17대손 강석기와의..

태조 왕건의 포용과 친화의 리더십을 통해 리더에게 윤리적 역량이 중요하다는 사실을 알게 되었으며, 상대 지도자를 존중하고 모두의 말에 귀 기울이며 어질고 지혜 있는 사람이 힘을 다할 수 있는 공동체를 만들어 가고 싶다는 생각을 하게 되었습니다.

글쓰기 결과물과 학생이 서술한 내용 일부

고1 한국사 수행평가 역사 신문 만들기 평가 기준의 예시입니다. 근현대 인물과 사건들을 통해 기사 및 가상 인터뷰 형식으로 진로와의 연계성을 확보해야 합니다.

한국사 수행평가 안내

- 역사 신문 만들기 -

평가 요소	평가 기준	평가 등급 및 배점			
		우수	보통	미흡	아주미흡
머리기사 작성하기 (40점)	**머리기사 작성하기** ①사건의 배경, 전개과정, 결과 등을 분석하였다. ②사건을 통해 시대구조와 배경을 이해하고 의의와 한계를 제시하였다. ③육하원칙에 맞게 기사문을 작성하였다. 세부 평가 기준 — 등급 ①~③ 3가지 충족 — 우수 ①~③ 2가지 충족 — 보통 ①~③ 1가지 이하 충족 — 미흡	40	25	10	2
인물 가상 인터뷰 (30점)	**인물 가상 인터뷰 작성하기** ①중요한 사건이나 시대를 대표하는 역사적 인물을 선정하였다. ②인물의 행위의 의도, 전개과정, 결과 등을 분석하였다. ③추체험과 감정이입을 통해 인물의 의도와 생각을 파악하였다. 세부 평가 기준 — 등급 ①~③ 3가지 충족 — 우수 ①~③ 2가지 충족 — 보통 ①~③ 1가지 이하 충족 — 미흡	30	20	10	3
자유 기사 (30점)	**자유 기사 쓰기** ①인물 행위의 의도, 전개과정, 결과 등을 분석하였다. ②인물의 활동 내용을 통해 시대적 구조와 배경을 정확하게 설명하였다. ③추체험과 감정이입을 통해 인물의 의도와 생각을 맥락속에서 추출하였다. 세부 평가 기준 — 등급 시대와 관련된 제도, 인물, 사건 등을 선정하여 시대 상황에 맞게 주요 내용을 광고, 만평, 만화 등으로 나타낼 수 있다. — 우수 시대와 관련된 제도, 인물, 사건 등을 선정하여 광고, 만평, 만화 등으로 나타낼 수 있다. — 보통 시대와 관련된 제도, 인물, 사건 등을 선정할 수 있다. — 미흡	30	20	10	3
기준 성취율	*A: 90점 이상 *B: 90점 미만~80점 이상 *C: 80점 미만~70점 이상 *D: 70점 미만~60점 이상 *E: 60점미만				

각 반의 일정을 꼭 확인해주세요

1반	5월 26일	5반	5월 30일
2반	5월 25일	6반	5월 31일
3반	5월 24일	7반	5월 25일
4반	5월 27일	8반	5월 27일
		9반	5월 30일

고1 한국사 수행 활동 과정의 예시입니다. 개항 이후 격동기 개혁가들의 이상과 현실에 대해 현재적 시점에서 교훈을 이끌어내야 합니다.

☀ 학생 수행 활동 과정을 담은 사진 자료

개항 이후 격동기 개혁가들이 꿈꾸는 세상은?

1. 질문 만들기와 모둠별 문제 해결하기

2. DVDM 질문법으로 개혁안 분석하기

3. 홍보 콘텐츠 제작하기

4. 홍보 결과물과 글쓰기

고2 한국사 수행평가 역사적 인물 학교생활기록부 만들기의 예시입니다. 드라마로 잘 알려진 정조를 선정해 흥미를 유발했습니다.

성명 : 이산李祘

성별 : 남

주소 : 조선 한성부 창경궁 경춘전現 서울특별시 종로구 창경궁로 185

가족 상황

부 성명 : 이훤내愃, 사도세자思悼世子

모 성명 : 혜경궁 홍씨惠慶宮 洪氏

진로지도상황

특기 또는 흥미 : 독서

진로 희망

학생 : 학자

학부모 : 왕

특기 사항

– 10살 때 아버지 사망

– 어머니와 따로 생활

– 할머니가 돌봐 줌

학생부 세부능력특기사항 음악 과목의 예시입니다. 이 학생의 경우 '내가 좋아하는 음악 소개하기' 보고서에서 예술가의 삶과 작곡 배경과 음악 내용, 느낀 점을 잘 소개했습니다. 합창대회에서 협업 능력 및 리더십을 잘 발휘했는데, 이런 점도 좋은 평가를 받을 수 있습니다. 또 의대 지원자로서 음악 치료와도 연결한 점도 바람직합니다.

내가 좋아하는 음악 소개하기 보고서에서 '베토벤 피아노 협주곡 5번 황제'를 소개하며 예술가가 가장 힘든 시기에 작곡한 노래이며 평화와 자유로운 삶을 기원하는 내용임을 정리해 작곡 배경과 음악 내용, 느낀 점을 잘 담아 냄. '수고했어 오늘도'와 '제주도 푸른 밤'를 칼럼바로 연주하기 위해 온라인 클래스 중에도 성실히 연습에 참여하고 학교에 와서 어려워하는 친구들의 연습도 도와주며 함께 연습함. 온라인 수업에서 작곡하기로 구글 뮤직 랩 중 '송 메이커'를 활용하고 합창대회에서 파트장 역할을 맡아 준비하며 무대 연출 부분에서 아이디어를 많이 내서 재미있는 무대를 만들어 냄. 의학 분야 진로를 준비하며 음악 치료 분야에 대해 조사해 항암 치료를 받는 25명의 환자들에게 치료 시 선호하는 장르의 곡을 기타 반주로 20분간 불러주었더니 불안, 두려움, 피로, 이완 등의 증상이 대조군에 비해 현저하게 감소했다는 자료를 접하고 신체 생리적, 심리적, 영적 영역에서 특성을 정리해 봄. 통증, 메스꺼움, 피로가 줄어들고 심박수와 혈압이 안정되며, 스트레스 호르몬인 코티졸의 감소뿐 아니라 면역력을 높이는 면역 글로불린A나 암세포를 직접 파괴하는 면역세포NK cell의 증가가 확인되기도 했다는 점에 주목해 봄.

미술 과목 토의 토론 문제 만들기 수행평가의 예시입니다. 이 학생의 경우 해부학 관련 역사적 지식과 시사 이슈를 잘 방영하고 있습니다. 의술과 인술, 바이러스, 소수자 문제라는 키워드도 확장성이 좋습니다.

문제 1. 저자는 '현대 의학 발전에 공헌한 시신들' 편에서 미치엘 얀스 판 미에레벨트의 『윌렘 반 데어 메이르 박사의 해부학 수업』 작품을 소개하며 카데바cadaver에 대해 다음과 같이 이야기합니다.

"인체는 너무나 신비롭고 정교합니다. 그래서 책을 통해서 해부학 지식을 배우는 것보다 직접 경험해 보는 것이 중요합니다. 해부학 실습은 의대생과 의사에게 그 어떤 교육 과정보다도 중요하고 큰 의미가 있습니다. 해부학 실습을 하는 의대생들과 의사들은 시신을 기증한 분의 숭고한 뜻이 훼손되지 않도록 진지한 배움의 자세를 가져야 합니다."

그러나, 얼마 전 현직 의사들이 카데바 앞에서 웃으며 인증사진을 찍고 이를 SNS에 올려 논란이 된 일이 있습니다. 사진에는 카데바의 발이 그대로 노출되어 있었습니다. '시체해부 및 보존에 관한 법률'에는 시체를 해부하거나 시체의 전부 또는 일부를 표본으로 보존하는 사람은 시체를 취급할 때 정중하게 예의를 지켜야 한다고 명시되어 있습니다. 의사의 기본 윤리를 저버린 행동이므로 '의사 면허 취소'와 같은 강한 처벌을 하여 비윤리적인 의사들에게 경종을 울려야 할까요? 아니면 반성하고 재발 방지를 약속하는 수준의 약한 조치로도 충분할까요?

문제 2. 저자는 '의술과 인술 사이'에서 루크 필데스의 『의사』 작품을 다루며 이제 인간의 영역이던 의술을 기계가 넘보는 시대가 되었다고 지적합니다. 의술에서 완벽함과 정밀함을 요구하는 부분은 기계에 자리를 내줄 수밖에 없을 것이라고도 진단합니다. 그럼에도 불구하고 치유하는 사람으로서 의사는 필요할까요? 환자와 마찬가지로 불완전한 인간인 의사만이 환자의 불안과 고통을 공감하고 이해해 줄 수 있을까요?

문제 3. 저자는 '제1차 세계대전의 승자, 스페인독감' 편에서 에곤 실레의 『가족』을 소개하며 조류 독감 같은 전염병을 다룹니다. 최근에는 한 번 접종으로 네 종류의 독감 바이러스를 동시에 예방할 수 있는 '4가 독감 백신'을 접종하는 것이 대세가 되었다고도 합니다. 새에게 전염된 바이러스 하나에도 인류 역사가 송두리째 흔들릴 만큼 인간은 지구 생태계 안에서 아주 작은 존재입니다. 자연 앞에서 그리고 질병 앞에서 인간은 '만물의 영장'이라는 자만심을 내려놓으라는 저자의 지적을 따르더라도, UN과 세계보건기구wTO 차원의 전염병 예방을 위한 노력은 지속될 전망입니다. 과연 인류가 전염병을 완전히 이길 수 있을까요?

문제 4. 저자는 '신체적 조건으로 우월함을 따지는 세상이 만든 장애, 왜소증' 편에서 주세페 데 리베라의 『안짱다리 소년』 그림을 통해 소수자 문제를 다룹니다. "스스로를 정상인이라고 말하는 우리가 가져야 할 자세는 사실 별거 없습니다. 장애인들을 동정하지도 말고 그리고 무시하지도 않는 것입니다. 그리고 그들에게 우리와 똑같은 기회가 주어지는지 관심을 기울이는 것입니다." 그렇다면 '소수 집단 우대정책Affirmative Actiom'은 한국 사회에서 더욱 확대되어야 할까요? 지나친 우대조치는 역차별 같은 부작용을 야기하므로 신중하게 접근해야 할까요?

학생부 세부능력특기사항 체육 과목의 예시입니다. 이 학생의 왕복 오래달리기와 축구 리프팅에 대해 구체적으로 서술되어 있는데, 이로 인해 이 학생의 성실함이 입증됩니다. 음악, 미술, 체육 등의 과목에서도 전공 관련 연계가 좋은 평가를 받을 수 있습니다. 하지만 진로와 연계하는 것이 어색할 경우 해당 과목에 성실하게 참여했다는 점을 부각시키는 것이 좋습니다.

왕복 오래달리기_{셔틀런} 활동에서 달리는 방법을 다양하게 찾아보고 직접 실험해 보다가 뒤꿈치를 살짝 들고 발바닥 앞쪽과 발가락 부분으로만 땅과 접촉하며 밀어내듯이 가볍게 달리는 방식이 체력 소모나 발바닥 피로를 줄인다고 체감함. 방향 전환 시 완전히 멈추고 새로 출발하기보다 잔발_{잔 스텝}을 계속 밟으면서 속도를 줄이거나 쉬고 있을 때도 다리를 가볍게 움직이고 있어야 다시 달릴 때 가속하기가 쉽다는 교훈을 얻게 됨. 축구 리프팅에서 막막함을 느끼며 선생님의 설명과 조언을 명심하고 연습함. 발목에 힘이 없으면 공이 떨어질 때 아무리 중력에 의해 가속력이 붙더라도 다시 힘찬 반동으로 올라오지 못하고 힘이 죽어버려 그 다음 리프팅을 진행하지 못한다는 핵심을 깨닫고 골반이 뒤로 빠지지 않기 위해 기본자세에서 상체를 앞으로 조금 더 숙이고 팔을 감싸 안는 듯이 앞으로 뻗어 몸이 절대 뒤로 빠지지 않게 최선을 다함. 줄넘기 2단 뛰기에서 바로 2단 줄넘기를 넘기는 무리라고 생각해 1단 줄넘기를 기본적으로 10번 정도 뛰면서 몸을 예열한 후 2단 뛰기로 넘어감. 등은 곧게 핀 채 상체를 앞으로 숙여 허리와 다리 사이의 각도를 180도가 아닌 좀 더 좁은 둔각으로 만들 듯이 뛰어야 한다는 교훈을 얻음.

6.
창의적 체험활동
글쓰기

자율, 동아리, 진로, 창의적 체험활동 글쓰기와 관련해 교육부가 제시하는 표준가이드라인을 살펴보겠습니다. 우선 학생의 영역별 활동에 대해 교사가 상시 관찰 및 평가한 누가기록을 바탕으로 구체적 활동 사실과 학생의 활동 태도 및 노력에 의한 행동 변화와 성장 등을 기재해야 합니다. 또 정규교육과정 이수과정에서 사교육의 개입 없이 학교 내에서 학생 주도로 수행한 자율탐구활동에 한해 학생의 특기사항만을 기재할 수 있습니다.

자율탐구활동의 경우 학생들이 자율적으로 주제를 선정하는 것부터 보고서를 작성하는 것까지 전 과정을 수행해야 합니다. '자료 수집 능력 및 분석능력 탁월, 주제 선정 시 진로와 사회문제 연결 노력' 등을 기재할 수 있습니다. 다만, 창의적 체험활동에는 자율탐구활동 학생활동 산출물소논문 포함 실적은 기재할 수 없습니다. 창의적 체험활동에 자율탐구활동을 기재할 경우 학교에서는 정규교육과정 중에 이루어진 활동임을 증빙하기 위한 자료를 보관해야 합니다.

봉사활동의 경우 각급 학교에서는 시도교육청의 봉사활동 운영계획을 참고하여 학교·지역사회 실정에 맞는 봉사활동계획을 수립하여 시행해야 합니다. 2024학년도 대입졸업생 포함부터는 '학교' 봉사활동 실적은 기재하지만 '개인' 봉사활동 실적은 기재하지 않습니다.

학생부 기재 내용 변화

구분		졸업 (2022~2023대입)	고3~고2 (2024~2025대입)
	교과활동	· 과목당 500자 (기초/탐구교과 모두 기재) · 방과후활동 미기재	· 과목당 500자 (기초/탐구교과 모두 기재) · 방과후활동 미기재 · 영재, 발명교육 대입 미반영
	종합의견	· 연간 500자	· 연간 500자
비교과영역	자율활동	· 연간 500자	· 연간 500자
	동아리활동	· 연간 500자 · 자율동아리 1개(30자) 기재 · 청소년단체활동 단체명 기재 · 소논문 기재 금지	· 연간 500자 · 자율동아리 대입 미반영 · 청소년단체활동 미기재 · 소논문 기재 금지
	봉사활동	· 특기사항 미기재 · 교내외 봉사활동 실적 기재	· 특기사항 미기재 · 개인 봉사활동 실적 대입 미반영 (단, 학교교육계획에 따라 교사가 지도한 실적은 대입 반영)
	진로활동	· 연간 700자 · 진로희망분야 대입 미반영	· 연간 700자 · 진로희망분야 대입 미반영
	수상경력	· 교내수상 학기당 1건 대입 반영	· 대입 미반영
	독서활동	· 도서명과 저자 기재	· 대입 비반영

자율활동
글쓰기

자율활동의 특기사항은 활동결과에 대한 평가보다는 활동과정에서 드러나는 개별적인 행동특성, 참여도, 협력도, 활동실적 등을 평가하고 상담기록 등의 관련 자료를 참고하여 실제적인 역할과 활동 위주로 기재합니다. 정규교육과정 또는 학교교육계획에 의해 실시한 학생 상담활동,

자치법정 등도 자율활동 특기사항에 기재합니다.

학생부 창의적 체험활동 자율활동의 예시입니다.

'장애이해교육2020.04.22.'을 받고 장애인의 무차별 보건의료서비스에 관심을 갖게 됨. '장애인 건강권 및 의료접근성 보장에 관한 법률' 제 16조 장애인 건강주치의 명문을 직접 조사하여 제도의 현황과 문제점을 살펴보고 대안으로 의료협동조합과 맞춤형 의료서비스 제도 정착을 주장함. 또한 교내 축제 때 직접 만든 의수와 로봇 손을 이용하여 아두이노 회로 프로그래밍을 소개하고 교우들이 의수를 직접 착용하고 작동하는 장애인체험 활동을 진행하여 장애인의 애환을 상기시킴. 주제 토론 시간에 '배아세포 복제 연구 허용' 논제의 찬성 측 입장에서 배아 줄기세포의 특성과 인간의 노화를 규명하고, 난치병 발생 기전의 원인을 증명하고 인공 장기를 통해 의료 복지를 실현할 수 있다는 의견으로 두각을 나타냄. 반대 측이 공격한 윤리적 문제에 관해 배아 복제 연구를 실험 및 치료용으로만 할 수 있도록 강력하게 규제를 하되, 대안으로 미분화 세포를 환자 치료에 이용하는 것을 제시함. 학생회장 선거 선거관리위원2020.07.30.~07.31.으로 입후보자 관리, 선거인명부 확인, 투표 진행 및 선거 개표 활동에 적극적으로 참여하고, 학급 대의원, 교실지킴이 활동 등 다양한 활동을 적극적이고 성실하게 수행하면서 모범을 보임.

자율활동 학급 신문 만들기의 예시입니다. 이 학생의 경우 교과 세특에 담기 어려운 주제들을 진로와 연계해 보완했는데, 좋은 예시입니다.

기사 제목	왜 Covid-19 백신은 두 번 이상 맞는 걸까?		
기사 요약	얀센 백신을 제외한 화이자, 모더나, 아스트라제네카 백신은 2회 접종을 해야 한다. 그 이유는 항체 생성 곡선과 관련이 있다. 항체 생성 곡선은 항원이 침입했을 때 항체의 농도를 시간에 따라 상대적으로 나타낸 그래프인데, 〈그림〉과 같이 2차 면역 반응에서 더 많은 항체가 형성된지의 잠복기가 있고 항체 생성 속도가 느리며 양도 적기 때문이다. 2차 접종 시에는 잠복기가 거의 없으며, 항체의 생성 속도가 빠르고 생성량도 많아진다. 1차 접종 시 인체 내에 들어온 항원에 대한 기억 세포가 형질 세포로 빠르게 분화되어 많은 양의 항체를 생성하기 때문이다. 〈그림〉의 오른쪽 그래프는 항원 A에 대한 1차 접종 후 서로 다른 항원 A와 B를 동시에 주사했을 때의 반응을 나타낸다. 항체 A가 더 많이 생성되는 것은 1차 접종으로 항원 A에 대한 기억세포만 있고, 항원 B에 대한 기억세포가 없기 때문이다. 우리가 Covid-19 백신을 두 번 이상 맞는 것은 이러한 기억세포를 자극해 항체를 더 많이 생성하게 하기 위해서이다.		
취재 이유	최근 Covid-19 백신 부스터샷(추가 접종)에 회의적인 여론이 커지고 있어서 항체 생성의 과학적 특이성을 알려 부스터샷의 필요성을 알리기 위해		
취재 소감	항원-항체 반응의 특이성 중 기억세포와의 관련성을 알게 되었다. 천연두 백신의 경우 한 번 접종 시 형성된 기억세포가 거의 평생 유지되는데, 그 이유가 아직 밝혀지지 않았다는 점에서 앞으로 연구 분야로 삼고 싶은 생각이 들었다.		
기사문 작성을 위해 기울인 노력	▶ 노력1.	Covid-19 백신을 두 번 맞는 이유에 대한 질병관리청 등 과학적으로 공신력 있는 인터넷 자료를 찾아봄.	
	▶ 노력2.	인터넷 자료에서는 백신을 두 번 맞는 이유에 대한 과학적 이유를 찾을 수 없어서 서지 자료를 찾아 Kuby 면역학 7판을 발췌독함.	
참고자료	이성희, '코로나19 백신은 왜 2번 맞을까? 이재갑 교수 인터뷰', 내 손안에 서울, 2021.03.25. 수정, 2021.12.15. 접속 〈https://mediahub.seoul.go.kr/archives/2000855〉 대한미생물학회 역, 'Kuby 면역학' 7판, 범문에듀케이션, 2014, Chapter 17 감염질환과 백신 참고		

자율활동 북 콘서트의 예시입니다. 독서활동 항목이 대입에 미반영되는 2024학년도 수시 전형에서부터 자율활동 독서가 더욱 중요해집니다.

선정 도서	잃어버린 치유의 본질에 대하여 (버나드 라운 저, 이희원 역, 책과함께, 2018)
내용 요약	6개의 장으로 이루어진 이 책은 저자인 버나드 라운 박사가 참된 스승들과 겪은 임상 에피소드와 환자들과의 경험, 그리고 현재 의료 시스템의 문제들을 번갈아 다루는 구성으로 이루어져 있다. 저자는 스승들로부터 환자를 중시하는 법을 어떻게 배웠는지를 통해 현대 의사 중심의 일방적인 진료 방식, 곧 의사는 사라지고 의료장비가 대체하여 고통받는 인간으로서의 환자가 잊힌 문제를 해결할 방법을 제안한다. 저자는 40년 넘게 현장에서 수많은 환자들을 진단하며, 환자를 '치유'하는 데 가장 중요한 점은 환자의 증상 뒤에 숨은 한 인간을 이해하는 것임을 몸소 체험했다고 한다. 초음파, 내시경, 혈관조영술 등으로 촬영된 과학적인 영상에 비해 환자가 말하는 병력은 다분히 주관적이고 비논리적이며 별로 중요하지 않은 것으로 취급되는 현실이 문제의 원인이라 진단한다. 이를 해결하기 위해서는 환자의 말에 귀 기울이고 주의 깊게 진찰하는 경험 속에서 만들어지는 촉진, 병력 청취, 환자와의 깊은 대화와 교감 등의 가장 기본적이고 본질적이라 간주되는 진단법을 적극 활용하여 환자를 이해하기 위해 노력해야 한다고 강조한다. 〈잃어버린 치유의 본질에 대하여〉는 현대의학의 중심에 다시 인간을 놓기 위해 평생을 노력해 온 한 노의사의 철학을 그대로 담았다. 현대 사회에 필요한 의사로서의 자세와 마음가짐을 되새길 수 있는 좋은 책이다.
선정 이유	철학 시간에 카를 야스퍼스에 관한 발표를 하며 현대 사회의 의료인이 처한 한계 상황을 극복하기 위해서는 환자의 실존적 자각을 돕고 주체적 조명을 이끌어내는 역할로 의료인의 태도 변화가 필요함을 알게 되었다. 구체적 방법을 알기 위해 노력하던 중 이 책을 알게 되었다. 저자인 버나드 라운 박사는 야스퍼스와 같이 현대 사회의 의사와 의료 시스템에 문제가 있다고 말한다. 환자에게 존중받지 못하고 이윤을 추구하는 집단으로 여겨지는 현실을 극복하기 위해서는 다시 환자를 중심에 놓고 생각해야 한다고 강조한다. 철학과 의학이라는 서로 다른 분야의 거장들이 한목소리를 낸다는 점이 인상적이며, 의료 분야 진로를 생각하는 학생으로서 전문 의료인이 갖추어야 할 올바른 직업 윤리를 알게 해준 책이기 때문에 북 콘서트 대상 도서로 〈잃어버린 치유의 본질에 대하여〉를 선정하였다.

새롭게 알게 된 내용	1. 추가 관련 도서명 및 선정 도서와의 연계	1. 기술시대의 의사(칼 야스퍼스 저, 김정현 역, 책세상, 2010) 2. 의사의 감정(다니엘 오프리 저, 강명신 역, 페가수스, 2018) 1은 〈잃어버린 치유의 본질에 대하여〉를 읽게 된 계기가 된 책이며, 2는 환자를 대하는 의사 역시 한 인간이기 때문에 의사가 어떻게 감정을 다루느냐가 의료의 질을 결정한다는 생각에서 현재 읽고 있는 책이다. 〈잃어버린 치유의 본질에 대하여〉와 1, 2 모두 인간이 제외되고 있는 현대 의료 시스템으로 인해 발생한 '의료에 대한 불신'이라는 현재 문제 상황에 대한 진단이라는 점에서 밀접히 관련되어 있다.
	2. 배운 점	1. 인간에 대한 이해가 결여된 치료는 치유가 아니라 단순히 정상적으로 작동하지 않는 기관을 고치는 일인 처치일 뿐이다. 2. 환자의 말에 귀 기울이고, 주의 깊게 진찰하고, 환자와 깊은 대화를 나누며 교감하여 동반자 관계를 형성할 때 현대의학이 치유의 본질과 신념을 되찾을 수 있다. 3. 치유를 할 때는 과학이 간과되어서도 안 되지만 너무 과학에만 치우쳐서도 안 된다. 치유를 위해서는 예술과 과학이 동시에 필요하며 신체와 정신을 함께 살펴야 한다.
느낀 점/ 목표	1. 느낀 점	〈잃어버린 치유의 본질에 대하여〉를 읽고 저자인 버나드 라운에 대해 알아보던 중 2021년 2월에 돌아가셨다는 사실을 알게 되었다. 한평생 환자들과 교감하며 환자를 위해 심장제세동기까지 발명한 진정한 의사가 이 세상에 없다는 점이 안타까웠지만, 그의 책을 통해 환자의 말에 귀를 기울이며 유대감을 형성해 동반자 관계가 됨으로써 현재 의료계가 겪고 있는 문제 상황을 극복하는 치유의 의료인이 많아질 것이라고 생각했다. 나 역시 그러한 의료인으로 성장하고 싶다. 이를 위해서는 환자의 감정뿐 아니라 의사로서 자신의 감정을 꾸준히 들여다볼 수 있는 여유와 의지를 가져야겠다고 다짐한다.
	2. 실천 목표	"환자가 고통받는 나의 친구임을 잊지 않게 해주소서. 그리고 내가 그에게서 질병만을 따로 떼어 생각하지 않도록 하소서." 하루 한 번씩 버나드 라운이 인용한 마이모니데스의 말을 되뇌며 의료인으로서의 직업의식을 길러가겠다.

동아리활동
글쓰기

동아리활동 영역은 자기 평가, 학생상호 평가, 교사 관찰 등을 평가하여 참여도, 협력도, 열성도, 특별한 활동실적 등을 참고해 실제적인 활동과 역할 위주로 기재합니다. 학생은 연간 1개 이상의 정규교육과정 내의 동아리활동에 참여할 수 있습니다. 정규교육과정 내의 동아리는 학년학기 초에 구성하여 학년학기 말까지 활동하는 것을 원칙으로 합니다. 단, 부득이한 사유로 동아리를 변경한 경우 학생이 활동한 내용을 동아리별로 모두 기록해야 합니다.

학교교육계획에 의한 학생의 자율동아리활동은 학년당 한 개만 기재합니다. 자율동아리명을 입력하되, 필요할 경우 동아리 소개를 30자 이내동아리명과 공백 포함로 기재할 수 있습니다. 그러나 2024학년도 대입졸업생 포함부터는 상급학교 진학 시 자율동아리 실적을 제공하지 않습니다.

학생부 창의적 체험활동 동아리활동들의 예시입니다.

화학반31시간 단장으로서 창의성과 과학적 탐구 역량이 뛰어나 부원들에게 다양한 활동 주제를 제시하여 흥미로움을 증가시키고 모범을 보임. 코로나사태로 대량의 마스크와 라텍스 장갑 폐기물이 생태계에 악영향을 미친다는 기사를 접하고 왁스웜과 밀웜을 이용한 플라스틱 분해 실험을 진행함. 실험 결과 폴리에틸렌과 폴리스티렌은 분해하고 라텍스와 마스크는 분해하지 못함을 알고, 왁스웜과 밀웜의 소화효소가 각각 PE와 폴리스티렌에만 작용하고, 섭취 24시간 후 이산화탄소와 유기폐기물로 배출함을 조사를 통해 알게 됨. 최근 국내에서 발표된 플라스틱 분해 박테리아인 '슈도모나스'가 분해가 어려운 폴리스틸렌을 분해하고 슈도모나스 내 효소 중 하나인 세린계 가수분해효소와 플라스틱 생분해 연관성을 설명하여 회원들과 교사의 궁금증 해소에 기여함. 로봇관절에 많이 사용하는 아두이노를 이용한 서보모터 회로를 구성하고 각도와 속도를 제어 및 동작 순서 등을 직접 코딩하여 3D프린팅 모델링을 통해 손 모양을 제작하고 손가락과 서보모터를 연결하여 손가락 관절의 움직임을 조종함. 손목이나 팔 등의 로봇 손을 제어해 주는 휨 센서와 압력 센서를 이용하여 장애인 의수 제작 프로그래밍을 설정함.

과학탐구활동에 적극적으로 참여하는 학생으로 실험에 실패하는 시행착오에도 다시 도전하며 실패의 원인을 분석하고 다시 수행하는 과학적 탐구력이 뛰어난 학생임. 탐구결과를 잘 도출하며 조원들이 잘 이해하지 못하는 부분에 대해 친절하게 설명해 주며 실험을 주도적으로 이끎. 마그네슘 연소실험을 통해 반응 전과 후의 마그네슘의 질량을 비교하여 산화마그네슘 생성에 대해 이해하였으며 이를 화학반응식과 함께 탐구보고서를 잘 작성함. 자색고구마 수용액에 칼슘을 용해했을 때 수용액의 색상이 푸르게 변하는 것을 보고, 이 변화가 산염기 지시약과 연관이 있음을 추론함. 직접 지시약 실험을 설계하여 자색고구마 수용액이 지시약의 성질을 가지는지 확인함. 이 실험을 통해 자색고구마가 양배추 지시약에 이용되는 물질과 동일함을 발견하고, 용액과 지시약의 반응으로 인해 분자구조가 변화하여 용액의 색상이 바뀜에 대해 탐구활동을 함.

우리 주변의 물질에 대한 관심이 높고 동아리 활동을 통해 유기 화합물인 아스피린과 나일론 합성 반응을 통해 탐구 주제 선정, 탐구 설계, 탐구 수행, 결과 및 보고서 작성 등의 일련의 과학 탐구 과정을 수행하고 익힘. 실험 시 실험기구의 사용법과 주의 사항을 숙지하고 탐구 과정에 있어 적극적으로 참여하고 실험과정에서 진지한 태도를 보임. 우리 주변의 화합물 중 아스피린의 합성과 나일론 합성실험을 해봄으로써 실험 설계과정에서 물중탕에 대한 기본 이해와 생성물의 수득률을 늘릴 수 있는 방법 그리고 탈수 축합 반응으로 인한 에스테르 결합의 개념을 이해하였으며 실험 시 의문을 가졌던 부분과 앞으로 보완해야 하는 실험 내용을 같이 토의해 보고 이해함. 실험 후 자신이 한 실험에 대한 보고서를 작성하면서 부족한 부분에 대한 반성과 실험 시 느꼈던 점을 정리해 보고 탐구 주제에 따른 결론을 도출하여 원리를 이해함.

동아리 차장으로서 동아리 활동내용을 잘 정리하고 뒷정리를 잘함. 주어진 과학적 탐구주제에 대해 적극적으로 탐색하며 4차혁명에 대해 관심이 많으며 인공지능을 융합, 적용시키고 있는 산업들에 대해 탐색하고 발표를 잘함. 인공지능을 가능케 하는 머신러닝에 대해 깊이 탐색하였으며 인공지능과 산업을 결합하여 자율주행차, 홈서비스 등 사람들의 생활을 더 윤택하게 하려는 생각이 돋보였으며 여러 분야 과학을 연결하여 이해하는 거시적 사고가 돋보임.

우리 주변의 자연 현상을 연역적으로 탐구하는 모습을 보이며 문제 상황을 합리적으로 해결하려는 모습이 돋보임. 과학 전반에 관하여 깊고 넓게 사고하며 이해력이 뛰어나고, 과학적 호기심과 관심이 많음. 물리, 화학, 지구과학에 흥미가 많아 우주에 관련된 현상을 조원들에게 잘 설명하고 적극적으로 탐구하는 모습을 보임. 태양과 달을 관측하는 동안 리더가 되어 동아리원들에게 망원경의 종류와 명칭을 명쾌하게 설명해 내고 직접 망원경조작 방법을 선보여 주어 동아리원들이 스스로 조작해 볼 수 있게 도와줌. 별자리 등불을 만들 때 필요한 재료를 스스로 준비하고 예비실험과 사전조사를 통해 동아리 조원들이 우주의 광범위함을 친근하게 느낄 수 있도록 함. 마을교육 공동체 일환으로 Retro-E 멘토링2015.05.11.~2015.12.21.을 하는 과정에서 예비실험 및 실험에 적극적이고 열정적으로 참여하는 모습을 보임. 모든 실험을 즐겁게 하며 자신의 도움이 필요한 곳은 스스로 찾아 해결해 주는 따뜻한 마음을 가짐. 동아리발표대회2015.12.23.에서 자신의 체험 부스 및 다른 부스의 궂은일은 도맡아 함.

동아리실험에 관심과 흥미를 보이고 참여하며 묵묵히 할 일을 해내는 듬직한 학생임. 알코올 권총 만들기 실험 후 보고서를 작성하여 발표함. 신소재의 일종인 압전 세라믹이 압력을 가하면 고전압이 발생하고 알코올을 필름통 안에 넣어 흔들면 알코올이 기체가 되어 그 안에 증발한 알코올 기체로 가득 차고 압전 세라믹이 스파크를 일으키면 알코올 증기에 점화되어 불이 붙고, 기체의 부피가 늘어나면서 뚜껑이 소리를 내며 튀어나와 날아감을 보일, 샤를의 법칙과 함께 설명함. 알긴산나트륨과 젖산칼륨으로 막을 만들어 물을 담는 플라스틱 페트병을 대신한 친환경 오호 물병 만들기 실험을 통해 환경오염의 문제점과 방안에 대해 고민함.

과학적 탐구주제를 정하고 검색하고 자료분석하는 능력이 우수하며 적정 기술에 대해 자세히 조사하고 발표하였음. 학생들에게 생소한 적정 기술에 대한 정의와 예시를 통해 아프리카와 같은 소외된 인류를 위한 기술임을 잘 전달함. 유명한 적정기술인 Q드럼, A Little of Light, 라이프 스트로우 등에 대해 자세히 설명하였으며 비용이 적게 들면서 쉽게 이용할 수 있는 기술들이 무엇이 있을지 조원들과 탐구함.

알파고와 이세돌의 세기의 바둑대결 후 더욱 관심이 많아지고 있는 인공지능과 로봇기술에 대해 발표하며 사물을 자동적으로 제어할 수 있는 시스템 구축이 기대되는 산업상의 변화로 이 변화를 인지하고 4차 혁명에 대해 조사해 보고 기술의 인간화의 문제점에 대해서도 생각해 봄.

진로활동
글쓰기

학생의 진로희망희망분야 또는 희망직업은 '특기사항' 내의 '희망분야'란에 입력하며, 이와 관련된 내용은 대학입학 전형자료로 제공하지 않습니다. 기재 누락과 구분하기 위해 학생이 진로희망을 정하지 못한 경우에도 기재해야 합니다. '진로탐색 중임', '현재 진로희망 없음' 등으로 기재하면 됩니다. 진로활동 영역의 '특기사항'란에는 다음과 같은 사항을 참고하여 실제적인 활동과 역할 위주로 기재해야 합니다.

1) 특기·진로희망과 관련된 학생의 자질, 학생이 수행한 노력과 활동

2) 학생의 특기·진로를 돕기 위해 학교와 학생이 수행한 활동과 결과

3) 학생·학부모와 진로상담을 한 결과

4) 학생의 활동 참여도, 활동 의욕, 태도의 변화 등 진로활동과 관련된 사항

5) 학급담임교사, 상담교사, 교과담당교사, 진로전담교사의 상담 및 관찰·평가

학생부 창의적 체험활동 진로활동의 예시입니다. 세특보다 창체의 비중이 크다는 점을 고려하여 세특을 보완할 수 있는 내용을 담아내는 것이 좋겠습니다.

주제토론 시간에 '미래기술 양자컴퓨터'에 대한 주제로 핵무기와 같은 잠재력을 가진 양자역학의 원리에 작동되는 미래형 첨단 컴퓨터의 문제점과 장점을 비교분석하여 토론함. '양자 내성암호분석'과 IoT자율 보안 기술인 '패스워드 Free'를 설명하고, 본인의 진로와 관련된 인간 두뇌를 모방한 '뉴모로픽 컴퓨팅'을 소개하면서 인간의 뇌신경 구조를 현재의 칩 설계 기술로 모방한 점과 신경망에서 영감을 받은 알고리즘을 개발하여 72개의 화학 감지 센서를 통해 냄새를 식별하는 '코 없는 컴퓨터 칩'을 예시로 들어 교우들의 흥미를 유도함. '슬기로운 독서생활 프로젝트'에서 '바이러스 쇼크최강석'를 읽고 바이러스의 정체와 인류와 공생해 온 바이러스의 역사를 통해 전염병에 대해 이해함. 추후 전염병에 관련한 국제적 연구 활동을 통해 기저질환과 바이러스의 관계에 대해 연구하고 싶다는 포부를 밝힘. 겨울방학 진로캠프 생명과학 분야2021.01.11.~2021.01.12.

에서 척추동물 소화기관 해부실험에 참여함. 멸치를 구성하고 있는 내부 구조를 탐구하고 해부를 통한 장기 구조와 골격 구조를 명확하게 관찰해내어 고도의 집중력과 정교성을 보여줌. 학생의 진로에 대한 관심으로 탐구 실험을 발전시켜 사람의 골격 구조와 장기 구조를 탐구하고자 해부학 도서를 찾아보는 등 진로에 대한 열정이 있는 학생임. 식물 색소를 TLC판을 이용하여 분리하는 과정을 통해 화학이 의학에서 어떻게 응용되는지 의문을 갖고 학생 스스로 조사 및 발표함. 관련 논문을 찾아 진단 검사 의학에서 이용하는 액체 크로마토그래피 검사LS-MS/MS 법에 대해 설명함. 이 과정에서 정량 검사에서의 정확도, 정밀도, 검출한계, 정량한계 등의 검증 요소를 바탕으로 검사 성능 평가법을 만들어야 한다고 소개함.

진로활동의 시사 이슈 보고서 예시입니다. 세특보다 창체 활동이 학생 스스로 선정하기 좋은 분야이므로 주어진 분량을 잘 활용할 수 있는 전략이 필요합니다.

이슈 주제	백신 패스(방역 패스) 정책에 대한 논란과 백신 괴담	
이슈 요약	최근 고등학교 2학년 학생이 정부의 백신 패스(방역 패스) 정책을 반대하는 청와대 국민청원을 올려 30만 명이 넘는 국민의 동의를 받았다. 반면 정부는 백신 패스는 최소한의 위험통제 수단이라며 강행하고 있으며, 2022년 2월부터는 '청소년 방역패스'를 도입한다고 한다. 현재 국민의 80%가 접종을 완료했지만, 12~17살은 20%대에 머물러 있다. 우리나라에서 그동안 백신 접종이 지체된 경우는 백신 수급에 어려움이 따랐을 때뿐이었다. 외국과 달리 백신 거부감 자체는 큰 문제가 되지 않았기 때문에 이러한 현상은 매우 이례적이다. 방역 패스에 찬성하는 측에서는 백신은 안전하고 효과적이며 공공복리를 위해 백신 패스 도입이 불가피함을 주장하는 반면, 반대하는 측에서는 국민의 기본권을 침해하는 조치이며, 백신 부작용의 위험성이 너무 크고, 강제로 미접종을 밝히게 되므로 낙인이라는 근거를 제시한다.	
새롭게 알게 된 내용	1. 배운점	방역 패스를 도입해야 하는 이유 중 하나는 현재 우리가 안정적인 방역관리 상황을 넘어서 의료체계의 여력이 감당하기 힘든 상황에 처해 있다는 특징을 알게 되었다.
	2. 배운점	방역 패스에 반대하는 입장에 학부모들이 많은 이유는 백신 부작용으로 인해 자녀가 위험할 수 있다는 두려움 때문이었다.
느낀 점/목표	1. 느낀 점	백신 미생물설과 같은 괴담을 퍼트리며 전문 의료인으로서 양심을 저버리는 행위를 하는 의사가 있었다는 사실이 충격적이었다. 의료인으로서의 윤리적 기준은 그 어떤 직업보다 명확히 과학적이며 도덕적이어야 한다. 의료인은 양어깨에 생명의 무게를 느끼고 살아야 하며, 현재와 같은 위기 상황에서 전문 의료인의 발언은 그 무엇보다 큰 영향력을 지니기 때문이다.
	2. 실천 목표	전문 의료인으로서의 직업 윤리는 그 무엇보다 중요하다. 생명에 관한 과학적 양심을 저버리지 않도록 항상 고민하며 성찰하는 자세를 지니도록 노력할 각오를 다진다.

제3부

SKY 입시
준비를 위한
대치동
글쓰기

7.
연대 논술전형과
고대 구술면접고사를
준비하기 위해

입시 제도가 바뀐다고 하니 교육 전문가는 물론 학부모와 학생들도 무엇을 어떻게 해야 할지 갈피를 못 잡고 있습니다. 고교학점제와 2022 개정 교육과정 등이 추진됨에 따라 현재 학교 수업의 다양화와 자기 주도적 진로 설계 등을 지원하기 위해 '미래형 평가-대입 제도 개편'이 활발히 논의되고 있습니다. 내신 평가 및 학생부 기재 방법, 수능 시험과목 및 출제 범위, 수능 및 대입전형 체계, 교사의 전문성 강화와 입학사정관 역량 강화 등 미래형 대입 제도를 안착하기 위한 대안을 모색 중입니다.

2023년 상반기에는 '미래형 평가-대입 모델'과 함께 중장기 실행 로드맵과 추진체계 설계 등을 포함하는 대입 제도 개편 시안이 국가교육위원회의 검토 및 사회적 공론화 등을 거쳐 발표될 예정입니다. 이후 본격적으로 국가교육위원회와 교육부의 협의를 거쳐 2024년 2월에는 2028학년도부터 새롭게 달라질 수능 체제가 발표될 예정입니다.

현재 한 차례 치르는 수능을 수능I과 수능II로 분리하는 방안도 논의되고 있는데, 우선 이에 대해 살펴보겠습니다. 이 방안은 수능을 이원화합니다. 고교 1학년에 수업하는 필수공통 과목으로 수능I을, 2학년과 3학년 1학기에 수업하는 일반 선택심화 선택 포함 여부는 논의 중 과목으로 수능II를 치르는 개편안입니다. 즉, 수능I은 1학년 말부터 3학년 시작 이전에 대부분의 학생이 절대평가의 자격고사 형태로 실시하고, 수시 또는 정시 전형자료로 활용합니다. 수능II는 선택 과목을 상대평가하여 대학의 정시 입시에 활용할 수 있도록 하는 방안입니다.

수능I과 수능II로 분리할 경우 필연적으로 서술형·논술형 시험이 도입될 수밖에 없습니다. 수능I에 서술형·논술형을 도입할 경우, 적은 과목을 대상으로 도입 효과를 크게 할 수 있다는 것과 더불어 채점 시간 확보가 용이하다는 장점이 있습니다. 수능II에 도입할 경우, 대학과의 공동 출제 및 채점 협조를 고려해 볼 수 있으며 응시인원이 줄어서 채점 시간이 단축될 수 있습니다.

대부분의 학생이 필수공통 과목의 수능I만 응시할 경우, 수능 부담이 경감되고 학생의 과목 선택권을 보장받을 수 있으므로 고교학점제의 취지를 충실히 실현할 수 있습니다. 또한 수능II 과목의 상대평가로 변별력 확보도 용이해진다는 장점이 있습니다. 하지만 수능II로 인한 시험 부담과 사교육 확장이 우려되기도 합니다. 따라서 이 방안이 제대로 시행되기 위해서는 대입 전형과 연계해 학생의 진로·적성에 부합하는 과목을 선택하여 응시하도록 유도하고, 최대 응시과목 수를 제한하는 등 부작용을 최소화하는 장치가 마련되어야 합니다. 예를 들어 이공, 자연 계열에서는 수학, 과학 교과 중 최대 4개 과목을 응시하도록 제한할 수 있겠습니다.

여하튼 2028학년도 이후 서술형·논술형 시험이 도입되면 글쓰기가 더 중요해질 수밖에 없는데, 현재는 예년보다 논술고사의 비중이 줄어든 게 사실입니다. 2024학년도 수시 모집에서 연세대, 서강대, 성균관대 등 30여 대학에서만 논술전형으로 학생들을 선발하고 있습니다. 서울대의 경우 2008학년도부터 2014학년도까지 수시와 정시 전형에서 논술고사를 반영했으나 현재는 수시 모집에서 구술면접고사와 의대 다중미니면접MMI 형태의 대학별고사를 반영합니다. 고려대의 경우 2008학년도부터 2015학년도까지 수시 논술전형을 운영했고 현재는 구술면접고사 형태의 대학별고사를 반영하지만 2025학년도 수시 모집에서 논술전형을 부활시키기로 했습니다. 2028학년도 이후 신新수능에서 서술형 및 논술형이 도입될 경우 기초가 될 문제 유형은 바로 2008학년도부터 2014~2015학년도까지 출제된 SKY 논술고사 기출 문제입니다. 그리고 현재도 이 기출 문제는 SKY 구술면접고사의 기출 문제로 출제되고 있습니다. 그러니 논술을 등한시할 수는 없습니다. 글로 쓰는 논술고사와 말로 하는 구술면접고사의 차이만 있을 뿐입니다.

통합교과논술로 불리던 시절, 연고전 내지 고연전으로 불리는 두 대학의 논술 문제들은 내용과 형식 면에서 몇 가지 중요한 특징이 있는데, 지금도 연고대에서는 이 문제 유형이 반영되고 있습니다. 또 서울대 수시와 정시 논술고사에서 활용된 문제 유형들은 지금 서울대의 구술면접고사와 의대 다중미니면접MMI 형태로 이어지고 있습니다. 연대 논술전형과 고대 구술면접고사를 준비하는 학생들을 위해 특정 제시문을 요약하기와 두 제시문 이상을 비교하기, 도표 및 그래프 자료를 해석하기와 주어진 조건에 맞추어 주장하기 등 크게 네 유형으로 나누어 살펴보겠습니다.

과거의 통합교과형논술이든
오늘날의 대학별 고사든
글쓰기가 중요한 건 마찬가지

과거의 통합교과논술이든 오늘날의 논술고사 또는 구술면접고사이든 시험장에서 해야 할 사고의 순서는 같습니다. 먼저 글쓰기와 말하기에 앞서 출제자의 의도를 찾아야 합니다. 제시문과 문항 또는 질문을 접하고 출제 의도를 파악해야 합니다. 시험 문제를 접하면 가장 먼저 제시문에 유의미한 힌트가 주어졌는지를 확인해야 합니다. 출제자가 제시문을 통해 무엇을 묻고 있는지를 찾아내야 합니다. 일례로 2009학년도 연세대 수시 논술 1번 유형이와 관련된 제시문과 문제 등은 뒤에서 자세히 소개했습니다. 의 문제 1에는 '대립하는 상황을 해결하는 서로 다른 방식에 관한'이라는 힌트가 있습니다. 누가 대립하는지, 어떤 상황인지, 해결방식은 무엇인지의 이슈를 찾아내야 합니다.

또 문제 3에는 제시문 (가)에서 설명된 '설득의 세 가지 수단'이라는 표현이 나타나 있습니다. 이 문제를 통해 출제의도를 추측해 보면, 서로 다른 대립 상황을 각각 어떻게 해결하는 방식이 바람직한가를 묻는 것입니다. 수험생은 제시문에 어떠한 해결방식들이 나타나 있는지를 우선 찾아야 합니다. 개인과 집단, 국가라는 서로 다른 상황에서 어떤 방식을 통해 대립 상황을 해결하는 방식이 좋은지를 선택해 그 이유를 밝혀야 합니다.

물론 제시문만으로도 출제의도를 정확하게 파악할 수 있다면 좋겠지만, 논술고사와 달리 오늘날의 구술면접고사는 제시문에 출제의도를 명확히 밝히지 않고 있습니다. 특히 서울대 의대 다중미니면접MMI의 경우 제시문만 주어지고 2분간 숙독한 후 8분간 이루어지는 면접에서 질문과 문제를 듣게 됩니다. 이럴 경우 제시문만으로 정확한 출제의도를 파악하기 힘들 수도 있습니다. 따라서 서울대 의대 다중미니면접MMI을 준비하는 학생이라면 평소에 다양한 글을 읽고 생각을 넓히는 훈련이 필요합니다. 평소에 사회적 이슈 등에 대해 고민해 보고, 다양한 제시문을 미리 접하며 자신의 생각을 전개하는 연습을 해야 합니다.

다시 본론으로 돌아가겠습니다. 제시문을 읽고 출제의도를 대략적으로 가늠해 본 다음에는 출제의도를 찾기 위해 노력해야 합니다. 복수의 제시문이 출제될 경우 각 제시문은 어떤 주장을 담고 있는지 차이점을 파악하는 것이 중요합니다. 예를 들어, 오늘날 연세대 논술고사의 제시문은 주로 일반 제시문 1개, 사례화된 제시문 2개, 자료화된 제시문 1개로 구성됩니다. 제시문들은 철학 제시문, 역사 제시문, 문학 제시문처럼 문사철이 망라되는 형태로 구성됩니다.

그리고 대부분의 경우 첫 번째 제시문이자 일반 제시문인 제시문 (가)에서 출제의도를 명확하게 포착할 수 있습니다. 연대 논술고사의 이러한 형식을 파악하고 출제의도를 효율적으로 파악해야 합니다. 수능 국어를 공부할 때 비문학 독서 지문들의 핵심을 정확하게 요약하는 연습이 중요한 것처럼 논술고사 또는 구술면접고사 등을 준비할 때도 일반 제시문을 접하고 요약하기를 한 후 출제의도를 정확하게 파악하는 연습이 필요합니다.

그 다음으로 제시되는 사례화된 제시문은 해당 사례를 통해 쟁점에 대해 어떤 입장인지를 판별하는 독해 능력을 요구합니다. 사례 제시문으로는 비유와 상징으로 표현된 글이 더러 나오는데, 그 글에 나타난 저자의 특정 관점을 파악하는 능력을 키워야 합니다. 또 제시문의 저자가 누구인지 모르더라도, 고대인지 중세인지 현대인지, 서양인지 동양인지, 철학자인지 소설가인지도 파악해야 합니다. 저자가 어느 시대 또는 어디에 살았는지에 따라 가치관이 다를 수 있기 때문입니다.

그 다음으로 이어지는 자료화된 제시문은 자료의 특성에 따라 독해하고 분석하는 능력을 요구합니다. 자료 제시문은 수능 탐구 영역에서도 자주 등장하는데, 해당 자료의 작성 취지를 읽어내는 것이 관건입니다. 자료 제시문은 기본적으로 단일한 수치로 해석됩니다. 하지만 자료 제시문과 함께 제시되는 일반 제시문 또는 사례화된 제시문들의 관점에 따라 다양한 해석이 가능해집니다. 따라서 자료에 나타난 격차 정도와 수치 변화 추이 등을 일반 제시문 또는 사례화된 제시문에 나타난 관점들과 연결시켜야 합니다.

한편, 객관식으로 답을 고르는 수능과 달리 글쓰기와 말하기로 답해야 하는 논술고사와 구술면접고사에서는 학생이 평소에 공부한 것들과 연계해 논술과 구술면접에 임하려 하는지도 평가 요인으로 삼습니다. 대학별고사 출제자들은 수능 국어 영역에 해당되는 국어, 문학, 독서, 화법과 작문, 언어와 매체뿐만 아니라 사회탐구와 과학탐구 영역 교과서들을 참조해 출제하기 때문입니다.

결국 출제의도를 파악하는 것이 가장 중요합니다. 가장 먼저 출제의도를 파악하고, 각 제시문이 해당 질문에 대해 어떤 입장을 취하고 있는지를 판별해내는 독해력이 필요합니다.. 이 문제의 출제자들과 채점자들은 '각각의 상황에서 어떤 해결방식이 타당한가?'라는 질문을 던지고 있는

가를 파악해야 합니다. 출제자들과 채점자들은 다양한 대립 상황에 맞는 다양한 해결방식의 필요성을 존중할 줄 아는 태도를 갖추고 있는지도 눈여겨봅니다. 그래서 과거의 통합교과논술이든 오늘날의 논술 또는 구술면접이든 각 제시문에는 개인과 개인, 집단과 집단, 국가와 국가의 대립 상황을 보여주고, 이를 해결하는 방안을 모색해 보라는 문제가 자주 출제됩니다.

그런데 앞으로의 입시는 좀 달라질 것 같습니다. 지금까지는 주어진 쟁점에 대해 제시문의 저자들이 어떤 관점을 보이는지를 파악해내는 이해력을 물었다면, 앞으로는 여러 관점 가운데 수험생이 어떤 입장을 타당하다고 생각하는지를 논증해 보라고 요구할 것입니다. 2028학년도 이후 신新수능 시대에는 자기주도적 사고력과 창의력도 요구하기 때문입니다. 달라진 입시에 대비하기 위해서는 말하기와 글쓰기 모두 수험생만의 설득력 있는 근거를 제시해야 합니다. 그러기 위해서는 각 입장들의 핵심과 한계를 모두 생각해 보고, 자신이 선택한 입장을 강하게 주장하되, 선택한 입장의 한계에 대한 반론을 고민하고 재반론으로 나아가는 정반합의 변증법적 사고과정이 중요합니다.

끝으로 과거의 통합교과형논술이든 오늘날의 대학별 고사든 글쓰기가 중요한 건 마찬가지인데, 모든 글쓰기는 '요약-비교-해석-견해쓰기'로 완성됩니다.

요약하기는 출제의도를 정확히 파악하기 위해 꼭 필요하고, 비교하기는 제시문들의 공통점과 차이점을 이해하기 위해 필요합니다. 요약하기를 잘하기 위해서는 제시문의 주제어키워드를 찾고, 핵심 주장을 파악해야 합니다. 비교하기를 잘하기 위해서는 각 제시문들을 정확히 이해해야 하고, 공통점과 차이점을 밝히는 답변이 필요합니다.

1. 요약하기

요약하기를 위해 주안점을 두어야 할 것은 다음과 같습니다.

① 주어진 제시문은 무엇에 관하여 이야기하는가?

② 주어진 제시문은 문제에 대해 어떤 입장인가?

③ 주어진 제시문은 왜 그러한 주장을 하는가?

요약하기의 핵심 사항입니다.

① 요약의 관건은 첫 문장에 달려 있습니다.

② 하나의 문장은 반드시 새로운 키워드와 내용을 담아야 합니다.

③ 모든 문장은 압축적이고 간결하게 써야 합니다.

요약하기에서 금기 사항입니다.

① 인용해서는 안 됩니다. 제시문의 문장을 그대로 가져다 쓰지 맙시다.

② 줄거리를 정리해서는 안 됩니다. 제시문의 내용을 순차적으로 나열
하지 맙시다.

③ 제시문의 내용에 대한 평가는 나중에 묻거든 하세요.

2. 비교하기

비교하기의 핵심 사항입니다.

① 공통점과 차이점을 밝혀야 합니다.

② 공통점은 적절한 수준의 일반화를 통해 도출합니다.

③ 공통점보다 차이점에 주안점이 있으므로 차이에 주목합니다.

④ 차이점은 다양한 각도에서 분석하고 근원을 추론해 봅니다.

⑤ 차이점에 대해서는 기준점을 잡고 밝혀야 하며, 체계적인 사고를 보여주어야 합니다.

3. 해석하기

해석하기의 핵심 사항입니다.

① 그래프의 경우 가로축과 세로축의 항목을 구분 및 분류해 봅니다.

② 수치 자료의 경우 전체 자료의 증감 추이를 시작점과 끝점으로 파악합니다.

③ 개별 자료 간의 증감폭을 곱하기와 나누기로 계산해 봅니다.

④ 변곡점이나 예외점과 같은 특이점에 주목해 이유를 추론해 봅니다.

⑤ 자료의 증감 추이나 폭, 특이점의 의미를 개념어를 사용해 답해 봅니다.

⑥ 추론한 분석을 제시하고, 자료의 구체적 내용은 주장의 근거로 활용합니다.

4. 견해쓰기

견해쓰기의 핵심 사항입니다.

① 질문의 요구에 어떻게 답할지 문제를 중심으로 고민해야 합니다.

② 제시문 분석에서 오늘날 한국 사회의 시각으로 치환해 봅니다.

③ 대안을 제시할 때 다각적 해결 주체 측면에서 고려해 봅니다.

④ 숨겨진 전제나 함축된 의미에 대해 고민해 해결해 봅니다.

⑤ 평소 글로벌 이슈와 같은 사회 문제에 대한 관심을 갖고 성찰해 봅니다.

특정 제시문을 요약하기

앞에서 우리는 과거의 통합교과형논술이든 오늘날의 대학별 고사든 모든 글쓰기는 '요약-비교-해석-견해쓰기'로 완성된다고 알아보았습니다. 이 네 가지 글쓰기의 기술에 대해 자세히 알아보겠습니다.

2008학년도 고려대학교 모의 논술 1번 유형 문제를 살펴보겠습니다. '아래의 제시문을 읽고 논제에 답하시오'라고 전제됩니다. 총 시험 시간은 3시간입니다. 논제를 먼저 분석해 글자 수에 맞게 구상하고, 제시문을 읽으며 키워드와 핵심 주장을 독해해야 합니다. 제시문 다음에 이어지는 논제 Ⅰ은 전형적인 '특정 제시문을 요약하기'입니다. 논제 Ⅱ도 마찬가지입니다.

제시문 (가)

일반적으로 풍요로운 사회는 모든 물질적 필요가 쉽게 충족되는 사회라고 여겨진다. 그러나 이런 고정관념은 버려야 한다. 이 관념은 진정한 '사회적 논리'를 전적으로 배제하고 있기 때문이다. 그 대신 우리는 마셜 살린스가 '최초의 풍요로운 사회'에 관한 논문에서 주장한 견해를 따라야 한다. 살린스에 따르면, 몇몇 원시 사회의 경우와 달리 현대의 생산지

상주의적 산업사회는 희소성에 의해 지배되는 사회, 즉 시장경제의 특징인 희소성이라는 강박관념에 의해 지배되는 사회다. 풍요로움이라 불릴 수 있는 상태는 인간에 의한 생산과 인간이 지니는 목적이 일치하는 균형 상태다. 그런데 인간은 많이 생산하면 할수록, 넘쳐나는 생산품들 속에서도, 그런 풍요로움의 상태로부터 돌이킬 수 없이 점점 더 멀어진다. 성장사회가 충족시키는 것, 그 사회에서 생산성이 증가함에 따라 점차 더 충족되는 것은 생산의 명령에 따른 필요이지 인간의 '필요'가 아니다. 실제로 성장 사회의 존립은 인간의 필요에 대한 무지에 기초해 있다. 그렇기 때문에 성장 사회에서 풍요로움은 한없이 뒤편으로 물러서고, 그 대신 희소성이 사회를 조직적으로 지배하게 된다.

살린스에 의하면 오스트레일리아나 칼라하리 사막에 살고 있는 원시 유목민족은 절대적 '빈곤'에도 불구하고 진정한 풍요로움을 알고 있다고 한다. 이 원시인들에게는 개인 소유물이 전혀 없다. 그들은 자신이 가진 것에 집착하지 않고, 한곳에서 다른 곳으로 옮겨갈 때는 가졌던 것을 버린다. 다른 곳으로 쉽게 이동하기 위해서는 그렇게 하는 것이 필요하기 때문이다. 그들에게는 생산을 위한 활동, 즉 '노동'이 없다. 말하자면 그들은 '한가롭게' 수렵하고 채집하며, 손에 넣은 모든 것을 서로 나누어 가진다. 그들은 아낌없이 낭비한다. 그들은 모든 것을 단번에 소비하며, 어떠한 경제적 계산도 하지 않고, 아무것도 저장하지 않는다. 원시 수렵채취생활자들은 부르주아의 발명품인 '호모 이코노미쿠스'경제인를 전혀 닮지 않았다. 그들은 경제학의 기본원칙들을 모른다. 그들은 인간의 에너지나 자연자원, 혹은 경제적으로 사용가능한 것들을 결코 완전히 활용하지는 않는다. 원시인들은 잠을 많이 잔다. 자연자원의 풍부함에 대한 신뢰, 바로 이것이 원시인의 경제체계의 특징이다. 반면에 현대인의 체계가 갖는 특징은 인간이 쓸 수 있는 수단이 충분하지 않다는 데에 대한 절망감, 그리고 시장경제와 보편적 경쟁의 결과로 발생하는 근본적이고 파국적인 불안감이다. 이 특징은 기술이 진보함에 따라 더 뚜렷해진다.

원시 사회의 특징은 집단 전체적으로 실행되는 '장래를 생각하지 않음'과 '아낌없이 낭비함'이다. 이것이 진정한 풍요로움의 표시다. 반면 우리는 풍요로움의 기호記號만을 갖고 있다. 우리는 거대한 생산 체계 속에 빈곤과 희소성의 기호를 몰아넣고 마음 졸이며 그것을 주시한다. 그러나 살린스가 말한 바와 같이, 빈곤은 재화의 양이 적은 데 있는 것이 아니며, 또 단순히 목적과 수단의 관계에서만 비롯되는 것도 아니다. 빈곤은 무엇보다도 인간과 인간의 관계다. 자연자원의 풍부함에 대해 원시인들이 지닌 신뢰의 토대가 되고 그들이 배고픔 상태에서도 풍요로운 삶을 살아가도록 해 주는 것은 결국 사회관계의 투명성과 상호성이다. 여기서는 자연, 토지, 또는 '노동'의 도구나 생산물 등을 누가 어떠한 형태로든 독점하여 교환을 방해하거나 희소성을 제도화하는 일이 없다. 인간의 역사에서 축적은 항상 권력의 원천이었다. 그러나 원시 사회에서 그런 축적은 존재하지 않는다. 원시 사회 같은 증여와 상징적 교환의 경제에서는 한정된 적은 양의 재화만으로도 모든 구성원들이 누릴 수 있는 부가 만들어질 수 있다. 왜냐하면 그 재화들은 한 사람에게서 다른 사람에게로 끊임없이 이동하기 때문이다. 부는 재화를 바탕으로 하여 생기는 것이 아니라, 사람들 간의 구체적인 교환을 바탕으로 하여 생긴다. 교환을 하는 사람들의 수가 한정되어 있어도 각 교환의 순간마다 교환된 사물에 가치가 부가되고 교환의 순환은 끝이 없기 때문에, 부는 무한하다.

구체적이고 관계적인 이런 변증법은, 문명화되고 산업화된 우리 사회를 특징짓는 경쟁 및 차별화 속에서 무한한 욕구와 결핍의 변증법으로 역전되어 있다. 원시 사회에서의 교환의 경우, 모든 관계는 사회의 부를 증가시킨다. 그에 반해 현대의 '차별화' 사회에서 모든 사회관계는 개인의 결핍감을 증대시킨다. 왜냐하면 원시 사회에서의 교환의 경우 소유물은 다른 것들과 관계를 맺음으로써 가치를 얻는 반면, 현대 사회에서 소유물은 다른 것들과의 관계망 속에서 상대화되기 때문이다.

따라서 현대의 '넘쳐나는' 사회에서는 오히려 풍요로움이 상실되었으며, 그 잃어버린 풍요로움은 생산성을 한없이 증대해도, 새로운 생산력의 고삐를 풀어도, 다시 찾아질 수 없다. 풍요로움과 부는 사회조직 안에서 구조적으로 나타나기 때문에, 사회조직과 사회관계가 완전히 변화되어야만 생겨날 수 있다. 우리가 시장경제를 넘어 아낌없는 낭비로 돌아갈 날이 있을까? 우리에게는 낭비가 아니라 '소비'가 있다. 그것은 영구히 지속하는 강요된 소비요, 희소성의 쌍둥이 자매다. 원시인들에게 최초의, 그리고 유일한 풍요로운 사회를 체험하게 한 것은 그들의 사회적 논리였다. 우리를 호화스러운 빈곤 속에서 살도록 하는 것도 우리 자신의 사회적 논리다.

제시문 (나)

산업화된 국가의 시장에서 판매를 위해 상품과 서비스의 가치나 용도를 왜곡하는 일이 빈번하게 벌어진다. 실제로 그 상품과 서비스는 구매자가 필요로 하지 않거나 원치 않는 것일 수 있다. 테오도르 슈토름의 『크리스마스 캐럴』에 나오는 거지 아이는 행인들에게 "제발 사세요! 아저

씨, 제발 이것 하나만 팔아주세요!"라고 애원한다. 옷가게 주인에서 수공업자와 대기업의 영업 담당자에 이르는 대부분의 공급자들도 그 거지 아이처럼 애원한다.

"여러분, 제발 사십시오!"

그러나 단순히 애원한다고 판매고가 올라가는 것은 아니다. 공급자는 소비자를 교묘하게 설득하고 현혹해야 한다. 소비자는 공급자가 펼치는 판매 전략에 이끌려 환각의 상태에 빠지기도 한다. 갖가지 빛깔과 음향과 향기, 행운의 약속과 연출은 소비자의 감정을 자극하고 그의 이성을 마비시키기도 한다. 공급자의 판매 전략 때문에 구매욕을 통제할 수 없었다거나, 판매 전략에 말려들어 어쩔 수 없이 물건을 샀다고 고백하는 사람들을 흔히 만날 수 있다. 그들 중에는 나이 어린 사람들이 상당한 비중을 차지한다. 심리학자들은 실제로 그런 구매자들에게서 환각 상태와 같은 증상을 확인할 수 있었다.

이성의 브레이크를 약간 느슨하게 만들고 감정의 엔진을 한껏 돌리면 구매가 이루어진다. 그리하여 산업화가 먼저 진행된 국가일수록 자본과 지식과 노동력의 더 많은 부분을 오로지 물건을 탐나도록 만드는 데 쓴다. 상품의 세계에서 소비자의 명백한 필요와 욕구를 충족시켜주기 위한 물목의 비중은 점점 줄어드는 추세이다. 대부분의 경우 우선 물건에 대한 욕구를 일깨운 다음 소비자가 평생 그 욕구를 위해 지출하도록 만든다. 물질적으로 풍요로운 사회의 본질이 바로 여기에 있다. 이러한 사회에서는 욕구를 일깨우는 것이 욕구를 만족시키는 것 못지않게 중요하다. 심지어는 충족시킬 경우 소비자가 해를 입게 되는 욕구조차 만들어진다. 소비의 왜곡 현상이 나타나는 것이다.

제시문 (다)

빵집이 다섯 개 있는 동네

우리 동네엔 빵집이 다섯 개 있다
빠리바게뜨, 엠마
김창근베이커리, 신라당, 뚤레쥬르
빠리바게뜨에서는 쿠폰을 주고
엠마는 간판이 크고
김창근베이커리는 유통기한
다 된 빵을 덤으로 준다
신라당은 오래돼서
뚤레쥬르는 친절이 지나쳐서

그래서 나는 빠리바게뜨에 가고
나도 모르게 엠마에도 간다
미장원 냄새가 싫어서 빠르게 지나치면
김창근베이커리가 나온다
내가 어렸을 땐
학교에서 급식으로 옥수수빵을 주었는데
하면서 신라당을 가고
무심코 뚤레쥬르도 가게 된다

밥먹기 싫어서 빵을 사고

애들한테도 간단하게 빵 먹어라 한다

우리 동네엔 교회가 여섯이다
형님은 고3 딸 때문에 새벽교회를 다니고
윤희엄마는 병들어 복음교회를 가고
은영이는 성가대 지휘자라서 주말엔 없다
넌 뭘 믿고 교회에 안 가냐고
겸손하라고 목사님 말씀을 들어보라며
내 귀에 테이프를 꽂아 놓는다

우리 동네엔 빵집이 다섯
교회가 여섯 미장원이 일곱이다
사람들은 뛰듯이 걷고
누구나 다 파마를 염색을 하고
상가 입구에선 영생의 전도지를 돌린다
줄줄이 고기집이 있고
김밥집이 있고
두 집 걸러 빵 냄새가 나서
안 살 수가 없다
그렇다 살 수밖에 없다

제시문 (라)

항목 \ 연도	1970	1980	1990	2000
국민총생산(억 원)	27,639	387,749	1,866,909	5,786,645
에너지 소비량(1,000 TOE)	19,698	43,911	93,192	192,887
1인당 전력 소비량(KWh/인)	240	860	2,200	5,060
총 광고비(억 원)	127	2,753	20,001	58,534

논제 Ⅰ. 제시문 (가)를 400자 내외로 요약하시오. 20점

논제 Ⅱ. 제시문 (나)의 논지를 밝히고, 이것을 참고하여 제시문 (다)를 해설하시오. 40점

논제 Ⅲ. 제시문 (라)의 표에 나타난 우리나라 경제성장과 에너지 소비 변화의 특징을 설명하시오. 그리고 제시문들을 참고하여 1970년 이후 전력 소비량이 급격히 증가한 이유와 의미를 사회변동과 관련시켜 논술하시오. 40점

※유의사항

1. 답안에 자신을 드러내는 표현을 쓰지 말 것.

2. 답안에 제목을 달지 말 것.

3. 제시문의 문장을 그대로 옮겨 쓰지 말 것.

4. 분량은 띄어쓰기를 포함하여, Ⅰ은 400자±50자, Ⅱ와 Ⅲ은 각각 700자±50자가 되게 할 것.

논제 Ⅰ부터 보겠습니다. 제시문 (가)를 400자 내외, 최대 글자 수 450자에 맞추어 요약해야 합니다. 몇 자 내외로 조건이 주어질 경우 제한 글자 수를 최대한 활용해야 합니다. 제한된 글자 수 내에서 최대한 주제어키워드를 담아내야 더 좋은 점수를 받을 수 있습니다. 같은 키워드를 여러 번 쓰는 것은 비효율적입니다.

제시문 (가)는 오늘날 지속적으로 향상되는 생산력에도 불구하고 풍요로움에 도달하지 못하는 원인을 설명하고 있습니다. 이 글은 풍요로움의 근원을 사회제도에서 찾아야 한다고 주장합니다. 오늘과 같은 산업 사회와 시장경제 체제는 희소성에 의해 재화의 가치가 결정되며, 한 재화의 희소성이 해소됨과 동시에 또 다른 희소성이 재창출되는 가운데 유지되는 체제이기 때문입니다. 이러한 체제에서의 재화는 인간의 진정한 필요보다는 경제 논리를 반영합니다. 이에 따라 오늘과 같은 시장경제 속에서 개인은 풍요로움을 느낄 여유를 갖지 못하고, 무한한 소비의 연쇄에 함몰되어 빈곤만을 지속할 뿐입니다.

이와 달리, 원시 사회에서는 오늘과 같은 경제적 계산이 지배하지 않았습니다. 자연과 자신의 체제에 대한 투명한 이해와 신뢰에 기초한 원시 사회 체제에서는 순환적으로 재창출되는 소비가 아니라 인간적 필요를 해소하는 필수적 '낭비'만 있을 뿐입니다. 원시 사회에서 오늘의 시장경제에서 보이는 재화의 교환이 없었던 것은 아닙니다. 하지만 원시 사회에서의 교환이 각 단계에서 잉여와 가치 창출을 통해 개인의 필요를 만족시켰다면, 현대의 시장경제는 무한한 차별화를 통해 작동함으로써 개인적 결핍감을 양산합니다.

제시문은 풍요로움과 부라는 개념이 결국 사회 체제의 논리임을 강조하면서, 현대 사회의 소비가 인간의 진정한 필요를 충족시키지 못하는 상황을 설명합니다. 소비 또한 교육받고, 욕망은 충족되기보다는 배가되는 오늘의 경제사회적 구조를 지적하고 있는 글입니다. 고려대가 공개한 논제 I의 예시 답안을 보겠습니다.

　풍요로움의 근원은 사회제도에 있다. 오늘의 시장경제는 지속적으로 희소성이 재창출되는 가운데 유지되며, 재화는 인간의 필요보다는 경제 논리를 반영한다. 이에 따라 오늘의 개인은 무한한 소비와 빈곤만을 지속할 뿐이다. 이와 달리, 원시 사회에서는 경제적 계산이 지배하지 않았다. 자연과 자신의 주변에 대한 투명한 이해와 신뢰에 기초한 원시 사회에서는 순환적으로 재창출되는 소비가 아니라 인간적 필요를 해소하는 필수적 낭비만이 있을 뿐이었다. 원시 사회에서의 교환이 각 단계에서 산출하는 잉여 가치를 통해 개인의 필요를 만족시켰다면, 현대 경제의 교환은 무한한 차별화를 통해 작동하고 개인적 결핍감을 양산한다. 풍요로움과 부는 사회 체제의 논리이며, 현대 사회의 소비는 인간의 진정한 필요를 충족시키지 못하고 있다.

　제시문 (가)를 읽고 논제 I에 담아내야 하는 주제어는 '풍요, 사회제도, 시장경제, 희소성, 소비, 원시 사회, 필요, 낭비, 교환' 등입니다. 고대에서 공개한 채점 기준에는 다음과 같은 항목 주제어들이 포함되어야 한다고 명시되어 있습니다.

　① 풍요로움의 근원은 사회제도에 있다.

② 현대 사회는 희소성 개념에 근거한 경제 원리에 의해 운용된다.

③ 희소성은 상대적 비교_{차별화}에서 기원한다.

④ 현대 사회에서 교환은 개인의 결핍감을 증대시킨다.

⑤ 이런 현대 사회의 사회관계를 '소비'라 부른다.

⑥ 원시 사회는 경제 원리가 아니라, 진정한 인간의 필요에 따른 자연의 이용과 재화의 교환이 있다.

⑦ 인간의 필요에 따른 교환은 자연과 다른 구성원들에 대한 신뢰에 근거한다._{관계의 투명성과 상호성}

⑧ 이런 교환은 매 교환마다 가치를 새롭게 창출_{잉여가치를 창출}한다.

⑨ 이런 원시 사회의 사회관계를 '낭비'라 부른다.

또 글의 구성에 대해 다음과 같은 사항들을 고려하고 있습니다. 참고로 '논리에 맞게'라는 말은 인과적 요소를 뜻합니다. '논리적 흐름'은 전체에 대한 이해 정도를 말합니다.

① 논리에 맞게 요지를 기술하고 있는가?

② 제시문의 논거와 논리적 흐름을 최대한 잘 요약하고 있는가?

③ 글의 논지를 분명히 제시하고 있는가?

글의 형식도 채점 기준에 포함됩니다. 글의 형식에 대해서는 20%의 배점을 부여합니다. 평소 맞춤법과 띄어쓰기, 원고지 사용법이 훈련되어 있지 않거나 단어 선택 및 활용 능력과 문장력이 부족할 경우, 아쉬운 결과를 맞게 됩니다.

① 정서법맞춤법, 띄어쓰기 등에 맞게 작성되었는가?

② 표현능력단어 선택 및 활용, 문장력, 비문 사용 여부이 우수한가?

③ 원고지 사용법에 정확하게 맞춰서 답안을 작성했는가?

우수 답안과 부족 답안의 사례를 보겠습니다.

우수 답안 1

넘쳐나는 생산과 소비를 풍요로움이라 인식하는 것은 옳지 못하다. 이러한 사회는 '희소성'에 의해 지배되어 경쟁과 차별화의 틀에서 생산물의 교환을 막는다. 이는 '빈곤'에 대한 우려와 절망을 가중시키고, 이러한 불안감은 무한을 향한 욕망을 부추긴다. 상대화된 소유물은 개인의 결핍만 증가시킨다.

반면, 진정한 풍요로운 사회에는 자연과 인간에 대한 신뢰가 있다. 이는 원시사회에서 잘 나타난다. 사회관계의 투명성과 상호성을 바탕으로 비밀 없이 자유롭게 교환되는 물질은 끊임없이 이어져 사회적 부를 증가시킨다. 결핍감으로 인간을 오히려 상대적 빈곤에 빠뜨리는 '풍요로움'이 아닌 실질적인 개인의 필요를 채울 수 있는 '풍요로움'이 존재하는 것이다. 진실로 풍요로운 현대사회는 그 사회의 조직과 관계가 완전히 변화하여야만 이루어질 수 있다.

우수 답안 2

풍요로움은 생산을 통한 재화 축적을 통해서가 아니라, 우리의 사회적 논리의 전환을 통해서 얻을 수 있다. 현대 사회는 끝없는 생산을 통해 많은 재화를 가지고도 이를 축적하여 경쟁, 차별화, 상대화를 초래한다. 이러한 관계는 개인의 결핍감을 증대시킨다. 반면, 원시 사회는 적은 재화를 가지고도 풍요롭게 살아간다. 이 풍요로움은 순환적인 교환을 통해 재화에 실질적인 가치를 부가함으로써 얻어지는 것이다. 이러한 교환 관계는 사회의 부를 증가시킨다. 무조건 많이 생산하기만 해서는 풍요로움을 얻을 수 없다. 시장 경제와 희소성의 논리에 지배되어 어쩔 수 없이 소비하는 것이 아니라, 자연 자원의 풍부함에 대한 신뢰를 가지고 아낌없이 낭비해야 한다. 그때 자원의 이동과 교환이 이루어져 생산과 필요의 균형이 성립되고, 우리 사회는 풍요로워질 수 있을 것이다.

부족 답안 1

현대사회는 자본의 축적을 통해 생산성을 증가시키고 이에 따른 풍요로움이 곳곳에 넘쳐나는 사회가 되었다.

그럼에도 불구하고 현대인은 항상 결핍감을 느낀다. 진정한 '풍요로움'이란 물질로부터가 아닌 물질을 대하는 태도로부터 오기 때문이다. 현대사회의 사람들은 '희소성'에 얽매여 생산을 지나치게 증가시킨다. 이런 방식의 생산은 인간의 '필요'가 아닌 생산명령에 따른 필요만 충족시켜준다. 또 생산에 따른 물질들은 독점되고 축적되어 사람들은 기호로서의 풍요 속에 살게 되었다.

이와 달리 원시유목민들은 생산과 희소성에도 얽매이지 않은 채 풍요롭게 살아가고 있었다. 그들에게는 물질을 위한 노동과 자본이 없다. 하지만 그들은 경제적 계산 없이 현재 자원을 아낌없이 쓰며 살아갔다. 자본이 없음에도 그들이 풍요롭게 살아갈 수 있었던 이유는 자원의 풍부함에 대한 신뢰와 상호관계성이 만들어낸 물질에 대한 태도를 갖고 있었기 때문이다. 사회적 개혁을 통해 이 같은 사회를 꿈꿔야 한다.

부족 답안 2

신석기 혁명과 산업혁명을 거치면서 인류는 풍요로운 삶을 살게 되었다. 그리고 인류는 거기에 만족하지 않고 생산량을 점점 늘리며 사회를 발전시켜왔다. 하지만, 이러한 발전에도 불구하고 더욱 많은 사회구성원들은 상대적 빈곤감을 느끼게 되었다. 사회가 성장하면 풍요로움도 증대된다는 믿음이 깨져버린 것이다. 이러한 현상이 나타나는 원인으로 현대사회의 조직적 문제점을 들 수 있다. 왜냐하면, 현대사회에서 생산되는 대다수의 재화들은 희소성을 가지게 된다. 이러한 희소성을 가진 재화들은 사회에서 희소성의 원칙에 따라 특별 계층이 독점하게 된다. 즉, 시장이라는 교환체제 속에서 재화들은 골고루 퍼지는 것이 아니라 한쪽 방향으로 향해가는 것이다. 이렇게 되어지면, 소수의 특수계층을 제외하고, 대다수의 국민들의 상대적 빈곤감은 증대되어진다. 따라서, 사회가 발전하여 생산량을 늘릴수록 '풍요 속의 빈곤' 현상이 심화되어지는 것이다.

논제 Ⅱ를 보겠습니다. 제시문 (나)의 논지를 밝히고, 이것을 참고하여 제시문 (다)를 해설해야 합니다. 논지를 밝히라고 요구하는 것은 요약하기를 하라는 것입니다. 특정 제시문을 참고하여 다른 제시문을 해설해야 하는 경우는 비교하기에서 진화된 적용하기 유형입니다.

제시문 (나)는 현대 사회에서 소비자의 구매 욕구는 광고에 의해 형성된다는 주장을 펼치고 있습니다. 현대의 소비자는 물건을 소비하는 대신

상품의 이미지를 소비한다는 말이 의미하는 바는 소비가 실질적인 필요에서 비롯하기보다는 광고에 의해 창출된다는 지적입니다. 소비자는 광고에 현혹되어 반드시 필요하지도 않은 물건을 구매합니다. 광고에 의해 소비의 욕구가 형성되고 필요와 무관한 수요가 이루어지기 때문입니다.

제시문 (다)는 제시문 (나)와 관련한 구체적인 사례를 전합니다. 시에는 다섯 개의 빵집이 등장합니다. 대체로 널리 알려진 상표의 빵집들입니다. 화자는 그 빵집들에 자주 갑니다. 그런데 화자가 빵집에 가는 이유로 드는 것들은 그가 구입하는 빵의 속성과는 별로 관련이 없습니다. 쿠폰이나 덤, 간판의 크기나 점원의 친절 등은 빵에 대한 필요나 빵 자체의 품질과 무관합니다. 상표의 이미지와 판매 전략과 소문 등이 화자로 하여금 그 빵집에 드나들도록 하는 셈입니다. 시에 나오는 대로 화자는 눈앞에 보여서 무심코 습관처럼 빵집에 가듯이 필요 때문에 빵집에 가지 않습니다. 풍요의 기호만 있지 실제 풍요가 없음을 간접적으로 시사하고 있습니다.

5연에서 화자는 자기 동네에 교회가 여섯 개 있다고 합니다. 여섯 개의 교회는 그 앞의 다섯 개의 빵집이 내포하는 의미와 유사합니다. 간단히 말해 교회도 빵집처럼 이미지와 판매전략과 소문 등으로 신도들을 유인합니다. 그래서 사람들은 빵집에 가듯 교회에 간다는 뜻입니다. 이 시는 마지막 연에서 갖가지 광고와 간판과 소문 속에서 분주하게 살아가는 사람들의 모습을 보여줍니다. 그러한 삶의 모습은 대체로 개성이 없습니다. 사람들은 비슷한 가게와 식당과 교회와 빵집을 오가면서 서로 닮은 모습을 한 채 개성 없이 삽니다. 그런 의미에서 마지막 3행에 나오는 '안 살 수가 없다/그렇다/살 수밖에 없다'에서 '살'은 '사다買'와 '살다生'라는 두 기본형의 활용이므로 중의적으로 이해할 수도 있습니다.

논제 Ⅱ가 요구하는 조건은 두 가지입니다. 제시문 (나)의 논지 밝히기와 제시문 (다) 해설하기입니다. 출제자의 요구를 얼마나 정확하게 반영하고 있는지를 평가하기 위해 다음 사항을 주요 채점 기준으로 삼습니다.

① 제시문 (나)의 요지를 정확하게 파악하여 간결하게 제시하고 있는가?

② (다) 시의 의미를 제대로 파악하고, 구체적 시어를 인용하면서 해설하고 있는가?

③ 전체적으로 맞춤법, 띄어쓰기, 원고지 사용법 등 글의 형식적 요소를 충실하게 지키고 있는가?

우수 답안과 부족 답안의 사례를 보겠습니다.

우수 답안

현대인들은 넘치는 상품과 서비스 속에서 살아가고 있다. 상품의 수와 서비스만큼 이에 따른 광고 역시 많다. 광고의 목적은 판매에 있고 이를 달성하기 위해서는 왜곡과 과장도 서슴지 않는다. 또한 소비자의 욕구를 만족시키는 데 그치지 않고 새로운 욕구를 만들어 내기도 한다. 제시문 (나)는 이러한 현대사회 속에서 필요하지 않은 물품의 소비를 하게 되는 소비 왜곡 현상을 말하고 있다.

제시문 (다)는 어느 한 마을을 배경으로 한다. 이 마을은 현대 시장경제에서 나타나는 물질적으로만 풍요로운 사회를 보여준다. 화자는 필요에 따른 소비가 아닌 감성에 따른 소비를 반복하고 있다. '나도 모르게'나 '무심코'와 같은 표현은 물질의 풍요 속에서 이성이 마비된 모습을 상징한다. 화자의 주위에서는 교회에 다니는 것을 강요하고 있다. 교회에 다니지 않는 것은 겸손하지 않은 것이라고 교회의 본질을 왜곡하고 있다. 이것은 소비의 왜곡이 매우 광범위하다는 것을 암시한다. 밥 대신 빵을 먹고 뛰듯이 걷는 모습은 효율성이라는 경제원칙에 익숙해져버린 현대인을 보여준다. 마지막 행의 '살 수밖에 없다'는 표현에서 쿠폰이나 큰 간판 등의 갖가지 판매 전략과 줄줄이 이어진 상품과 서비스 속에서 인간이 결국 소비의 왜곡에 빠져들지 않을 수 없음을 찾을 수 있다.

제시문 (다)는 전체적으로 인간이 넘치는 상품과 광고전략 속에서 이성을 잃고 제대로 된 소비의 의미를 상실해가는 모습을 보여준다. 이는 궁극적으로 계속되는 소비 속에서도 풍요를 찾을 수 없는 것이다.

부족 답안

대형할인마트나 백화점 등에 다녀오면 자신이 계획하지 않은 물건들을 사오는 경우가 많다. 당장 혹은 앞으로도 쓸 일이 없을지 모르는 물건들 말이다. 공급자는 소비자가 미처 눈치채지 못한 요소들을 이용한다. 사소한 것 같지만 제품의 진열장소, 배열까지도 소비자를 자극한다. 실제로 구매 당시 어떤 사람들은 환각 증세를 보이기도 한다. 문제는 그 소비와 욕구가 진정한 필요가 아닌 데에 있다. 물질적인 풍요를 추구하는 사회에서는 사람들의 욕구를 채워주는 것보다 또 다른 판매, 생산을 위한 새로운 요구를 일깨우는 것이 중요하다. 왜곡된 상품의 서비스와 가치는 사람들로 하여금 과도한 소비를 부추긴다. 다이어트 열풍을 이용해 젊은 여성들을 대상으로 한 제약제품들이 심각한 부작용을 일으킨 것은 왜곡된 소비가 심지어 해를 끼치는 한 예이다. 개인적인 욕망도 있겠지만 각종 경로를 통해 계속되는 유혹의 역할이 크다는 것은 무시할 수 없다.

시에서도 마찬가지이다. 화자는 여러 가지 이유 때문에 다섯 개의 빵집을 간다. 하지만 이유는 중요한 것이 아니다. 화자뿐만 아니라 마을 사람들이 파마를 하고 교회에 가는 이유는 단지 그것들이 거기 있기 때문이다. 줄줄이 늘어선 가게들은 사람들을 끊임없이 유인한다. 사람들의 욕구를 일깨우는 것이다. 마지막 3행이 그런 현실을 직접적으로 말한다. 그들은 필요와는 상관없이 욕구와 소비를 위해 살 수밖에 없다. 또, 이러한 욕구는 한 번으로 끝나는 것이 아니라 평생 지속되기도 한다. 한 사람만의 문제가 아니라 사회의 문제다. 현대인은 '누구나 다 파마를 하고 염색을 한다.'

논제 Ⅲ을 보겠습니다. 제시문 (라)의 표에 나타난 우리나라 경제성장과 에너지 소비 변화의 특징을 설명하고 제시문들을 참고하여 1970년 이후 전력 소비량이 급격히 증가한 이유와 의미를 사회변동과 관련시켜 논술해야 합니다.

제시문 (라)는 국민총생산, 에너지소비량, 1인당 전력소비량, 총광고비의 변화추이를 보여주는 도표입니다. 비교적 간단한 도표지만 이를 잘 읽어내면 그 안에서 국민총생산의 증가, 즉 경제성장이 에너지 소비와 밀접한 관련이 있다는 것을 읽어낼 수 있습니다. 다른 한편으로는 경제성장과 관련한 사회변동이 국민 1인당 전력소비량과 맞물려 있다는 점도 찾아낼 수 있습니다. 한 걸음 더 나아가 광고비 지출의 증가가 소비의 증가를 어떻게 자극하는지에 대해서도 나름의 주장을 펼칠 수 있는 최소한의 자료로 활용될 수 있습니다.

이 논제는 실질적으로는 두 개의 서로 다른 문제를 포함합니다. 즉, 먼저 '경제성장과 에너지 소비변화의 특징'을 설명해야 하고, 그 다음으로 '전력 소비량이 급격히 증가한 이유와 의미'를 밝혀야 합니다. 출제자의 요구에 대해 얼마나 정확하고 충실하게 반응했는지가 가장 중요한 평가 기준입니다. 더불어 표가 제공하는 '정보'의 의미를 최대한 정확하게 읽고, 논술에 적절히 활용해야 좋은 점수를 받을 수 있습니다.

우수 답안

(라)의 표를 보면 우리나라의 경제성장지표라고 할 수 있는 국민총생산은 1970년대 이후 2000년에 이르기까지 205배가량 증가했다. 에너지 소비량 또한 1970년대 이후 꾸준히 증가했으며 1인당 전력소비량도 계속해서 증가했다. 하지만 에너지소비량과 1인당 전력소비량이 증가한 정도에서는 차이가 난다. 에너지소비량이 30년 간 10배 정도 오르는 데 그쳤지만 1인당 전력소비량은 30년간 약 21배 증가한 것이다. 또한 국민총생산과 에너지소비량, 1인당 전력소비량 모두 1970년대에서 1980년대가 될 때의 증가속도가 1980년대 이후의 증가속도보다 빠른 특징을 보인다.

1970년대 이후의 급격한 전력소비량의 증가는 당시 이루어졌던 산업화와 연관시켜 볼 수 있다. 급속하게 진행되었던 산업화로 인해 소비되어지기를 기다리는 상품의 대량생산이 이루어졌다. 이에 따라 소비하여 얻은 상품의 이용을 위해 가정집에서도 전기 공급이 필요해졌으며, 공급자는 상품의 광고를 통한 소비의 창출을 위해 매체가 필요하게 되었다. 마침 국가의 경제성장은 전력 공급의 증가를 가능하게 하였으며 결국 1인당 전력공급량은 급격한 증가를 보이는 것이다. 1인당 전력공급량의 증가는 우리 사회에서 광고가 차지하는 부분이 매우 커졌음을 뜻한다. 이러한 광고의 중요성이 부각되는 모습은, 공급자는 계속해서 소비를 부추기고, 구매자는 광고에 현혹되어 이미지를 소비하고 그 이미지에 만족하는 순환이 계속됨을 의미한다. 즉 사회는 광고를 통해 형성된 이미지를 소비하고 만족하는 사람들로 이루어지게 된 것이다.

부족 답안

한국전쟁 이후 우리나라의 산업에는 큰 변동이 일어났다. 과거 농업사회에서 경공업 사회로 바뀐 1970년대에서의 국민총생산은 경제개발5개년 계획에 힘입어 발전하였다. 이는 중화학공업 중심의 1980년대가 그 전보다 10배 이상 증가함을 알 수 있다. 이에 따라 에너지의 소비도 산업구조에 의해 증가되었음을 알 수 있다. 그리고 정보통신 기술의 발달로 정보화 사회에 들어선 1990년대에는 3차산업 중심의 서비스산업으로써 국민총생산과 함께 에너지소비량 또한 크게 늘었음을 알 수 있다. 이는 시간이 지남에 따라 에너지를 많이 사용하는 구조로 변모하고 있는 것인데 2000년대는 이러한 구조가 더욱 고도화되고 있다.

과거 일찍 산업화를 이룬 나라들의 형태가 우리 나라에서도 나타나고 있다. 시장경제의 발달로 사회는 희소성의 강박관념에서 재화를 무수히 만들어내고 그것을 소비하도록 한다. 이는 총광고비의 증가에서 찾을 수 있는데 광고비의 수치는 2차산업 사회인 1980년대보다 3차산업 중심의 1990년대에 많이 증가한다. 많은 광고를 통해 소비자로부터의 욕구를 증가시키고 이를 통해 소비하게 한다. 이런 광고는 여러 재화를 판매하여 그것을 사용함으로써 나타나는데 1인당 전력소비량에서 볼 수 있다. 광고의 비용이 증가함으로써 그 재화를 사용하기 위한 전력의 소비도 증가한다. 단적인 예로 에어컨을 들 수 있다. 에어컨의 증가는 TV에서의 광고를 통해 높은 전력을 요구하는 에어컨의 증가도 1인당 전력소비량이 증가함을 생각할 수 있다. 이러한 형태의 상황은 앞으로 더욱 빈번히 벌어질 것이다.

여러 제시문을 비교하기

2009학년도 연세대학교 수시 논술 1번 유형 문제를 살펴보겠습니다. '아래의 제시문들을 읽고 질문에 답하시오'라고 전제됩니다. 총 시험 시간은 3시간입니다. 논제를 먼저 분석해서 글자 수에 맞게 구상하고, 제시문을 읽으며 키워드와 핵심 주장을 독해해야 합니다. 문제 1은 전형적인 비교하기입니다. 두 제시문을 비교하는 일반적인 양자비교보다 세 제시문을 비교하는 삼자비교가 더 고급 유형이며 변별력이 큽니다.

제시문 (가)

참인 것과 좋은 것은 본성적으로 더 증명하기 쉽고 설득력이 있다. 더

욱이 몸을 사용해서 자기 자신을 보호할 수 없다는 것이 부끄러운 일인데 반해 말을 사용해서 그럴 수 없다는 것은 부끄러운 일이 아니라고 한다면, 이는 이치에 맞지 않는다. 연설을 사용하는 것이 몸을 사용하는 것보다 인간에게 더 고유한 특징이기 때문이다. 연설의 능력을 정의롭지 않게 사용하는 사람은 커다란 해악을 끼칠 가능성이 있다고 누군가 주장한다고 하자. 하지만 그런 일은 도덕적인 덕 이외의 모든 유용한 것에 공통된 점이다. 그리고 가장 유용한 것들은 해악의 위험성도 가장 큰 법이다. 강한 체력, 건강, 부, 용병술 등이 그렇다. 이런 것들은 정의롭게 사용하면 유익함이 더없이 크지만 정의롭지 않게 사용하면 더없이 큰 해악을 낳는다. ……[중략]……

수사학이란 주제가 무엇이든 그에 유효한 설득의 수단을 찾는 능력이다. 이것은 다른 학문 분야에는 없는 기능이다. 다른 모든 학문 분야는 그 나름의 고유한 주제에 대해 가르치거나 설득할 수 있다. 예컨대 의학은 건강과 질병에 대해, 기하학은 도형의 속성들에 대해, 수학은 수에 대해 가르치거나 설득할 수 있다. 그러나 일반적인 통념에 따르면 수사학은 우리에게 어떤 주제가 주어지든 그것을 설득할 수단을 찾는 능력이다. 수사학은 한계를 갖는 특정한 주제에 국한된 기술이 아니다.

연설에 사용하는 설득의 수단에는 세 가지 종류가 있다. 첫째는 연설가의 성품이다. 둘째는 청중을 특정한 감정 상태로 만드는 것이다. 셋째는 연설 자체가 제공하는 논거나 논거임직한 것과 관련이 있다. 첫 번째 설득 수단은 연설가의 성품에서 온다. 왜냐하면 우리는 성품이 훌륭한 사람들을 다른 사람들보다 더 깊이 믿고 더 쉽게 믿기 때문이다. 일반적으로 모든 일에서 그런 사람들을 신뢰하기도 하지만, 정확한 판단을 내리기 힘들고 의견이 분분한 경우에 성품이 훌륭한 사람들에 대한 우리의 신뢰는 절대적이다. 연설가의 훌륭한 성품이 사람들을 설득하는 데 아무 도움이 되지 않는다는 말은 옳지 않다. 사람들이 연설에 의해 설득되는 두 번째 경우는 연설이 청중의 감정을 효과적으로 고무할 때이다. 왜냐하면 우리가 슬픈지 기쁜지 또는 우호적인지 적대적인지에 따라 어떤 것에 대해 내리는 판단이 달라지기 때문이다. 마지막으로, 설득력 있는 논증을 적합하게 사용하여 진리나 진리임직한 것을 드러내 보여준다면, 이때 설득은 연설자체에 의해 이루어진다.

제시문 (나)

여러 번 죽었던 이 몸이 하느님 은혜와 동포들의 애호로 지금까지 살아 있다가 오늘에 이와 같이 영광스러운 추대를 받는 나로서는 일변 감격한 마음과 일변 감당키 어려운 책임을 지고 두려운 생각을 금하기 어렵습니다. ……[중략]……

오늘 대통령으로서 선서하는 이 자리에 하느님과 동포 앞에서 나의 직책을 다하기로 한층 더 결심하며 맹서합니다. 따라서 여러 동포들도 오늘 한층 더 분발해서 각각 자기의 몸을 잊어버리고 민족 전체의 행복을 위하여 대한민국의 시민으로서 영광스럽고 신성한 직책을 다하도록 마음으로 맹서하기를 바랍니다.

여러분이 나에게 맡기는 직책은 누구나 한 사람의 힘으로 성공할 수 없는 것입니다. 이 중대한 책임을 내가 감히 부담할 때에 내 기능이나 지혜를 믿고 나서는 것이 결코 아니며 오직 전국 애국남녀의 합심 합력으로써만 수행할 수 있을 것으로 믿는 바입니다.

이번 우리 총선거의 대성공을 모든 우방友邦들이 축하하기에 이른 것은 우리 애국남녀가 단단한 애국성심誠心으로 각각의 책임을 다한 때문입니다. 그 결과로 국회 성립 또한 완전무결한 민주제도로 조직되어 두세 개 정당이 그 안에 대표가 되고 무소속과 좌익 색채로 지목받는 대의원이 또한 여럿이 있게 된 것입니다. 기왕의 경험으로 추측하면 이 많은 국회의원 중에서 사상思想 충돌로 분쟁 분열을 염려한 사람들이 없지 않았던 것입니다. 그러나 중대한 문제에 대하여 극렬한 쟁론爭論이 있다가도 필경 표결될 때에는 다 공정한 자유 의견을 표시하여 순리적으로 진행하게 되므로 헌법과 정부조직법을 다 민의民意대로 다수의 의견에 따라 통과된 후에는 아무 이의 없이 다 일심一心으로 복종하게 되므로 이 중대한 일을 조속한 한도 내에 원만히 해결하여 오늘 이 자리에 이르게 된 것이니 국회의원 일동과 전문위원 여러분의 애국성심을 우리가 다 감복하지 않을 수 없는 것입니다. ……[중략]……

기왕에도 말한 바이지만 민주정부는 백성이 주장하지 않으면 그 정권이 필경 정객과 파당의 손에 떨어져서 전국이 위험한 데 빠지는 법이니 일반 국민은 다 각각 제 직책을 행해서 먼저 우리 정부를 사랑하며 보호해야 될 것입니다. 내 집을 내가 사랑하고 보호하지 않으면 필경은 남이 주인노릇을 하게 됩니다. 과거 40년 경험을 잊지 말아야 할 것입니다. 의로운 자를 보호하고 불의不義한 자를 물리쳐서 의義가 서고 사邪가 물러가야 할 것입니다. 전에는 임금이 소인小人을 가까이하고 현인賢人을 멀리하면 나라가 위태하다 하였으나 지금은 백성이 주장이므로 민중이 의로운 사람과 불의한 사람을 명백히 구별해야 할 것입니다.

제시문 (다)

칸은 조선 임금에게 국서를 보내어, 명의 연호를 버리고 명에 대한 사대를 청으로 바꿀 것과 왕자와 대신을 인질로 보내 군신의 예를 갖출 것을 요구했다. 머리를 길게 땋고 양가죽 옷을 걸친 사신이 호위 군사를 부려서 칸의 국서를 수레 위에 받들어 왔다. 칸의 문장은 거침없고 꾸밈이 없었으며, 창으로 범을 찌르듯 달려들었다. 그 문장은 번뜩이는 눈매에서 나온 듯했다.

내가 이미 천자의 자리에 올랐으니, 땅 위의 모든 살아 있는 것들이 나를 황제로 여김은 천도에 속하는 일이지, 너에게 속하는 일이 아니다. 또 내가 칙으로 명하고 조로 가르치고 스스로 짐을 칭함은 내게 속하는 일이지, 너에게 속하는 일이 아니다. 네가 명을 황제라 칭하면서 너의 신하와 백성들이 나를 황제라 부르지 못하게 하는 까닭을 말하라. 또 너희가 나를 도적이며 오랑캐라고 부른다는데, 네가 한 고을의 임금으로서 비단 옷을 걸치고 기와지붕 밑에 앉아서 도적을 잡지 않는 까닭을 듣고자 한다. 하늘의 뜻이 땅 위의 대세를 이루어 황제는 스스로 드러나는 것이다. 네가 그 어두운 산골짜기 나라에 들어앉아서 천도를 경영하며 황제를 점지하느냐. 황제가 너에게서 비롯하며, 천하가 너에게서 말미암는 것이냐. 너는 대답하라.

너의 아들과 대신을 나에게 보내 기뻐서 스스로 따르는 뜻을 보여라. 너희의 두려움을 내 모르지 않거니와, 작은 두려움을 끝내 두려워하면 마침내 큰 두려움을 피하지 못할 것이다. 너는 임금이니 두려워할 것을 두려워하라. 너의 아들이 준수하고 총명하며, 대신들의 문장이 곱고 범절이 반듯해서 옥같이 맑다 하니 가까이 두려 한다. 내 어여삐 쓰다듬고 가르쳐서 너희의 충심이 무르익어 아름다운 날에 마땅히 좋은 옷을 입혀서 돌려보내겠다.

대저 천자의 법도는 무위武威를 가벼이 드러내지 않고, 말 먼지와 눈보라는 내 본래 즐기는 바가 아니다. 내가 너희의 궁벽한 강토를 짓밟아 네 백성들의 시체와 울음 속에서 나의 위엄을 드러낸다 하여도 그것을 어찌 상서롭다 하겠느냐. 그러므로 너는 내가 먼 동쪽의 강들이 얼기를 기다려서 군마를 이끌고 건너가야 하는 수고를 끼치지 말라. 너의 좁은 골짜기의 아둔함을 나는 멀리서 근심한다.……

제시문 (라)

아래 표는 미국에서 여러 매체의 뉴스와 정보에 대한 신뢰도와 이용도를 조사한 자료를 재구성한 것이다.

	신뢰도	이용도
텔레비전	6.6	34.7
일간신문	5.8	23.5
온라인 매체	3.2	23.2
시사주간지	4.6	1.6
무료 배포 신문	2.5	2.2
기타	해당 없음	14.8
평균	4.5	16.7

• 신뢰도는 각 매체의 뉴스와 정보에 대한 신뢰 정도를 10점 만점으로 평가한 것임.

• 이용도는 뉴스와 정보를 각 매체로부터 얻는 비율을 백분율로 나타

낸 것임.

문제 1. 제시문 (가), (나), (다)는 대립하는 상황을 해결하는 서로 다른 방식에 관한 것이다. 세 방식의 차이점을 설명하시오.800자 내외로 쓰시오. 30점

문제 2. 제시문 (가), (나), (다)에 나타난 해결 방식 가운데 가장 적절한 것을 하나 선택하고 근거를 밝히시오. 또 그 방식의 문제점을 지적하고 이에 대한 극복 방안을 제시하시오.800자 내외로 쓰시오. 30점

문제 3. 제시문 (라)의 표에서 텔레비전, 일간신문, 온라인 매체 사이에 나타난 차이를 제시문 (가)에서 설명된 설득의 세 가지 수단을 활용하여 분석하시오.1,000자 내외로 쓰시오. 40점

연대에서 공개한 출제 의도에는 다음과 같은 내용이 명시되어 있습니다.

1. 이해가 대립하는 상황을 해결하는 다양한 방식을 보여주는 제시문들을 통해 수험생들의 독해력, 논리적 분석력, 표현력, 독창적 사고력을 평가하려 한다.
2. 고등학교 교과과정을 최대한 반영하여 문제를 구성하였다. 고등학교 사회과목에서 다루는 의사결정과정, 민주주의의 운영원리, 사회적 갈등해결에 관한 주제와 국어과목에서 배우는 언어와 매체환경을 반영하

였다.

3. 교과과정에서 배우는 내용을 이해하고 구체적 현실문제에 응용할 수 있는 능력을 평가하려 한다.

4. 제시문들에 나타난 공동주제를 파악하고 분석할 수 있는지를 평가하려 한다.

5. 다양한 입장들에 대한 분석을 토대로 자신이 선택한 입장을 논리적으로 정당화할 수 있는 능력을 평가한다.

6. 이론적 논의를 응용하여 기초적 통계자료를 분석하고 해석할 수 있는 능력을 평가한다.

제시문을 분석해 보겠습니다. 제시문 (가)는 아리스토텔레스의 『수사학』의 일부로서, 의견이 다른 상황에서 설득을 통해 해결책을 찾는 방식을 보여주기 위해 발췌하였다고 합니다. 설득의 수단을 찾는 능력인 수사학은 중립적인 도구이기에 잘 사용된다면 유용할 수 있다는 점을 지적합니다. 또한 설득의 세 가지 수단으로 연설가의 훌륭한 성품을 통한 설득 ethos, 청중들의 감정에 호소하는 설득pathos, 연설의 논증을 통한 설득 logos을 제시합니다.

제시문 (나)는 1948년 7월 24일 대한민국 제1대 이승만 대통령의 취임사에서 발췌한 글입니다. 이 연설문에서 이승만 대통령은 해방 후 한국의 헌법과 정부조직법을 결정하는 과정에서 사상적 대립이 있었지만 궁극적으로는 다수결의 원칙을 따라 표결을 하고 그 결과를 모두 승복하였다는 것을 밝히고 있습니다. 이승만 대통령은 계속하여 민주정부의 성립을 위해 국민의 정치적 참가가 필수불가결하다는 것도 동시에 밝히고 있습니다. 이 제시문은 대립의 상황에서 다수의 의견이 중요하며, 또 그 결과를 수용해야 할 필요가 있다는 주장을 강조합니다.

제시문 (다)는 김훈의 소설 『남한산성』의 일부입니다. 『남한산성』은 1636년 12월 압록강을 건너 진격해 온 청의 대군을 피해 남한산성에 든 인조와 대신들이 척화斥和와 주화主和 사이에서 번민한 47일간을 그린 장편소설입니다. 발췌문은 청의 '칸'이 공격을 개시하기 전에 조선의 임금에게 복종을 요구하는 국서를 보내온 장면입니다. 문서는 상대방에 대한 폄하와 조롱에서 시작하여 자신의 요구를 받아들이지 않을 경우 무력으로 제압하겠다는 위협으로 끝맺습니다. 여기서 칸이 문제를 해결하는 방식인조에게 '충성'을 맹세하게 하는 방식은 도덕이나 논리가 아닙니다. 힘에 의거한다는 점에서 폭력적이고, 위세를 통해 상대방을 제압하려 한다는 점에서 권위적이며, 상대방의 이익을 철저히 무시한다는 점에서 일방적입니다.

제시문 (라)는 각 매체의 신뢰도와 이용도를 조사한 미국 ARAnet의 자료를 문제의 의도에 맞도록 재구성한 자료입니다. 매체의 신뢰도는 각 매체의 뉴스와 정보에 대한 신뢰 정도를 10점 만점으로 평가한 수치이며, 매체의 이용도는 각 매체로부터 뉴스와 정보를 얻는 비율을 백분율로 나타냅니다. 제시문 (라)의 표는 텔레비전, 일간신문, 온라인 매체가 이용도에 있어 큰 차이를 보이고 있지 않음에도 불구하고 신뢰도에 있어서는 큰 차이를 보이고 있음을 나타냅니다. 즉 매체의 높은 이용도 혹은 '인기'가 반드시 그 매체의 뉴스와 정보에 대한 신뢰도와 연결되지 않는다는 특성을 보여줍니다.

문제 1을 보겠습니다. 제시문 (가), (나), (다)는 대립하는 상황을 해결하는 서로 다른 방식에 관한 내용을 담고 있다고 전제되어 있습니다. 문제 1은 세 방식의 차이점을 설명하라고 요구합니다. 제시문 (가)에 나타난 해결방식은 '설득'이고, 제시문 (나)에 나타난 해결방식은 '다수결'이며, 제시문 (다)에 나타난 해결방식은 '강압'입니다. 이 문제는 대립상황의 해결이라는 공통 주제의 관점에서 제시문들을 독해하여 각 방식 간의 차이점을 체계적으로 비교해야 합니다. 예시 답안을 보겠습니다.

제시문 (가), (나), (다)는 대립하는 상황을 해결하는 방식으로 '설득', '다수결', '강압'을 보여준다.

제시문 (가)는 의견이 다른 상황에서 설득을 통해 해결책을 찾는 방식이다. 설득은 수사학이라는 중립적인 도구를 활용하여 설득 주체의 성품, 청중들의 감정, 연설의 논증 등을 통해 이루어진다. 설득은 뚜렷한 방향성이 존재하며, 주체와 대상의 관계가 고려된다는 측면에서 제시문 (다)의 강압과 유사한 측면이 있다.

제시문 (다)는 청의 '칸'이 공격을 개시하기 전에 조선의 임금에게 복종을 요구하며 보낸 국서를 통해 강압적 대립해결 방식의 특징을 보여준다. 국서는 상대방에 대한 폄하와 조롱에서 시작하여 자신의 요구를 받아들이지 않을 경우 무력으로 제압하겠다는 위협으로 끝을 맺는다. 이런 강압의 방식은 설득이 이성이나 감성을 활용하는 데 비해 힘의 논리가 적용된다는 측면에서 폭력적이고, 상대방의 상태를 고려하는 것이 아니라 철저히 무시한다는 점에서 일방적이다. 설득이 수사학이라는 도구를 사용한다면, 강압은 위세를 통한 권위를 활용하고 있는 셈이다.

이런 설득이나 강압과 가장 크게 구별되는 방식이 제시문 (나)에 제시된 다수결이다. 다수결은 대립의 상황에서는 다수의 의견이 중요하며, 또 그 결과를 수용한다는 사회적 합의를 바탕으로 한다. 대립 상황을 해결하는 주체가 수사학으로 무장한 연설자나, 힘의 권위에 의지한 황제가 아니라 공동체를 구성하는 불특정 다수인 것이다. 민주적 해결 방식인 다수결은 토론을 통한 설득이 기본 전제가 된다는 측면에서 (가)의 방식을 포괄하며, 힘의 논리가 작용하지만 그 힘의 주체가 특정인이 아닌 다수가 된다는 측면에서 (다)의 방식과 구별된다.

문제 2를 보겠습니다. 제시문 (가), (나), (다)에 나타난 해결 방식 가운데 가장 적절한 것을 하나 선택하고 근거를 밝히라고 요구합니다. 또 그 방식의 문제점을 지적하고 이에 대한 극복 방안을 제시해야 합니다. 이 문제는 대립되는 상황을 해결하는 방식인 설득, 다수결, 강압 중 자신이 선택한 것을 타당한 논거를 들어 주장하기를 요구합니다. 또한 그 단점을 파악하면서 단점에 대한 보완책을 창의적으로 도출하는 능력을 평가합니다. 예시 답안은 선택 별로 나누어 볼 수 있습니다. 다음은 설득을 선택한 경우에 대한 예시 답안입니다.

대립하는 상황을 해결하는 가장 적절한 방식은 '설득'이다. 대립하는 상황은 구성원의 서로 다른 이해와 가치가 충돌하여 발생한다. 이런 이해와 가치는 인간의 이성과 감정 모두와 밀접하게 연관되어 있다. 따라서 논리에 바탕을 둔 이성적 동의와 친근감이나 신뢰감에 바탕을 둔 감정적 공감이 갈등상황을 해결하는 최선의 방식이다.

물론 설득이 대립상황을 해결하는 가장 효과적인 방식은 아니다. 힘의 논리에 기반한 권위적 강요나 수의 논리에 기반한 다수결이 오히려 다양한 이해와 가치가 대립하는 현대사회에서 더 적합할 수 있다. 그러나 강제와 다수결은 대립상황의 표면적 봉합일 뿐 본질적 해결이 되지 못한다. 약자이기 때문에, 혹은 소수이기 때문에 자신의 이해나 가치를 주장하지 못할 뿐 불만은 늘 잠재되어 있다.

그렇다고 하더라도 대립상황의 본질적 해결 방식인 설득이 현실의 다양한 갈등을 해결하는 데 갖는 단점은 극복해야 할 과제이다. 현실에서 활용되기 어려운 해결 방식이라면 공허한 이상일 뿐이기 때문이다. 설득이 갖는 비효율성을 해결하기 위해서는 강제와 다수결이 갖는 효율성을 활용하는 것이 필요하다. 사람들은 누구나 강제에 의한 타율적 행위에 거부감을 갖는다. 이 거부감이 설득의 효율을 높이는 수단이 될 수 있다. 수에 의한 강제인 다수결을 최종결정 수단으로 확정해 둔다면, 사람들은 그로 인한 거부감을 회피하기 위하여 더욱 능동적으로 설득을 통한 갈등 해결을 추구하게 될 것이다.

문제 3을 보겠습니다. 제시문 (라)의 표에서 텔레비전, 일간신문, 온라인 매체 사이에 나타난 차이를 제시문 (가)에서 설명된 설득의 세 가지 수단을 활용하여 분석해야 합니다. 이 문제는 설득에 관한 이론적 논의를 사용하여 대중매체에 관한 실증자료를 분석하도록 요구합니다. 표를 읽고 고전적인 이론을 응용하여 현대 대중매체를 둘러싼 현상을 설명하고 해석하는 능력을 평가합니다. 예시 답안입니다.

제시문 (라)의 표는 매체의 신뢰도와 이용도 사이에는 명확한 상관관계가 없다는 것을 보여준다. 텔레비전, 일간신문, 온라인 매체의 신뢰도와 이용도의 순위는 비례하지만 일간신문과 온라인 매체의 이용도와 신뢰도 사이의 편차가 너무도 크기 때문이다. 이런 신뢰도와 이용도의 편차는 설득의 수단으로서 각 매체가 갖는 특징과 연관되어 있다. 제시문 (가)는 설득의 세 가지 수단으로 연설가의 성품, 청중의 감정, 연설 내용의 논리성을 제시한다. 이는 매체 자체의 성격, 매체 소비자와의 관계, 그리고 매체에서 전달하는 내용이 설득에 영향을 미치는 요소가 된다는 것이다.

이용도는 해당 매체에 대해 일상적으로 친근하게 느끼는 정도를 보여준다. 매체 자체의 성격과 소비자와의 관계를 보여주는 것이다. 평균 이상을 보여주는 세 매체 중 텔레비전의 이용도가 가장 높은데 이는 사람들이 쉽게 접할 수 있고 움직이는 화면을 기초로 글을 모르는 사람도 이용할 수 있는 특징이 반영된 것이다. 일간신문과 온라인 매체가 텔레비전의 이용도보다 다소 낮은 이유는 글을 읽는 능력이 있어야 하고 인터넷을 사용할 줄 알아야 하기 때문이다. 텔레비전처럼 일정한 능력이 요구되지 않는다는 점이 이용도의 차이에 영향을 준 것으로 볼 수 있다.

그러나 세 매체의 이용도 차이는 미미한 편이다. 그에 비해 매체 간 신뢰도에서 텔레비전은 온라인 매체보다 2배 이상 높다. 이는 텔레비전이 갖는 언론사로서의 공신력과 전달하는 내용의 전문성 때문이다. 텔레비전이 생산하는 정보나 뉴스는 전문가의 견해를 통해 전달된다. 그러나 온라인 매체의 경우 정보나 뉴스를 전달하는 주체가 일반인일 수 있으며 그 정보가 사실인지 판단하기 어렵다. 이는 일간신문이 온라인 매체와 비슷한 이용도를 보이면서도 신뢰도에서는 큰 폭으로 앞선다는 사실을 통해서도 확인할 수 있다.

언론사로서의 권위와 객관적 사실을 다룬다는 이성적 측면에서 비슷한 성격을 갖는 텔레비전이 일간신문보다 높은 신뢰를 보이는 것은 설득이 갖는 감정적 요소가 반영된 것으로 볼 수 있다. 텔레비전은 영상매체가 갖는 생동감을 통해 활자매체인 신문보다 더 효과적으로 시청자의 감정을 자극할 수 있다. 같은 신문이면서 일간신문에 비해 현저히 낮은 신뢰도를 보이는 무료신문 또한 감정적 요소가 크게 작용하고 있음을 보여주는 사례이다. 자신이 돈을 지불하고 구매한 일간신문에 대해 독자들은 더 큰 애정과 신뢰를 보이고 있는 것이다.

제시문 또는 도표 및 그래프 자료를 해석하기

2008학년도 연세대학교 모의 논술 3번 유형 문제를 살펴보겠습니다. '아래 제시문을 읽고 문제에 답하시오'라고 전제됩니다. 총 시험 시간은 3시간입니다. 논제를 먼저 분석해서 글자 수에 맞게 구상하고, 제시문을 읽으며 키워드와 핵심 주장을 독해해야 합니다. 문제 3은 해석하기 유형입니다. 자료 자체만 해석하기보다 제시문을 참조하여 해석하기는 훨씬 고차원적인 문제 유형입니다. 최상위권 학생들을 대상으로 할 경우에도 변별력이 가장 높다고 평가됩니다.

제시문 (가)

자연 상태에서 인간은 이기적이거나 제한된 수준의 관용만을 가지고 있다. 따라서 사람들은 어느 정도 상호 호혜적인 이익이 예상되는 경우를 제외하고는 쉽게 다른 사람들의 이익을 위해 행동을 하려고 하지 않을 것이다. 상호 호혜적인 행동이라도 그것이 동시에 이루어지는 경우는 드물기 때문에, 친절에 대한 보상은 상대의 관용에 의존할 수밖에 없는 매우 불확실한 상태에 놓이게 된다. [중략]

당신의 옥수수는 오늘 여물고 내 것은 내일 여물 것이다. 만약 오늘 내가 당신이 추수하는 것을 돕고 내일 당신이 나를 돕는다면, 이는 우리 둘 모두에게 유익한 일이 될 것이다. 그러나 나는 당신에게 아무런 호의도 갖고 있지 않으며, 당신 역시 나에게 아무런 호의가 없다는 것을 안다. 그러므로 나는 당신을 위해서는 아무런 노력도 하지 않을 것이다. 나는 단지 나 자신만을 위해서 일해야 한다. 보상에 대한 기대는 나를 실망시킬 것이며, 나로 하여금 헛되이 당신의 호의에 매달리게 할 것이다. 따라서 나는 당신이 혼자 일하도록 내버려둘 것이며, 당신도 동일한 방식으로 나를 대할 것이다.

제시문 (나)

미나모토쵸에는 선술집과 음식점, 가라오케 등이 기미우라 역을 중심으로 난 좁은 골목을 따라 즐비하게 늘어서 있다. 음식점과 술집들은 각기 나름대로의 분위기를 갖추고 있으나, 사람들은 자기들이 자주 찾아가는 곳을 또 찾아가고 있다. 사람들은 약속을 할 경우에 서로가 잘 아는 곳에서 모이고 누구를 만나려면 어디에 가야 하는지를 알고 있다. 이 발소를 하는 마에바시를 만나려면 요네다가 하는 장어구이 집에 가야 하고, 목수 일을 하는 카미를 찾으려면 마에하라 자매가 운영하는 선술집에 가면 된다. 쯔노다 아줌마는 학부모 모임에서 사람들과 식사를 한 후에 커피를 마시기 위해 어린 시절 친구의 형이 하는 커피숍에 간다.

새로운 사람들이 이사를 오게 되면, 이사 온 사람들은 바로 조그만 케이크나 '데누구이수건의 일종'를 가지고 자신들을 소개하는 인사를 가게 된다. 일종의 공식적인 인사인 셈이다. 이러한 인사는 새로운 가구가 주위의 이웃들과 공식적인 관계를 맺는 시작이다. 사람들은 이웃이 집을 비운 사이 서로의 집을 봐주고, 주부들은 특별세일이나 새로 개점한 가게에 대한 정보를 나누며 여행에서 돌아와서는 지방 특산물을 선물로 건넨다.

도쿄 인근지역에서 야채를 재배하는 농민들은 한 달에 두서너 차례 미나모토죠를 방문한다. 이들은 주로 할머니들인데 자신들이 가져올 수 있는 만큼의 야채를 가지고 와서는 거리에서 팔기보다 벌써 수년째 방문해온 미나모토죠의 가정을 한 집 한 집 찾아간다. 쯔노다 아줌마는 자신이 어릴 적부터 집에 찾아온 야채 파는 할머니에게서 야채를 사는데, 자신이 필요한 것보다 좀 더 사서 아이를 시켜 이웃에도 나눠준다. 지난번에 이웃이 보낸 선물에 대한 보답이다.

미나모토죠의 사람들은 도쿄 시내 어딘가에 사찰이 있음에도 불구하고 대개는 자신들의 집에서 장례식을 치른다. 그렇다고 해서 장례식이 간단한 것은 아니다. 장례식의 많은 부분은 장의사의 협조로 이루어진다. 장례에 필요한 제단, 향로, 제등, 관 등은 모두 장의사가 준비한다. 장례식에서는 초등학교 근처에 사는 모리구치 씨가 염과 같은 전문적인 일을 담당한다. 대신에 미나모토쵸의 주민과 이웃들은 자신들이 할 수 있는 일들을 찾아서 한다. 특히 죽은 이가 마지막 헤어짐의 인사를 하는 고구베쯔시키告別式 바로 전날에는 밤을 새워 쯔야通夜를 하면서 조문객을 맞이하고 접대를 한다.

제시문 (다)

어디서 왔는지 고양이 한마리가 야옹야옹 울고 있었다. 어둠이 밀려왔을 때 손에 장갑을 쥔 여자가 다가와서 고양이를 다정하게 쓰다듬어 주면서 자루에서 먹이를 꺼내주었다. 그때 사르트르가 이렇게 제안해 왔다. '2년 동안 나는 파리에서 살 수 있도록 손을 쓰면 되는 것이고, 우리는 가능한 한 친밀한 생활을 하자. 2, 3년 동안 헤어져 살게 되더라도 어딘가 세계의 한 모퉁이에서, 예를 들면 아테네 같은 곳에서 재회하여 다시 얼마 동안 공동생활에 가까운 생활을 영위하자. 우리는 결코 완전히 남남이 되지는 않을 것이다. 둘 중에 어느 쪽인가가 상대를 찾을 때 반드시 응할 것이며 우리 두 사람의 결합 이상 가는 것은 아무것도 없을 것이다. 그러나 그것이 속박과 습관이 되지 않도록 온 힘을 다하여 그런 부패에서 우리를 지키지 않으면 안 된다.'

나는 동의했다. 나는 사르트르가 예정하고 있는 이별을 두려워하지 않은 것은 아니었다. 그러나 그것은 아득한 미래의 일 같이 생각되어 미리부터 마음을 쓰지는 않기로 했다. 그래도 가끔 두려움이 내 마음을 스쳐갈 때 나는 그것이 나 자신의 허약함 때문이라고 생각하고 극복하기 위해 애썼다. 사르트르가 약속에 철저하다는 점을 나는 이미 체험하고 있었으며, 그 점은 내 마음의 버팀목이 되었다. 그의 경우, 하나의 계획은 단순한 이야기가 아니고 현실의 어떤 순간을 가리키는 것이었다. 만일 그가 "22개월 후 아테네의 아크로폴리스 위에서 오후 5시에 만나자"고 했다면, 나는 정확히 22개월 후 오후 5시에 아크로폴리스 위에서 그를 재회할 것이라는 확신이 있었다. 더 구체적으로 말해서 나는 사르트르가 나보다 먼저 죽지 않는 한 그가 내게 불행을 안겨줄 리 없다는 것을 믿고 있었던 것이다.

이 2년의 계약 기간 동안 우리는 서로가 이론적으로 인정하고 있는 자유를 사용할 생각이 전혀 없었다. 우리는 이 새로운 관계에 주저 없이 모든 것을 쏟을 작정이었다. 우리는 또 하나의 약속을 했는데, 그것은 둘 다 거짓말을 하지 않고 서로 숨기는 일이 없도록 한다는 약속이었다.

제시문 (라)

A. 각국의 인구 대비 법조인구 및 변호사 1인당 인구 2005년

국가	인구(명)	법조인구(명)	변호사 1인당 인구(명)
한국	47,000,000	8,200	5,700
일본	120,000,000	24,000	5,247
프랑스	58,000,000	38,000	1,500
독일	82,000,000	142,000	578
영국	52,000,000	95,000	557
미국	276,000,000	1,030,000	266

B. 한국의 인구 대비 변호사 수 및 법률 상담 건수 추이 1994~2001년

	1994	1995	1996	1997
법률 상담 건수(건)	634,128	683,334	1,082,152	1,161,231
개업 변호사 수(명)	2,851	3,079	3,188	3,364
인구 10만 명당 변호사 수(명)	6.4	6.8	7	7.3

	1998	1999	2000	2001
법률 상담 건수(건)	1,590,768	1,599,724	1,894,228	3,283,801
개업 변호사 수(명)	3,521	3,887	4,228	4,618
인구 10만 명당 변호사 수(명)	7.6	8.3	9	9.8

문제 1. 제시문 (가)에서 제기되고 있는 문제는 무엇이며, 이 문제에 대해 제시문 (나)와 제시문 (다)는 각각 어떠한 해결책을 제시하고 있는지 비교하시오.(배점; 30점)

문제 2. 서로 다른 방식의 인간관계를 제시한 제시문 (나), 제시문 (다) 가운데 본인은 어떤 방식이 보다 바람직하다고 생각하는지, 그리고 그 이유는 무엇인지 밝히시오. 배점; 35점

문제 3. 제시문 (나), 제시문 (다)를 참조하여 제시문 (라)의 두 표에 나타난 한국 사회의 특징과 변화를 해석하시오. 배점; 35점

이 논술 시험에서는 개인들 사이의 협력과 이를 통한 사회의 구성이 어떻게 가능할 것인가라는 문제를 다룹니다. 이러한 문제제기가 제시문

(가)에 나타나 있으며, 제시문 (나)와 (다)는 이에 대한 해결책을 보여줍니다. 제시문 (나)와 (다)는 개인들 사이의 상호관계에 기초하여 사회를 구성하는 데 서로 다른 원리가 있음을 이해하고, 그 원리들을 서로 비교하여 파악하기 위한 자료입니다. 개인들이 모여 사회를 구성할 때 개인들의 동기와 목적은 서로 다를 수 있습니다. 사회를 구성하는 기본원리는 정신적, 감정적 유대가 전제된 공동체적 관계와 개인들 사이의 공식적 약속을 중시하는 계약적 관계로 나누어집니다. 흔히 감정적 결속에 입각한 개인들 사이의 협력은 가족이나 친구집단에서 나타나며, 계약에 입각한 인간관계는 상거래나 보다 공식적인 인간관계에서 나타납니다. 제시문 (나)와 (다)는 이러한 인식에 더하여 계약적 관계가 가족이나 연인관계에서도 성립될 수 있으며, 감정적 결속이 지역공동체와 같은 보다 넓은 공간과 집단에서도 나타날 수 있음을 보여줌으로써 보다 창의적인 생각을 이끌어낼 수 있는 여지를 제공합니다. 이 문제는 먼저 학생들로 하여금 제시문을 통해 이러한 특징들을 파악하고 서로 비교 분석하기를 요구합니다. 그리고 이러한 특징들이 한국사회를 이해하는 데 어떻게 적용될 수 있는가를 시간적 비교한국사회의 시간적 변화에 따른 비교와 공간적 비교한국사회와 다른 사회의 비교를 통해 파악하도록 요구합니다.

제시문 (가)는 데이비드 흄이 1739년과 1740년에 각각 출간한 『인성론 人性論, A Treatise of Human Nature』의 제1권 〈오성편悟性篇〉, 제2권 〈감정편〉, 제3권 〈도덕편〉 가운데 〈도덕편〉에서 발췌한 번역문입니다. 흄은 정치, 종교, 역사 등 다양한 영역에 걸쳐 저술을 남겼는데, 이 글은 근대 과학의 방법론을 바탕으로 인간과 사회에 대해 면밀히 고찰한 내용입니다.

제시문 (나)는 문화인류학자로서 일본전문가인 베스터Theodore C.

Bestor가 1989년에 출간한 『도쿄의 이웃Neighborhood Tokyo』의 일부분입니다. 베스트는 영국학자 도어Dore의 『동경의 일상생활City life in Tokyo』 1958년에서 동경이 대도시임에도 불구하고 그곳의 일상생활이 상당히 전통적인 방식으로 영위되고 있다는 점을 깨닫고 참여관찰을 다시 시도했습니다. 1979년에서 1981년까지 2년간 동경을 취재한 베스터는 이 책에서 고도 경제 성장을 겪고 있는 동경의 생활이 20년 전과 별다르지 않음을 밝히고 있습니다.

제시문 (다)는 시몬느 드 보부아르Simone de Beauvoir가 55세인 1963년에 출간한 『계약결혼La Force des choses』에서 발췌한 내용입니다. 『계약결혼』은 보부아르가 소르본 대학 시절부터 친교를 맺어 1929년부터 계약결혼에 이른 장 폴 사르트르와의 사랑과 문학적인 배경을 회고한 자전적 소설입니다. 제시문은 보부아르가 사르트르와 서로 사랑하는 사이로서 어떤 계약을 맺게 되었는지를 묘사하는 부분입니다.

제시문 (라)의 첫 번째 표는 한국, 일본, 프랑스, 독일, 영국, 미국 등의 변호사 수를 상대적으로 비교한 자료입니다. 도표에서 인구당 변호사의 수는 한국과 일본이 다른 나라에 비해 낮은 것으로 나타납니다. 제시문 (라)의 두 번째 표는 지난 10년간 한국 사회에서의 법률상담 수가 늘어나고 있다는 변화를 인구당 법률 상담 건수로 나타냅니다. 특히 표는 변호사 수가 늘어나고 있다는 추이도 보여줍니다.

이 논술 시험에서는 제시문의 논지파악을 요구하는 문제 1에 대한 답안은 대체로 우수한 결과로 나타났습니다. 많은 학생들이 제시문 (가)에서 주어진 문제 상황을 파악하고 이에 대한 해결책으로 제시문 (나)와 (다)에 나타난 인간들 사이의 관계를 감정적 결속관계혹은 그에 기반한 공동체적 관계와 계약적 관계로 무리 없이 풀이했습니다. 일부 우수한 학생은 계약관계를 명시적 계약과 묵시적 계약으로 구분하여 제시하기도 했습니다. 이러한 결과를 볼 때, 최상위권 수험생들은 주어진 제시문의 논지를 파악하는 데에는 그리 큰 어려움이 없음을 알 수 있습니다.

문제 2는 감정적 결속에 기반한 관계와 계약에 기반한 관계에 대한 평가와 각 방식의 장단점을 분석하도록 요구하는데, 연대에 따르면 이에 대한 학생들의 답안은 문제 1의 답안만큼 우수하지는 않지만 비교적 적절하게 작성되었다고 합니다. 대부분의 학생들은 두 가지 방식 가운데 어떤 방식이 바람직한지를 밝히고 그 이유를 각 방식의 장단점에 근거하여 논리적으로 제시하였습니다. 그러나 일부 답안은 두 방식의 장단점을 단순히 나열하는 데 그쳤습니다. 어느 방식이 어떤 점에서 바람직한지를 밝히지 않았는데, 자신의 주장이 분명히 드러나지 않는 답안은 적절하지 않습니다.

이 논술 시험 답안 가운데 상대적으로 가장 어려웠던 문항은 문제 3의 답안, 해석하기와 관련된 답안입니다. 대부분의 학생들은 주어진 자료를 통해 한국사회가 계약적 특징이 강한 사회로 이행하고 있음을 찾아냈습니다. 그러나 이 정도의 서술만으로 그친다면 좋은 답안이 되기 힘듭니다. 이 문제는 한국사회의 특징을 다른 사회와 비교함과 동시에 한국사회의 시간의 흐름에 따른 변화양상을 비교를 통해 찾도록 요구하기 때문입니다.

상당수의 학생들은 두 자료 가운데 하나만을 분석하고 이에 근거하여 한국사회의 특징을 찾아냈습니다. 또한 시간적 변화에 관심을 두면서 한국사회의 특징을 찾는 경우에도 비교의 대상을 전통사회와 현대사회로 설정하는 경우가 많았습니다. 이러한 비교가 무의미하지는 않겠지만 주어진 자료를 충실히 분석하지 못했다는 점에서 문제가 있습니다. 더 나아가 이 문제는 수험생들의 수리적 추론 능력도 검증하려는 것인데, 그런 점에서 표에 나타난 수리적 변화의 특징을 찾아내는 시도는 매우 중요합니다. 특히 자료 B에서는 시간에 따라 상담 건수나 변호사 수의 변화속도가 다르게 나타나는데, 이러한 특징을 찾아내고 이를 분석할 필요가 있습니다. 예를 들어, 1990년대 후반 들어 법률 상담 건수가 빠른 속도로 증가하고 있는데, 이에 대한 설명을 나름대로 제시해야 더욱 좋은 답안이 됩니다.

참고로 연대에서는 답안 작성 시에 다음과 유의사항을 피하라고 당부했습니다.

1. 문제의도와 상관없는 자기주장 전개 : 일부 답안은 문제에서 요구하는 것과는 상관없이 자신이 준비한 답을 그대로 전개했다. 이는 바람직하지 않다.

2. 지나치게 긴 도입부와 결론 : 일부 답안은 도입부인 서론을 너무 길게 쓰거나 결론에서 본론의 내용을 단순히 반복하였다. 서론 부분은 가능한 한 짧게 작성하는 것이 좋으며, 논지파악의 문항문항 1에서는 서론과 결론 부분을 쓰지 않더라도 문제가 없다. 기본적으로 본론 위주의 답안 작성이 바람직하다.

3. 복잡한 문장구성과 문단구성 : 답안 중에는 한 문단이 여러 가지 생각을 담고 있거나 핵심을 드러내지 못하는 경우가 많다. 또 표면적으로는 한 문장이지만 실은 그 안에 몇 개의 연결어에 의해 여러 문장이 연결

되어 있는 경우도 많다. 이러한 문장구성과 문단구성은 자신의 생각을 전달하는 데 방해가 된다. 문단의 핵심을 담은 주제문장을 작성하는 연습과 짧고 분명하게 문장을 작성하는 연습을 많이 해야 한다

4. 제시문 문장 그대로 옮겨 적기 : 일부 답안은 제시문의 문장을 그대로 옮겨 적은 경우도 있으나 이는 좋은 방법이 아니다. 특히 논지파악의 답안에서 이에 유의할 필요가 있다. 제시문에 나타난 주장을 자신의 언어로 바꾸어 표현하며, 필요 시 제시문의 핵심용어를 사용하여 논지를 분석하는 것이 바람직하다.

5. 적합하지 않은 예나 잘못된 인용 사용 : 예나 인용을 통해 자신의 주장을 입증하는 것은 좋으나 반드시 자신의 주장을 뒷받침하는 적절한 예나 인용을 활용하도록 해야 한다.

자, 그럼 학생들의 답안들을 살펴보겠습니다.

답안 1

우리나라는 전통적으로 약속과 신뢰 그리고 이웃과의 교류를 중시해왔다. 남에게 자신이 소중하게 여기는 것을 과감히 나눠주기도 했으며 선물을 받은 사람은 그에 대한 보답을 하는 것을 미덕으로 여겼다. 또한 상대방과 한 약속은 그 신뢰를 저버리지 않게 최선의 노력을 다했다. 이러한 사회 분위기 속에서는 자신의 이익을 추구하며 남과 갈등하는 경우는 적었고 갈등이 유발된다 하더라도 서로의 이해와 관용을 바탕으로 쉽게 해결할 수 있었다. 하지만 현대에 들어 한곳에 정착하여 정을 교류하는 일은 크게 줄어들게 되고 개인이 참여하는 사회 영역은 늘어나게 되

었다. 이로 인해 개인이 갖는 이해관계가 매우 복잡해지고 상대방에 대해서도 이해타산적인 행동이 자주 표출돼 갈등이 급증하게 되었다. 제시문 (라)는 이러한 모습을 수치로 보여주고 있다.

먼저 B의 표를 살펴보면 1994년부터 2001년까지 법률 상담 건수, 개업 변호사 수는 각각 5배, 2배가량 증가했다. 또한 인구 10만 명당 변호사 수도 증가 추세인 것으로 보아 법적 분쟁 해결을 위한 변호사 수요가 늘고 있다는 점을 제시한다. 이는 시간이 지날수록 과거의 '정'에 의한 갈등 해결보다는 서구적 해결 방식인 '법'의 영향이 커졌다는 것을 뜻한다. 갈등이 현대에 들어 자주 발생하다 보니 과거의 신뢰나 약속보다는 법에 의지하게 된 것이다. 그러나, 우리나라의 법을 통한 갈등 해결은 A에서 보면 선진국보다 적다. 특히 유럽 국가나 미국에 비해서는 변호사 수요가 굉장히 적다. 이를 통해 우리나라에서는 아직도 사소한 갈등은 법적 논리보다는 전통적 방식으로 해결한다는 점을 암시한다. 하지만 B에서의 변호사 수요 증가 추세를 고려해 보면 한국도 갈수록 전통적 논리보다는 법에 의한 갈등 해결을 중시할 것이라 예측할 수 있다.

답안 2

과거의 사회는 제시문 (나)에서 나타나는 모습처럼 공동체가 형성되고 그 속에서 상호 협력하였다. 이를 통해 사람들은 어려움을 이겨내었고 그 공동체를 발전시켰다. 그러나 사회가 산업화를 겪으면서 물질적으로 빠르게 성장하였고 정보 혁명을 거치면서 교통, 통신이 발달하는 등 과거의 모습과는 판이하게 달라졌다.

사회의 모습이 빠르게 변화함에 따라 인간들 사이의 관계도 달라질 수밖에 없어졌다. 물질적인 풍요는 각 개인의 영역을 넓히는 계기가 되었고, 이는 곧 개인의 능력 신장을 의미한다. 그래서 과거의 상부상조하는 공동체는 더 이상 의미가 없어졌다. 따라서 현대 사회의 모습은 제시문 (다)와 같은 경향을 보이게 되었다. 개인의 고유 영역을 최대한 존중하고 그 영역을 침범하지 않는 한도 내에서 공동체가 성립되는 것이다. 이와 같은 경향은 제시문 (라)를 보면 알 수 있다. (라)의 B는 개인당 변호사 수, 법률 상담 건수 등이 증가함을 보이고 있다. 이는 곧 각 개인이 법에 접촉하는 횟수가 빈번해졌음을 의미한다. 따라서 이는 결국 개인의 영역이 확대되었음을 잘 나타내는 근거이다.

제시문 (라)의 A에는 나라별 법조 인구를 나타내고 있다. 이 표를 보면 우리나라는 다른 나라에 비해 법조 인구가 매우 적음을 알 수 있다. 이는 우리나라가 다른 선진국들에 비해 민주화, 정보화 등 현대 사회의 추세에 아직 완전히 적응하지 못하고 미성숙함을 알 수 있다. 이는 개인의 영역신장이 다른 나라에 비해 적어서 과거의 공동체적 성향이 남아 있는 것도 하나의 원인이다. 시대의 추세에 따르는 것이 각 개인은 물론 개인이 속한 공동체가 발전하는 데 이로울 것이다. 우리나라도 빨리 과거의 가치관에서 벗어나 현 시대에 적응해야 할 것이다.

답안 3

제시문 (라)의 표 A를 통해 한국의 변호사 1인당 인구는 독일의 10배, 미국의 20배 이상에 달하는 것을 알 수 있다. 이는 서구세계에 비해 변호사의 공급이 많이 뒤처짐과 함께, 그만큼 수요가 적음을 의미한다. 표 B는 한국사회에서 법률상담이 급증하고 있음을 알려준다. 94년 이후로 개업변호사는 완만한 증가추세를 보이고 있다. 법률 상담 건수 역시 2000년까지는 완만하게 증가하고 있다가 2001년 급증하고 있다. 표 A를 토대로 표 B에 나타나지 않은 2005년의 수치를 계산해 보면 4년 사이에 개업변호사가 3,600명 증가하고 인구 10만 명당 변호사 수도 17명 이상으로 급증했음을 알 수 있다. 정확한 수치가 주어지지는 않았으므로 단정하기는 어렵지만, 법률상담 건수가 2001년에 급증한 것이 변호사 수 증가보다 선행해 있으므로 '수요'의 증가가 '공급'의 증가를 견인했다고 추정해 볼 수 있다.

이러한 법률상담 증가와 개업변호사 증가는 한국사회에서 점차 법의 힘을 빌려야 하는 일이 증가하고 있음을 보여준다. 특히 2001년을 기준으로 급증하는 것으로 미루어보아 그 시점부터 한국사회에서 계약을 통한 인간관계가 급증함을 알 수 있다. 전통적 상호협력체제 내에서는 법률적인 분쟁이 일어날 소지가 많지 않다. 법적으로 책임을 져야 하는 내용의 계약이 존재하지 않을 뿐만 아니라, 단순한 계약이 아닌 친분관계가 많은 상황에서 법적으로 문제를 해결하려 하지는 않을 것이기 때문이다. 다시 말하면 법적으로 문제를 해결하기 시작하는 2001년부터 전통적 협력보다는 계약에 의한 관계가 늘어난다고 말할 수 있다.

경제적 상황변화와 연관 지어 본다면 흥미로운 분석도 가능하다. 법률상담 증가와 계약관계가 양의 상관관계를 갖는다는 것과 연관 지어 생각하면, 한국이 국제통화기금 관리체제에서 벗어나는 시기부터 계약적 인간관계가 증가하는 것을 알 수 있다. 재벌 중심의 가족적 경영으로 실패를 경험한 한국사회가 철저한 계약관계를 바탕으로 하는 사회로 체질개선을 시도한 것이 표 B에 나타나는 수치와 관련되어 있다고 유추할 수 있다.

　제시문과 자료 등을 해석하기와 관련된 이 문제는 법률 상담 건수 및 변호사 수의 추이에 대한 통계를 중심으로 한국사회와 외국 사회를 비교하는 동시에 한국의 최근 변화를 시간의 흐름에 따라 고찰함으로써 앞에서 제시한 공동체적 규범에 의존하는 인간관계와 계약에 입각한 인간관계 중에서 한국 사회는 어떤 특징을 보여주는지를 판단하도록 요구합니다.

　서구사회와 비교할 때, 한국사회와 일본사회의 변호사 수가 상대적으로 적은 것은 갈등 빈도 및 해결방식의 면에서 이들 사회가 공동체적 규범에 많이 의존하기 때문이라는 점과 한국사회에서도 시간이 지날수록 법률적 해결방식에 의존하는 경우가 늘어나고 있음을 찾아내는 글쓰기가 중요합니다. 더 나아가서 1990년대 이후 한국사회에서 법률상담 건수와 변호사 수가 늘어나는 추이를 수리적 논리에 근거하여 찾아내고 이에 대한 설명을 제시할 수 있다면 더욱 좋은 답안이 됩니다.

　답안 1은 한국의 전통사회와 현대사회의 특성을 '정情'과 '법法'으로 대비시켜 제시하고, 전통사회로부터 현대사회로 올수록 이해타산을 우선시하는 경향 때문에 갈등이 증가해 변호사에 대한 수요가 늘었다고 봅니다. 대체로 설득력 있는 논리이지만 표에 제시된 자료가 그 설명을 충분히 뒷받침해 주지는 않습니다. 왜냐하면 표에 나타난 지수는 비교적 최근 시기의 동향만을 나타내고 있기 때문입니다. 오히려 표에 나타난 경향을 충실히 파악하여 해석하는 것이 바람직합니다.

　답안 2 역시 첫 번째 답안과 마찬가지로 '상부상조하는 공동체'로 대변되는 전통적 관계와 '개인 능력이 신장되고 물질적 풍요를 중요시'하게 된 현대 사회를 대비시켜 논하고 있다는 점에서 표에 제시된 시기적 특성을 정확하게 포착하지 못한 점이 문제입니다. 이 답안에서는 '개인의 이해관계를 강조'하기 시작하면서 법적 조정의 필요가 증가하였다고 하지만 이것은 표에 제시된 시기가 1990년대 이후라는 사실과 부합되지 않습니다. 다만, 서구사회에 비해 한국사회의 변호사 수가 적은 것을 '개인의 영역이 상대적으로 미성숙'한 때문으로 보는 것은 뛰어난 해석입니다.

답안 3은 인구당 변호사의 수가 늘어나는 것을 법률 서비스 수요의 증가에 따른 공급의 증가로 해석합니다. 일종의 기능주의적 해석으로서 수요의 증가 시점과 공급의 증가 시점을 비교하여 그 선후관계를 따지는 방식이 돋보입니다. 또한 법률 서비스에 대한 수요의 증가를 한국사회에서 '상호 협력적 관계'에 비해 '계약적 관계'의 비중이 늘어나는 이유에 기인한다고 해석하는데, 이러한 변화의 중요한 시점 및 계기가 경제위기에 있음을 파악하고 있다는 점에서 뛰어납니다.

주어진 조건에 맞추어 주장하기

2013년도 고려대학교 모의 논술 1번 유형 문제입니다. '아래 글을 읽고 논제에 답하시오'라고 전제됩니다. 총 시험 시간은 2시간입니다. 논제를 먼저 분석해서 글자 수에 맞게 구상하고, 제시문을 읽으며 주제어 기워드와 핵심 주장을 독해해야 합니다. 문제 1은 900자 ±50 분량으로 주장하기의 유형입니다. 제시문 (1)의 내용을 바탕으로 하라는 요구는 짧은 요약을 전제로 하라는 뜻입니다. 별도의 서론 없이 제시문을 요약해 두 괄식으로 주장해야 합니다. 제시문 (2)와 (3)에 나타난 관점을 비교하는 대주제는 '사실'입니다. '사실'에 대한 주장하기라도 볼 수 있습니다. '자신의 생각'은 순수한 자신만의 생각을 의미하는 것이 아니라 요약과 비교 과정에서 도출된 이슈에 대한 자신의 견해를 요구하는 것입니다. 즉, 제시문들에서 다루는 쟁점과 동떨어진 자신의 생각을 말하면 감점 요인이 됩니다. 무엇에 대해 주장할지가 가장 중요한 것입니다.

제시문 (1)

19세기 근대 역사주의를 주장한 랑케Ranke는 이전의 자의적인 역사 연구와 서술을 부정하고 엄격한 사료 비판에 근거한 객관적 서술을 지향하여 역사학을 과학의 경지로 끌어올리려고 하였다. 그는 17~18세기를 통해 발전되어 온 사료 비판의 방법을 종합하여 본격적인 역사 연구의 기초를 마련하였다. 그는 고문서 자료 등 1차 사료를 더 신뢰하면서 이를 면밀히 분석하면 그 시대에 살았던 사람들의 눈으로 당시를 바라볼 수 있다고 믿었다. 즉 과거에 '사실fact'이 엄연히 존재하였으므로, 역사가는 그것이 기록된 문서를 객관적으로 분석함으로써 당시의 상황을 복원할 수 있다는 것이다. 랑케는 주관과 객관 사이의 간극을 사료 비판과 직관적 이해를 통해 극복할 수 있다고 믿었다. 역사가는 사료의 언어를 감정이입을 통해 이해함으로써 과거를 있는 그대로 재현할 수 있다고 주장하였다.

이에 반해, 콜링우드Collingwood는 역사적 사실은 순수한 형태로 존재하지 않으며, 또한 존재할 수도 없기 때문에 있는 그대로 복원하는 것이 불가능하다고 주장하였다. 자료를 객관적으로 수집하고 탐구하여 결론에 도달하는 것이 과학이라면 역사는 이러한 과학과 거리가 있다. 왜냐하면 '역사적 사실'이라는 과거는 역사가에 의해 구성되고 그 의미 또한 역사가에 의해 부여되기 때문이다. 과거는 과거의 시점에서 볼 때 실존적이지만 현재의 시점에서는 관념적일 뿐이다. 역사가가 알 수 있는 과거는 사료를 통한 것이 전부이다. 따라서 역사가는 과거에 대해 매개적이고, 추정적이며, 간접적인 인식 이상을 가질 수 없다. 이는 다시 말해 역사적 사실은 항상 오염되어 있어서 과학적 객관성을 획득할 수 없음을 의미한다. 역사적 의미 역시 그 과거에 대해 제한된 인식을 가진 역사가에 의해서 부여된다는 점을 고려하면 역사적 사실이 순수한 형태로 존재할 수 없음은 자명해진다. 명백한 증거를 기초로 진실을 추구하는 과학적 방법으로 파악되는 역사라는 것은 존재하지 않으며 역사는 역사가의 의식 속에서 재구성될 뿐이다.

카E. H. Carr에 따르면 역사가는 '가위와 풀의 역사', 다시 말해 단순히 과거 사실을 기계적으로 편집하는 역사를 쓰거나, 현재의 목적을 위해 과거 사실을 주관적으로 왜곡하는 오류를 모두 피해야 한다. 역사가와 역사적 사실 간의 관계에서 역사가들은 외견상 위태로운 상황에 처해 있는 것처럼 보인다. 왜냐하면 역사가는 역사를 사실의 객관적 편집으로 보아 사실이 해석보다 우위에 있다고 보는 이론과, 역사를 역사가의 주관적 마음의 산물이라고 보아 역사적 사실을 확립하고 해석하는 과정을 중시하는 이론 사이에서 아슬아슬한 곡예를 하고 있기 때문이다. 즉 역사가는 무게중심을 과거에 두는 역사관과 현재에 두는 역사관 사이에서 위험하게 항해하고 있는 것이다. 그러나 우리의 상황은 보기보다는 덜 위태롭다. 역사가는 사실 앞에 비천하게 무릎 꿇는 노예도 아니고, 사실을 지배하는 폭군적인 주인도 아니다. 역사가와 사실 사이의 관계는 평등하다. 즉 주고받는 관계이다. 역사란 역사가와 사실의 연속적인 상호작용이고, 현재와 과거의 끊임없는 대화이다.

제시문 (2)

문학은 경험 현실을 그대로 재현하기보다는 상상력을 통해 재구성하고 재창조한다. 문학은 신문기사나 보고서, 실록 등과 같은 기록물들과 다르다. 문학은 상상의 산물이므로 거기에 나오는 내용은 사실이 아닌 허구이다. 그럼에도 불구하고 문학의 허구는 독자에게 사실처럼 여겨진다. 소설의 등장인물들이 현실 속에 살아 있을 것처럼 보이고 소설에서 펼쳐지는 사건들이 이 세상 어딘가에서 실제로 벌어질 것 같기도 하다. 디킨스Dickens의 소설들은 연재 당시 독자들로부터 열렬한 사랑을 받았다. 독자들은 디킨스 소설의 주인공을 실존 인물로 착각할 정도였고 주인공의 운명을 걱정한 나머지 디킨스에게 그를 불행하게 만들지 말라고 편지를 보내기도 하였다. 특히 「골동품 상점」의 '어린 넬'이 죽는 연재분이 배포되었을 때는 비록 가공의 인물이 죽었음에도 전 영국이 울음바다가 되었다. 가정과 일터와 거리에서 사람들은 해당 호를 손에 든 채 눈물을 흘렸다. 문학의 역사에서 이와 유사한 사례들이 드물지 않다. 그 사례들은 문학의 허구가 현실 세계에 대해 얼마나 큰 사실적 호소력을 지닐 수 있는지를 잘 보여준다. 문학이 경험 현실에서 취한 소재를 두고서 전개하는 상상은 결코 허황되지 않아서 그 상상이 창조한 허구는 우리의 감수성에 구체적으로 작용한다. 그래서 문학은 허구이긴 하지만 그 허구 속에는 사실 이상의 진실이 담겨 있고 그 진실의 호소력이 사람들에게 깊은 감동을 자아낸다. 그 감동이 동일한 작품을 읽은 사람들 사이에 공감대를 형성함으로써 문학은 소통의 방법으로 기능한다. 우리는 문학이 전개하는 자유로운 상상을 통해 삶의 의미와 가치를 발견하고 더불어 사는 세상의 아름다움과 대면하게 된다.

제시문 (3)

언론 보도의 객관성은 언론 윤리의 가장 중심적인 문제이다. 언론의 객관성은 정확하고 선입견이 배제된 보도를 통해 보장된다. 객관성을 유지하기 위해 기자는 평가와 판단을 유보하고 오로지 일어난 사실 그 자체만을 보도해야 한다.

그러나 보도의 절대적 객관성만을 강조하는 것은 너무 순진한 주장이라고 보는 시각도 있다. 버거Burger와 루크만Luckmann은 해석 공동체의 존재가 언론의 객관성이라는 개념 혹은 가치보다 우선한다고 주장한다. 그들은 주관적인 의미가 객관적인 사실성을 획득하는 과정을 강조하면서, 한 사회의 독자적이고 독특한 실재에 대한 적절한 이해는 그것이 구성되는 방식에 대한 이해를 필요로 한다고 말한다. 여기에서 객관성은 지배적인 집단을 통한 사회체계의 구조화 과정을 거쳐서 생겨난다. 해석 공동체의 존재를 고려하지 않고 객관성의 개념만을 강조할 경우, 언론은 특수한 사회적 실재 혹은 사실을 지나치게 일반화하거나 과장되게 보도하는 오류를 범할 가능성이 있다. 즉 실재의 재현 과정에서 오류가 발생하는 것이다.

　예를 들면, 국제결혼을 한 조선족 여성들에 대한 언론 보도의 경우 초기에는 그들을 '우리 농촌을 구할 수 있는 동포 처녀들'로 소개하였다. 그러나 얼마 지나지 않아 그들은 '자신의 경제적 이해 추구에 필요한 법적 지위를 얻기 위해 국제결혼을 이용하는 자들'이라거나 '위장결혼을 알선하는 결혼중개업자들의 공모자들'로 그려졌다. 물론 상당수의 결혼이주 여성들이 경제적인 동기에서 한국 남성들과의 결혼을 선택했을 수도 있다. 하지만 이 여성들에 대해 물질적 이해를 좇는 타산적인 이미지만을 강조하는 보도 방식은 그들의 다양한 결혼 동기들을 경제적 신분 상승을 위한 것으로 단순화시킨다. 1997년 한국 남성과 결혼한 외국 여성에게 자동적으로 국적을 부여했던 법이 결혼 후 최소 2년이 경과하는 조건으로 개정되었다. 언론보도가 이러한 법 개정에 영향을 끼쳤을 가능성이 있다.

　논제 Ⅰ. (1)의 내용을 바탕으로 (2)와 (3)에 나타난 '사실'에 대한 관점을 비교하고, 이에 대한 자신의 생각을 논술하시오.75점

　이 논술 시험의 공통 주제는 '사실에 대한 인식과 재구성'입니다. 제시문들은 이 주제와 관련된 다양한 형식과 내용을 담은 글들입니다. 제시문 (1)은 『포스트모더니즘과 역사학』김기봉 외, 『역사의 진실을 찾아서: 랑케 & 카』조지형, 『The Idea of History: With Lectures 1926~1928』(Robin Collingwood와 『What Is History?』Edward Hallet Carr에서 발췌하여 출제 의도에 맞추어 변형한 글입니다. 우선 고문서 등 일차 사료의 엄

정한 선정과 면밀한 분석을 통해 있는 그대로의 과거를 재현하려 한 랑케의 시각과 과거를 있는 그대로 재현하는 것은 불가능하고 역사가에 의해 구성되고 의미화된다는 콜링우드의 구성주의적 관점을 대비시킵니다. 그리고 과거 자체를 순수하게 복원한다는 입장과 현재적 해석으로 과거를 재구성한다는 입장 사이에서 "과거와 현재의 대화"를 시도했던 카의 시각을 제시함으로써, 역사적 사실을 어떻게 기술하고 해석할 것인가에 대한 다양한 입장을 소개합니다.

제시문 (2)는 문학이 사실을 처리하는 방식을 서술함으로써 사실에 관한 문학의 입장을 밝힙니다. 문학은 사실로부터 취한 소재를 상상력으로 가공합니다. 따라서 문학은 사실을 재현하는 것이 아니라 사실에서 비롯한 허구입니다. 그런데 문학은 허구임에도 불구하고, 독자들은 실제로 벌어진 일보다 그것을 더 생생하게 여기고 사실 이상의 감동을 느끼기도 합니다. (2)에서는 그러한 사례로 찰스 디킨스의 소설과 관련한 일화를 소개합니다. 문학이 허구임에도 독자에게 사실 이상의 감동을 줄 수 있는 것은 거기에 진실이 내포되어 있기 때문입니다. 문학이 전하는 진실은 사실 여부를 초월하는 본질적 가치라고 볼 때, 우리가 문학 작품을 읽고서 감동하는 것은 그 가치에 공감하는 것입니다. 문학이 전하는 진실의 감동은 독서행위를 통해 공유되기 때문에 문학은 소통의 수단으로 기능합니다. 그로써 우리는 삶의 의미와 더불어 사는 세상의 아름다움과 만나게 됩니다. 상상력이 빚어낸 허구가 현실적 효용을 발휘하게 되는 겁니다. 이 제시문은 문제 출제를 위해 출제진이 직접 집필한 글이기도 합니다.

제시문 (3)은 『언론의 객관성에 대한 분석적 고찰』김상호, 『대상화와 문제화』김수미에서 인용하여 변형한 글입니다. 여기에서는 언론의 사실 보도가 그 자체로 절대적 객관성을 담보할 수 없다는 주장과 함께 한국 언론이 국제결혼 이주여성들을 기사화하는 방식을 예로 듭니다. '사실의 사회적 구성'을 주장한 버거와 루크만의 시각에서 보면, 해석 공동체의 존재는 주관적 의미를 객관적 사실로 전환시킬 수 있기 때문에 실재의 재현 과정에는 오류를 범할 가능성이 있습니다. 그렇기 때문에 누가 무엇을 사실이라고 이야기하며, 누구의 시선으로 사실을 바라보는가의 문제를 이해하기 위해서는 지배집단의 가치와 해석이 객관성을 획득하게 되는 사회적 과정을 고려해야 합니다. 어떤 사실을 발견해 어떻게 기사화하는가는 일종의 선택으로서 사회문화적 가치나 직업적 관행으로부터 자유롭지 않을 수 있다는 논리입니다. 결혼이주여성들의 다양성을 간과하며 결혼을 타산적으로 악용하는 사람들의 이미지만 부각시키는 보도 경향은 지나친 일반화와 과장 보도의 위험이 있습니다. 외부자에 대한 내부자의 불신과 경계, 낭만적 사랑과 순수한 결혼에 대한 이상이 결혼이주여성들에 대한 부정적인 이미지를 만들 수 있기 때문입니다.

논제 I은 900자 내외로 (1)의 내용을 바탕으로 (2)와 (3)에 나타난 관점을 비교하고, 이에 대한 자신의 생각을 논술하는 문제입니다. 평가 요소는 다음과 같습니다.

1. (1)에 제시된 역사 연구의 3가지 관점과 (2)와 (3)에 제시된 사례의 내용을 각각 정확하게 이해하고 있는가?

2. (1)에 제시된 3가지 관점에 비추어 (2) 문학과 상상력, (3) 언론과 객관성의 문제를 적절하게 연관시켜 비교하고 있는가?

3. (1), (2), (3)의 내용을 바탕으로 자신의 생각을 명확하게 밝히며 이를 논리적으로 논술하고 있는가?

4. 900자 분량의 비교적 긴 글을 논리적이고 창의적으로 구성하고 있는가?

이 논제에 대한 답안을 작성하기 위해서는 먼저 제시문 (1)에 제시된 3가지 관점의 강조점과 차이를 정확하게 이해해야 합니다. 제시문 (2)에 제시된 '문학과 상상력'의 문제를 (1)에 제시된 관점과 연관하여 이해해야 합니다. 문학과 상상력의 문제는 랑케의 관점보다는 콜링우드 혹은 카의 관점과 밀접하게 연관되어 있다는 점을 명확하게 밝혀야 합니다. 문학에서 상상력의 문제가 콜링우드의 구성주의적 관점 혹은 과거를 순수하게 복원하는 입장과 현재적 해석으로 과거를 재구성해야 한다는 입장 사이에 선 카의 관점이 각각 어떻게 해석될 수 있는지를 서술해야 합니다.

제시문 (3)에 제시된 '언론과 객관성'의 문제는 (1)에 제시된 랑케, 콜링우드 혹은 카의 관점과 모두 연관되어 설명될 수 있습니다. 랑케의 객관적 사료의 중요성과 연결하려면 객관 보도의 문제와 연관되어야 합니다. 콜링우드의 구성주의 관점은 언론의 사설, 시평, 오피니언 등의 주장 및 논조의 문제와 연관됩니다. '과거와 현재의 대화'를 주장한 카의 관점은 언론의 해석 공동체 문제와 관련해 설명될 수 있습니다. 어떤 비교를 선택하든 제시문에 등장한 '결혼이민 문제' 등 다양한 사회문제의 언론 보도와 관련하여 자신의 논지를 분명히 밝혀야 합니다.

제시문 (1)에 제시된 3가지 관점과 (2)와 (3)에 제시된 사례를 바탕으로 '사실에 대한 인식과 재구성'의 문제에 대한 자신의 생각 혹은 주장을 명확하게 밝혀야 합니다. 또한 자신의 생각 혹은 주장을 뒷받침하기 위해 제시문의 사례를 포함한 충분한 근거를 논리적으로 제시해야 합니다. 900자 분량의 상대적으로 긴 글이니만큼, 이해와 비교 그리고 자신의 생각을 효과적으로 논술하기 위한 독창적이고 논리적인 구성이 중요한 평가 요소입니다. 답안지를 작성하기 전에 글의 전달 능력을 극대화하기 위한 구상이 필요합니다. 전체 답안지의 길이850~950자를 벗어난 경우, 단락 구성의 완성도 부족, 문장의 완성도 부족, 원고지 사용법 오류, 철자법 오류 등은 감점 요인이 됩니다. 평소에 1,000자 내외의 글쓰기 훈련이 필요한 이유입니다.

우수 답안 1

(1)은 역사가의 역사에 대한 서술을 객관성과 주관성의 입장에서 파악한다. (1)을 보면, 랑케는 역사 기술의 객관성을, 콜링우드는 주관성을, 카는 역사가와 역사적 사실의 상호 작용에 관심을 기울였다. (2)의 작가와 문학, (3)의 기자와 언론 보도 사이의 관계는 역사 서술의 관점과 관련하여 사실의 인식과 재구성의 문제를 제기하고 있다.

문학은 그 자체로는 사실이 아니지만 현실보다 더 실제적으로 우리의 삶을 비춰 준다. 이는 기존의 사실에 관념적인 의미를 부여하여 역사를 창조해낸다는 콜링우드의 견해와 연결된다. 작가가 재구성한 현실이 문학이라는 허구를 통해 드러나는 것이다. 반면 언론 보도는 (1)의 랑케와 카의 관점에 연결된다. '사실 그 자체만' 보도하는 것은 랑케의 관점인데, 이는 자칫하면 특수한 사건을 왜곡하는 결과를 낳을 수 있다. 그러므로 언론 보도에서 객관성을 중시하되 사회의 특수성을 고려한 주관성, 즉 특수한 맥락을 같이 고려해야 한다. 이는 객관성과 주관성의 상호작용을 주장한 카의 입장과 연관된다.

그럼에도 (2)와 (3)은 그 내용이 현실의 단면을 전해준다는 것에 공통점이 있다. 문학과 언론에 내포된 '사실'은 모두 독자들에게 특정한 의미를 전달하고 현실을 이해하게 한다. 다만 사실의 인식에 대한 관점에는 기본적인 차이가 있다.

사실의 전달에 있어, 객관성과 주관성 모두 경시되어서는 안 되는 지표이다. 사실의 객관적 전달에만 지나치게 의존하면 그 현상 안의 내재적 의미나 가치가 무시될 수 있다. 반대로 주관성의 지나친 강조도 진실한 정보 전달의 왜곡을 낳을 수 있다. 한 예로 티베트의 조장 문화를 들 수 있다. 죽은 자의 시체를 새에게 뜯어 먹히게 하는 조장 풍습은 주변 환경에 대한 심층적인 이해가 없다면 야만적인 문화로 왜곡될 수 있다. 한편 지나친 가치개입이 이루어진 사실 전달도 위험성의 소지가 있다. 역사, 문학, 언론 등은 우리의 삶을 드러내주는 중요한 통로이다. 객관적 사실과 합리적인 가치개입의 조화가 이들이 현실을 더 잘 표현할 수 있게 해줄 것이다.

이 글은 (1)의 랑케, 콜링우드, 카의 관점, 그리고 (2)의 문학, (3)의 언론의 사례에 대한 이해와 비교를 타당하게 전개했습니다. (2)를 통해 (1)에 제시된 랑케의 관점을 읽어낸 부분은 다소 논란의 여지가 있긴 합니다. 그러나 카의 관점을 더불어 고려함으로써 설득력을 확보할 수 있었습니다. (2)와 (3) 사이의 공통점에 주목한 부분은 출제진이 예견한 범주에서 벗어나 있었지만 나름대로 논리를 마련하고 있어서 그 적절성을 인정받을 수 있었습니다. 제시문을 자세히 읽는 것이 중요하다는 것을 보여주는 사례입니다.

사실의 인식과 관련한 문제에 대해서는 주장을 분명하게 전개했습니다. 간결한 사례를 제시하여 주장의 타당성을 확보했으며 사례에 대한 해석이 논제와 밀접하게 관련되는 방향으로 진행되었습니다. 글을 적절하게 구성하였으며 글쓰기의 기본적인 소양을 비교적 충실히 갖춘 글입니다.

우수 답안 2

(1)에서는 사실을 객관적인 서술로 보는 관점, 역사가의 재구성으로 보는 관점 그리고 역사가와의 상호작용의 대상으로 보는 관점이 나타난다. (2)는 사실을 보는 관점에서 (1)의 두 번째 관점과 맥락을 같이한다. 역사적 사실이란 현재의 관점에서는 그저 관념적인 것이기 때문에 역사가는 간접적이고 추론적인 인식을 가질 수밖에 없다. 이는 문학을 통해 진정한 사실을 이해하는 바탕이 된다. 문학은 경험한 것을 그대로 나타내는 것이 아니라 작가의 상상력이 개입된 것이다. 이 상상을 통한 재구성은 실제 현실을 바탕으로 하기 때문에 헛된 것으로 볼 수 없다. 역사가가 자신이 가진 과거에 대한 제한된 인식을 바탕으로 재구성하듯이, 문학을 통해 상상력을 가미하여 삶을 이해하는 것이 결국 진정한 사실인 것이다.

(3)은 (1)의 첫 번째 관점과 사실에 대한 입장과 연관된다. 역사적 사실이란 과학과 같은 객관적 서술을 통해 과거를 있는 그대로 재현하는 것이다. 그런데 이 주장은 (3)이 요구하는 사회의 맥락에 대한 이해를 전제

로 한다는 점이 중요하다. 언론 보도는 사회가 어떻게 구성되어 있는지에 대한 치밀한 관찰을 바탕으로 이루어져야 한다. 여기서 중요시되어야 하는 것은 지배집단 중심의 사회구조의 이해가 아니라 사회 내부 해석공동체의 특수하고 독자적인 해독 맥락을 중심으로 파악해야 한다는 것이다. 일반적으로 언론은 특정 현상이 한 사회에 일어난 이유를 묻기보다는 지배집단 중심의 보편적이라고 믿어지는 선입견을 바탕으로 단순화시켜서 보도하는 경향이 있었다.

특수한 사회적 배경을 간과하지 않으면서도 객관적 사료에 대한 치밀한 이해를 바탕으로 하는 사회의 기술이 가장 균형적인 사실에 대한 이해라고 생각된다. 역사가와 역사적 사실, 문학가와 진실, 언론인과 사회 현상의 사실 등의 관계는 서로 구속되어 있지 않는 평등한 관계이다. 카가 제시한 이들 간의 지속적인 대화의 산물이 곧 진정한 사실이다.

이 글은 각 제시문에 대한 적절한 이해들을 담아내고 있습니다. (1)에 대한, (2)와 (3)의 관계에 대한 파악도 적절하여 제시문 사이의 비교가 타당성을 획득하였습니다. 역사가의 추론과 작가의 상상력 사이에서 진정한 사실에 대한 공통적 지향을 읽어낸 점을 높이 평가할 만합니다. (3)의 해석공동체에 대한 이해와 설명 역시 충실하게 이루어졌습니다. 논제가 요구하는 바를 충실하게 수행한 답안의 사례입니다.

비교를 진행하는 과정에서 자신의 주장을 위한 과정을 적절하게 구축하였으며 (1)의 관점들에 대한 이해를 바탕으로 카의 관점에서 자신의 주장을 선명하게 제시하였습니다. 그러나 사실에 대한 역사가와 문학가, 언론인의 관계가 구속적이지 않다는 주장은 재고의 여지를 남깁니다. 글의 구성이 전체적으로 무난하며 문장도 적절합니다.

우수 답안 3

문학과 언론 보도에서 객관적 사실의 역할은 보조적이다. 문학이 추구하는 것은 비록 허구일지라도 진실성이 담긴 작품을 통하여 독자의 감수성과 소통하는 일이다. 언론 보도는 언뜻 보면 완벽한 과학적 객관성만을 추구하는 것처럼 비추어지지만, 보다 총체적인 보도를 위하여 해석 공동체의 구성 원리에 대한 이해도 함께 추구한다.

문학가와 사실의 관계는 카가 말한 역사가와 사실의 관계와 유사하다. 문학가는 사실에 기초한 글로 세상과 소통한다는 점에서 일면 역사가의 성격을 갖는다. 문학가의 작품에 담긴 진실성은 독자에게 삶의 감동과 가치를 발견하도록 한다. 그러한 반응 자체가 또 다른 사실이 되므로 카가 말한 '끊임없는 상호작용'과 유사하다고 볼 수 있다.

언론 보도는 기본적으로 랑케의 객관적 서술과 그 뜻을 같이한다. 그러나 보도 집단과 보도 대상 집단의 관점이 다를 경우 올바른 이해를 위하여 해석 공동체의 구조와 과정을 탐구할 수도 있다. 이는 완벽한 객관을 부정하는 콜링우드의 관점에 부분적으로 동의하는 관점인 한편, 지나친 주관성 개입의 한계를 극복하려는 노력이라는 점에서 카의 관점과도 연관된다. 결국 언론 보도에서 사실은 있는 그대로 받아들일 수밖에 없지만 보다 총체적인 관점에서 이해되어야 하는 대상이기도 하다.

완벽한 객관성은 존재하기 힘들다. 완벽한 객관성을 추구한다고 말하는 역사가, 문학가, 언론인이 있다면 그 주장 또한 자신의 주관에 불과하다. 그리고 때로는 사실을 주관적으로 해석해 창작물을 낳는 것이 모든 것을 객관화하려는 노력보다 효과가 크다. 현대사회의 정보 과다는 완벽한 객관성을 유지할 수 있는 데이터베이스의 구축을 불가능하게 만든다. 따라서 개인의 가치에 의해 사실이 재구성됨은 사실이다. 다만 사회에 유통되는 의도적인 거짓과 편파적 의견을 걸러낼 줄 아는 균형적 관점이 필요하다. 이는 합리적 사회소통과 지식 공유를 위한 필수 요건이다.

제시문을 (1)과 (2) 등으로 지명하지 않고 답안을 작성한 특이한 사례입니다. 그렇지만 제시문들을 자신의 이해 속에 용해시켜 재구성할 수 있었기에 좋은 답안이 될 수 있었습니다. 한정된 제시문과 정해진 논제를 전제로 한 글쓰기에서 상투성을 벗어나기란 매우 어렵습니다. 그렇기 때문에 대부분의 논술 답안들은 상투성을 지닐 수밖에 없습니다. 그러나 이 답안은 제한된 여건 속에서 이와 같은 어려움을 극복하고 개성적인 글을 전개하였습니다. 제시문을 효과적으로 요약하여 간략한 문장으로 표현하였으며 제시문들 간의 비교도 적절하게 이루어졌습니다. 논술 시험 본연의 취지를 고려한다면 이 답안의 가치를 높이 평가할 만합니다.

또 적절한 논리와 정확한 문장으로 글을 전개하였습니다. 이 답안은 제시문과의 의존 관계를 끊어도 그 스스로 하나의 독립된 글이 될 수 있을 정도로 구성의 면에서 완성도가 높습니다. 객관성에 대해 이 답안이 취한 회의적 태도는 현실적 타당성을 지니며, 그에 대한 대안을 제시한 것도 적절합니다. 보편성과 독창성의 미덕을 함께 성취한 답안의 사례라고 할 수 있습니다.

부족 답안 1

(1)은 역사적 사실을 다르게 바라보는 관점 세 가지를 소개한다. 랑케는 객관적 사실이 존재하며 이는 엄격한 사료의 분석과 직관적 이해를 통해 얻을 수 있다고 주장한다. 반면에, 콜링우드는 역사적 사실은 역사가에 의해 만들어지기 때문에 실제로 일어난 사실 그대로 기록될 수 없다고 본다. 카는 사실과 해석이 하나가 우위에 있거나 더 중요한 관계가 아니라 평등한 관계에 있다고 설명하며 둘 중 하나를 더 중시하는 오류를 범해서는 안 된다고 주장했다. 이를 바탕으로, (2)와 (3)을 봤을 때, (2)는 콜링우드의 관점에, (3)은 카의 관점에 근접하다. (2)는 문학의 허구에 대하여 설명한다. 실제로 일어난 일은 아니지만, 주인공과 상황을 실제 일어난 일처럼 서술하여 사람들이 이를 사실처럼 받아들이도록 하는 것이 문학이다. 역사에서 역사가가 자신의 관점에서 서술한 것이 사실로 받아들여지는 것처럼 문학에서 작가가 경험한 현실을 토대로 쓴 것이 사실로 받아들여진다. (3)은 카처럼 사실과 해석에 대하여 주장한다. (3)은 언론 보도에 대하여 말하는데 객관성, 즉 사실만을 보도하여야 한다고 주장하는 관점과 대조되는 버거와 루크만의 관점을 소개한다. 이들은 사실이 만들어지는 과정 안에 해석 공동체가 있어 사실을 이해하기 위해서는 먼저 해석 공동체를 고려해야 한다고 주장한다. 그러므로 해석이 사실의 우위에 있다고 본다. 그리고 국제결혼을 한 조선족 여성들에 대한 언론 보도를 예시로 들며 객관성의 개념만을 강조하여 다양한 결혼 동기들을 경제적 동기 하나로 지나치게 일반화한 경우를 보여준다. 이는 카가 말했던 오류에 부합한다. (2)와 (3)의 내용 중에는 랑케가 소개한 보편적 의미의 사실이 나타난다. (2)에서는 경험 현실, (3)에서는

언론 보도의 객관성이라는 개념으로 등장한다. 그리고 (2)는 콜링우드의 관점을 문학에 의해 설명하며 랑케의 설명에 반대하는 주장을 했고 (3)은 카의 관점을 언론보도에 적절하게 적용했다.

이 답안은 제시문을 제대로 이해하였으며 제시문들 간의 관계도 적절히 파악하여 비교를 전개하였습니다. 그러나 이 답안은 이해를 표현하고 비교를 전개하는 과정에서 좋은 평가를 받지 못하였습니다. 제한된 분량 안에서 이해와 비교를 잘하려면 글 안에 제시문의 논지가 효과적으로 제시되어야 할 뿐만 아니라 핵심적인 논지들 사이에서 비교가 진행되어야 합니다. 그러나 이 답안은 그런 점에서 비효율적입니다. 제시문의 내용을 그대로 되풀이하였으며 제시문의 세부 내용마저 답안에 담고자 하였기 때문입니다. 그 결과 제시문들을 반복적으로 제시하는 수준에서 그치고 말았습니다.

답안의 대부분을 이해와 비교에 사용한 결과 자신의 주장을 표현하지 못하였습니다. 논제에 대한 이해뿐만 아니라 자신의 주장이 답안에 전개되어야 함에도 불구하고 이 답안은 그 부분을 전혀 충족하지 않았습니다. 글의 구성이 논제의 요구에 부합하지 못하였으며 서술이 단조롭습니다. 문장은 비교적 정확한 편입니다만 단락 나누기가 되어 있지 않아 논제의 요구 조건을 제대로 분석하지 못해 비논리적으로 보입니다.

부족 답안 2

(1)에서는 '사실'에 대한 세 가지 관점을 보여준다. 우선 과거에 존재한 사실 그 자체, 즉 당시 상황을 복원해야 한다는 랑케의 의견인데, 그

는 이것이 사료 비판과 감정이입을 통한 직관적인 이해를 통해 가능해진다고 주장했다. 반면 콜링우드는 과거는 역사가에 의해 구성되고 의리가 부여되기 때문에 현재의 입장에서 역사는 관념적이고 주관적이다. 한편 카는 앞선 두 주장을 모두 부인하면 역사가 역사가와 사실 사이의 상호작용이며 대화라고 하였다.

(2)는 문학이 경험 현실을 상상력을 통해 재구성, 재창조한 것이라 한다. 이것은 분명히 허구이지만 독자들은 소설 속의 내용을 현실 속의 어딘가에서 실제로 일어나는 사실이라고 여긴다. 독자들은 작품이 지닌 호소력 속에서 사실 이상의 진실을 발견하고 서로 공감대를 형성하고 삶의 의미와 가치를 발견한다.

(3)은 언론이 사실을 보도함에 있어서 절대적인 객관성을 유지하는 것은 불가능하다고 주장한다. 버거와 루크만에 의하면 객관성에 앞서서 그 사회의 특수성을 고려하여야 한다. 또한 그 보도의 내용은 다시 사회에 영향을 준다. 이처럼 언론은 사회적 맥락에서 보도하고 그 내용은 다시 사회에 영향을 주는 끊임없는 상호적 관계이다.

종합적으로 고려해 보면 실재하는 사실을 볼 때에는 사회 공동체의 관점에서 재구성하고 재창조하여 공감대를 형성하고 사회체계의 구조화 과정을 통해 파악해야 한다.

이 답안도 논제가 요구하는 바를 성실히 수행하지 못하였습니다. 논제에서 요구하는 제시문에 대한 이해는 각 제시문의 핵심적인 논지로 표현되어야 하며, 비교는 그 논지들 사이에서 진행되어야 합니다. 그런데 이 답안은 각 제시문의 내용을 요약 제시하는 수준에서 멈추었습니다. 아울러 각 제시문에 대한 이해도 부정확합니다.

이 답안은 제시문을 순차적으로 요약하는 데 그치고 있어서 제시문들 사이의 비교는 물론이려니와 논제가 요구하는 자신의 주장도 제대로 나타내지 못하였습니다. 한 편의 온전한 글을 구성하려는 의지가 보이지 않으며 문장도 부정확합니다.

부족 답안 3

역사학자들의 임무는 역사를 밝히는 것이다. 즉 과거의 사실에 대한 끊임없는 탐구라 할 수 있다. 그런데 문제는 그들이 추구하는 사실이 과연 실제로 존재하는 객관적인 것인지 아니면 역사가의 주관의 산물인지 정하기가 어렵다는 것이다. 이에 대한 해답은 소설과 신문을 비교함으로써 얻을 수 있다. 소설은 작가의 상상력을 소재로 한 주관적인 매체이다. 그런데 사람들은 허구의 세계인 소설을 읽고 사실처럼 받아들이고 감동하며 공감한다. 많은 독자들에게 공감을 얻어낼 수 있다는 것은 소설에는 작가만의 허구의 세계만이 아닌 사실이라 여길 수 있는 것이 있다는 말이다. 그것은 작가가 자신이 경험한 사실을 바탕으로 상상의 사실 같은 세계를 창조하기 때문이다. 소설은 이를 바탕으로 사실성을 획득한다. 이에 비해 신문이란 매체는 사실전달을 목적으로 하는 객관적 매체이다. 그런데 신문은 단지 일어나는 사건을 전달함으로써 사실성을 획득할 수 없다. 단편적 사건 전달은 오히려 거짓된 정보를 생산할 수 있기 때문이다. 그래서 신문은 지배집단이 해석공동체를 염두해야 한다. 즉 신문은 주체가 사실에 대해 종합적으로 이해할 수 있어야 사실성을 획득한다. 소설은 객관적인 현실을 바탕으로 작가의 주관을 통해 사실성을 획득하고 신문은 기자의 주관을 바탕으로 객관적 현실을 이해함으로써 사실성을 얻는다. 이를 통해 우리는 사실이라는 것이 주관성을 완전히 배제한 객관적인 것도 아니며, 인간이란 한계 때문에 주관적이기만 한 것도 아니다라는 것을 알 수 있다.

우수 답안 3의 사례처럼 이 답안도 제시문을 (1)과 (2) 등으로 지명하지 않았습니다. 그러나 그 결과는 우수 답안 3과 매우 다릅니다. 우선 제시문의 중심 주제인 사실의 인식과 관련한 문제에 대해 명확한 이해를 바탕으로 비교 서술하지 않음으로써 논제가 요구하는 바에 부합하지 못하였습니다. 또 답안에 서술된 내용 중에는 제시문과 무관한 내용도 들어 있습니다. 따라서 이 답안은 겉보기에 개성적이라고 오판될 수 있지만 엄밀하게 그 내용을 살펴보면 적지 않은 오류를 담고 있음을 알 수 있습니다.

또 이 답안은 제시문을 단순히 나열하는 수준에 그쳤습니다. 문맥을 따라 논리를 구축하지 못하였으며 문장이 부정확합니다. 제시문을 부정확하게 이해한 탓에 자신의 주장을 타당하게 전개하지 못하였습니다. 논술 답안은 한 편의 글로서 완성도가 높도록 구성되어야 함에도 불구하고, 이 답안은 그러한 점이 미흡해서 아쉽습니다.

8.
서울대 구술면접과
다중미니면접MMI을 준비하기 위해

통합교과논술에서
서술형 논술형으로

　서울대학교는 2008학년도부터 2014학년도까지 정시모집 전형에서 수능 성적으로 모집 단위별 2배수를 선발한 후 5시간에 걸친 자체 논술 고사를 통해 최종 합격자를 선발했습니다. 수능 성적이 아무리 높더라도 자체 대학별고사를 통해 최종 합격자를 선별하기 위해서였죠. 2028학년도 이후 서술형 논술형 시험이 도입될 경우 가장 먼저 참고해야 할 자료는 과거의 서울대 통합교과논술 기출 문제들입니다. 자연계 모집 단위의 경우 수학과 과학 문제가 출제되지만 인문계 모집 단위의 경우 통합교과논술이라는 이름으로 앞에서 소개한 요약하기와 비교하기, 해석하기와 주장하기 유형의 글쓰기를 요구합니다. 지금도 서울대 의대에서는 다중미니면접MMI을 하는데, 과거의 통합교과논술이 진화된 형태의 제시문들을 통해 다양한 질의 응답을 합니다. 수시 내신이든 정시 수능이든 독서와 글쓰기는 최상위 학생들의 최종 합격을 판별하는 기재로 활용되고 있습니다.

2009학년도 서울대 정시 논술고사 3번 문항을 보겠습니다. 제시문과 자료를 참고하여 다음 논제에 답해야 합니다.

제시문 (가)

우리 민족의 문화는 조상들이 자연 환경 및 사회 환경에 적응하면서 쌓아 온 지혜와 생존 전략의 결정체이다. 오늘날에는 생활환경이 예전과는 크게 달라졌을 뿐 아니라 외래문화가 대량으로 유입되어 전래의 민족문화에만 안주할 수 없게 되었다. 어떤 사람은 앞으로 우리 민족문화의 정수가 유지될 수 있을지 염려하기도 한다. 외래문화의 홍수 속에서도 전래되어 온 민족문화의 정수를 창조적으로 발전시키려는 노력이 절실히 요구된다. 사회문화 교과서

제시문 (나)

"진정성"은 전통문화의 계승에서 중요한 개념이다. 어떤 문화가 핵심적 요소를 유지, 보존, 전승하고 있을 때 그 문화는 진정성이 있다고 말한다. 그런데 어떤 문화에서 핵심적 요소가 과연 무엇인가, 또 그것이 어느 정도까지 유지되어야 하는가는 여전히 논란거리다. 이에 대한 판단은 그 시대 문화공동체 내부의 합의를 통해 이루어지며, 기계적이거나 획일화된 판단 기준은 있을 수 없다.

제시문 (다)

한옥은 일반적으로 구들_{온돌}과 마루를 함께 갖추고 있다. 온돌과 마루가 공존하게 된 것은 한반도가 추운 겨울과 따뜻한 여름을 모두 가지고 있기 때문이다. 한편, 「서울특별시한옥지원조례」는 한옥을, '주요 구조부가 목조 구조로서 한식 기와를 사용한 건축물 중 고유의 전통미를 간직하고 있는 건축물과 그 부속시설'로 한정하고 있다.한국지리 교과서, 서울특별시 한옥지원조례

제시문 (라)

최근 들어 지방자치단체들의 한옥마을 조성사업이 서울과 전주 등을 중심으로 활발하게 전개되고 있다. 이 사업의 주요 골자는 낡은 한옥들을 보수, 개축하는 것은 물론 신축하는 것에 대해서도 비용을 지원하는 것이다. 서울시는 2000년부터 '북촌 가꾸기 사업'을 통해 가회동 일대_{북촌}에 한옥마을을 조성하고 있다. 이 한옥들의 외관은 전통 한옥의 품격을 유지하면서도 내부 공간구성과 설비에는 현대적인 요소가 가미되어 있다. 서울시는 이 사업을 다른 한옥 밀집 지역으로 확대하여, 역사 도시로서의 문화적 정체성을 부각시키려 하고 있다. 전주시도 2002년에 「한옥보존지원조례」를 제정하여, 교동 및 풍남동 등지의 한옥들을 계획적으로 보존, 정비하고 있다. 또, 이곳에 한옥체험관, 서예박물관, 판소리 공연장, 전통문화상품 전시장 등을 설치하여, 이 지역을 전통문화의 중심지로 육성하려 하고 있다.언론 기사

제시문 (마)

　명절날 나는 엄매 아배 따라 우리 집 개는 나를 따라 진할머니 진할아버지가 있는 큰집으로 가면 [······] 밤이 깊어 가는 집안엔 엄매는 엄매들끼리 아르간에서들 웃고 이야기하고 아이들은 아이들끼리 웃간 한 방을 잡고 조아질하고 쌈방이 굴리고 바리깨돌림하고 호박떼기하고 제비손이구손이하고 이렇게 화디의 사기방등에 심지를 몇 번이나 돋우고 홍게닭이 몇 번이나 울어서 졸음이 오면 아릇묵싸움 자리싸움을 하며 히드득거리다 잠이 든다 그래서는 문창에 텅납새의 그림자가 치는 아츰 시누이동세들이 웃적하니 흥성거리는 부엌으론 샛문 틈으로 장지문 틈으로 무이징게국을 끓이는 맛있는 내음새가 올라오도록 잔다. 문학 교과서의 백석, '여우난 곬족' 중에서

논제

　한옥을 중심으로 우리 시대에 전통문화의 계승과 변동이 이루어지는 양상에 대하여 논술하시오. 1,400자 이내

〈다음의 질문에 대한 답을 포함하시오.〉

1. 문화재 한옥과 한옥마을 한옥은 한옥으로서의 진정성을 유지하고 있는가?
2. 한국식 아파트에서 찾을 수 있는 한옥의 요소는 무엇인가?
3. 가옥 구조와 삶의 방식은 서로 어떤 영향을 미치는가?

〈자료 1〉 문화재 한옥과 한옥마을의 한옥

가. 문화재로 지정된 조선 후기 한옥의 외관과 내부

나. 서울시 북촌 한옥마을 한옥의 외관과 내부

대치동 글쓰기

〈자료 2〉주택 평면도의 사례

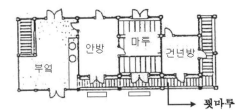

전통 한옥

현대 한국의 아파트

현대 미국의 아파트

이 논술고사는 교과서의 내용에서 추론된 새로운 개념을 이해하고, 이를 사회 현상과 국가 정책에 적용하였을 때 발현되는 창의적인 사고력을 평가하고자 하였습니다. 가옥 구조라는 구체적인 사례를 통해 '전통'이라는 문제에 대한 의식을 고취하여 논술과 고등학교 교육을 내실 있게 연계하고자 하는 의도를 담고 있습니다.

'전통문화의 계승'이라는 주제는 지금도 고등학교 사회문화 교과서뿐만 아니라 여러 교과서에 자주 등장합니다. 그런데 많은 학생들이 이 주제를 자주 접하다 보니 뻔한 것으로 받아들이는 경향이 있습니다. 전통문화의 핵심적 요소는 무엇인지, 그것이 어떤 과정이나 방식을 통해 계승 또는 전승되는 것인지, 또 오늘날 우리의 삶에 어떤 방식으로 투영되어 있는지 등에 대해 구체적으로 생각해 보지 않습니다. 이 논술고사는 "전통은 고정된 형태로 존재하는 것이 아니라 사회의 구성원들에 의해 끊임없이 재생산과 수정의 과정을 밟아서 새롭게 만들어지는 것"이라는 사회문화 교과서 내용을 학생들이 현실과 관련하여 얼마나 구체적으로 이해하고 있는지를 묻고 있습니다.

(가)에서 (마)까지의 제시문들은 논제에 답할 수 있는 지식과 사유의 단초를 제공하는 역할을 합니다. 〈자료 1〉과 〈자료 2〉는 제시문의 내용에 대한 구체적인 사례들입니다. 제시문 (가)는 우리 민족 문화의 의미와 현 상태에 관한 글입니다. 제시문 (나)는 「기념물과 사적지의 보존·복원을 위한 국제헌장베니스 헌장」과 「진정성에 관한 나라奈良 문서」를 인용하여 고등학생의 수준에 맞게 작성하였으며, 전통문화를 이해하는 데 중요한 개념으로 부각되고 있는 '진정성'의 의미를 설명합니다. 제시문 (다)는 한옥의 보편적 특징과 한옥의 정의를 보여줍니다. 이 제시문을 통해

한옥문화의 핵심적인 외형적 가치를 유추할 수 있습니다. 제시문 (라)는 한옥마을 조성사업을 설명한 언론 기사로서 한옥문화의 현대적 변용을 보여줍니다. 제시문 (마)는 문학 교과서에 나오는 백석의 시 「여우난 곬족」의 일부를 인용한 내용으로 문학 작품에서 가옥구조와 삶의 방식이 어우러져 묘사되고 있습니다.

〈자료 1〉은 문화재로 지정된 한옥과 새로 조성된 한옥마을 한옥의 공통점과 차이점을 보여줍니다. 한옥의 '진정성'이 무엇인지 생각해 보게 합니다. 〈자료 2〉는 전통 한옥, 한국 아파트, 미국 아파트의 평면도입니다. 한국식 아파트에 남아 있는 한옥의 요소를 비교의 관점에서 찾아보고, 생활 속에서 전통문화의 계승이 어떻게 이루어지고 있는지 비판적으로 생각해 보게 합니다.

한옥을 소재로 하여 전통문화의 현대적 계승에 대한 우리 사회의 노력을 주어진 제시문의 관점과 기준에 의거해 평가하는 문제입니다. 전통문화 계승의 기준은 전통의 진정성 유지 여부이며, 진정성은 문화공동체의 합의에 따라 정해지는 유동적인 것이라고 전제되어 있습니다. 그리고 지자체의 조례에 나타난 한옥의 정의가 합의된 기준의 예로 제시되었습니다.

이러한 관점에 따라 1) 문화재 한옥과 한옥마을 한옥의 진정성 유지 여부, 2) 현대 한국의 아파트에 계승된 한옥의 요소, 3) 가옥의 구조와 자연환경 및 생활방식 사이의 상호작용을 반드시 포함하라고 서술의 방향도 제시되었습니다. 따라서 좋은 답안을 작성하기 위해서는 당연히 이 세 가지 질문에 모두 답해야 합니다. 첫 번째 질문에 답하기 위해서는 먼저 한옥의 핵심요소를 밝히고, 진정성의 개념을 적용한 후, 문화재 한옥과 한옥마을 한옥의 진정성을 서술해야 합니다. 두 번째 질문에 답하기 위해서는 온돌과 마루 등 공간구조의 유사성, 좌식 문화 등 생활양식의 공통점, 그리고 미국 아파트와의 차이 등을 주어진 그림 자료를 이용하여 논술해야 합니다. 세 번째 질문에 답하기 위해서는 가옥구조와 삶의 방식의 상호작용, 농업사회와 전통 한옥의 연계, 대가족 제도 또는 공동생활와 한옥의 연계, 아파트와 현대 생활양식의 연관성 등을 서술하되, 주어진 제시문을 최대한 활용해야 합니다.

이 논술고사에서 많은 학생들이 현대 우리나라 아파트에 계승된 한옥의 요소에 관해 어느 정도 답하였고, 가옥구조와 자연환경 및 생활방식 사이의 상호작용에 관해서도 대체로 좋은 답안을 썼습니다. 그러나 문화재 한옥과 한옥마을 한옥의 진정성 유지 여부에 관해서는 다수의 학생이 주어진 관점과 기준을 무시한 채, 자기의 평소 견해나 소신대로 답하고 말았습니다. 평소의 생각이 반영된 나머지 제시문을 자세히 읽어내지 못해서 내부가 개량된 두 가지 한옥은 모두 껍데기에 불과하며 진정성이 상실되었다고 단정하였습니다. 이는 평소에 자신의 견해와 다르더라도 이를 상대화하면서 주어진 제시문의 관점과 기준에 따라 사고하며 대상을 판단하는 훈련이 부족한 탓입니다.

그런 점에서 독서와 글쓰기 못지않게 토론도 중요합니다. 대치동 학원에서는 수업에 참여하는 학생들이 같은 책을 읽으며 글을 쓰고 토론도 합니다. 또 선생님들이 첨삭지도도 합니다. 이른바 독서·토론·논술·첨삭이 하나로 이어지는 4위일체 수업을 하는 것이죠. 사건이나 현상 등을 바라보는 다양한 시각과 의견들을 비교해 보며, 대상에 대해 바람직하게 사고하고 판단하는 훈련을 하게 됩니다.

자, 다시 본론으로 돌아가죠. 안타깝게도 소수의 학생만이 두 가지 유형의 한옥 모두 진정성을 유지하고 있다고 답하였습니다. 주어진 자료를 객관적으로 독해하고 논리적으로 사유하면서 판단을 내린 결과입니다. 수능 성적만큼은 대한민국에서 최고인 학생들이 1단계에서 합격했지만, 정작 중요한 논술고사에서 많은 학생들이 고배를 들었습니다. 소수의 학생들만 아파트에 계승된 한옥의 요소와 가옥구조, 자연환경 및 생활방식 사이의 상호작용에 대해 기술해서 축배를 들었습니다.

학생답안 1

우리 시대의 전통문화는 현대의 성격에 맞게 변화되어 잘 계승되고 있다. 비록 시대의 변화 때문에 일부 특성들이 변화되었지만 전통문화 속의 진정성이 유지되고 있기 때문이다. 계승되어 오는 전통문화에는 여전히 전통에 대한 자부심과 조상들의 지혜가 담겨져 있다. 이는 전통문화의 정체성이 그대로 유지되어 계승된다는 것을 의미한다.

제시문 (라)에는 전통문화 계승의 예시로 한옥마을 조성 사업이 나타난다. 낡은 한옥들이 보수되고 새로운 한옥들이 지어지는 것이다. 한옥마을의 한옥은 전통한옥과 동일한 외관을 지닌다. 반면 내부구조의 경우 전통한옥과는 달리 현대적인 요소가 가미되어 있다.

제시문 (다)에 의하면 한옥은 기와와 목재로 지어진 전통 건물이다. 한반도의 계절적 특징으로 인해 온돌과 마루가 공존하는 구조를 가지고 있다. 또한 제시문 (마)는 과거 전통한옥에서 느낄 수 있었던 분위기와 생활 모습이 나타나 있다. 대가족과 함께 지내던 삶, 아랫목을 차지하려는 자리싸움, 장지문과 닭 우는 소리는 과거 한옥에서 조상들이 향유했을 삶을 보여준다.

내부구조가 현대식인 만큼 한옥마을의 새로운 한옥들은 제시문 (마)의 생활모습을 보여주지 못한다. 내부 가옥 구조가 삶의 방식에 영향을 미치기도 하기 때문이다. 제시문 (마)의 관점에서 볼 때 한옥마을은 전통문화의 겉모습만 이어올 뿐 진정한 삶의 모습을 계승하지는 못한다.

하지만 한옥 계승 과정에서 가옥의 내부구조를 변화시키는 것은 필연적이다. 분명 가옥 구조가 삶의 방식에 영향을 미치지만 그보다 삶의 방식이 가옥 구조에 미치는 영향력이 더 크기 때문이다. 제시문 (가)는 생활환경의 변화에 따라 전통문화를 완전하게 계승하는 것이 어렵다고 말한다. 마찬가지로 현대 사회의 삶의 방식이 급격하게 변화했기 때문에 한옥이라도 그 가옥구조는 현대의 모습에 따라 변화한다. 결국 (마)의 한옥의 특성은 계승할 수 없는 것이다.

그렇다고 해서 문화재 마을과 한옥마을의 한옥들의 진정성이 외양에서 나오는 것은 아니다. 한국식 아파트도 거실이 있고 보일러를 쓴다. 또한 외국과는 달리 신발을 벗고 들어간다. 이는 분명 한옥의 요소이지만 한국식 아파트가 한옥을 계승한 것은 아니다. 새로운 한옥의 진정성은 외양적 요소가 아니라 계승 정신에 있다.

한옥을 새로 짓고 한옥에서 사는 것은 전통계승의식에서 나왔다. 이는 한옥마을 한옥에게 한옥으로서의 진정성을 부여한다. 이처럼 현재 우리의 전통문화는 정체성의 면에서 잘 계승되고 있다. 현대인들은 현대에 맞게 변화된 전통문화일지라도 민족적 자부심을 가지고 이어가려 노력하며 이 노력은 조상들의 지혜를 계승시킨다. 그러므로 변화된 모습으로 계승되는 전통문화는 우리 문화로서의 진정성을 지니고 있으며 이는 전통문화가 올바른 방향으로 계승되고 변동한다는 것을 뜻한다.

이 답안은 주어진 제시문을 잘 활용하고 있습니다. 한옥의 진정성을 제시문에 근거하여 규정한 후, 문화재 한옥과 한옥마을 한옥의 진정성에 대해 서술합니다. 한옥의 진정성에 대해서는 명확하게 밝히고 있지는 않지만 외형적 진정성과 다른 측면에서의 진정성을 구분하고 있는 점도 이 답안이 다른 답안에 비해 좀 더 좋은 평가를 받을 수 있는 요인의 하나입니다. 비록 논지가 매우 정연하게 진행되는 글은 아니지만, 입학시험으로서의 논술을 감안한다면 그리 크게 문제되지는 않습니다. 삶의 방식과 가옥 구조가 상호작용할 수 있다는 관점에서 답안을 기술하고 있다는 점도 상대적으로 더 좋은 평가를 받을 수 있었던 요인입니다.

그러나 이 답안은 자신의 주장을 제시한 후 근거를 제시하는 데 약점을 가지고 있습니다. 예를 들어, 삶의 방식이 가옥 구조에 미치는 영향에 대한 구체적인 진술이 없습니다. 그보다는 삶의 방식이 가옥 구조에 영향을 미칠 것이라는 주장이 앞섭니다. 답안의 분량이 제한되어 있다는 점을 고려하더라도 이 주장을 뒷받침하는 구체적인 진술이 덧붙여져야 했습니다. 또한 답안의 말미에 새로운 한옥의 진정성이 외양적인 요소가 아니라 계승정신에 있다고 답하는 과정에서 오늘날의 한옥과 아파트의 관계에 대한 설명이 부족한 점 역시 아쉽습니다.

학생 답안 2

가옥의 구조는 삶의 방식을 반영한다. 좌식생활을 해온 우리 민족은 바닥의 청결유지를 위해 툇마루 아래에 신발을 벗고 들어가는 구조로 집을 지었다. 또한 바닥에 등을 직접 대고 잠을 자는 방식은 (마)에서 묘사된 '아랫목싸움'을 할 만큼 방바닥의 온도가 중요했기 때문에 방바닥 전체를 덥히는 온돌 구조에 반영되었다. 남녀가 유별하다는 사고방식은 마루를 중심으로 안방과 건넌방이 떨어져 있는 구조와 고립된 부엌구조에 반영되었다.

이처럼 전통적인 삶의 방식이 가옥구조에도 반영된다는 사실은 한옥의 계승에서 핵심적 요소가 무엇인지 규정하는 데 도움을 준다. 우선 외부의 모습이 우리의 전통가옥과 같아야 함은 당연한 핵심요소이다. 즉 한식 기와와 목조 구조 등을 통해 고유의 전통미를 드러내어야 한다는 것이다. 그런데 논쟁이 되는 것은 그 내부이다. 외래 문명에 익숙해진 현대인에게 내부 구성까지 옛날과 같게 유지하며 살라고 요구할 수는 없기 때문이다. 따라서 한옥의 내부구조에서의 핵심적 요소는 우리 민족 고유의 삶의 방식을 반영하는 구조를 유지하고 있는지의 여부라고 볼 수 있겠다.

이처럼 한옥의 핵심적 요소를 외부적으로 전통구조의 유지, 내부적으로 삶의 방식이 반영된 구조의 유지라고 할 때 문화재 한옥과 한옥마을 한옥은 모두 그 요소를 갖추었다고 볼 수 있다. 우선 두 한옥은 모두 외부적으로는 전통 가옥의 이미지와 맞아떨어지는 모습을 하고 있으므로 그 핵심적 요소를 전승하였다. 내부적으로도 역시 신발을 벗고 들어가는 구조나 집 안 가운데에 위치한 거실의 구조, 온돌 방식의 난방, 마루바닥 등 우리 민족의 전통적 생활 방식이 반영된 요소를 유지하고 있으므로 핵심적 요소가 보존되었다고 볼 수 있다. 따라서 두 한옥 모두 한옥으로서의 진정성을 유지하고 있는 것이다.

한국식 아파트의 경우, 비록 외관상으로는 고유의 전통미와 거리가 멀지만 내부적으로는 전통 한옥의 요소를 보존해 왔다고 볼 수 있다. 특히 미국의 아파트와 비교했을 때 그 요소가 두드러진다. 테라스보다 넓은 발코니는 전통 한옥의 툇마루를 연상시키며 한쪽으로 치우친 미국의 거실과는 달리 한국의 거실은 전통 한옥과 비슷한 위치에 있다. 또한 '시누이 동세'들 즉 여자들만 출입해 왔던 부엌은 미국에 비해 전통한옥처럼 구석에 치우친 것을 알 수 있다.

이처럼 한옥은 우리의 전통적 생활방식을 유지하며 창조적으로 발전되어왔고, 아파트 역시 한옥의 요소를 유지해 왔다. 가옥 구조뿐만 아니라 패스트푸드화된 비빔밥, 편리하게 개량된 한복 등 의식주 전 분야에서 전통문화는 창조적 변화를 겪으며 계승되어왔다. 이러한 현상은 고유의 문화를 퇴색시킨다는 비판을 받기도 한다. 그러나 한옥의 경우처럼 전통미를 유지하되 그 안에 담긴 것을 편의에 맞게 변형시켜나가는 것은 오히려 전통문화의 계승에 도움이 된다. 따라서 우리 시대의 전통문화는 그 계승에 유리한 방향으로 변화하는 양상을 보인다고 할 수 있다.

이 학생이 전통문화와 삶의 양식 간의 관계에 대하여 구체적으로 이해하고 있다는 점을 제시문 (마)의 인용 등을 통해 확인할 수 있습니다. 가옥 구조가 삶의 방식을 반영하는 방식에 대한 서술도 매우 구체적이며, 주장의 내용이 균형을 이루고 있다는 점도 이 답안이 다른 답안에 비해 좀 더 나은 점입니다. 특히 전통의 핵심적 요소를 내부적 요소와 외부적 요소로 구분한 후, 한옥과 아파트가 각각 어떠한 요소를 갖추고 있는지를 설명하는 내용도 좋은 평가를 받을 만합니다.

다만 이 답안에서는 제시문에서 중요하게 다루어진 진정성이라는 개념을 거의 사용하지 않고 있으며, 전통문화의 핵심적 요소와 진정성 개념의 관계에 대한 논의가 생략되어 있습니다. 논술의 기본은 논제에서 요구하는 바를 진술하되 제시문에서 주어진 개념을 이용하는 것인데, 이러한 점을 보완할 수 있었다면 더욱 좋은 평가를 받을 수 있었을 겁니다.

9.
의대 입시에
더더욱 중요한 글쓰기

의대 입시를 결정하는
다중미니면접_{MMI}

전국 40개 의대와 의학전문대학원의 입시는 최상위권 수험생들의 격전장으로 불립니다. 의대 입시를 준비하려면 봉사활동과 수상경력 등 학업 외 '스펙'까지 탁월한 수준으로 관리해야 합니다. 요즘 지원자 서류를 보면 '나는 의대 참 쉽게 들어 왔구나' 하는 생각이 든다는 의대 교수님의 말씀이 생각납니다. 지금 같은 환경이었으면 원서 쓸 엄두도 못 냈을 것이랍니다. 상황이 이러하니 최근 의대 입시에서 당락을 가르는 변수로 다중미니면접_{MMI·Multi Mini Interview}이 부상하고 있습니다.

2022학년도 서울대 학생부종합전형 안내서에 담긴 수시 학생부종합전형에 대한 설명을 살펴보겠습니다. 학생들의 가능성과 자질은 밤하늘을 비추는 별들처럼 다양합니다. 수능만으로는 학생의 다양한 능력을 파악하기 힘듭니다. 수능으로는 학생이 속한 환경과 학업 동기, 학업에 대한 의지, 열정, 노력 등을 헤아리기 어렵습니다. 이러한 문제를 보완하기 위해 도입한 종합적인 평가 제도가 바로 학생부종합전형입니다. 학생부종합전형은 수치로 계산된 성적만을 반영하지 않고, 지원자가 제출한 서류를 바탕으로 학업능력뿐만 아니라 학업에 대한 노력, 의지, 열정, 적극성, 도전 정신, 발전 가능성 등을 종합적으로 평가하는 학교 교육 기반의 평가 방식입니다.

서울대학교는 지난 2000년부터 현재와 같은 종합평가 방식을 준비하여 2002학년도부터 서류평가를 통해 학생의 학업 역량과 발전 가능성을 평가해 왔습니다. 오랜 기간 동안 전문적인 평가체계와 평가인력을 갖추기 위해 꾸준히 노력하였고, 2019년부터 2021년까지 3년 동안 학생부종합전형으로 모집인원의 70% 이상을 선발하고 있습니다. 다만, 대입 공정성 강화 방안에 근거하여 2022년과 2023년에 각각 정시 모집 인원을 30%에서 40%까지 확대하여 모집하고 있습니다.

서울대학교는 학생부종합전형의 종합평가 방식을 통해 고등학교 교육이 수능과 내신 위주의 획일적이고 일방적인 교육에서 탈피해 학생 개개인의 적성과 발전 가능성을 계발하여 창의적인 인재를 육성하고자 합니다. 점수 위주의 선발 방식에서는 매우 미미한 점수 차에 의해 합격과 불합격이 결정됩니다. 이 같은 방식은 간단하고 편리한 선발 방법이지만 4차 산업혁명의 융복합 시대에 대학과 사회에서 필요로 하는 인재를 과연 선발할 수 있을지는 의문입니다. 서울대학교는 학생들의 학업능력과 발전 가능성을 면밀히 평가하기 위해 수치의 단순한 합산을 넘어서는 평가 방법을 고민하게 되었습니다. 그 결과 '학교생활기록부 등 제출서류에 기반을 둔 종합적이고 다면적인 평가'를 도입하게 되었습니다. 이는 교과 성적, 교내 활동의 결과만을 평가하는 것이 아니라 그 동기와 과정까지 다면적이고 심층적으로 평가하는 방법입니다.

서울대학교 학생부종합전형의 가장 큰 의의는 각각의 점수를 단순히 합산하는 방식으로는 평가할 수 없는 학생들의 학업능력과 잠재력을 더욱 면밀하게 평가할 수 있다는 점입니다. 그리고 학생들이 대부분의 시간을 보내는 고등학교에서 이루어지는 활동과 노력을 중심으로 평가하기 때문에 학생들이 학교 교육 안에서 성장하는 데 기여할 수 있습니다.

예비 서울대학교 학생이라면 독서는 기본입니다. 독서는 모든 공부의 기초가 되며, 대학생활의 기본 소양입니다. 그렇다면 어떤 책을 읽어야 할까요? 학교 수업 안에서도 답을 얻을 수 있습니다. 교과와 관련된 인문학, 사회과학, 자연과학, 철학, 공학 분야 도서를 수업 활동 중 선생님이 추천해 주실 수도 있고, 토론활동, 주제탐구 활동을 하면서도 관련 도서를 만날 수 있습니다.

어떤 책을 읽어야 할지는 여러분이 자유롭게 선택하시기 바랍니다. 이미 학교생활을 하며 책을 읽을 기회를 많이 접하고 있을 것입니다. 더 알고 싶은 분야의 전문서적을 찾아 읽을 수도 있고, 단순한 호기심으로 책을 집어들 수도 있을 것입니다. 책을 읽다가 생긴 궁금증으로 또 다른 책을 선택하기도 합니다. 어떤 분야의 책이든지 읽고 또 읽는 사이에 생각하는 힘, 글쓰기 능력, 전문지식, 의사소통 능력, 교양이 쌓여갈 것입니다. 타의에 의한 수박 겉핥기식 독서는 도움이 되지 않습니다. 많고 많은 책들 가운데 그 책이 나에게 왜 의미가 있었는지, 읽고 나서 나에게 어떤 변화를 주었는지를 생각하기 바랍니다. 서울대학교는 독서를 통해 생각을 키워온 큰 사람을 기다립니다.

그런데 2024학년도 대입부터는 학생부 기재 사항 중에서 수상 실적과 독서활동 항목이 반영되지 않습니다. 그렇다면 학생들의 독서 여부와 수준을 판단할 수 있는 것은 학생부 과목별 세부능력특기사항과 창의적 체험활동 서류와 구술면접고사뿐입니다. 2021학년도 서울대학교 의과대학 의예과 합격생의 후기를 보겠습니다.

제가 서울대 MMI 면접을 준비할 때 가장 중요하게 생각한 것은 저의 생각을 명확하게 말하고, 다른 사람의 생각을 비판적으로 수용할 수 있는 것이었습니다. 그래서 저는 MMI 기출문제를 보고 자신만의 답을 생각하고 전달하는 것을 연습할 뿐만 아니라 학교에서 모의면접을 할 때 자신과 다른 선생님의 의견을 정리하고, 다른 관점들도 이해하려고 노력했습니다.

그렇게 면접 당일이 되고 저는 '면접을 교수님과의 대화'라고 생각하며 설레는 마음으로 면접장에 갔습니다. 면접을 '시험이 아닌 대화'라고 생각하니 저의 떨리는 마음은 한층 가라앉았습니다. 처음 서류 기반 면접을 진행할 때는 의사라는 직업에 대한 태도, 그리고 가치관을 묻는 질문이 많이 나왔습니다. 예를 들어서 저는 소아청소년과 의사를 하고 싶다고 학교생활기록부에 적었는데 교수님께서 소아청소년과는 저출산으로 인해서 의대 학생들이 기피하는 과 중 하나임에도 불구하고 제가 이 과에 가고 싶어 하는 이유에 관하여 질문하셨습니다. 저는 평소에 소아청소년과에 가고 싶은 이유를 종종 고민하였기 때문에 그런 생각들을 바탕으로 "저출산으로 인하여 아이의 수가 줄어들지만 그럴수록 아이 한

명, 한 명이 더 소중하다고 생각합니다. 그렇기 때문에 누군가는 이 아이들을 돌볼 수 있는 의사가 있어야 한다고 생각하고, 소수일지 모르겠지만 제가 그러한 의사 중 한 명이 된다면 영광스러울 것 같습니다"라고 답했습니다. 이처럼 평소에 가치관이나 생각을 정립하지 못한다면 답하기 어려운 질문이 꽤 있었기 때문에 학교생활을 하며 자신이 이 직업을 가지고 싶은 이유를 깊이 고민하고 그것을 위해 어떤 노력을 해야 하는지를 구체적으로 생각하는 것이 매우 중요하다고 생각합니다. 다시 말해 서류 기반 면접을 준비한다는 것은 '단기간에 자신의 학교생활기록부와 자소서 내용을 암기하는 것이 아니라 평소의 자신의 진로에 관한 생각과 활동, 그리고 가치관을 잘 정리하는 것이다'라고 강조하고 싶습니다.

두 번째로 제시문 기반 면접은 생물학이나 의학적 지식을 요구하는 문제가 아니라 다른 사람들과의 소통방법과 사회적 관계를 묻는 지문이 나왔습니다. 어떠한 반 학생들의 관계도를 보여주고, 이 반 학생들의 유형에 관하여 묻는 문제가 나왔는데 저는 저의 학교생활의 경험을 토대로 하여 제시문을 분석하였습니다. 또한 제시문과 관련하여 저의 학교생활을 묻는 지문과 저와 의견이 다른 친구를 설득하는 종류의 질문이 나왔습니다. 저는 제시문 기반 면접을 보면서 이 제시문은 제가 다른 사람들과의 사회적 관계를 원활하게 할 수 있는지, 그리고 문제상황이 있을 때 모든 사람의 입장을 고려하여 합리적인 판단을 내릴 수 있는지에 관해서 보는 것이라고 느꼈습니다. 그래서 저는 제가 할 수 있는 최선을 다해서 이 제시문 안의 학생 각각의 입장을 고려하여 문제를 해결하고, 교수님의 반박을 '새로운 관점'으로 받아들이며 저의 생각을 수정하고 확장하려고 노력하였습니다.

면접이 끝나고 저는 서울대의 합격 여부와 관계없이 면접을 통해 저의 생각이 성숙해지는 시간이었다는 생각이 들어서 기분이 좋았습니다. 제가 논리적으로 빈약한 부분이 있더라도 교수님께서 그 부분을 다시 생각할 수 있도록 유도해 주셨기 때문입니다. 면접이 긴장될 수도 있지만 자신의 가치관을 잘 정립하고, 다른 사람의 관점을 수용하는 태도가 있다면 충분히 의미 있는 시간이 될 수 있을 것이라고 생각합니다.

의대 면접 방식은 제출 서류 기반의 일반 면접, 가치관과 인성을 평가하는 일반 인성 면접, 전공 이해도와 지원 의지 등을 보는 심층 면접, 다양한 상황의 제시문을 주고 질의응답을 하는 다중미니면접MMI으로 나뉩니다. 대학에 따라 이러한 유형들을 혼합해 시행하기도 합니다. 다중미니면접은 일상에서 부딪히는 '도덕적 딜레마' 상황에 윤리적 결정을 어떻게 내리는지를 평가하는 고난도 면접 방식입니다.

의대들이 실시하는 다중미니면접의 제시문 유형과 난이도는 비슷하지만 질문방면접 장소의 개수와 시간은 다릅니다. 수험생이 직접 방을 돌아다니며 면접을 치르는 질문방은 보통 2~6개이고 시간은 질문방당 8~15분으로 설정됩니다. 대학에서 공개한 기출 제시문을 보면 주로 인간관계에서 의사소통이나 딜레마와 관련된 문제가 많은 편이고, 인간과 제도, 과학기술, 윤리, 노동, 사회관계 등이 주로 출제됩니다. 공통적으로는 도덕적 딜레마와 의료 사고에 대처하는 자세, 상황에 따른 순발력을 평가합니다. 다중미니면접의 상황 제시문은 주로 특정 상황의 간단한 에피소드 형식으로 구성되어 있고, 딜레마 상황이나 상호 대립되는 관점을 담고 있습니다. 면접 현장에서 긴장하지 않고 차분히 답변할 수 있으려면 제시문을 빠르게 이해할 수 있는 텍스트 분석 능력을 길러야 합니다.

다중미니면접을 대비하는 데에는 독서와 토론이 효과적입니다. 어려서부터 다양한 문제와 상황이 드러난 글을 통해 간접 경험하는 것이 중요합니다. 독서는 다중미니면접에서 주어지는 다양한 상황과 대응을 간접 체험할 수 있는 최적의 방법입니다. 그중에서도 등장인물들의 가치관 대립, 다양한 선택, 상황에 따라 인물의 운명이 변화하는 소설 읽기나 다양한 윤리적 딜레마 상황과 그것에 대한 이론적 정리가 되어 있는 교양 윤리서가 도움됩니다. 의사의 눈으로 세상을 보는 연습도 필요합니다. 보편적 인류애를 지닌 의사로서 세상의 아픔과 고통을 외면하지 않는 안목으로 독서, 동아리, 봉사 활동에 임한다면 상황 훈련 효과도 얻을 수 있습니다. 또 의대 면접은 제법 어려운 편이지만 교육 과정 내에서 출제되는 원칙을 지키고 있습니다. 그러니 생명과학 교과서나 사회 교과서를 여러 번 읽고 개념과 내용의 흐름을 파악해 두어야 합니다.

의대 입시를 준비하는 고등학생이라면 의료 윤리 문제에도 관심을 기울여야 합니다. 제시문에 나오는 대부분의 상황에 윤리적 딜레마가 많기 때문이기도 하지만, 그보다는 의사의 삶 자체가 수많은 선택 상황에 놓이기 때문입니다. 신문 사회면이나 국제면에서 인권과 의학 분야 기사를 유심히 읽어 두는 것도 좋습니다. 윤리 문제와 딜레마적 상황마다 자신이라면 어떤 선택과 판단을 할지 연습할 수 있기 때문입니다.

2024 수시 의학계열 MMI 면접 실시 대학		
대학	전형	전형 요소
가톨릭대	학생부종합	서류 70 + 면접 30
건양대	일반전형	학생부 80 + 면접 20
경희대	학생부종합	서류 70 + 면접 30
계명대	일반전형(교과)	학생부 90 + 면접 10
대구가톨릭대	교과우수자	학생부 80 + 면접 20
부산대	지역인재(종합)	서류 80 + 면접 20
서울대	일반전형	서류 50 + 면접 50
서울대	지역균형전형	서류 70 + 면접 30
성균관대	학생부종합	서류 70 + 면접 30
아주대	아주ACE	서류 70 + 면접 30
울산대	학생부종합	서류 50 + 면접 50
인제대	교과성적우수	학생부 70 + 면접 30
한림대	학교생활우수자	서류 70 + 면접 30

다중미니면접은 수험생의 윤리적인 의사 결정, 상황 판단, 비판적 사고, 의사소통능력 등을 판단하기 위해 도입한 평가 방식입니다. 다양한 상황윤리적 딜레마, 역할극, 위기 상황, 의료 환경, 상황 판단, 지원 동기에 대한 제시문을 주고 어떻게 대처하는지를 알아보는 식입니다. 이를 통해 의료인이 가져야 할 공감 능력, 의사소통능력, 팀워크 능력 등 비인지적 자질을 평가합니다.

다중미니면접은 2013학년도 서울대 의대 수시 일반전형에서 본격적으로 도입되었습니다. 2024학년도에는 서울대를 비롯해 가톨릭대, 성균관대, 경희대, 아주대, 한림대, 건양대, 계명대, 대구가톨릭대, 부산대, 울산대, 인제대 등에서도 다중미니면접을 실시합니다.

서울대는 2024학년도 수시 일반전형 의예과, 치의학과, 수의예과와 지역균형전형 의예과에서 다중미니면접을 실시합니다. 정시모집에서는 의예과, 치의학과에서 점수로 반영되지는 않고, 결격 여부 판단에 활용합니다. 경희대는 수시 네오르네상스전형 의예과, 치의예과, 한의예과에서 출제 문항을 바탕으로 공통 질문지원 동기, 가치관·인성 등과 개인 서류확인 면접으로 진행됩니다.

다중미니면접의 기출문항을 보면, 2022학년도 서울대 수시 일반전형 의예과는 '다문화 가정의 어린이가 의사소통에 어려움을 겪는 사례'와 '신체적 장애를 가지고 있는 중학생이 고궁 방문 시 불편한 사례'를 들면서 사회적 약자에 대한 의견과 해결방안 등을 물었습니다.

가톨릭대는 '위드코로나 정책에 대한 찬반 의견'을 제시문으로 주면서 정책 결정에 필요한 자료와 고려해야 할 사항, 수험생의 판단과 그 근거, 해당 정책에 따라 피해를 보는 사람들을 어떻게 이해하고 배려할지에 대해 질문했습니다.

성균관대 의예과는 "백신 접종을 하지 않은 사람은 연습에 참가하면 안 된다는 주장과 백신 접종은 개인의 선택인데 불이익을 주면 안 된다는 주장에 대해 온라인으로 투표한 결과 미접종자는 연습에 참여하면 안 된다는 의견이 우세했다"는 제시문을 주었습니다. 해당 제시문과 관련해 지원자는 '이 동아리의 리더라면 어떻게 하겠는가'라는 질문에 답해야 했습니다.

경희대는 '자신이 불편하다는 이유로 의사에게 무리한 요구를 하는 환자와 병원의 원칙이 있는데도 환자의 요구에 따라주라는 교수님의 지시에 난감해하는 사례'를 들고 지원자가 전공의라면 어떤 결정을 할 것인지와 그 이유를 설명하는 문제를 출제했습니다.

아주대는 상황 제시문을 기반으로 인성면접을 진행했습니다. 면접 문제로는 '여름 방학 여행에서 숙소 예약 책임을 맡은 내가 잘못해 예약돼 있지 않을 때 친구들과 어떤 대책을 세울지' 의논하는 문제를 출제했습니다.

한림대 의예과는 한국 사회의 다양성을 주제로 다양성의 정의와 예시를 물으며 '예시로 든 사례에서 다양성이 과잉되거나 부족하다면 어떤 현상이 나타날 수 있을까? 우리 사회에서 다양성을 장려, 억압하는 제도는 어떤 것이 있나?'를 질문했습니다.

건양대는 '백신무용론'을 근거로 백신 접종을 완강히 거부하는 20대 남성에 대해 의사라고 가정하고 설득해 보라는 문항을 출제했습니다. 계명대는 '고령 운전자 조건부 면허'에 대한 종합적인 의견과 '개인의 자유와 공공의 이익이 상충하는 경우 무엇이 중요한지와 그 이유'에 대해 물었습니다. 대구가톨릭대는 '정당방위 인정 조건, 인공지능 의사, 동아리 활동의 문제 해결' 등에 관한 인성 문제가 나왔습니다. 부산대는 2021년 '폐쇄회로CCTV 설치를 의무화하는 의료법 개정안'에 대해 환자와 보호자 입장에서 CCTV 설치 찬성 논리와 그 이유, 수술실 CCTV 설치 부작용에 대한 우려의 이유 등을 물었습니다.

서울대 의대 수시
다중미니면접 실제 사례

2021학년도 서울대학교 의대 수시모집 일반전형 다중미니면접은 코로나19로 인해 일정이 연기되고 시간이 단축되었습니다. 4개 제시문방에서 10분씩 40분, 1개 서류방에서 20분으로 총 60분 동안 진행되던 면접이 1개의 제시문방에서 20분과 1개의 서류방에서 20분으로 총 40분 동안 진행되었습니다. 서류방에서는 20분 동안 다음과 같이 질문했습니다.

1. "들어오기 전에 무슨 생각을 했느냐?"고 물었습니다. 대부분의 학생들은 "긴장해서 아무 생각도 하지 못했다"고 답했습니다. "면접 예상 질문에 대해 간단한 대답들을 생각해 보았다"는 무난한 답변도 많았습니다.

2. "의사로서 가져야 할 태도가 무엇인가?"라고 바로 훅 질문이 들어왔습니다. "현대 사회에 과학이 발전함에 따라 의사의 역할 중 치료는 기술이 많은 역할을 담당하게 되었다. 의사에게 남아 있는 역할은 환자에 대한 케어라고 생각한다"고 답한 학생이 있었습니다. "AI 시대를 맞아 인간으로써 환자와의 의사소통 능력이 더 중요해지므로 경청하는 태도가 중요하다"고 답변한 학생도 있었습니다.

3. "본인이 갖고 있는 의사로서의 장점은 무엇인지?" 물어봤습니다. 학생들은 어렸을 때 병원에 갔던 경험을 대부분 이야기했습니다. 환자뿐만 아니라 환자 가족에게도 큰 위로가 될 수 있는 소통 능력을 강조한 학생도 있었습니다. 환자와의 공감과 소통에서 좋은 모습을 보여줄 수 있다고 어필했답니다.

4. 제출한 서류자기소개서+생기부에 기록된 활동을 물어보았습니다. 동아리 활동에서 맡았던 역할, 세부능력특기사항에 기록된 내용에 대한 질문을 받은 학생들이 많았습니다.

5. 자기소개서에 제출한 3권의 인상적인 책 외에 자신에게 영향을 준 책이 무엇인지, 그 이유까지 물어보았습니다. 2022학년도에 변경된 자기소개서 양식에서는 2권입니다. 2024학년도부터 자기소개서가 폐지되었으므로 생기부 창체와 세특에 기록된 책들을 중심으로 예상 질문과 답변을 준비해야 합니다.

6. 의료 민영화에 대한 본인의 의견을 물었습니다. 예민한 주제입니다. 공공 의료와 공공 의대에 대한 추가 질문이 이어지기도 했습니다. 시사 이슈 차원에서도 정리해 두어야 할 내용입니다. 평소 다양한 어젠다에 대한 의견을 교류하고 소통하는 훈련이 필요합니다.

7. 마지막으로 하고 싶은 말을 물었습니다. "꼭 입학해서 인류 건강과 의학 발전에 이바지하고 싶다"고 답한 학생도 있었습니다.

제시문방에 들어가기 전에 2분 동안 제시문 [1]을 읽어야 합니다.

제시문 [1]

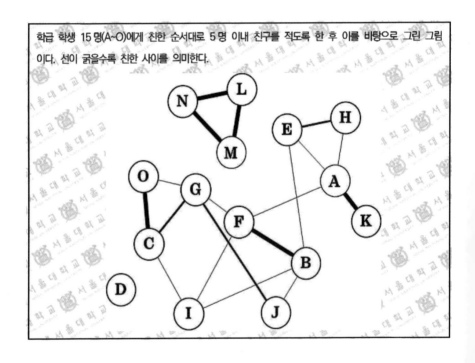

학급 학생 15명(A~O)에게 친한 순서대로 5명 이내 친구를 적도록 한 후 이를 바탕으로 그린 그림이다. 선이 굵을수록 친한 사이를 의미한다.

수험생들은 2분 동안 이 제시문을 읽고 제시문방에 들어갔습니다. 제시문방에서는 다음과 같이 질문했습니다.

"현재 반의 관계에 대해 설명해 보세요."

한 학생이 다음과 같이 답변했습니다.

"현재 반은 크게 4영역으로 나뉜 상황입니다. 먼저 L, M, N입니다. 이들은 설문조사 때 서로가 서로를 지목했을 확률이 매우 높아 보입니다. 셋이 서로 연결되어 있고 다른 친구들과는 연결되어 있지 않다는 점을 보아 이들은 서로서로 친한 관계인 듯합니다. 다음은 D가 특징적입니다. 누구와도 연결된 선이 없습니다. 설문조사의 특징으로 미루어보았을 때 누구도 D를 친하다고 하지 않았고 D도 친하다고 생각하는 친구가 없는 것 같습니다. D는 현재 반에서 소외된 친구라고 생각합니다. 또 그림의 가운데 부분에서는 얇은 선을 중심으로 2부분으로 나뉘는 듯합니다. 하지만 특징적인 점은 I입니다. I는 3명의 친구와 모두 얇은 선으로 이어져 있습니다. 두루두루 친한 것 같지만 D와 같이 어느 정도 소외된 친구인 듯합니다. 그 외에는 각각 친한 친구도 있고 연결망도 다양해서 두루두루 친한 것 같습니다."

"위 그림에서 본인과 가장 비슷한 사람은 누구일까요?"

"F라고 생각합니다. 저는 다양한 친구들과 어울리려고 노력하는 편이기 때문에 연결된 선의 수가 가장 많은 편인 F를 골랐습니다. 또 개인적인 경험으로는 1학년부터 3학년까지 같은 반이었던 친구가 있습니다. F는 G와 매우 돈독한 관계 같습니다. 저 역시 그런 친구가 한 명 있어서 F와 제가 가장 비슷한 것 같습니다."

제시문을 뒤집으면 문제가 추가됩니다. 면접실 내에서 제시문을 읽는 시간을 미리 주었습니다.

10개 학급이 참여하는 노래대회가 열린다.
3개 학급까지 입상을 한다. 참여하는 방법에는 두 가지가 있다.
1안) 반 전체가 참여
2안) 반에서 5명만 참가

제시문 [1] 학생들의 가창시험 점수가 제시됨.
(D가 10점, I가 90점, L, M, N은 60~80점 등)

추가 질문이 이어졌습니다.

"현재 학급 회의에서 두 안은 7표, 7표씩 나왔는데, 본인은 어느 입장이고 이유는 무엇인지 말해 보세요."

"첫 번째 안을 선택할 것입니다. 노래대회의 취지는 반 전체가 참여하여 추억을 만드는 데 있기 때문입니다. 소외될 가능성이 있는 친구들이 있기 때문에 모두가 참여하는 입장을 취해야 합니다."

"수상을 하고 싶은 친구가 두 번째 안을 주장하고 있습니다. 어떤 말을 할 것 같나요?"

평소에 역지사지의 자세로 상대방의 마음을 고려하는 삶의 자세와 공감적 태도를 묻는 질문입니다. 이 질문에 이어 상황 연극을 해보겠다고 했습니다. 교수는 2안, 학생은 1안을 택한 입장을 정해 주었습니다. 당황스럽지만, 다음과 같은 문답을 주고받았습니다.

"학생은 왜 모두가 참여하면 좋겠나요?"

"저는 우리 반 모두가 참여해서 의미 있는 추억을 만들면 좋겠습니다. 소외되는 친구들이 없었으면 하는 마음도 큽니다."

"나는 상을 받고 싶은 마음이 큽니다. 그러기 위해서는 2번 안이 좋을 것 같습니다."

"물론 실력 있는 친구들이 참여하면 수상할 가능성이 높습니다. 하지만 모두가 참여해도 수상 가능성이 큰 것 같습니다. 반의 단합이 높은 점수를 얻을 수 있고, 여러 명이 참여해서 더 큰 목소리로 노래하면 더 좋은 점수를 얻을 수도 있을 것 같습니다."

"참여하기 싫은 학생들도 있을 텐데 본인이 반장이라면 어떻게 할 건가요?"

"D와 같은 학생이 그럴 가능성이 있는 것 같고 이해도 됩니다. 하지만 다 같이 참여하는 취지를 설명해 주면 그 친구도 이해해 줄 것 같습니다."

"본인이 담임선생님이라면 어떻게 할 건가요?"

"똑같은 입장을 유지할지, 변경할지 고민해야 할 겁니다."

2020학년도 서울대학교 의대 수시모집 일반전형 다중미니면접은 다음과 같이 했습니다.

제시문 [1]

1990년대 후반 미국 교육부는 아이들의 학업성취도와 성별, 가족구성, 부모의 교육수준 및 사회경제적 지위 등 기본적인 정보를 수집했다. 한 연구자가 이런 데이터를 분석하여 '집에 책이 많은' 학생의 학업성적이 높은 경향이 있는 반면, '부모가 거의 매일 아이에게 책을 읽어주는' 집단에서 특별히 학업성적이 높지 않았다고 발표하였다.

제시문 [1] 방에서는 다음과 같이 질문했습니다.

"왜 그럴까요? '집에 책이 많은' 학생의 학업성적이 높은 경향은 단순히 '집에 책이 많은' 덕분일까요? 집에 책이 많을 정도로 부모의 교육수준이나 사회경제적 지위가 높아서일까요? '부모가 거의 매일 아이에게 책을 읽어주는' 집단에서 특별히 학업성적이 높지 않은 이유는 무엇일까요? 유아기 부모가 거의 매일 아이에게 책을 읽어주어서는 안 된다는 지적일까요? 자기주도적 독서의 중요성을 강조하는 정보일까요?"

또 다음과 같은 질문도 이어졌습니다.

"학업성취도에 영향을 미치는 다양한 요인들 중에서 독서와 공부의 상관성에 대해 실험을 설계해 보세요."

"그리고 본인이 세운 가설을 검증해 보세요."

이 질문에 답하려면 독서와 성적, 질병과 건강뿐만 아니라 인간과 사회에 대한 다양한 인과관계와 상관관계를 고민해야겠지요.

제시문 [2]

(가) 나는 복숭아와 살구를 즐기는데 그것들이 맨 처음 중국에서 한(漢) 왕조 초기에 재배되었다는 것, 카니스카 대왕에게 볼모로 잡혀온 중국인들이 그 과실들을 인도에 소개한 이후 페르시아로 퍼져 나갔으며 기원 후 1세기에 로마제국에까지 당도했다는 것, 살구가 일찍 익는다고 해서 'apricot(살구)'란 말이 'precocious(발육이 빠른, 조숙한)'이란 말과 동일한 라틴어 어원에서 파생됐다는 것, 그런데 어원을 잘못 아는 바람에 실수로 a 자가 맨 앞에 덧붙여졌다는 사실을 알고 나서는 더 맛있게 먹을 수 있게 되었다.

(나) 대학 발전을 위한 전략의 첫 번째는 수요자 중심의 실용전략이다. 19세기에 세계 최강국이던 영국이 20세기에 들어서면서 미국에 자리를 내준 것은 영국대학에 문제가 있었다는 자성의 목소리가 영국 내에서 있었다. 미국은 20세기에 들어서면서 산업발전, 특히 서부개척과 더불어 철도, 건설, 환경, 농업, 축산 등 사회발전을 위한 현실 문제를 해결하기 위한 학문이 발전했는데, 영국에서는 당시 여전히 교양 위주의 교육만을 강조하고 있었기 때문이다. 따라서 한국 대학의 지속적 발전에 있어서 사회발전과 변화에 맞는 수요자 중심의 실용적 학문의 개발이 중요하다.

서울대 의대 다중미니면접의 제시문이라고 하기에는 당황스러운 내

용일 수밖에 없습니다. 주어진 두 제시문은 전통적인 형태의 면접에서는 비교적 쉽게 풀이할 수 있는 난이도를 가지고 있지만, 상황 중심적인 면접은 제시문에 대한 엄격한 독해와 논리적인 이해를 요구하지 않습니다.

의대 면접과는 상관없어(?) 보이는 한양대 국문과 정민 교수의 인터뷰 내용입니다.

"18세기는 전 세계적으로 대단히 흥미로운 시기죠. 프랑스에서는 '백과전서'1751년가 편찬됐어요. 디드로와 달랑베르를 편집자로 하고 몽테스키외, 볼테르, 루소 등 유럽 최고의 지식인이 집필에 참여했습니다. 이 백과사전이 신神 중심의 중세적 가치관을 무너뜨려 프랑스대혁명으로 이어지는 토대를 만들었습니다. 예전에는 신God이 최상위 서열이었는데 이 백과전서는 살구Apricot가 맨 앞에 오는 식이었죠. 한순간에 지식의 서열을 깨뜨려버렸어요. 이런 백과전서적인 저술이 18세기 우리나라, 중국, 일본에서도 집중적으로 나타납니다. 그야말로 18세기는 지식의 빅뱅이 일어난 시기였어요."

제시문 [1] 방에서는 "순수학문과 실용학문 중 어느 것이 중요한가"라고 질문했습니다. 이 질문에 답하려면 주어진 제시문을 짧은 시간 내에 직관적으로 이해하고 이를 바탕으로 임기응변적으로 대답할 수 있는 의사소통능력 및 인성 능력을 갖추어야 합니다. 상황 중심적인 면접에 대비하기 위해서는 해당 제시문에서 도출될 수 있을 만한 예상 질문을 여러 가지 설정해 즉각적인 의사소통 기술을 훈련할 필요가 있습니다.

아래 그래프는 잉글랜드와 웨일즈 지역의 1851년~2031년 출생자 및 출생예정자의 생명표 분석 자료 이다.

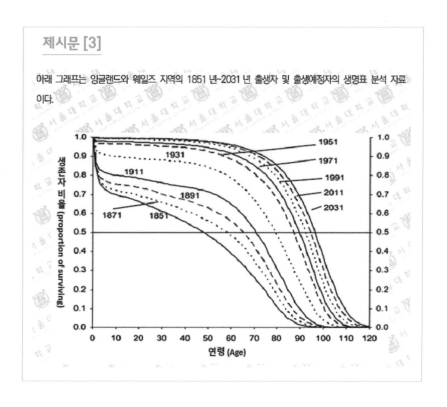

이 그래프는 연령에 따른 생존자 비율의 증감 추이를 1851년부터 2031년까지 보여줍니다. 일반적으로 연령이 증가하면서 생존자 비율이 감소하는 경향을 전제합니다. X축과 Y축에 따른 자연적 경향을 먼저 확인하고 난 뒤 개별 그래프의 추이를 추론해야 합니다. 시대가 지나면서 연령에 따른 생존자 비율이 증가하고 있다는 특징을 보여주는 자료입니다.

제시문 [3] 방에서는 "그래프를 해석하라"는 질문에 이어 발생 원인을 물었습니다. 그래프에 주어진 기준선을 통해 일반적인 경향이 가진 속성을 이끌어낼 수 있습니다. 그래프에는 생존자 비율이 0.5인 경우, 즉 잉글랜드와 웨일즈 지역의 인구가 절반가량 생존해 있는 경우에 대해 선이 그어져 있습니다. 생존자 비율이 0.5에서 그어진 선을 통해 각 시기별로 연령이 어느 정도에 이르렀을 때 생존자 비율이 0.5를 기록하는지 답변할 수 있습니다.

시기별 그래프의 모양을 통해 특정한 분기점을 찾을 수도 있습니다. 1911년과 1951년 사이에 분기점으로 불릴 수 있는 사건이 발생해 연령과 생존자 비율 사이의 상관관계에 큰 영향을 미치게 되었다는 답변도 가능합니다. 페니실린은 1929년 우연히 발견되어 1943년 대량 생산되었기 때문입니다. 인류 최초의 항생제인 페니실린이 발견되어 소아 생존 비율을 높이는 요인으로 작용했습니다.

의료 기술의 발달로 인간의 수명이 늘어날 때 발생할 윤리적 문제에 대한 질문도 이어졌습니다. 평소에 이와 관련된 책을 읽었다면 큰 도움이 되었을 것입니다.

제시문 [4]

당신은 피자 가게 사장입니다. 5명의 직원과 함께 피자를 만들어 팔고 있습니다. 직원은 피자를 만드는 사람 3명, 배달원 1명, 직원과 매장을 관리하는 팀장 1명입니다. 내일 어린이날이라 지역아동센터에 피자 20판을 만들어 봉사하러 가기로 했습니다. 그런데, 동시에 다음의 4가지 일이 발생하였습니다.
1) 오늘 매우 장사가 잘되어 봉사하러 갈 피자에 올릴 10판 분량의 치즈가 부족하다는 것을 알게 되었고, 거래하던 재료 공급 업체에는 남은 물량이 없다는 말을 들었습니다.
2) 오토바이로 배달하러 나간 직원이 접촉사고가 발생하여 가해차량 운전자와 함께 경찰서에서 조사 중이라는 연락이 왔습니다.
3) 어제 피자를 배달받았던 손님이 피자를 먹고 한 차례 구토를 했는데, 재료가 상해서인 것 같으니 보상을 받아야겠다고 배달 앱의 리뷰 란에 공개적으로 글을 남긴 것을 발견했습니다.
4) 집에 있던 가족이 전화를 해서, 당신의 중학생 자녀가 오늘 학교에서 친구를 다치게 해서, 친구 부모님이 당신과 통화하기를 원한다고 합니다.

다중미니면접의 전형적인 제시문과 문제 유형입니다. 제시문 및 후속 질문이 구성하는 상황은 지원자가 특정 역할을 맡도록 요구합니다. 지원자가 우선순위를 어떻게 설정하는지, 어떠한 의사결정을 내리는지를 검토하려는 의도에서 그런 것입니다. 해당 롤플레잉 상황을 마주한 지원자가 염두에 두어야 할 점은 해당 상황에서 의사로서 어떠한 의사결정을 내리는 것이 적합한지를 검토하려 한다는 점입니다.

의료적 의사결정 과정에 적용되어야 하는 원칙은 네 가지입니다. 사회적 정의 고려Justice, 환자의 결정존중Autonomy, 환자를 해치지 않기Non-maleficence, 환자를 이롭게 하기Beneficence가 그것들입니다. 지원자가 '피자 가게 사장'이 되는 상황이므로, '환자'를 '상대방'으로 치환하여 생각할 수 있습니다. 지원자가 주어진 상황에 대해 적절한 의사결정을 내리기 위해서는 '사회적 정의를 고려하고', '상대방의 결정을 존중하며', '상대방을 해치지 않을 것이며', 동시에 '상대방을 이롭게 할 것'이라는 네 가지 원칙을 반영하면 좋겠습니다.

다음으로 "네 가지 상황 중에서 가장 중요하게 생각하고 먼저 해결해야 할 문제는 무엇인지? 다른 사람에게 이항하게 한다면 누구에게 할 것인지? 글을 써서 이 상황을 이항하는 이유를 정리해 보라"는 질문이 이어졌습니다. 어떤 선택을 하더라도 고르지 않은 선택에 대한 추가 질문이나 반론을 받을 수 있다는 것도 고려해야 합니다.

2019학년도 서울대학교 의대 수시모집 일반전형 다중미니면접은 다음과 같이 했습니다.

(가) 1937년 미국의 한 제약회사는 기존에 알약으로 판매되던 항생제를 유기용매에 녹이고 딸기향을 첨가하여 어린이가 먹기 쉽게 시럽으로 만들어 판매하였다. 그런데, 이 약을 복용한 353명 중 105명의 어린이가 사망하였다. 이 사건 후, 동물에 해당 시럽을 투여해 보니 다수의 실험동물이 죽었다.

(나) 1957년 독일의 한 제약회사는 수많은 동물실험에서 부작용이 거의 나타나지 않은 입덧 치료제를 개발해 판매하였다. 그러나 이 입덧 치료제를 복용한 산모에게서 팔과 다리가 극히 짧은 기형아들이 1만 명 이상 태어났다.

(다) 1960년대에는 개를 이용한 독성연구가 많았다. 이후에는 개보다는 쥐를 이용한 독성연구가 일반화되었다. 1980년대부터는 실험용 물고기를 이용한 독성연구도 도입되었다.

동물 실험에 관한 내용이 출제되었습니다. "왜 동물 실험에 쓰이는 동물이 바뀌었는가?"라는 질문이 주어졌습니다. "개가 아닌 다른 동물을 이용하는 실험에 대한 찬반을 선택하고 이유에 대해 말하라"는 질문도 이어졌습니다. 수의대가 아닌 의대 다중미니면접에서 '동물 실험'이 출제되어 의외라는 반응도 있었습니다. 서울대 의대가 다중미니면접을 도입한 2013학년 이후 동물 관련 제시문이 처음 출제되었기 때문입니다.

수험생들은 대부분 동물 실험이 왜 바뀌었는지 답하는 데 집중했다고 합니다. "물고기의 유전적 특성이 인간과 유사하다, 산란 주기가 짧아 대를 이은 실험에 적합하다, 산란 개체 수가 많아 비용을 절감할 수 있다, 대형 포유류에 비해 어류와 양서류의 고통이 상대적으로 적다" 등 다양한 견해가 쏟아졌습니다. 동물 실험에 대한 찬반을 선택하라는 질문에 대해서는 동물의 고통에 집중해 찬성하거나 생명권은 종에 관계없이 동등하다는 근거로 반대를 선택하기도 했습니다.

제시문 [2]

[사진 1]

[사진 2]

[사진 3]

반달리즘(vandalism)은 개인 또는 공공의 구조물이나 문화재를 고의적으로 훼손하는 행위를 말한다. 세계 여러 나라의 도시에는 건물 벽이나 지하철에 낙서 비슷한 그림이나 글씨가 몰래 남겨진 경우가 꽤 있는데, 이는 그래피티(graffiti)라 불리기도 한다. 이런 것들은 대개 불법이며, 그린 사람이 발견되는 경우 많은 벌금을 내야 한다.

영국 태생의 뱅크시(Banksy)는 그래피티를 하다 경찰에 쫓기면서 숨었던 쓰레기트럭의 차체에 인쇄된 스텐실(stencil) 그림을 보고서, 이것을 자신의 예술 기법으로 쓰게 되었다고 한다(예: 사진 3). 독특한 느낌과 함께, 때로는 정치사회적 메시지를 담은 그의 그래피티들은 점차 큰 인기와 함께 사회적 파장을 일으켰다. 처음에는 발견되면 지워졌지만, 이제는 그의 그래피티들을 둘러보는 것이 인기 관광코스가 되었다.

벽에 그리는 그래피티 작품 3개와 익명의 그래피티 작가인 뱅크시가 처벌되는 시대적 상황에 관한 제시문이 함께 주어졌습니다. 이에 더하여 그림 관련 예술 기법에 관한 3가지 설명도 있었답니다. 제시문에 기반해 주어진 질문들은 다양했습니다. "위법한 예술의 예술성을 인정해야 하는지, 본인이 공무원인 경우 뱅크시 사건을 어떻게 처리할지, 그래피티 작품 가운데 가장 예술적인 것은 무엇인지" 등을 물었습니다. 제시문 [3] 방과 마찬가지로 여러 개의 제시문이 주어졌지만 여러 주제가 담겨 있다는 점에서 체감 난이도가 높았습니다. 추가 질문을 고려해 답변할 수 있어야 하는데, 이때 논리적 사고를 드러내는 것이 관건입니다.

제시문 [3]

(가) 1943년 생텍쥐페리(Saint-Exupéry, 1900~1944)는 그의 마지막 소설 『어린왕자』를 발표한다. 이 소설은 아래의 그림과 함께, "어른들은 모자라고 보았지만, 어린왕자에게 그것은 코끼리를 삼킨 보아뱀이었다"는 이야기로 시작한다.

(나) 독일의 한 철학자는 "이 소설은 어린이를 위한 책이 아니라 모든 고독을 달래주고 이 세상의 불가사의를 이해할 수 있도록 이끄는 위대한 시인의 메시지이다"라고 했다.
(다) 생텍쥐페리는 다음과 같은 말을 했다. "만일 당신이 배를 만들고 싶다면, 사람들을 모아 목재를 가져오게 하고 일을 나누고 할 일을 지시하지 말고, 저 넓고 끝없는 바다에 대한 동경심을 키워주어라."

제시문 [3] 방에서는 1개의 그림과 2개의 제시문이 주어졌습니다. 그림과 제시문을 바탕으로 여러 질문이 제기되었습니다. "보아뱀 그림을 보는 어른과 아이의 인식 가운데 더 중요한 것은 무엇인가? 그렇게 생각하는 이유는 무엇인가? 1943년의 시대적 상황을 고려했을 때 어른을 위한 책이라는 제시문에 대한 자신의 의견은? 인용문에 대한 자신의 생각을 말하고, 인용문과 같은 상황이나 경험이 있다면 말해 보라"라는 질문이 이어졌습니다. 이에 답하기 위해서는 문학과 비문학에 대한 독서가 필요하고, 독후감 등을 써보는 연습도 필요합니다.

제시문 [4]

한파가 기승을 부리는 일요일 오전 11시입니다. 부부와 두 자녀는 특별한 약속이 없어서 주말 내내 집에 있습니다. 아버지가 1시간 거리에 있는 ○○물고기 축제에 가보자고 제안합니다.
아내는 추운 날씨에 나가는 것이 귀찮았지만, 그냥 찬성합니다.
큰아이는 낚시를 싫어하지만 유별나게 군다고 잔소리 들을까 봐 가겠다고 합니다.
둘째 아이는 나머지 가족이 모두 가고 싶어 하는 것 같아서 함께 집을 나섭니다.

제시문에 나타난 가족 구성원들의 각각의 문제점과 해결방안을 제시하라는 질문이 주어졌습니다. 아버지도 가족여행을 원하지 않았지만, 가족을 위해 제안했다는 전제하에, 돌아오는 길에 가족 내에서 다툼이 발생한 경우 본인이 첫째라면 어떻게 했을지 답하라고 질문하기도 했습니다. 제시문이 주어지기는 했지만 제시문 기반 면접이라기보다 상황 제시 면접에 가깝습니다. 수험생들에게 동상이몽 상태의 가족이라는 특성 상황을 제시해 주고 답변을 요구하고 있기 때문입니다. 다양한 갈등 상황과 해결방안에 대해 평소에 자신의 생각을 논리적으로 표현하는 훈련이 필요할 것입니다.

2018학년도 서울대학교 의대 수시모집 일반전형 다중미니면접은 다음과 같이 했습니다.

제시문 [1]

이 사진은 명왕성 부근을 지나고 있던 보이저 1호의 망원 카메라를 지구 쪽으로 돌려서, 우주에서 바라본 지구의 모습을 찍어보자는 '코스모스'의 저자 칼 세이건의 제안으로 1990년 2월 14일 촬영한 것이다.

이 제안에 대해 당시 반대 의견이 만만하지 않았다. 과학적인 관점에서 별로 의미가 없는 일이기 때문이었다. 게다가 망원경을 지구 쪽으로 돌린다면 자칫 태양빛이 망원경의 카메라 주경으로 바로 들어갈 위험이 있다. 이는 망원경으로 태양을 바로 보면 실명될 수 있는 것과 다름없는 위험한 일이라고 미항공우주국(NASA) 과학자들은 주장했다. 그러나 새로 부임한 우주비행사 출신 리처드 트룰리 신임 국장은 지구의 모습을 촬영하자는 제안을 긍정적으로 평가하여, 태양계 바깥으로 향하던 보이저 1호의 카메라를 돌려 지구의 모습을 촬영하기로 결단을 내렸다. 그리고 그날, 지구-태양 간 거리의 40배나 되는 약 60억km 떨어진 태양계 외곽에서 바라본 지구의 모습은 그야말로 '먼지 한 톨'이었다.

칼 세이건은 이 광경을 보고 "여기 있다! 여기가 우리의 고향이다"라고 말하였고, '창백한 푸른 점'(Pale Blue Dot)이라고 명명한 그의 소회는 전 세계적으로 큰 반향을 일으켰다.

제시문 [1] 방에서는 다양한 질문이 주어졌습니다. "사진이 철학적인 의미를 담고 있다는 주장이 있다. 동의하는가? 왜 그렇다고 생각하는가? 망원경 방향을 지구 쪽으로 돌린 것에 대해 찬성하는가? 반대하는가? 그 이유는? 지원자가 칼 세이건의 결정과는 반대 입장이라면 어떻게 설득할 것인가? 망원경 방향을 돌렸을 때 지구가 촬영될 가능성이 높다고 생각하는가, 촬영되지 않았을 가능성이 높다고 생각하는가?"

이 질문들에 답하기 위해서는 의학과 천문학 등 자연과학 분야뿐 아니라 철학과 사회과학 책들도 읽어야 할 것입니다.

아래 표는 2014년 소득 하위 20% 가구(저소득층)와 소득 상위 20% 가구(고소득층)의 연간 평균 소득과 가계가 직접 지출하는 의료비 현황이다.

항목	소득 하위 20% 가구 (저소득층)	소득 상위 20% 가구 (고소득층)
연간 소득(A)	880만원	8,480만원
연간 의료비(B)	150만원	220만원
소득 대비 의료비의 비율(B/A×100)	17%	3%

　제시문 [2] 방에서는 공통 질문 이후에 다양한 추가 질문이 주어졌습니다. "자료를 분석해 얻을 수 있는 정보에 대해 말해 보라. 저소득층의 의료비 지출 액수가 적은 이유를 설명하라. 설명한 내용에 대한 근거가 부족하다. 추가로 들 수 있는 근거는 무엇인가? 저소득층 의료비 지출을 줄이는 것이 옳다고 생각하는가? 고소득층이 저소득층에 비해 절대적인 의료비 지출이 많은 이유는? 만성질환은 저소득층에서 주로 나타난다. 왜 고소득층의 의료비 지출이 많다고 생각하는가? 저소득층의 엥겔지수가 높은 것에 대해서 사회 전반적으로 큰 문제의식을 느끼지 않는다. 왜 의료비 지출비율의 차이는 유독 문제가 된다고 생각하는가?"

동백은 한 송이의 개별자로서 제각기 피어나고, 제각기 떨어진다. 동백은 떨어져 죽을 때 주접스런 꼴을 보이지 않는다. 절정에 도달한 그 꽃은, 마치 백제가 무너지듯이, 절정에서 문득 추락해 버린다. '눈물처럼 후드득' 떨어져 버린다.

매화는 피어서 군집을 이룬다. 꽃 핀 매화숲은 구름처럼 보인다. 매화는 질 때, 꽃송이가 떨어지지 않고 꽃잎 한 개 한 개가 낱낱이 바람에 날려 산화한다. 매화는 바람에 불려가서 소멸하는 시간의 모습으로 꽃보라가 되어 사라진다.

목련은 등불을 켜듯이 피어난다. 꽃잎을 아직 오므리고 있을 때가 목련의 절정이다. 목련은 자의식에 가득 차 있다. 그 꽃은 존재의 중량감을 과시하면서 한사코 하늘을 향해 봉우리를 치켜올린다. 목련꽃의 죽음은 느리고도 무겁다. 누렇게 말라 비틀어진 꽃잎은 누더기가 되어 나뭇가지에서 너덜거리다가 바람에 날려 땅바닥에 떨어진다.

　

"제시문에 나온 꽃들을 인간의 삶에 비유해 보라"고 공통 질문이 주어졌습니다. "제시문에 나온 꽃 중 하나를 골라 관련 있는 역사적 인물을 소개해 보라"는 질문도 이어졌습니다. 후속 질문으로 "역사적 인물을 한 명 더 말해 보라"고도 물었습니다. 또 "지원자가 바라는 삶의 가치와 부합하는 꽃은 무엇인가?"라고 물으며 "제시문에 나오지 않는 꽃도 무방하다"고 친절하게 말씀해 주셨습니다. "그러한 꽃처럼 살기 위해 자신의 무엇을 줄 수 있는가?"라고 질문이 계속 이어졌습니다. "지원자가 추구하는 삶의 가치를 위해 고치고 싶은 점이 있는가?"라는 질문도 주어졌는데, 이러한 질문들은 지원자의 삶의 철학과 인성 등을 평가하기 위한 것입니다.

제시문 [4]

페이스북을 하다 보면 문득 뭔가 잘못 돌아가고 있는 게 아닌지 의심스러운 때가 있다. 세상이 너무 좋아 보이는 때다. 어쩌면 이렇게 내 생각과 같은 사람들이 많은지. 그들은 내가 좋아할 만한 말만 하고, 내가 미워하는 것을 함께 미워한다. 그들과 함께 '좋아요'를 주고받다가 깨닫게 된다. 세상이 정말 페이스북과 같다면 이렇게 엉망진창일 리가 없지 않은가.

페이스북은 '내게만' 좋은 세상을 보여주지 않는다. 신기하게도 모두에게 각자 좋은 세상을 보여준다. 알고리즘(algorithm)을 사용하기 때문이다. 이 알고리즘은 우리가 각자 맺은 친구관계, 거절한 친구 요청, '좋아요'한 것과 '화나요'한 것 그리고 우리가 올린 모든 사진과 글을 분석해서 각자에게 좋은 세상을 뉴스라며 보여준다. 이렇게 유능한 페이스북 알고리즘이 사고를 쳤다. 아니, 수많은 문제들 가운데 하나가 또 드러났다고 해야겠다.

페이스북은 알고리즘을 이용해서 이용자에게 각자 좋은 뉴스를 제공하면서, 동시에 광고주에게 이용자 정보를 팔아 돈을 벌어왔다. 탐사보도 전문언론인 프로퍼블리카가 지난 14일 폭로한 바에 따르면, 페이스북은 인터넷 광고 판매에서 '세상을 망친 유대인의 역사'나 '유대인을 불태우는 방법'과 같은 범주가 이용되는 것을 용인했다고 한다. 인종, 종교, 성별에 대한 증오 범죄를 묘사하는 내용을 용인하기도 했다.

미국 언론의 탐사보도가 계속되자 페이스북은 즉각 해명하고 사과에 나섰다. 의도적으로 그랬던 것은 아니지만, 그런 일이 발생했던 것은 사실이고 또한 페이스북이 인식하지 못했기에 잘못이라고 인정했다. 물론 페이스북은 이 모든 일을 미리 의도하지 않았을 것이다. 그러나 그들은 이 사태를 초래한 알고리즘의 설계자요 관리자다. 그들은 효율적이고 효과적인 알고리즘이 얼마든지 편향적이거나 불공정할 수 있다는 사실을 알고 있었다.

알고리즘은 중립적이지 않다. 예컨대, 구글 검색결과가 그렇다. 같은 시간 같은 장소에서 같은 단어를 검색창에 넣은 두 사람은 완전히 다른 결과를 얻게 된다. 포털 뉴스도 마찬가지다. 포털 뉴스가 편향적이라고 비판하는 자는 애초에 그 자신이 포털에서 주로 어떤 뉴스를 봤는지 먼저 반성해야 한다.

인터넷 활동가 일라이 파리서는 이런 현상을 '여과기 거품(filter bubble 필터 버블)'이라 불렀다. 우리가 인터넷 플랫폼을 이용하는 사이에 플랫폼에 고유한 알고리즘이 여과기처럼 작동하고 있는데, 우리는 여과기를 통해 밖에서 거품 안으로 들어오지 못하는 정보가 무엇인지 알 수 없다는 뜻이다.

여과기 거품은 일단 인지적 편향을 낳는다. 인터넷에서 진보적인 친구를 구하고 개혁적 주장을 펼치는 자는 실은 보수주의자의 염려를 접하지 못하는 것은 물론, 중도파의 유보적 견해나 독립파의 변심을 알아채지 못할 가능성이 높다.

보기 싫은 사람을 피하고, 듣고 싶지 않은 발언을 거르겠다는 게 왜 문제인가? 이는 실로 인식의 문제를 넘어선다. 여과기 거품 속에서 개인은 거품이 없었으면 하지 않았을 행동을 할 수 있다. 그리고 그런 행동은 거품을 넘어서 여론을 형성하기도 한다. 타인의 행동에 영향을 미칠 수도 있다.

미국은 지금 페이스북이 2016년 미국 대통령 선거에 미친 영향을 놓고 조사가 한창이다. 조사 중에 밝혀진 새로운 사실이 있다. 2015년 여름부터 러시아의 한 광고회사가 페이스북에 10만 달러 상당의 광고를 집행했는데, 그 내용 중에 인종갈등과 성소수자 사안과 같은 미국 유권자를 이념적으로 분열하기 위한 내용이 있었다고 한다.

"제한된 시간 내에 주어진 제시문을 요약해서 쓰고 정리해서 말해 보라"는 질문이 주어졌습니다. "제시문에서 키워드 3개를 찾아보라"고 추가 질문이 이어졌습니다. "본인이 찾은 키워드를 활용해 제시문의 주제를 말해 보라"고도 했습니다. "제시문의 주제를 요약해 하나의 문장으로 말해 보라"고 질문하기도 했습니다. "제시문과 비슷한 사례가 존재할까?"라고도 물었습니다. "지원자가 제시한 사례와 제시문의 사례의 공통점과 차이점은 무엇인가?"라고 다시 물었습니다. "제시문에 나온 문제를 해결할 수 있는 방안은 무엇인가?"도 물었습니다. 이 질문들에 답하기 위해서는 기본적으로 미디어 리터러시가 뒷받침되어야 하고, 인문학과 사화과학 책들도 읽어야 할 것입니다.

서울대 의대 다중미니면접에 대비하기 위해

앞에서 살펴본 것처럼 서울대 의대 다중미니면접에 대비하기 위해서도 글쓰기의 네 가지 기술인 '요약-비교-해석-견해쓰기'가 필요합니다. 요약하기는 제시문에 나타난 출제의도를 정확히 파악하기 위해 꼭 필요하고, 비교하기는 제시문들의 공통점과 차이점을 이해하기 위해 필요합니다. 요약하기는 제시문의 주제어키워드를 찾고, 핵심 주장을 파악하는 데 활용할 수 있습니다. 비교하기는 각 제시문들을 정확히 이해해야 하고, 공통점과 차이점을 밝히는 데 필요합니다. 해석하기는 제시문과 함께 제시되는 자료를 이해하기 위해 필요합니다. 표나 그래프, 그림과 사진 등의 자료에 나타난 격차 정도와 수치 변화 추이 등을 제시문의 내용과 연결시키기 위해서도 필요합니다. 마지막으로 견해쓰기는 다중미니면접에서 더욱 필요합니다. 다중미니면접은 여러 관점 가운데 어떤 입장이 타당하다고 생각하는지를 논증해 보라고 요구하고, 자기주도적 사고력과 창의력도 요구하기 때문입니다. 각 입장들의 한계를 모두 생각해 보고, 자신이 선택한 입장을 강하게 주장하되, 선택한 입장의 한계에 대한 반론을 고민하고 재반론으로 나아가는 정반합의 변증법적 사고를 펼치기 위해 견해쓰기가 필요합니다.

2021학년도 서울대 치의예과 수시모집 일반전형 다중미니면접을 예로 들겠습니다.

> ## 제시문 [2]
>
> 우리는 20만 년 전 아프리카에서 탄생한 호모 사피엔스의 후예들이다. 호모 사피엔스는 영장류에 속한다. 영장류 동물은 포유류나 파충류에 비해 상대적으로 규모가 큰 집단을 이루어 사회생활을 하며 살아왔다. 한마디로, 영장류는 '유아독존(唯我獨尊)'이 불가능한 종이다. 그중에서도 호모 사피엔스는 가장 크고 복잡한 사회 네트워크를 지닌 덕분에 사회성이 가장 강력한 종으로 진화했다. (중략) 한 개인의 인생사에서 사회성이 어떻게 발현되는지도 중요하지만 그런 사회성의 집합체가 인류에게 무엇을 가져다주었는지는 더 큰 화두다. 최근 들어 다수의 영장류학자는 인간의 독특성이 탁월한 지성의 사회적 측면에 있다고 주장한다. 타 개체의 마음을 잘 읽고 대규모의 협력을 이끌어내며 타 개체로부터 끊임없이 배웠던 인간의 독특한 사회적 능력이 우리를 지구에서 가장 빛나는 존재로 만들었다는 주장이다. 즉, 유일하게 호모 사피엔스만이 꽃피운 '문명'은 사회성의 산물이라는 것이다. 이런 인간의 사회성을 나는 '초사회성(ultra-sociality)'이라고 부른다. (중략) 인류는 초사회성을 바탕으로 문명을 건설했고, 문명은 인공지능을 만들었다. 즉, 인공지능을 만든 힘도 초사회적 능력에 있었다. 하지만 우리를 지구의 정복자로 만든 그 힘 때문에 우리는 지금 사회적 인공지능 앞에서 당혹스러워하고 있다. 과연 호모 사피엔스의 미래는 어떻게 될 것인가? 울트라 소셜은 호모 사피엔스의 성공 스토리이자 묵시록이다.

이 제시문을 접하고 다중미니면접에 참여한 학생들이 "호모 사피엔스의 미래는 어떻게 될 것인가?"라는 질문에 답변을 했다고 합시다. 이 답변에 대한 첨삭지도가 필요해 보이는데요. 실제로 대치동 학원에서 이루어지는 첨삭지도를 소개하겠습니다.

학생 예시 답변 1

지금까지는 인간만이 유일하게 문명을 꽃피울 수 있었다. 그러나 우리가 지금 두려워하는 이유는 '사회성'을 지닌 인공지능이 등장했기 때문이다. 제시문에서는 문명은 사회성의 산물이라고 한다. 그렇다면 사회성을 지닌 인공지능도 문명을 세울 수 있다는 뜻이 되지 않는가. 호모 사피엔스의 '초사회성'이 낳은 인공지능이 우리보다 더 뛰어난 문명을 세워 인간을 발아래 둘 수도 있다는 생각, 지구에서 인공지능이 가장 빛나는 존재가 될지도 모른다는 생각은 인류가 두려워하기에 충분하다.

그렇다면 호모 사피엔스의 미래는 어떻게 될 것인가? 인간의 초사회성은 유아독존이 불가능한 종의 특성에서 비롯되었다고 생각한다. 혼자서는 살아남을 수 없으므로 규모가 큰 집단을 이루었을 것이다. 반면에, 생존의 문제가 없고 사회생활의 필요성이 없는 인공지능은 인간보다 크고 복잡한 사회 네트워크를 형성할 수 없을 것이다. 우리가 사회적 인공지능이라고 말하는 것은 인간과의 상호작용, 소통이 가능하기 때문이고 그로 인해 사회적으로 인간에게 많은 도움을 주기 때문이다. 그러므로, 호모 사피엔스는 지금껏 그래왔던 것처럼, 초사회적 능력으로 인공지능을 발판 삼아 더 나은 문명을 구축해 갈 것이다.

첨삭지도

1. 구술면접 답변의 경우 질문을 반복할 필요가 없습니다. 두괄식 답변이 좋습니다.

2. 결국 답변은 마지막 한 문장에 불과해 근거가 부족하다고 평가받을 수 있습니다.

3. 제시문에 분명히 '성공 스토리이자 묵시록'이 명시되어 있으므로 유토피아인지 디스토피아인지에 대한 자신의 견해가 필요합니다.

4. '지금껏 그래왔던 것처럼'은 매우 비논리적인 답변입니다. '당혹스러워하고 있다'는 제시문의 상황을 근거로 삼아 '묵시록'에 대한 적극적인 검토 내지 반론+재반론의 정반합의 변증법적 사고를 담아내는 답변이 필요합니다.

학생 예시 답안 2

역사상 인류의 퇴보를 초래했다고 할 수 있는 발명품은 없었다. 산업혁명 당시 발명된 기계도 많은 수작업자의 직업을 빼앗아 갔지만, 결국은 공장 노동자들과의 분업을 통해 인류의 생산성을 증대하는 데 이바지하였다. 사회적 인공지능 또한, 기존에 존재하던 역할을 사람들로부터 빼앗아 새로운 역할을 창출할 것이다.

이전의 발명품과 구별 짓는 사회적 인공지능의 가장 큰 특징은 인간과 진정한 의미의 의사소통을 할 수 있다는 것이다. 마치 또 다른 하나의 인격체와 대화하는 것과 같은 느낌을 받을 수는 있지만, 사회적 인공지능은 사회에서 절대 독립된 주체가 될 수 없다. 주체성, 또는 '의도'라는 것을 가지지 않은 이상, 인공지능은 어디까지나 하나의 도구일 뿐이다. 사람은 인공지능과 상호작용하여 업무를 더욱 성공적으로, 효율적으로 할 수 있는 방법들을 찾을 것이고, 인공지능이 사회에서 중요한 도구로 자리매김함으로써, 인간의 사회성이 다른 인격체만을 대상으로 하는 것을 넘어 인공지능조차 사회성의 대상이 될 것이다. 초사회성의 힘은 인공지능을 창조함으로써 스스로 네트워크를 확장하기에 이르렀다. 미래에는 이러한 사회적 인공지능이 사회 전반으로 확장하여 인공지능 없는 인류의 유아독존이 불가능할 세상이 올지도 모른다.

첨삭지도

1. 사회적 인공지능이 인간과 의사소통을 할 수 있다는 추론은 타당합니다.

2. 사회적 인공지능이 인간이 아니라는 점에서, 빠르게 발전하는 인공지능이 오히려 인간을 능가한다는 측면에서 묵시록도 검토해야 합니다.

3. 결국 인공지능을 긍정적 방향으로 활용해 나가기 위해 인공지능과 어떤 초사회성으로 관계를 맺어야 할지에 대해 답해야 합니다.

10.
초중고로 이어지는 글쓰기 훈련

초등학생을 위한 글쓰기 훈련

초등 저학년 글쓰기는 맞춤법과 띄어쓰기를 기본으로 자기 생각을 정확하게 드러내는 것이 관건입니다. 일기와 같은 글은 사적인 글쓰기 방식입니다. 저학년의 경우 글쓰기를 싫어하지 않도록 유의해 지도하는 것이 중요합니다. 하지만 고학년의 경우는 다릅니다. 자유학년제가 자유학기제로 변화하면서 중1 내신을 1학기나 2학기에 소화해야 하기 때문입니다. 예비중1 단계에서는 지시 사항에 맞는 글쓰기 훈련이 필요합니다. 단락 나누기는 500자 이상 글쓰기에서 필수적으로 지켜야 할 원칙입니다. 제한된 분량 내에 최대한 좋은 점수를 받기 위해서는 결론을 잘 마무리하는 연습도 체계적으로 해야 합니다.

초6 학생의 750자 논술 답안 원본과 첨삭본의 예시입니다. 참고로 여기에서 소개하는 첨삭본은 대치동 학원에서 선생님들이 학생의 원고를 첨삭지도하여 수정해 준 글들입니다.

논술 답안 원본

우주 개발이란 로켓, 인공위성 등을 이용하여 여러 천체를 조사하고 연구하여 인류의 생활에 도움이 되는 기술을 개발하는 일을 말한다. 인류는 현재 우주를 개발하고 있지만 개발 과정에서 여러 문제가 발생한다. 우주 개발은 인류에게 실이다.

첫째, 우주 개발은 지구의 문제를 해결하기 어렵다. 현재는 테라포밍을 통해 화성을 지구화하려는 연구가 진행중이다. 하지만 인류가 화성에서 산다면 지구처럼 환경 오염이 또다시 반복되므로 결과적으로 지구의 문제를 해결할 수 없다. 뿐만 아니라, 지구의 기아 문제, 물 부족 문제, 여러 사회적 갈등처럼 지구에는 여러 문제가 있다. 그런데 지금은 아직 불확실한 우주 개발에 많은 비용을 사용하느라 지구의 문제가 오히려 더 악화되고 있다.[1] 둘째, 우주 개발의 현실성은 낮다. 우주 개발을 하기 위해서 아직 기술이 많이 부족하다. 예를 들어 달에 매장되어 있는 헬륨-3를 채취하고 운반하기 위해서는 아직 비용이 많이 들고 기술이 부족해서 실현되지 않고 있다. 그러므로 우주 개발에 필요한 돈을 지구의 환경을 위해 친환경적인 에너지를 개발할 때 사용하는 것이 더 효율적인 방법이다.

일부 사람들은 우주 개발을 하면 자원을 얻어서 결과적으로 이익이 될 수 있다고 한다. 하지만 현재의 기술로 우주의 자원을 채취하는 것은

---

1 단락 나누기를 통해 문단과 분량의 균형을 맞추어야 합니다.

불가능한 일이다. 만약[2] 성공한다 하더라도 우주 기술이 있는 선진국들이 우주 개발로 얻는 자원 등의 이익을 독차지 해서[3] 불평등을 심화시킬 것이다. 따라서 우주 개발은 인류에게 실이다.원본 742자

첨삭본

우주 개발이란 로켓, 인공위성 등을 이용하여 여러 천체를 조사하고 연구하여 인류의 생활에 도움이 되는 기술을 개발하는 일을 말한다. 인류는 현재 우주를 개발하고 있지만 개발 과정에서 여러 문제가 발생한다. 우주 개발은 인류에게 실이다.

첫째, 우주 개발은 지구의 문제를 해결하기 어렵다. 현재는 테라포밍을 통해 화성을 지구화하려는 연구가 진행 중이다. 하지만 인류가 화성에서 산다면 지구처럼 환경 오염이 또다시 반복되므로 결과적으로 지구의 문제를 해결할 수 없다. 뿐만 아니라, 지구의 기아 문제, 물 부족 문제, 여러 사회적 갈등처럼 지구에는 여러 문제가 있다. 그런데 지금은 아직 불확실한 우주 개발에 많은 비용을 사용하느라 지구의 문제가 오히려 더 악화되고 있다.

둘째, 우주 개발의 현실성은 낮다. 우주 개발을 하기 위해서 아직 기술이 많이 부족하다. 예를 들어 달에 매장되어 있는 헬륨-3를 채취하고 운반하기 위해서는 아직 비용이 많이 들고 기술이 부족해서 실현되지 않고 있다. 그러므로 우주 개발에 필요한 돈을 지구의 환경을 위해 친환경

---

2 가정 표현보다는 단정적으로 마무리하면 좋습니다.

3 띄어쓰기에 주의해야 합니다. 한글 또는 워드 프로그램 작성 시 빨간 표시가 된 부분은 다시 한 번 검토해야 합니다.

적인 에너지를 개발할 때 사용하는 것이 더 효율적인 방법이다.

　일부 사람들은 우주 개발을 하면 자원을 얻어서 결과적으로 이익이 될 수 있다고 한다. 하지만 현재의 기술로 우주의 자원을 채취하는 것은 불가능한 일이다. 성공한다 하더라도 우주 기술이 있는 선진국들이 우주 개발로 얻는 자원 등의 이익을 독차지해서 불평등을 심화시킬 우려가 더 크다. 따라서 아직까지 우주 개발은 인류에게 실이다. 첨삭본 750자

중학생을 위한
글쓰기 훈련

　중고등학교 글쓰기에서는 제시문이 전제되어 있는 경우가 많습니다. 제시문에서 핵심 주장과 키워드를 찾아 자신의 글에 담아내는 글쓰기 훈련을 본격적으로 해야 합니다. 인용하기를 남용하면 좋은 점수를 받지 못합니다. 주장의 근거로 제시문을 다루는 연습이 필요합니다. '것'이 남발되면 개념어인 키워드를 담을 기회가 상실됩니다. 1인칭이 아닌 3인칭으로 쓰는 객관적 글쓰기의 특징을 깨달아야 합니다.

　중1 학생의 700자 글쓰기 답안 원본과 첨삭본의 예시입니다.

글쓰기 답안 원본

　제시문 (나)에서 침해받고 있는 청소년 노동자의 권리는 청소년 알바 십계명에 명시되어 있는 '일을 하다 다치면 산재 보험으로 치료와 보상을

받을 수 있다'는 권리이다.[4] 제시문 (나)에서 숯불을 옮기다 팔에 화상을 입은 청소년의 병원비를 스스로 지불하라고 이야기하는 매니저의 모습을 볼 수 있다.[5] 그러나, 십계명의 내용에 따르면, 성인 근로자뿐 아니라 청소년 근로자가 고용된 경우에도 산재 보험에 가입해야 하며, 미가입 시에도 산재 처리를 거부할 수 없다고 나와 있다.[6] 이 경우에서 매니저는 청소년 노동자의 병원비와 보상금을 지불하였어야 하기 때문에 청소년 노동권이 침해되었다고 볼 수 있는 것이다.[7]

이와 같은 상황이 일어나게 된 원인은 청소년을 성인과 같게 대하지 않기 때문이라고 생각한다.[8] 청소년을 고용하는 고용주들은 자신들이 청소년을 고용하는 것이 자신의 필요해 의한 것이지만, 청소년들을 고용한 것이 그들을 구제해 주었다는 잘못된 사고에서 청소년들을 향한 노동권 침해가 일어난다. 청소년뿐 아니라, 노인이나 장애인과 같은 약자들을 고용했을 때에도 고용주들은 이러한 선민의식에 빠지게 된다. 청소년들의 권리 침해를 해결하기 위해서는 정부가 청소년들을 고용한 고용주들이 청소년들에게 정당하게 노동권을 보장하고 있는지에 대해서 철저한 감시가 필요할 것이라고 생각하며,[9] 청소년들과 청소년들의 보호자가 근로계약서를 올바르게 작성하였는지 확인하고, 자신들의 노동권이 침해되고 있지는 않은지 주의를 기울여야 한다고 생각한다.[10] 원본 737자

---

4 인용하기보다는 주장의 근거로 사용해야 합니다.
5 문제점으로 지적해야 합니다.
6 인용하기보다는 주장의 근거로 사용해야 합니다.
7 '것이다'는 가급적 사용하지 말아야 합니다.
8 논술 글쓰기에서 1인칭은 사용하지 않습니다.
9 논술 글쓰기에서 1인칭은 사용하지 않습니다.
10 논술 글쓰기에서 1인칭은 사용하지 않습니다.

첨삭본

  제시문 (나)에서 침해받고 있는 청소년 노동자의 권리는 다양하다. 먼저, 일을 하다 다치면 산재 보험으로 치료와 보상을 받을 수 있다는 권리가 침해당했다. 숯불을 옮기다 팔에 화상을 입은 청소년의 병원비를 스스로 지불하라고 이야기해서는 안 된다. 십계명의 내용에 따르면, 성인 근로자뿐 아니라 청소년 근로자가 고용된 경우에도 산재 보험에 가입해야 한다. 미가입 시에도 산재 처리를 거부할 수 없다. 매니저는 청소년 노동자의 병원비와 보상금을 지불해야 하기 때문에 청소년 노동권이 침해되었다.

  청소년 노동권 침해 상황이 일어나게 된 원인은 복합적이다. 먼저 청소년을 성인과 같게 대하지 않기 때문이다. 청소년을 고용하는 고용주들은 자신들이 청소년 고용이 자신의 필요에 의한 선택이지만, 청소년들을 구제해 주었다는 잘못된 사고에서 노동권 침해가 일어난다. 청소년뿐 아니라, 노인이나 장애인과 같은 약자들을 고용했을 때에도 고용주들은 잘못된 선민의식에 빠지게 된다. 청소년들의 권리 침해를 해결하기 위해서는 청소년들을 고용한 고용주들이 청소년들에게 정당하게 노동권을 보장하고 있는지에 대해서 정부 차원의 철저한 감시가 필요하다. 청소년들과 청소년들의 보호자가 근로 계약서를 올바르게 작성하였는지 확인하고, 자신들의 노동권이 침해되고 있지는 않은지 스스로 주의를 기울여야 한다. 학교에서부터 사회 전체가 노동 인권을 더 잘 보장하기 위해 노력해야 한다._{첨삭본 699자}

중1 학생의 400자 서평 원본과 첨삭본의 예시입니다.

서평 원본

바쁘게 살아가는 삶 속에서 패스트푸드 섭취는 많은 현대인들의 일상
이 되었다. 이와 함께 비만 관련 인구 비율이 계속해 증가하고 있는 가운
데, 점점 많은 사람들이 비만에 관심을 가지고 있음을 확인할 수 있다.
하지만, 패스트푸드 섭취와 같은 오롯한 개인의 문제 때문에 비만인 비
율이 증가하는 것일까? 비만의 진정한 원인은 무엇일까? 나는 이 궁금
증을 해소하기 위하여 '비만의 사회학'이라는 책을 읽게 되었다.[11]

이 책은 '비만'이라는 주제에 대한 원인, 문제점, 그리고 해결책 등을
제시함으로써 다각적으로 '비만'이라는 주제에 대해 다룬다. 특히, 비만
은 개인적인 원인뿐만 아니라 사회적인 원인으로도 나타날 수 있음을 보
여주고, 대식세포와 비만의 상관관계, 인슐린과 비만의 상관관계[12] 등을
제시함으로써 평소 생각해보지 못했던 방식으로 비만에 접근한 점이 인
상적이었다. 또, 앞서 말했듯 비만이 지니는 특성들을 밝힌 뒤 그에 대한
해결책으로 글을 깔끔히 마무리한 점이 좋았다.

이 책은 한 대상을 깊게 살펴보면서도 다양한 각도에서 그 대상을 바
라볼 수 있는 사고력을 향상시키는 데에 도움을 준다. 또, 당연하게 여겨
왔던 식습관에 대해 다시 한번[13] 생각할 수 있는 기회를 주기도 한다는

---

11 좋은 도입부 서론입니다. 이 정도 분량이면 책에 나온 그래프와 도표를 활용해 1,000자
   정도 분량의 서평을 쓸 수도 있습니다.
12 각각의 상관관계를 풀어서 더 써주면 좋습니다.
13 띄어쓰기를 유의해야 합니다.

점에서 내게 좋은 의미로 다가온 책이다.[14] 원본 624자

첨삭본

바쁘게 살아가는 삶 속에서 패스트푸드 섭취는 많은 현대인들의 일상이 되었다. 비만 관련 인구 비율이 계속 증가하는 가운데, 많은 사람들이 비만에 관심을 가지게 되었다. 비만의 진정한 원인은 무엇일까? 이 책은 '비만'이라는 주제에 대한 과학적 원인과 문제점, 그리고 해결책을 제시함으로써 다각적으로 주제를 다룬다. 특히, 개인적뿐만 아니라 사회적 원인으로도 나타날 수 있음을 보여주며 대식세포와 비만의 상관관계, 인슐린과 비만의 상관관계 등을 제시함으로써 의학적 차원으로 접근한 점이 인상적이다. 이 책은 한 대상을 깊게 살펴보면서도 다양한 각도에서 바라볼 수 있는 사고력을 향상시키는 데 도움을 준다. 평소 고민하지 않던 식습관에 대해 다시 한 번 생각할 수 있는 기회를 준다는 점에서도 큰 의미로 다가온 책이다. 첨삭본 399자

중3 학생의 800자 논술 답안 원본과 첨삭본의 예시입니다.

논술 답안 원본

인간관이 다양하다. (가)에서 마음이란 뇌와 같다고 주장한다. 감각 운동 이미지가 발생하는 전역적인 뇌 상태이다. 신경 과학자인 찰스 세링턴의 말에 의하면 뇌는 살아 있는 베틀, 즉 금세 사라지지만 의미를 지니는 게 마음이다. 한편 (나)에서 마음이란 인간의 본심이자 동심이다. 인

---

14 좋은 마무리의 결론입니다. 다각도의 접근과 스스로 성찰하는 것이 모두 좋습니다.

간은 살아가면서 도리와 식견을 깨우치고, 본인의 본심이 아닌 거짓말을 하며 살아간다. 이때 진심으로 말하고자 한다면 사람이 도리를 깨우치기 전 어렸을 때 있던 동심에서 나와야 한다는 게[15] (나)에서 주장하는 마음, 즉 본심이다.

(다)에서는 일어나는 사건들을 의식적으로 인지하고 주변환경의 영향을 받아 인간이 만들어진다. 의식을 이해하려면 의학적 지식이 아닌 인간의 삶에 초점을 맞추어야 한다. (다)의 관점에서 (가)의 주장은 잘못되었다. (가)는 인간이 뇌가 깨어 있는 한 무의식적으로 상호작용하며 살아간다고 말한다. (가)는 의학적 지식을 토대로 말했을 뿐, 일상생활에서 사람들 주위의 환경은 전혀 고려하지 않은 일차원적 주장[16]이다. (나) 역시 잘못되었다. 사람은 커가며 동심을 무조건적으로 유지할 수 없다. 주변환경에 의식하며 살아간다면 과거에 비해 생각이나 의견이 바뀔 수 있다. 단지 어릴 때와 의견이 다르다는 이유로 본심이 아니라고 비판하는 행동은 필수적으로 눈치와 의식이 필요한 사회에서 너무 잔인하다[17]고 할 수 있다.원본 673자

첨삭본

(가)는 인간의 마음을 뇌와 동일시한다. 인간이 자극을 받아 행동할 때 자신의 신체적 맥락 안에서 특정한 감각 운동 이미지를 떠올리게 된다. 감각 운동 이미지를 일으키는 뇌기능 상태가 곧 마음이다. 베틀에 북

---

15 구어체 표현은 논술문에서 문어체로 바꾸어 써야 합니다. 감점 요인이 되기 때문입니다.
16 좋은 비판입니다. 다만, '전혀'는 과도합니다. '충분히' 정도가 적절합니다.
17 '너무' 같은 표현은 바꾸어 써야 합니다. '지나치게' 정도가 적절합니다.

이 끊임없이 움직여서 베가 짜지듯 마음은 뇌와 중추 신경계라는 베틀에 수많은 북이 움직여서 이미지들을 만든다. 마음은 뇌와 다르지 않다. 한편 (나)에서 인간의 마음은 본래 거짓됨이 없는 순수한 마음이다. 천진난만한 어린아이의 마음, 동심과 같다. 인간이 본심을 지키지 못하고 잃어버리게 되는 이유는 보고 듣는 식견과 그 식견에 따라 얻어진 도리 때문이다. 외부로부터 얻어진 식견과 도리가 마음 본래의 순수함과 진실됨을 상실하게 한다.

(다)에서 인간은 머리로만 살지 않는다. 세상 속 타인들과 관계하면서 다양한 경험을 통해 의식을 형성해 나간다. 그러므로 (가)처럼 인간의 마음이나 의식을 인간 개인의 두뇌 신경 세포의 활동과 동일시하는 환원주의적 관점은 옳지 않다. 개인 내면의 세포 수준 연구를 통해 의식 세계 전반을 밝힐 수는 없기 때문이다. 인간은 뇌 안에 갇힌 존재가 아니다. 이미 머리 바깥세상으로 나와 있기 때문이다. (다)에서 인간의 삶은 세상 속 타인들과의 관계를 통해 역동적으로 자신을 만들어 나가는 끊임없는 변화 과정이다. 그러므로 (다)의 관점에서 보면 (나)처럼 태어날 때부터 순수하고 참된 마음을 간직한 완성된 존재로 인간을 보는 관점은 옳지 않다. 세상을 보고 들어 식견을 쌓아 가고 타인과 관계하며 도리를 밝혀 나가는 과정을 통해 춤추듯 인간의 역동적 삶이 완성되기 때문이다._{첨삭}
본 791자

이 문제의 출제의도는 인간의 마음 내지 의식에 관한 세 가지 다른 관점의 지문을 제시하여, 학생들이 그 각각의 지문의 내용을 바르게 이해하였는지, 그리고 그들 지문의 내용을 서로 비교하여 한 관점에서 다른 관점을 비판할 수 있는지를 보고자 합니다. 제시문들이 약간씩 다른 용어들을 사용하여 인간의 마음에 관한 과학적·통합적 입장과 그에 대한 비판적 시각들을 보여주고 있는데, 이러한 세 개의 제시문들을 하나의 틀 속에서 비교해 가면서 유사점과 차이점을 구분해 낼 수 있는 능력을 측정하는 것이 이 문제의 출제의도입니다. 특히 마음에 대한 이해로부터 종합적인 인간관을 유추해 냄으로써 인간성에 대한 이해가 각각의 글에서 어떻게 차이를 보이는가를 밝히도록 하는 것이 이 문제의 핵심입니다.

(가)의 경우 인간의 마음이 뇌의 기능이라고 봄으로써 생물학적·물질적 관점에 머물러 있는 반면, (나)의 경우에는 고전답게 '동심'이라는 핵심어를 통해 인간의 본성이 날 때부터 정해진 것이라는 입장을 강조합니다. 한편 (다)는 이들 양자의 관점과는 달리 인간의 의식을 역동적으로 변하는 '춤'에 비유하면서 주변 환경과 어울려 변해 가는 과정이 인간의 참모습이라는 점을 부각시키고 있습니다. 따라서 좀 더 거시적이고 동적인 (다)의 관점에서 (가)와 (나)의 어떤 부분을 비판할 수 있는가를 측정하는 것이 이 문제의 출제의도입니다.

글쓰기를 잘하는 중학생들은 대입 논술 또는 구술면접 문제도 미리 도전해 보는데요. 2022학년도 연세대학교 의예과 정시모집 면접구술 시험 Part Ⅰ 문제를 살펴보겠습니다.

아래의 제시문 (가), (나)를 읽은 후 주어진 그림에 대한 물음에 답하시오.

제시문 (가)

1870~1880년대는 제정러시아의 정치적 격변기였다. 짜르였던 알렉산더 2세는 개혁을 시도했지만 다양한 혁명가집단이 성장했다. 그들은 인민의 권력을 인정하면서 제정 폐지를 주장했다. 짜르를 암살하려는 시도가 이어졌고 권력을 가진 엘리트 집단에 대한 테러리 스트의 공격이 일상적이었다. 1881년 테러조직 나로드나야 볼리야Narodnaya Volya는 짜르 암살에 성공했다. 그의 뒤를 이은 알렉산더 3세는 내부대신 드미트리 톨스토이 공작과 함께 무정부주의와 테러리즘에 대응하는 강력한 정책을 집행했고, 그 결과 테러리 즘과 특별한 관계가 없던 많은 사람들이 시베리아로 유배당했다.

일리야 레핀이 그린 이 작품의 제목은 "Unexpected Visitor아무도 기다리지 않았다, 1884~1888"이다. 오랜 유배를 마치고서 집에 돌아온 지저분하고 작달 만한 남성과 그를 맞이하는 가족이 묘사된다.

제시문 (나)

미술 작품 속 사람의 몸짓 언어라는 흥미로운 주제에 접근하는 한 가지 방법은 각 손가락의 자세, 손의 움직임, 팔의 위치, 머리의 기울어짐, 얼굴 표정, 다리의 위치, 몸의 전반적인 자세를 따로따로 보면서, 인체의 각 부위를 차례로 훑는 것이다. 이 방법은 체계적이고 객관적이라는 장점을 지니고 있긴 하지만, 좀 무미건조하고 학술적이다. 그보다는 특정한 유형의 몸짓 언어가 우리에게 무엇을 가리키는지를 살펴보는 쪽이 더 얻는 것이 많다. 그 몸짓의 사회적 기능은 무엇일까? 어떤 감정을 그려내는 것일까?

눈에서 드러나는 여러 가지 눈빛 표정은 그것을 보는 사람들에게 시각 신호를 전달하여 시시각각 변화하는 그의 기분을 알려준다. … 홍채 위 또는 아래에 흰자위가 드러날 만큼 눈을 크게 뜨는 것은 가벼운 놀라움을 나타내는 기본 반응이다. 이 동작은 눈의 시계를 넓히고 시각 자극의 반응도를 높이는 방법이다. 우리들은 이러한 눈의 자동 반응을 적지 않게 이용하여 의도적이고 '연출된' 놀란 신호를 보내기도 한다. …

【문제 2-1】 그림에 등장하는 인물들 번호 2~4 의 감정 상태는 어떠한지 그림에 묘사된 표정과 몸짓을 바탕으로 설명하시오. 특히 검은 옷을 입은 여성 번호 5 의 표정은 그림에 나타나지 않는 다. 여성의 감정 상태는 어떠할 것으로 짐작되는지와 그 이유를 설명하시오. 20점

※ 해당 그림은 별도 자료 참조

【문제 2-2】 그림 속의 남성 번호 1 은 어떤 감정일지와 그가 가족에게 취할 수 있는 적절한 행동을 가족과의 관계를 바탕으로 설명해 보시오. 10점

중2 학생의 답안입니다.

2-1. 인물 2는 자신의 남편이 유배를 마치고 갑작스럽게 돌아온 것을 보고 눈을 크게 뜨며 당황스러워하는 표정이다. 이와 더불어서 오랜만에 보아 달라진 남성의 모습을 보고 놀랐을 것으로 보인다. 인물 3은 눈을 치켜세우며 돌아온 남성을 경계하는 표정을 취하고 있다. 또한 몸을 책상 아래쪽으로 움츠리는 것으로 보아 불안한 감정 상태로 보인다. 인물 3의 나이가 어릴 때 남성이 유배를 당한 후 집으로 돌아왔을 것이기에 친숙하지 않을 것으로 보인다. 인물 4는 눈을 동그랗게 뜨면서 갑자기 책상에서 일어나는 행동으로 보아 돌아온 남성을 가족으로서 반갑게 대하기보다는 남성을 그저 새로운 대상으로 신기하게 바라보고 있는 것 같다. 검은 옷을 입은 여성 5는 남성이 오자 앉아 있던 자리에서 급하게 일어나며 남자 쪽을 응시하고 있다. 여성 5는 과거에 유배를 마치고 돌아온 남성을 기억하고 유배를 당한 사이 달라진 남성의 모습을 보면서 남성이 안쓰러우면서 반가웠을 것이다.

2-2. 남성은 유배를 당한 후에 집에 돌아왔다. 하지만 과거 자신이 살던 집과는 가정이 많이 달라졌으며, 오랫동안 유배를 당한 후에 돌아왔기 때문에 가족과 거리감이 느껴져서 위화감을 느낄 것이다. 그리고 유배를 마치고 돌아온 남성은 유배를 마쳤다는 것에 대한 그 기쁨과 기대감과는 달리 가족의 반응이 어색할 것이며, 한편으로는 자신의 삶을 무너뜨린 정부에 대한 반발심이 여전히 남아 있을 것이다. 남성이라면 오랜만에 만나는 자신의 아내에게는 말없이 안길 것이며 자신을 어색하고 신기하게 바라보고 있는 딸과 아들에게는 그저 머리를 쓰다듬어 줄 것 같

다. 마지막으로 자신을 바라보는 엄마에게 가서 잠시나마 이야기를 나눌 것이다.

〈문제 2-1〉에서는 2번 아내가 왜 남편의 귀가를 예상하지 못했는지 당시 엄혹한 사회 상황과 연결시키거나, 3번 딸이 아빠를 왜 알아보지 못하는지 유배 기간이 얼마나 길었는지를 추론할 수 있습니다. 특히 5번 어머니의 그림에서는 보이지 않는 얼굴 표정에 대한 상세한 묘사가 필요합니다.

〈문제 2-2〉에서는 딸이 알아보지도 못할 정도로 긴 유배 생활을 보낸 남자의 '감정'과 '가족에게 취할 수 있는 적절한 행동'을 설명해 보라는 질문에 기쁨과 반발심이라는 감정만 답할 경우 1/2의 점수만 받게 됩니다. 어머니를 포옹하든, 무릎 꿇고 오열하든 '적절한 행동'에 대해 답해야 합니다.

중3 학생의 750자 독서논술 답안 원본과 첨삭본의 예시입니다.

독서논술 답안 원본

햄릿의 복수는 결코[18] 바람직하지 않다. 복수에 왕위에 대한 문제도 있으니 복수를 할 수 있었겠지만, 너무 많은 사람들이 죽었고 결코 햄릿 그도 마지막에는 행복하지 못했던 복수였다. 만약 그가 복수의 시간을 계속 끌지 않고 금방 했으면 그는 최소한의 희생과 함께 복수에 성공할 수 있었을 것이다. 하지만 그의 우유부단한 성격이 복수를 바람직하지

---

18 지나치게 단정적인 어투는 쓰지 않습니다.

못한 복수로 만들었다. 그리고 그가 복수를 할 때 미친 척을 안 하고 실행했어도 됐을 것이다. 그는 그 미친 척 때문에 그가 사랑하던 오필리아를 비롯해 많은 사람들을 잃었고 많은 사람들을 걱정하게 했다. 햄릿의 복수는 국가적으로도 손해였다. 그가 복수를 하지 않았다면 다음 왕위는 그의 것이 였고[19] 덴마크는 침략을 당하지 않고 있었을 것이다. 하지만 그의 복수 때문에 다 죽게 되고 결국 노르웨이에 점령된다.

　오늘날에 햄릿이 주는 교훈은 자신의 사적인 감정 때문에 남을 해치면 안 된다는 것이다.[20] 이를 사적제재라고 하는데, 햄릿의 사적제재는 오히려 역효과를 불러왔다. 사적제재는 매우 개인적인 일이므로 어떤 사람의 사적제재의 옳고 그름을 판단할 수 없다. 사적제재가 개인적이라는 이유 때문에 사적제재는 매우 사소한 일에서도 일어날 수 있다. 운영진의 판단으로만 범죄자의 신상을 공개하는 사이트인 디지털교도소에 잘못된 제보로 신상이 올라간 대학생이 극심한 스트레스를 받다 심장마비로 사망한 것처럼 사적제재는 잘못된 판단으로 오히려 아무런 죄가 없는 사람이 피해를 입을 수 있다. 햄릿처럼 사적제재는 더 큰 비극적인 결말을 초래할 수 있고 이는 사회적으로 큰 문제가 될 가능성이 매우 높다.[21] 원

본 797자

첨삭본

　햄릿의 복수는 바람직하지 않다. 아버지의 죽음과 왕위 찬탈에 대한

---

19 '그', '것' 등을 쓰지 않습니다. 맞춤법과 띄어쓰기에도 유의해야 합니다.

20 단락의 첫 문장은 짧게 쓰면 좋습니다.

21 큰 문제가 되므로 대안을 제시하는 마무리를 구상해야 합니다. 문제를 잘 진단하면 해결책도 잘 도출됩니다.

문제도 있으니 복수를 생각할 수도 있지만, 너무 많은 사람들이 죽었다. 스스로도 행복하지 못한 결말이다. 복수의 시간을 계속 끌지 않고 즉각 시행했으면 최소한의 희생과 함께 성공할 수도 있었다. 하지만 그의 우유부단한 성격이 결국 최악의 결과를 초래하고 말았다. 미친 척하는 연기 때문에 사랑하던 오필리아를 비롯해 많은 사람들을 잃었기 때문이다. 햄릿의 복수는 국가적으로도 손해다. 덴마크는 결국 노르웨이에 점령되고 만다.

오늘날 햄릿이 주는 교훈은 분명하다. 자신의 사적인 감정 때문에 남을 해치면 안 된다는 공동체의 윤리이다. 햄릿과 같은 사적 제재는 오히려 더 큰 역효과를 불러온다. 사적 제재는 매우 개인적인 일이므로 옳고 그름을 자의적으로 판단해서는 안 된다. 사적 제재가 개인적이라는 이유 때문에 매우 사소한 일에서도 일어날 수 있다. 운영진의 판단으로만 범죄자의 신상을 공개하는 사이트인 디지털교도소에 잘못된 제보로 신상이 올라간 대학생이 극심한 스트레스를 받다 심장마비로 사망한 사례처럼 잘못된 판단으로 오히려 죄가 없는 사람이 되돌릴 수 없는 큰 피해를 입기도 한다. 햄릿처럼 사적 제재는 더 큰 비극적인 결말을 초래할 수 있으므로 사회적으로 큰 문제가 된다. 따라서 사적 제재의 필요성을 낮추기 위해 국민 법감정에 부합하는 사법 개혁이 필요하다는 교훈을 남겨준다.첨삭본 799자

고등학생을 위한
글쓰기 훈련

　분량 제한이 없을 경우 쓰고 싶은 내용을 마구마구 담을 수 있지만 그렇지 않다면 제한 분량을 고려해 압축해야 합니다. 고등학생의 경우 제2부에서 강조한 수행평가와 학생부 기재를 위한 전략적 글쓰기가 필요합니다. 고1 학생의 400자 서평 원본과 첨삭본의 예시입니다.

서평 원본

　읽게 된 계기: 코로나 바이러스가 계속해 기승을 부리고 있는 가운데 앞으로의 우리의 삶에는 어떤 변화가 일게 될지, 그리고 앞으로의 변화에 어떻게 대처해야 할지에 대해 궁금해져 호기심에 이 책을 들춰보게 되었다. 특히나 나의 장래희망인 의사라는 직업이 의료진의 중요성에 대해 다뤄진 이 시기를 지나 나타나는 변화를 어떻게 받아들여야 하는지에 대해 알아보고 싶었다.[22]

　책에 대한 평가: 다양한 도표와 사진을 활용해 경제, 산업, 기술, 정책 각 부문에 대한 현재까지의 변화를 제시하여 미래의 모습을 도출해낸 점이 인상적이었다. 특히, 경제 부문에서 IMF의 경제전망에 대해 다룬 도표, 한국 경제전망 관련 도표, GDP갭 전망, 코로나19의 경제 충격 관련 도표를 순서대로 제시해주어 각 부분들을 연결 지어 미래에 대해 생각해볼 수 있다는 점이 좋았다.[23] 또, 산업 부문에서 각 기관들이 제시해

22　좋은 계기입니다. 다만, 줄임말은 쓰지 않습니다.
23　좋은 사례입니다. 독서 기록에서 자주 활용해 보세요.

준 미래 직업을 간결히 표로 정리해 시각자료를 이용함으로써 이해에 도움을 주었던 부분이 좋았다. 하지만, 이 책을 통해 어떤 변화가 일어나는지에 대해서는 알 수 있었던 반면, 유발될 것으로 예상되는 일들에 대한 대처 방식, 해결 방법 등이 자세히 제시되지 못했던 부분이 아쉬웠다.[24]

자신에게 준 영향: 이 책은 미래의 일들을 지금까지의 일들을 토대로 하여 예측해낼 수 있는 사고의 폭을 넓혀주었다. 특히, '산업'과 '기술' 부문에서 의사라는 직업이 앞으로 어떤 새로운 모습으로 어떤 기술을 활용하며 환자를 진찰하게 될지에 대해서 자세한 내용들을 알아볼 수 있었다. 또한, '의사'라는 직업이 다양한 형태로도 나타날 수 있음에 대해 알게 되어 내 미래와 사회가 그려낼 미래를 직접적으로 연관 지어볼 수 있었다.[25] 원본 808자

첨삭본

코로나 바이러스가 계속 기승을 부리는 가운데 앞으로의 우리의 삶에는 어떤 변화가 일게 될지, 앞으로의 변화에 어떻게 대처해야 할지 궁금해 읽게 되었다. 다양한 도표와 사진을 활용해 경제, 산업, 기술, 정책 각 부문에 대한 최신 데이타를 제시하여 미래의 모습을 도출해낸 점이 인상적이다. 특히, IMF의 경제전망과 GDP갭 전망, 코로나19의 경제 충격 관련 도표를 연결지어 논리적으로 추론해 보게 한다. 았다. 하지만, 의료 불평등과 글로벌 조세처럼 예상되는 문제들에 대한 대처 방식과 해결 방법이 자세히 제시되지 못해 아쉽기도 하다. 하지만, 산업과 기술 부문에

---

24 아쉬운 부분을 본인의 과제로 설정하면 좋습니다.

25 좋은 마무리입니다. 구체적인 기술을 언급해도 좋습니다.

서 의사라는 직업이 앞으로 어떤 새로운 모습으로 3D프린팅과 나노바늘 같은 신기술을 활용할지 지적 호기심을 가지고 미래를 직접적으로 연관 지어보게 된다.첨삭본 399자

고등학생이라면 대입 논술 및 구술면접 문제를 많이 풀어봐야 하는데 요. 2022학년도 고려대학교 간호대학 정시모집 일반전형 적·인성 면접 고사 문제를 살펴보겠습니다.

질문 1. 품위 있는 죽음을 맞을 권리와 생명의 존엄성 간의 논란이 계속되고 있는 가운데, 최근 선진국을 중심으로 존엄한 죽음을 보장하는 국가가 늘면서 스위스와 캐나다, 네덜란드, 벨기에 등의 나라에서 안락사를 합법적으로 허용하고 있다. 특히 스위스에서는 안락사를 넘어서 대상자가 스스로 버튼을 눌러 죽음을 선택하도록 도와주는 조력자살 캡슐이 도입되기도 하였으며, 최근에는 한국인의 스위스 원정 안락사가 보도되기도 하였다. 안락사 또는 조력자살의 합법적 도입에 대한 본인의 생각과 그 이유를 설명하시오.

질문 2. 보건의료 체계는 오래전부터 환자 진료에 '데이터'를 사용해왔다. 의사가 환자의 상태를 기록하는 진료차트, 간호일지, 엑스레이나 혈액검사 결과, 처방전과 투약기록 등이 모두 데이터이며, 데이터는 양질의 진료와 간호에 필수적이다. 최근 정부는 보건의료 빅데이터 활용에 팔을 걷어붙이고 나섰다. 스마트병원보건복지부, 닥터앤서2.0과학기술정보통신부, 모바일 건강지킴이보건복지부 등 보건의료 데이터 관련 프로젝트가 대표적

과제들이다. 보건의료 데이터는 잠재력이 큰 만큼, 잘못 다뤄졌을 때 피해도 크다. 기초적인 사회인구학적 특성은 물론 유전정보, 진단명과 상세한 치료 이력, 다양한 생활습관 등 대단히 민감한 개인정보가 담겨 있기 때문이다. 보건의료 빅데이터 활용 시 발생할 수 있는 대표적 문제를 제시하시오.

질문 3. 우리나라는 인구의 고령화로 인해 치매 노인의 수도 빠르게 증가하고 있다. 우리나라 노인 65세 이상 기준으로 볼 때, 치매 유병률은 2020년 10.3%에서 2050년에는 16.1%로 매우 급증할 것으로 관련 전문기관은 예측하고 있다. 이에 치매 환자의 인지자극 및 정서적 지지를 도와줄 수 있는 인공지능AI 기반의 디지털 의료기기도 적극 개발되고 있다. 로봇팻과 같은 반려로봇 돌봄 제공이 그 대표적 사례이다. 로봇팻은 치매 환자의 정서적 안정 증진에 도움을 주었다는 연구결과도 발표된 바 있다. 그러나 한편으로는 이러한 과학기술의 부정적 영향, 즉 직접적인 휴먼터치의 저하를 우려하면서 로봇팻이 인간관계를 대신해서는 안된다는 지적도 있다. 이러한 단점 극복을 위한 대안을 제시하시오.

고1 학생의 답안입니다.

1. 한국에도 안락사가 합법화되어 국민에게 존엄한 죽음을 선택할 수 있는 권리를 부여하여야 한다. 법과 복지 제도, 의료 기술 등의 미흡으로 사회에는 아직 극심한 고통에서 벗어나지 못한 채 연명하는 사람들이 있다. 최선은 이들의 고통을 줄이는 것이지만, 어떠한 병도 고칠 수 있는

기술이 개발되고 어떠한 사람도 고통받지 않는 사회가 되기 전에는, 차선을 선택할 권리는 주어져야 한다.

2. 보건의료 빅데이터의 활용은 의료보험 계약 체결이나 고용의 영역에서 당사자에게 불이득을 가져다주는 수단으로 작용할 수 있는 등 여러 문제가 있지만, 그중 대표적인 문제는 사생활 침해의 문제이다. 아무리 법을 철저하게 만든다고 하여도 보건의료 정보를 의사라는 개인의 차원에서 열람할 수 있다면 신체정보나 생활 습관 등의 개인정보가 유출될 수 있는 위험이 존재하기 때문이다.

3. 로봇팻은 치매 환자를 도와주는 이차적인 수단일 뿐, 주된 방법은 사람과 직접 대면하는 것이 되어야 한다. 자원봉사자나 가족, 또는 전문 치료사와의 접촉을 통해 치매 환자들이 정서적 안정을 찾고, 이들이 없을 때 로봇팻은 이를 보완할 수 있는 수단이다. 인간과 직접 접촉하는 시간을 늘린다면 반려로봇에 과하게 의존하는 문제를 줄일 수 있다. 또한 휴먼터치를 보완하는 로봇팻의 기능을 개선하는 것도 도움이 될 수 있다.

〈질문 1〉에서는 안락사와 조력자살을 구분해서 답변해야 합니다. 또 찬성하더라도 반대 근거를 거론하여 반론을 펼치는 논리적 사고를 드러내야 합니다. 보라매병원과 세브란스병원 사건 같은 한국의 특수성을 배경 지식으로 준비해 주면 좋겠습니다.

〈질문 2〉에서는 대표적 문제를 제시하라고 했으므로 여러 문제들을 언급하며 왜 본인의 답변이 대표적 문제인지 증명해야 합니다. 또 일반적인 사생활 침해의 사안과 '보건의료' 빅데이터의 침해 수준을 구분해서 강조하면 좋겠습니다.

〈질문 3〉에서는 대면으로 상호작용할 수 있는 다양한 방법을 구체적으로 제시해야 합니다. 또 간병인 같은 정기적인 휴먼터치 기술과 예산, 인력의 문제들에 대해서도 현실성 있게 추가 답변하면 좋겠습니다.

올바른 글쓰기를 위한 훈련

이제까지 초중고 학생들의 글쓰기를 다양한 사례와 함께 살펴봤는데요. 끝으로 올바른 글쓰기를 위한 10가지 훈련에 대해 소개하겠습니다.

올바른 글쓰기를 위한 10가지 훈련

1. 독해력이 필수입니다. 제시문의 논지를 정확히 파악할 수 있는지를 우선적으로 평가하기 때문입니다. 제시문의 대주제와 소주제를 찾는 훈련이 필요합니다. 대주제는 여러 개의 제시문에 나타나는 공통된 주제입니다. 소주제는 대주제를 다양한 방식으로 표현하는 특정한 제시문에 담긴 주제, 즉 키워드입니다. 대체로 제시문들은 대주제를 반영하는 여러 개의 텍스트로 구성되므로 여러 제시문들을 비교 분석함으로써 각각의 제시문과 대주제의 연관관계를 알아내는 연습을 해야 합니다.

2. 논증력이 필요합니다. 자신의 주장을 논리적으로 전개하고 자료를 통해 입증할 수 있어야 합니다. 논리적 전개란 제시된 주장이 논리적으로 구성되고, 글의 앞뒤에서 논리적 모순이 생기지 않아야 하는 것을 의

미합니다. 논리적 구성은 인과성이 강하지만 논리적 모순은 인과성이 약합니다. 문장과 문장, 문단과 문단이 논리적_{인과적}으로 구성되는지 점검해야 합니다.

3. 표현력도 중요합니다. 글을 통해 자신의 의견을 읽는 이에게 전달하는 능력을 평가하기 때문입니다. 문장과 문단의 구성이 평가 대상입니다. 쉬운 문장을 사용하여 의미 전달을 쉽게 해야 합니다. 복문이나 중문보다는 단문을 주로 사용해야 합니다. 문장은 가급적 짧게 써야 하고, 문단 구성에도 유의해야 합니다. 주장을 강하게 전달하기 위해서는 두괄식 글쓰기가 바람직합니다.

4. 자신의 독창적 주장을 담아내는 글은 창의력과 관련된 것입니다. 기계적인 암기식 답안으로는 좋은 점수를 받을 수 없습니다. 상투적 주장이나 지나치게 일반적인 사례를 피하고, 최신 이슈나 구체적인 개념, 사건, 인물이 담겨야 합니다.

5. 출제 의도와 상관없는 자기 주장 전개는 창의적이기보다 엽기적입니다. 문제에서 요구하는 지점과 상관없이 자신이 준비한 답을 그대로 전개하는 글쓰기는 동문서답의 전형입니다.

6. 지나치게 긴 도입부와 결론은 좋지 않습니다. 도입부인 서론을 너무 길게 쓰거나 결론에서 본론의 내용을 단순 반복하는 방식은 지면 낭비입니다. 서론 부분은 가능한 짧게 작성하고 논지 파악을 요구하는 문제에서는 서론과 결론 부분을 쓰지 않더라도 문제가 없습니다. 기본적으로 본론 위주의 답안을 작성하는 연습이 필요합니다.

7. 복잡한 문장과 문단 구성을 좋지 않습니다. 한 문단 안에 여러 가지 생각을 담으려고 하거나 자기 주장의 핵심을 드러내지 못하는 글이 되기

때문입니다. 한 문장 안에 여러 개의 연결어를 사용하면서 문장들을 연결하는 방식도 바람직하지 않습니다. 문단의 핵심을 담은 주제 문장을 작성하는 연습과 짧고 의미가 분명한 문장을 작성하는 연습을 해야 합니다.

8. 제시문 문장을 그대로 옮겨 적기도 주의해야 합니다. 특히 논지 파악을 요구하는 문제에서 제시문에 나타난 주장을 자신의 개념 언어로 바꾸어 표현하는 연습이 필요합니다. 필요한 경우 제시문의 핵심 용어를 사용하여 논지를 분석하는 유형도 함께 준비해야 합니다.

9. 적합하지 않은 예나 잘못된 인용을 주의해야 합니다. 예나 인용을 통해 자신의 주장을 입증하는 시도는 좋습니다. 하지만 반드시 자신의 주장을 뒷받침하는 적절한 예나 인용을 적정 수준에서 사용해야 합니다. 따옴표가 남발되거나 문장 부호가 과도하게 사용된 글도 읽기 어렵습니다. 마침표만 사용한 담백한 글쓰기가 좋습니다.

10. 선생님 등에게 첨삭지도를 받으면서 반복적으로 지적되는 나쁜 습관을 버리고 좋은 습관을 훈련해 봅니다. 이, 그, 저, 이는 등의 불필요한 지시어를 쓰지 않습니다. 것, 걸, 건 등의 의미 없는 구어체 글쓰기를 피하고 중요한 키워드들을 개념어로 담아야 합니다. 그리고, 또, 또한 등의 병렬 접속어를 과감히 생략해 빠르게 읽을 수 있는 글을 써 봅니다. 만약 ~라면 같은 가정법으로 논리를 약화시키는 것도 피해야 합니다. 좋은 문장은 짧고 단호한 서술어에서 만들어집니다.

이러한 10가지 훈련을 아무리 잘했더라도 원고지 작성의 기본원칙을 어기면 감점되고 맙니다. 원고지 작성법까지 잘 익혀서 글쓰기의 대미를 장식하기 바랍니다.

원고지, 이렇게 써요!

❶ 한 칸에 한 자씩 써요.

재	미	있	게		놀	면		시	간	이		빨	리		가	요	.

❷ 숫자와 알파벳은 이렇게 써요.

㉠ 알파벳 대문자, 로마 숫자, 아라비아 숫자는 한 칸에 한 자씩 써요.

K	O	R	E	A		I	II	III	IV	V		3	·	1	운	동	

㉡ 알파벳 소문자, 두 자 이상의 아라비아 숫자는 한 칸에 두 자씩 써요.

	K	or	ea		19	98	년		3	월	13	일	

❸ 모든 문장 부호는 각각 한 칸에 써요.

㉠ 온점(.)과 반점(,)은 칸의 왼쪽 아래에 써요.

숙	제	도		다		했	고	,	영	화	도		봤	다	.

㉡ 따옴표(" ", ' ')는 왼쪽과 오른쪽 위에 써요. 온점과 따옴표가 같이 올 때는 한 칸에 써요.

"	현	우	야	,		그	만		집	에		가	야	지	. "	

㉢ 물음표(?)와 느낌표(!)는 한 칸에 써요. 그다음에는 한 칸을 떼어 써야 해요.

아	!		예	쁘	구	나	!		네	가		그	린		거	니	?

㉣ 줄임표(…)는 한 칸에 세 점씩, 두 칸에 이어서 써요.

"	캬	!		시	원	해	요	.	어	,		그	런	데	…	…	. "

❹ 원고지 첫 칸은 이렇게 써요.

㉠ 글을 시작할 때와 문단이 바뀔 때는 그 줄의 첫 칸을 비우고 둘째 칸부터 써요.

도	서	관	에		도	착	한		시	간	은		7	시		15	분	이
었	다	.																

㉡ 줄 끝에 비울 칸이 없으면 원고지 바깥에 ∨표를 하고 다음 줄 첫 칸부터 써야 해요. 그렇지 않으면 새로운 문단이 시작된 것과 혼동될 수 있기 때문이에요.

오	늘		아	침	에		눈	이		번	쩍		뜨	여		창	밖	을	∨
보	니		아	직		어	두	웠	다	.									

㉢ 줄의 마지막 칸에서 문장이 끝나면 온점을 다음 줄에 쓰지 말고 이어서 써야 해요.

나	는		집	으	로		돌	아	와	서		생	각	해		보	았	다	.

㉣ 인용문이나 대화문은 줄을 바꾸어서 따옴표를 붙여 써요. 이런 문장은 전체를 한 칸 들여서 쓰는데, 줄이 바뀌어도 똑같이 한 칸 들여 써야 해요.

	"	재	동	아	,	숙	맥	같	이		서		있	지		말	고		여
	기		숙	맥	이	나		좀		받	아	서		들	여	놔	라	.	"

❺ 제목과 학교, 이름 등은 이렇게 써요.

제목은 맨 위에서 둘째 줄의 가운데에 써요. 또 제목에 문장 부호는 쓰지 않아요.

학교나 소속은 제목 다음 줄을 비우고 그다음 줄에 써요. 맨 뒤 세 칸을 비우고 써야 해요. 그리고 학년과 반, 이름은 학교 이름 아랫줄에 써요. 맨 뒤 두 칸을 비우고 써야 해요.

					나	비	의		꿈					
							○	○		초	등	학	교	
					4	학	년		3	반		김	지	수